金马威工程管理咨询丛书

PPP 项目投资决策

周锦棠　滕晓春　尤伯军　主编

中国财经出版传媒集团
中国财政经济出版社

图书在版编目（CIP）数据

PPP项目投资决策／周锦棠，滕晓春，尤伯军主编．
——北京：中国财政经济出版社，2019.10
ISBN 978-7-5095-9262-5

Ⅰ.①P… Ⅱ.①周… ②滕… ③尤… Ⅲ.①政府投资－合作－社会资本－投资决策－研究 Ⅳ.①F830.59 ②F014.39

中国版本图书馆CIP数据核字（2019）第212841号

责任编辑：闫 娟　　　　责任印制：刘春年
封面设计：陈宇琰　　　　责任校对：李 丽

中国财政经济出版社 出版
URL：http://www.cfeph.cn
E-mail：cfeph@cfemg.cn
（版权所有　翻印必究）
社址：北京市海淀区阜成路甲28号　邮政编码：100142
营销中心电话：010-88191537
北京时捷印刷有限公司印装　各地新华书店经销
787×1092毫米　16开　20印张　446 000字
2019年10月第1版　2019年10月北京第1次印刷
定价：68.00元
ISBN 978-7-5095-9262-5
（图书出现印装问题，本社负责调换）
本社质量投诉电话：010-88190744
打击盗版举报热线：010-88191661　　QQ：2242791300

本书编审人员

主　编：周锦棠　滕晓春　尤伯军
副主编：贾　森　岳文静　张志勤
参　编：(以姓氏笔画排序)
　　　　于　昕　于海洋　田茹雪　伍　迪　李耀琨
　　　　吴欢欢　吴星星　吴斌洋　何碧玺　宋　鹏
　　　　张　浩　张赛茁　邵思远　赵学文　柴　茜
　　　　唐智伟　陶　凯　冀燕玢

目　录

第一篇　PPP 项目投资决策理论基础

第 1 章　PPP 项目投资决策概述 … 3
1.1　PPP 模式概述 … 3
1.2　PPP 项目投资 … 11
1.3　PPP 项目投资决策流程 … 14

第 2 章　PPP 项目投资决策的财务评价指标与参数 … 20
2.1　现金流量分析方法 … 21
2.2　PPP 项目投资决策常用评价指标 … 27
2.3　PPP 项目常用的回报机制和付费模型分析 … 45

第 3 章　PPP 项目投资内部收益率 … 65
3.1　PPP 项目财务内部收益率概念、分类及判别准则 … 65
3.2　PPP 项目内部收益率的测算方法 … 76
3.3　部分行业 PPP 项目财务内部收益率水平 … 82

第 4 章　PPP 项目财务内部收益率主要影响因素分析 … 88
4.1　影响因素识别 … 88
4.2　影响因素评价 … 98
4.3　建议与总结 … 117

第二篇　政府视角下的 PPP 项目投资决策要素

第 5 章　PPP 项目的交易边界条件 … 121
5.1　PPP 项目的投资控制 … 121
5.2　PPP 项目超额收益分享机制 … 127

5.3　PPP 项目的定价及调价机制 ·· 131
5.4　PPP 项目绩效考核机制 ··· 136

第 6 章　PPP 项目政府采购 ··· 145
6.1　PPP 项目采购方式 ··· 145
6.2　PPP 项目采购标的 ··· 154
6.3　PPP 项目采购评标 ··· 162

第 7 章　风险分析 ·· 164
7.1　风险识别 ·· 164
7.2　风险评价 ·· 171
7.3　风险分配 ·· 174
7.4　风险防范与应对措施 ··· 178

第 8 章　PPP 项目操作负面清单与规避措施 ······························ 184
8.1　PPP 项目实施程序的负面清单 ·· 184
8.2　PPP 模式适用的项目类型负面清单 ···································· 186
8.3　PPP 项目投资和融资负面清单 ·· 186
8.4　运作模式和合作期限负面清单 ··· 194
8.5　财政管理和政府责任管理负面清单 ···································· 195
8.6　回报机制管理负面清单 ·· 198
8.7　土地相关负面清单 ·· 199
8.8　项目参与主体的合规性问题 ·· 202
8.9　PPP 项目操作负面清单综述 ··· 203

第三篇　投资人视角下的 PPP 项目投资决策要素

第 9 章　前期工作的合规性 ··· 215
9.1　前期工作范围及内容 ··· 215
9.2　项目识别阶段的合规性要求 ·· 216
9.3　项目准备阶段的合规性要求 ·· 220
9.4　项目采购阶段的合规性要求 ·· 226
9.5　组建项目公司阶段合规性要求 ··· 231
9.6　其他合规要求 ·· 233

第 10 章　财务评价的可行性 ·· 236
10.1　现金流的稳定性 ··· 236
10.2　财务指标的合理性 ·· 242

  10.3 风险的可控性 ……………………………………………………………… 247
  10.4 项目融资可获得性 …………………………………………………………… 251
  10.5 基于投资收益最大化的投资策略选择 ……………………………………… 257

第 11 章 财政支出的可行性 ………………………………………………………… 259
  11.1 PPP 项目财政支出可行性的评判标准 …………………………………… 259
  11.2 地方政府对 PPP 项目财政支出的法律责任 ……………………………… 272
  11.3 PPP 项目财政支出纳入预算的流程与条件 ……………………………… 276
  11.4 PPP 项目财政支出支付流程 ……………………………………………… 282

第四篇 案例分析

第 12 章 案例分析 …………………………………………………………………… 287
  案例一：某高速公路政府与社会资本合作（PPP）项目 ……………………… 287
  案例二：某市"一水两污"政府与社会资本合作（PPP）项目 ……………… 294

参考文献 ……………………………………………………………………………………… 303

第一篇

PPP项目投资决策理论基础

第1章 PPP 项目投资决策概述

1.1 PPP 模式概述

1.1.1 PPP 模式的含义

PPP 模式是实现公共项目建设资金的投融资方式,也是公共服务与产品的一种供给方式。目前,很多国家政府为了提高公共基础设施建设水平,正在将 PPP 模式进行推广,PPP 模式正在快速发展。

实际上,PPP 模式在全球范围内并没有统一的定义。毕竟国家与国家之间、政府与政府之间的发展状况均不同,公共服务水平也不尽相同,公众存在着不同的问题与需求,所以推行 PPP 模式也要因地制宜。并且,PPP 模式也有不同的运作方式,各国都应该依据自身发展特点,扬长避短,用好 PPP 模式。表 1-1 是不同机构对 PPP 模式作出的定义。

表 1-1　　　　　　　　　PPP 模式的定义

机构	定　义
联合国培训研究院	PPP 涵盖了不同社会系统倡导者之间的所有制度化合作方式,目的是解决当地或区域内的某些复杂问题。PPP 包含两层含义,其一是为满足公共产品需要而建立的公共和私人倡导者之间的各种合作关系;其二是为满足公共产品需要,公共部门和私人部门建立伙伴关系进行的大型公共项目的实施。
欧盟委员会	PPP 是指公共部门和私人部门之间的一种合作关系,其目的是提供传统上由公共部门提供的公共项目或服务。
加拿大 PPP 国家委员会	PPP 是公共部门和私人部门之间的一种合作经营关系,它建立在双方各自经验的基础上,通过适当的资源分配、风险分担和利益共享机制,最好地满足事先清晰界定的公共需求。
美国 PPP 国家委员会	PPP 是介于外包和私有化之间并结合了两者特点的一种公共产品提供方式,它充分利用私人资源进行设计、建设、投资、经营和维护公共基础设施,并提供相关服务以满足公共需求。

续表

机构	定　义
世界银行	PPP是政府和社会资本就提供公共产品和服务签订的长期合同，其中社会资本承担实质风险和管理责任。
国务院	政府和社会资本合作模式是公共服务供给机制的重大创新，即政府采取竞争性方式择优选择具有投资、运营管理能力的社会资本，双方按照平等协商原则订立合同，明确责权利关系，由社会资本提供公共服务，政府依据公共服务绩效评价结果向社会资本支付相应对价，保证社会资本获得合理收益。
国家发展改革委	政府和社会资本合作（PPP）模式是指政府为增强公共产品和服务供给能力、提高供给效率，通过特许经营、购买服务、股权合作等方式，与社会资本建立的利益共享、风险共担及长期合作关系。
财政部	政府和社会资本合作模式是在基础设施及公共服务领域建立的一种长期合作关系。通常模式是由社会资本承担设计、建设、运营、维护基础设施的大部分工作，并通过"使用者付费"及必要的"政府付费"获得合理投资回报；政府部门负责基础设施及公共服务价格和质量监管，以保证公共利益最大化。

资料来源：自绘。

综合上述定义和功能，结合我国发展情况，PPP模式可归纳为政府和社会资本在风险分担、利益共享的基础上建立并维持长期的合作伙伴关系，通过发挥各自的优势及特长，最终为公众提供质量更高、效果更好的公共产品及服务的一种项目投融资及管理模式。

1.1.2　PPP模式的适用范围

基础设施在城市发展中有着举足轻重的作用，是影响当前城镇化建设重要因素，也是经济稳速发展、社会不断进步及人民生活日益提高的重要保障。一方面，基础设施项目是稳增长、促改革和惠民生的重要举措，我国处在新型城镇建设的快速发展时期，对基础设施的投资需求日益增加；另一方面，政府在经历上一轮的大规模建设后，政府负债增加，财政压力增大，融资需求也日益增加，因此政府大力推行PPP模式在基础设施领域的应用。

国务院《关于创新重点领域投融资机制鼓励社会投资的指导意见》（国发〔2014〕60号）中明确，林业、生态建设、环境污染治理、农业、水利工程、城镇供水、供热、燃气、污水与垃圾处理、建筑垃圾资源化利用和处理、城市综合管廊、公园配套服务、公共交通、停车设施等市政基础设施、铁路、公路、水运、民航基础设施建设、能源设施、信息和民用空间基础设施、教育、医疗、养老、体育健身、文化设施建设等领域均鼓励采用PPP模式推进。

国家发展改革委《关于开展政府和社会资本合作的指导意见》（发改投资〔2014〕2724号）中直接明确了PPP模式的适用范围：PPP模式主要适用于政府负有提供责任又适宜市场化运作的公共服务、基础设施类项目。燃气、供电、供水、供热、污水及垃圾处理等市政设施，公路、铁路、机场、城市轨道交通等交通设施，医疗、旅游、教育培训、健康养老等公共服务项目，以及水利、资源环境和生态保护等项目均可推行PPP

模式。各地的新建市政工程以及新型城镇化试点项目，应优先考虑采用 PPP 模式建设。

国务院办公厅转发财政部、发展改革委、人民银行《关于在公共服务领域推广政府和社会资本合作模式的指导意见》（国办发〔2015〕42 号）中提到："在公共服务领域推广政府和社会资本合作模式，是转变政府职能、激发市场活力、打造经济新增长点的重要改革举措。围绕增加公共产品和公共服务供给，在能源、交通运输、水利、环境保护、农业、林业、科技、保障性安居工程、医疗、卫生、养老、教育、文化等公共服务领域，广泛采用政府和社会资本合作模式，对统筹做好稳增长、促改革、调结构、惠民生、防风险工作具有战略意义"。

在各地的项目运作实务中，第一类适合采用 PPP 模式的是涉及相关资源的项目，如供水、供气、供电、供暖、污水以及垃圾处理等项目，财政部、住房城乡建设部、农业部、环境保护部《关于政府参与的污水、垃圾处理项目全面实施 PPP 模式的通知》（财建〔2017〕455 号）中要求：政府以货币、实物、权益等各类资产参与，或以公共部门身份通过其他形式介入项目风险分担或利益分配机制，且财政可承受能力论证及物有所值评价通过的各类污水、垃圾处理领域项目，全面实施 PPP 模式。符合全面实施 PPP 模式条件的各类污水、垃圾处理项目，政府参与的途径限于 PPP 模式。这些领域由于其产品市场需求稳定，又具有一定的垄断属性，是最适合采用 PPP 模式投资建设运营的。如我国 1995 年来宾 B 电厂采用的就是 PPP 模式，并取得了较高的社会效益和经济效益。在这个项目中，法国电力联合体最终以电价低的优势中标，他们以中标价仍然可以获得可观的投资回报率。

第二类是交通运输与市政工程类项目，如高速公路、铁路、地铁等轨道交通项目、港口等。此类项目一般投资额巨大，收益比起第一类项目来说不确定性高一些，但是可以充分发挥项目公司运营管理的创新性，这对投资者的运营能力要求较高。如我国的北京地铁 14 号线项目，其"A 包 + B 包"模式也是此类项目常用的模式之一，模式运作方式见图 1-1。此模式可理解为政府的前补偿模式，是指政府通过参与轨道交通项目的建设投资来对项目进行补偿。通常需要将整个 PPP 项目划分为 A、B 两部分，A 部分投资大，公益性强，一般包括项目的洞体、轨道、车站等土建工程；B 部分投资较小，具有一定的盈利性，一般包括车辆、设备等部分。在此模式下，由政府出资的投资公司负责对 A 部分的投资建设，建成后无偿或象征性的租赁给项目公司使用；项目公司负责 B 部分的建设和运营。在社会资本收回投资后，政府也可参与项目收入的分配，一般 A、B 部分的投资比例为 7∶3，此模式相当于把总投资减小了，从准经营项目转变为经营项目。而没有收益权的此类项目，如市政道路、桥梁隧道等，往往由政府通过影子付费等方式对投资者的服务进行购买，投资者的收益也许不高，但一般也可获得长期有保障的收益。

第三类是城镇化与科教文卫医等公共服务类项目，其公益性特征明显，通过 PPP 模式可提高公共物品供给的效率与质量。如由广州市第一人民医院（以下简称"市一"）与广济医疗器械有限公司（以下简称"广济"）合作建立的广州广和医院，其中，市一提供品牌和业务用房，并在技术力量上给予支持，广济提供资金和业务管理，通过 PPP 模式实现了公立医院的品牌和技术优势，与民营企业的资金优势和灵活经营的有机结合。

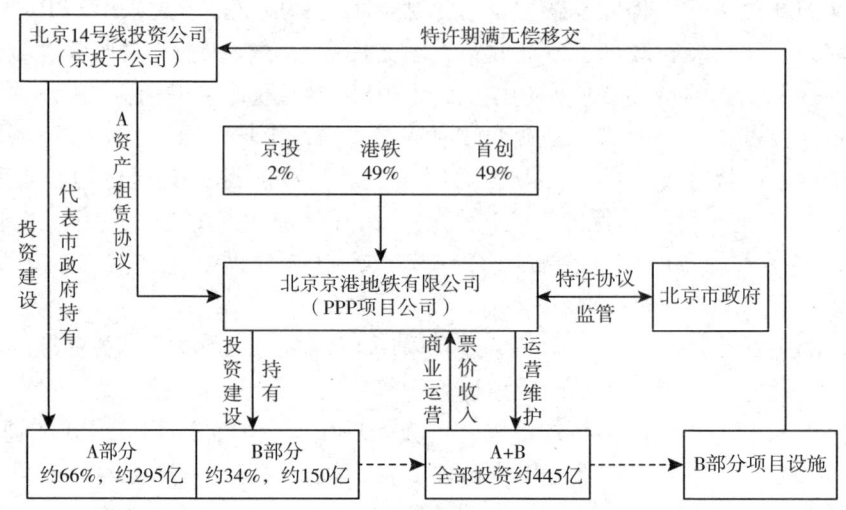

图1-1 模式运作方式

资料来源：自绘。

1.1.3 PPP模式的分类

根据项目市场化程度，PPP主要分为外包类、特许经营类和私有化类三类。

1. 外包类

一般是由政府投资，社会资本仅承担项目的建设、运营维护等过程中的一项或几项，例如只负责工程建设部分，或者受政府之托代为管理维护设施或提供部分公共服务，政府为其提供的产品或服务付费。项目投资风险和经营风险基本由公共部门承担，社会资本承担的风险相对较小。具体运作方式如委托运营、管理合同等。

根据财政部《关于印发政府和社会资本合作模式操作指南（试行）的通知》（财金〔2014〕113号）中的描述，委托运营（Operations & Maintenance，O&M），是指政府将存量公共资产的运营维护职责委托给社会资本或项目公司，社会资本或项目公司不负责用户服务的政府和社会资本合作项目运作方式。政府保留资产所有权，只向社会资本或项目公司支付委托运营费。合同期限一般不超过8年。

管理合同（Management Contract，MC），是指政府将存量公共资产的运营、维护及用户服务职责授权给社会资本或项目公司的项目运作方式。政府保留资产所有权，只向社会资本或项目公司支付管理费。管理合同通常作为转让—运营—移交的过渡方式，合同期限一般不超过3年。

2. 特许经营类

以授予特许经营权为特征，项目需要社会资本方参与部分或全部投资，并通过一定的合作机制与政府方分担项目风险、共享项目收益。根据项目的实际收益情况，政府方可能会向特许经营公司收取一定的特许经营费或给予一定的补偿，这就需要政府方协调好社会资本方的利润和项目的公益性两者之间的平衡关系，因而特许经营类项目能否成功很大程度上取决于政府相关部门的管理水平。通过建立有效的监管机制，特许经营类项目能充分发挥双方各自的优势，节约整个项目的建设和运营成本，同时还能提高公共服务质量。项目的资产最终归政府方保留，因此一般存在使用权和所有权的移交过程，即合同结束后要求社会资本方将项目的使用权或所有权移交给政府方。

根据财政部《关于印发政府和社会资本合作模式操作指南（试行）的通知》（财金〔2014〕113号）中描述，建设—运营—移交（Build - Operate - Transfer，BOT），是指由社会资本或项目公司承担新建项目设计、融资、建造、运营、维护和用户服务职责，合同期满后项目资产及相关权利等移交给政府的项目运作方式。合同期限一般为20—30年。

转让—运营—移交（Transfer - Operate - Transfer，TOT），是指政府将存量资产所有权有偿转让给社会资本或项目公司，并由其负责运营、维护和用户服务，合同期满后资产及其所有权等移交给政府的项目运作方式。合同期限一般为20—30年。

改建—运营—移交（Rehabilitate - Operate - Transfer，ROT），是指政府在TOT模式的基础上，增加改扩建内容的项目运作方式。合同期限一般为20—30年。

3. 私有化类

此类项目由社会资本方负责项目的全部投资，在政府方的监管下，通过向用户收费收回投资实现盈利。由于私有化类PPP项目的所有权永久归私人拥有，并且不具备有限追索的特性，因此社会资本方在这类PPP项目中承担的风险最大。

根据财政部《关于印发政府和社会资本合作模式操作指南（试行）的通知》（财金〔2014〕113号）中的描述，建设—拥有—运营（Build - Own - Operate，BOO），由BOT方式演变而来，二者区别主要是BOO方式下社会资本或项目公司拥有项目所有权，但必须在合同中注明保证公益性的约束条款，一般不涉及项目期满移交。

1.1.4 PPP模式在我国的发展历程

PPP模式在我国的发展历程可以从政策变迁中得到反映，政策变迁是一个常见的政策现象。从PPP项目政策变迁来看，主要经历了以下四个时期。

1. 政策间断松散期（1980—1998年）：被动回应

在这一时期内，中央的PPP政策经历了一个被动回应地方PPP发展乱象的过程。从政策的时代背景来看，这一时期经历了20世纪80年代到90年代狂热的地方招商引资热潮。许多地方政府寻求私人资本，尤其是外资（包括港资）对当地基础设施建设的注入。从20世纪90年代开始，PPP模式中的BOT类型大量地运用于许多地方基础设施项目建设当中。例如这一时期各地的BOT收费公路以及有名的BOT试点项目，如广西来宾B电力项目、成都市自来水六厂B厂和长沙电力项目。因此，这一时期早期阶段的显著特征是地方政府的自发性和自主性。

与此同时，在这一时期的早期阶段，中央对PPP模式的政策主要集中在鼓励外资投入方面，在PPP模式的具体指导性政策方面则是一片空白。这一点反映在政策目标和发文类型上。从政策目标看，20世纪80年代开始就出现了PPP模式相关政策，如1986年国务院的《关于鼓励外商投资的规定》（国发〔1986〕第95号）。但直到1995年之前，这些政策都是粗线条和务虚的鼓励投资政策，对于吸收外商投资的招商、审批、执行等过程缺乏具体指导。此外，从发文部门类型看，在这一时期，发文数量最多的是国务院而非具体的行业部门。这意味着这一时期早期阶段的PPP模式相关政策并没有落实到具体的行业，仅仅停留在中央的宏观指导层面。

从这一时期的中后期阶段开始，缺乏政策约束和指导的地方PPP模式发展已经暴露出大量问题，这迫使中央必须做出回应。1995年后，中央相继出台具体的PPP模式政策来回应如火如荼的地方PPP/BOT热潮和乱象。1995年对外经济贸易合作部出台《关于以BOT方式吸收外商投资有关问题的通知》；同年，国家计委、电力部、交通部联合出台《关于试办外商投资特许权项目审批管理有关问题的通知》。这些政策针对地方政府对项目开出无原则担保或承诺的问题以及特许经营权项目一哄而上的问题进行管制。换言之，中央第一部直接针对PPP模式实践的政策是在滞后于地方PPP模式实践一段时间后才出台的。并且，这一回应并非鼓励，而是限制。此后，受到1998年金融危机以及上述的中央对地方BOT的限制性政策，第一波PPP模式浪潮于20世纪90年代末跌落。

2. 政策低密集期（1999—2008年）：积极推动

在这一时期，中央政府的PPP模式相关政策呈现出一个政府积极推动的状态，具体表现在大力推进城市公用事业的市场化和鼓励民间投资这两个方面。

20世纪90年代末至2000年中期，中国进入城镇化建设飞速发展时期，城市扩容带来有限的城市政府财政资金与迫切需要发展的城市基础设施和市政公用事业之间的矛盾。在此背景下，市场化成为一个可行的解决办法。2002年，国务院出台《关于妥善处理现有保证外方投资固定回报项目有关问题的通知》（国办发〔2002〕43号），针对前一时期发展中出现的问题提出了处理方式，同时又鼓励吸引外商投资促进经济发展，起到了承上启下的作用。同年，建设部出台《关于加快市政公用行业市场化进程的意见》（建城〔2002〕272号）。2004年，建设部出台《市政公用事业特许经营管理办法》（建设部令第126号）。在地方法规层面，以北京为例，从2003年以来，北京市政府先后颁布了《北京市城市基础设施特许经营办法》（政府令第134号）、《北京市城市基础设施特许经营条例》（2005年12月1日市第十二届人民代表大会常务委员会第二十四次会议通过）、《北京市城市基础设施特许经营者招标投标程序性规定》（京发改〔2006〕1180号），这些政策法规规定了特许经营的内涵、适用范围和方式，明确了特许经营的实施机关、授予程序和特许经营者的确定方式等内容。规定相对细致和全面，具有一定的可操作性。同一时期，天津市、贵州省、山西省、甘肃省等地也都颁布了有关特许经营的办法，这些都成为当时城市公用事业市场化的标志性政策文件。

与中国城镇化建设同步的另一个时代背景特征是中央开始大力度鼓励民间资本投资。2001年，国家计委出台《关于印发促进和引导民间投资的若干意见的通知》（计投资〔2001〕2653号），2004年国务院发布《国务院关于投资体制改革的决定》（国发〔2004〕20号）。这些前沿性的政策为民间资本投资的审批程序创造了条件，并允许更多行业领域向民间资本开放，逐步放宽投资领域。2005年，国务院出台的《关于鼓励支持和引导个体私营等非公有制经济发展的若干意见》（国发〔2005〕3号）允许非公有资本进入垄断行业和领域，是第一个允许民间资本进入电力、电信、铁路、民航、石油等行业和领域的中央政策，进一步引入了市场竞争机制，该意见还提出要进一步建设法律框架，以支持民间资本投资、建设和运营公共基础设施领域。

这一时期的发文部门类型和政策目标也与第一个时期不同，反映出中央政府对 PPP 模式的态度从粗线条的框架指导转变为具体的推广和运用。从发文部门类型来看，建设部取代国务院成为这一时期的发文部门主力，显示出这一时期对 PPP 模式的推动更多落实到具体的行业部门。从政策目标来看，与第一时期粗线条和大框架的鼓励投资政策不同，这一时期的政策目标开始关注 PPP 模式在具体的城市管理行业的运用，例如城市供水、供气、供热、污水处理和固体废物处理、城市轨道交通等行业。

中央对公用事业市场化和民间投资的鼓励政策，以及落实到具体行业部门的 PPP 模式指导政策对 PPP 项目发展起到了推动性作用。从 2000 年初开始，PPP 模式开始出现新一轮的浪潮，这一时期的 PPP 项目在操作上也更加国际化和多样化。比较典型的 PPP 项目包括北京奥运会场馆项目、北京地铁 4 号线、北京卢沟桥污水处理项目、高速与国道的新建与改建项目、南京市长江隧道以及深圳地铁四号线项目。在 2005 年 5 月 20 日召开的"北京市推进基础设施建设市场化国际论坛"上，北京市发展和改革委员会相关人员透露，从 2005 年到 2008 年，北京市共需建设各类基础设施项目 860 余项，投资总额超过 3 200 亿元，循序渐进地开放城市基础设施建设和经营市场。由此可见，这一时期的 PPP 项目数量和投资额不断扩大，至 2007 年左右达到峰顶，直到遭遇 2008 年金融危机才缓落。

与此同时，产生于 1998 年财政刺激计划的地方融资平台逐渐承担了地方政府的债务融资责任，特别是 2008 年金融危机后，为了鼓励地方政府提供配套资源以支持中央的 4 万亿元投资计划，中央政府出台宏观政策支持地方拓宽融资渠道，地方融资平台的数量和规模得以迅速增长。2013 年 6 月底，地方融资平台公司的政府性债务余额为 4.08 万亿元。

3. 政策高密集期（2014—2016 年）：全面主导

这一时期的 PPP 政策特征是中央全面主导，力图掀起 PPP 的热潮。这与这一时期初期阶段的积极财政政策和地方投融资平台导致的地方债务问题有很大关系。

2008 年金融危机之后，PPP 模式一直处于相对沉寂的状态。2008 年中央推出一系列刺激经济的积极财政政策，积极财政政策尽管有一系列正面的刺激经济效果，但随之而来的一个负面结果是地方政府不加限制的投资。在积极财政政策以及 GDP 政绩驱动之下，许多地方政府通过建立地方投融资平台追求项目建设，导致了极度恶化的地方政府债务问题。如何化解地方政府债务、规范融资平台管理成为重大问题。2009—2012 年，国务院、财政部及银监会主导出台了一系列规范地方政府融资平台管理的政策，如国务院《关于加强地方政府融资平台公司管理有关问题的通知》（国发〔2010〕19 号）与财政部、发展改革委、人民银行、银监会《关于制止地方政府违法违规融资行为的通知》（财预〔2012〕463 号）。2014 年《国务院关于加强地方政府性债务管理的意见》（国发〔2014〕43 号）出台后，国家各部委密集出台了一系列文件，要求剥离城投公司为地方政府融资的职能，禁止通过城投公司增加政府债务。中央明确表示："推广使用政府与社会资本合作模式。鼓励社会资本通过特许经营等方式，参与城市基础设施等有一定收益的公益性事业投资和运营"；"对在建项目确实没有其他建设资金来源的，应主要通过政府与社会资本合作模式和地方政府债券解决后续融资"，将 PPP 模式作为化解地方政府债务问题、管理地方政府融资平台的重要手段。此后，中央 PPP 政策呈现出推广行业全面性和操作具体化、密集式的全面主导特征。

行业全面性反映在发文部门类型上。区别于第一个时期的国务院主导和第二个时期的具体行业部门主导，在这个时期当中，发文部门呈现多样化：PPP 模式政策通过财政部、发改委、国务院与民政部、工商总局、全国老龄工作委员会办公室、住建部、科技部、工业和信息化部、国土部、国家卫生计生委、体育总局、水利部、交通运输部、环保部、人力资源和社会保障部、农业部等联合发文的方式全行业推广。这意味着中央对运用 PPP 模式作为政策工具所经历的策略变化：从第一个时期国务院粗线条的政策指南转变为第二时期具体行业部门的政策工具，再到现在第三个时期转变为政府宏观调控经济和财政、解决紧迫社会问题的政策工具。

操作具体化反映在政策目标上。这一时期第一次出现用于推广或完善 PPP 实践的具体政策和应用细则，如 2014 年发改委《关于开展政府和社会资本合作的指导意见》（发改投资〔2014〕2724 号）和同年财政部《关于推广运用政府和社会资本合作模式有关问题的通知》（财金〔2014〕76 号）。中央通过这些具体政策和细则，从"识别—准备—采购—执行—移交"的全流程为 PPP 模式操作设定专业化条件。

中央密集、全面和具体的 PPP 政策推动了第三波 PPP 模式浪潮的兴起。这一波浪潮始于 2014 年，因为刚兴起不久，还无法描述其完整的特征，但 PPP 政策的全面主导性是这一波浪潮区别于以往的显著特点，即以中央政策为指引，通过示范或推介项目来推动 PPP 模式发展。迄今为止，财政部和发改委已经分别设立多批 PPP 示范项目库，覆盖多个公共服务领域。

4. 政策严监管期（2017 年至今）：推向规范

近些年的 PPP 政策特征是将 PPP 推向严监管、规范化时代。在经历了前几年飞速的规模扩张之后，PPP 市场进入了规范发展的新时期。

从 2017 年第三届中国 PPP 融资论坛上即可了解到：抓规范、严监管、控风险正成为 PPP 创新改革在新的历史时期的重点任务。加强监管之际，统一的顶层设计也亟待落地，PPP 相关条例和法规正在加快制定出台。2017 年 7 月国务院法制办公布《基础设施和公共服务领域政府和社会资本合作条例（征求意见稿）》，包括税收政策、金融支持、定价机制等在内的一系列体制仍需完善。

从政策文件上来看，2017 年上半年新政频发，从 2017 年 4 月 26 日的《关于进一步规范地方举债融资行为的通知》（财预〔2017〕50 号）到 5 月 28 日的《关于坚决制止地方以政府购买服务名义违法违规融资的通知》（财预〔2017〕87 号），其实"新政"也并非新政，而是对之前出台的关于规范地方政府债务的相关文件重申和执行力度强化，强调问责机制，规范与处罚并行。

堵后门的同时，也在开前门。伴随着财政部的问责，各级地方政府、投融资平台、社会资本和金融机构深刻意识到投融资方式正在发生改变。2017 年 5 月 31 日财政部、农业部《关于深入推进农业领域政府和社会资本合作的实施意见》(财金〔2017〕50号)出台;2017年7月1日财政部、住房城乡建设部、农业部、环境保护部《关于政府参与的污水、垃圾处理项目全面实施PPP模式的通知》(财建〔2017〕455号)发布。针对示范项目,2018年4月24日财政部发布《关于进一步加强政府和社会资本合作(PPP)示范项目规范管理的通知》(财金〔2018〕54号),要求加强规范管理、强化信息公开、建立长效机制,以更好地发挥示范项目引领带动作用;2017年11月10日财政部《关于规范政府和社会资本合作(PPP)综合信息平台项目库管理的通知》(财办金〔2017〕92号)、2019年3月8日财政部《关于推进政府和社会资本合作规范发展的实施意见》(财金〔2019〕10号)等相继出台,要求坚持规范操作和从严管理,列出正负面清单,推动PPP长期、健康、可持续发展。

1.2 PPP项目投资

1.2.1 投资

1. 投资的内涵

在现代市场经济条件下,投资所涉及的范围和领域极其广泛,与其相关联的经济现象也十分复杂。不同社会制度的国家以及同一制度不同历史时期的经济学家,分别从不同的角度,对投资进行了界定。

(1)西方经济学关于投资概念及内涵的论述。

投资概念在西方经济学中,具有"金融"和"经济"两重含义。凯恩斯在其著名的《就业、利息和货币通论》一书中指出:"投资意义,包括一切资本设备之增益,不论所增者是固定资本、营运资本或流动资本"。美国著名经济学家保罗·萨缪尔森在其《经济学》一书中对投资定义作了界定:"对经济学者来说,投资总是意味着实际资本形成"。美国耶鲁大学经济学家雷诺兹教授在其《宏观经济学》一书中指出:"投资定义与通俗用法大不相同。通常说,我想买股票和债券作为'投资';而在经济学中,投资是资本物品的建设"。

(2)社会主义市场经济条件下投资内涵的界定。

投资是一定经济主体为了获取预期不确定的收益而将现期一定的资源或经济要素转化为资本的行为或过程。投资行为的经济主体称为投资主体或投资者。在现实经济生活中,投资主体或投资者指经济法人和自然人,包括各种公司、企业单位或企业集团、居民个人及各级政府和机构等。投入的资源主要是货币,也可以是设备、原料等有形资产,或技术、信息、商标、专利权等无形资产。投资所形成的资本既可以是由固定资产、流动资产、无形资产和递延资产所构成的真实资产,也可以是由股票、债券等有价证券所构成的虚拟资产。投资预期在微观上仅仅考虑直接的经济效益,宏观上还要考虑社会效益和生态效益。

2. 固定资产投资的内涵

投资学中对固定资产的界定是:在社会生产过程中,可供较长时间内反复使用,并在其使用过程基本上不改变其原有物质形态的劳动资料和其他物质资料。在对投资界定的基础上，本研究将固定资产投资界定为一定的投资主体为了获得预期的投资收益而将现期的一定资源或经济要素转化为固定资产的行为或过程。固定资产投资是增加社会有效需求，扩大生产规模，发展国民经济，提高人民物质文化生活水平的重要手段。根据我国现行规定，固定资产投资按其再生产性质可分为基本建设投资、更新改造投资、房地产开发投资和其他固定资产投资。固定资产投资反映了固定资产再生产过程中的资金、货物、技术、人力等有形资产和无形资产的价值量和运动过程。

3. PPP模式与投资的关系

基础设施和公用事业是全世界城镇化进程中的永恒话题，而其投融资模式、资金来源也是历来备受关注的领域。根据财政部全国PPP综合信息平台统计，截至2019年一季度末，管理库累计项目数8 843个、投资额13.4万亿元。其中，已有5 531个PPP项目签约落地，带动投资8.4万亿元，涵盖市政工程、交通运输、环境保护等19个领域一大批基础设施项目和基本公共服务项目投入运营服务。

从国际经验来看，PPP模式占基建投融资的比例一般不会超过15%。例如，英国为5%—10%，加拿大不到5%，韩国较高，但也没超过15%。根据2015年统计数据显示，我国2015年基建投资的12.3万亿元（按照2014年的基建投资增长10%计算）中，PPP模式所占比例不到5%。财政部《关于印发政府和社会资本合作项目财政承受能力论证指引的通知》（财金〔2015〕21号）中第二十五条规定："每一年度全部PPP项目需要从预算中安排的支出责任，占一般公共预算支出比例应当不超过10%。省级财政部门可根据本地实际情况，因地制宜确定具体比例，并报财政部备案，同时对外公布"，即从国家层面给PPP项目定了一条上限，财政承受能力评价中10%红线，这也是一个积极信号，尤其是仍处于起步阶段的中国，法律体系不完善、退出机制不明确、融资工具不够丰富、政府信用有待改善、咨询等支持行业不健全等问题都存在，路漫漫其修远兮，PPP模式的发展与应用需要不断完善。

结合上一节的PPP含义与发展历程可见，综合考虑我国发展情况，PPP模式在我国最早是作为一种投融资工具引进的，以形成多元化投资结构，而非治理方式。实际上，这是对PPP模式应用上的一种局限。

国际PPP模式通常是政府管理公共项目的有效手段，多运用于医院、学校、监狱等。例如新西兰的Wiri监狱就是一个典型的例子，2010年，新西兰政府决定在南奥克兰建一所能容纳一千多名犯人的监狱，整个监狱的设计、建造、融资、运营全部由私人部门承担。该项目计划在2015年投入使用，运营期是25年。该项目最具创造性的是，政府将支付的补贴费用与监狱服刑人员再犯罪率挂钩，若不能达到标准，则相应扣减付费。这一规定就意味着，私人部门需要充分发挥创造性，使监狱的运营结果优于司法部下属的其他监狱，从而也为政府部门树立了一个标杆，有助于推动整个监狱系统的变革与进步。在这个案例中，PPP模式不仅解决了投融资问题，还解决了管理效率问题。

因此，PPP模式带来了以下几方面的融合：

（1）融资、设计、建设、运营、维护各环节捆绑或排列组合，全盘考虑带来的成本节约和效益提升；

（2）引入社会资本后，政府部门自然需要建立的市场监督、政府监督措施，在国内通常体现为绩效考核；

（3）政府部门提出投入产出说明，社会资本想方设法地实现，双方各尽所能，风险和职能合理配置能带来服务质量的改进，即专业的人做专业的事；

（4）双方长期合作互动、互相学习带来的社会管理模式的变革，在国内主要体现为国有企业改革成效。

PPP直译为公私伙伴关系，或公私部门合作，其概念强调"伙伴"和"合作"，是治理理念的典型反映。但是，尽管中国的PPP实践从20世纪80年代就已经出现，但在第一和第二个政策时期的政策文本中，都未出现过PPP的名称，而是以合资、BOT、特许经营这样的PPP具体运作类型来指代PPP，强调其投融资的特征。直到2014年发改委《关于开展政府和社会资本合作的指导意见》（发改投资〔2014〕2724号）和同年财政部《关于推广运用政府和社会资本合作模式有关问题的通知》（财金〔2014〕76号）的出台，才正式出现PPP这一名称。这意味着，尽管实践先行，但在政策层面上，直到近期，中国的PPP才实现与国际通用概念的对接，借用中国PPP研究院贾康院长的话：PPP模式对于加快新型城镇化建设、提升国家治理能力、构建现代财政制度等都具有重要意义。这也意味着，更积极和直接地接受治理理念将会是PPP模式的最高级目标。

1.2.2 融资

1. 主要融资渠道

PPP项目所需的大部分资金都是通过项目融资获得的。PPP项目的项目融资是指以项目资产、预期收益或权益作为抵押，而取得一种有限追索权的融资活动。PPP模式下，项目公司是实现PPP业务核心理念的最常见的组织方式，项目公司的融资行为表现为项目融资的主要方式。

项目公司可以采取有限责任公司合伙企业或其他形式，具体采取哪种形式需要综合考虑融资、便利税收等各种情况。由于项目公司的大部分工作在项目合同签订时才开始，因此项目公司往往也是在合同签订后才成立。

项目公司可采取单一实体或多重实体架构进行融资。目前在我国的PPP项目实践活动中，主要的形式是通过单一实体进行融资。在单一实体架构中只设立单一的项目公司，该项目公司一般同时负责项目的融资和项目的运营管理。

在多重实体架构下，不同的实体通常在PPP项目中承担不同的任务。比较常见的有两种形式：一是PPP项目涉及众多的投资人和债权人，为了满足他们的不同要求，设立双重实体；二是PPP项目本身可以分成两个不同的部分。

2. 主要融资方式

根据融资方式的不同，PPP项目融资可分为股权融资和债权融资。对于PPP项目公司而言，股权融资和债权融资的范围非常广泛，几乎包括了大部分的金融机构和金融工具。PPP项目融资的资金来源可分为股权投资、债务融资和夹层资本。

股权投资一般包括货币出资和非货币性资产出资，是项目公司以其他方式进行融资的基础。债务融资是项目公司最重要的融资方式，包括银行贷款和发行债券。随着融资工具不断创新，夹层资本也越来越多的运用到项目融资中，到了PPP项目中后期的运营期，随着项目公司逐渐产生稳定的现金流，还可以通过资产证券化、售后回租等表外工具进行融资。

（1）股权融资。

项目公司的股东对项目公司投入的资本是项目公司后续融资的基础，作为股权投资人，需要承担较高的投资风险，也有可能获得较高的投资收益。项目公司的股东主要包括公共部门投资者、社会资本方或战略投资者。PPP项目的战略投资者是指通过投融资行为实现社会或商业层面的战略目的，或者能够将自身业务经营与项目运营实现战略协同，主动深入的参与到项目设计、建设、运营等过程中的投资者，主要包括政府、政府融资平台及转型中的融资平台。政府通常指定全资或控股的政府融资平台或国有资产管理公司作为发起人，组建PPP项目公司，或对PPP项目进行股权投资。

PPP产业基金及政府投资的PPP基金，是指以股权、债券、夹层融资等工具投资PPP项目的产业投资基金，通常与承包商、行业运营商组成投资联合体，作为项目发起人或社会资本参与项目投资运营。政府投资基金也可以作为公共投资人参与项目，通过设立有限合伙公司制或契约制的基金形式参与基础项目设施投资建设。PPP项目公司的股东还包括业务协同的专业投资者，主要有承包商和建筑商、技术服务商和运营商、设备提供商等。除此之外，还包括一些财务投资者，如金融机构、大型实业投资集团、地方企业等。

（2）债务融资。

PPP项目具有高负债运营的特点，债务融资是PPP项目融资中最重要的组成部分，一般占比较高，其主要形式是银行贷款和发行债券。

（3）夹层资本。

夹层资本介于股权投资和债务融资之间，其主要表现形式是次级贷款和优先股。在PPP项目融资中，夹层资本的提供者包括股东、商业银行、机构投资者、双边和多边组织等。

1.3　PPP项目投资决策流程

1.3.1　审批制项目决策程序

1. 关于政府投资项目的定义

目前，在法律（特指全国人民代表大会和全国人民代表大会常务委员会制定的法律）层面，对"政府投资"的定义尚无全面、统一的规定。但在行政法规、部门规章层面做出了一些界定。

我国政府投资领域第一部行政法规《政府投资条例》（国务院第712号令）已经国

务院常务会议审议通过并正式颁布，于2019年7月1日施行。其中对"政府投资"的界定是："政府投资，是指在中国境内使用预算安排的资金进行固定资产投资建设活动，包括新建、扩建、改建、技术改造等"。

在地方性法规层面，上海市政府对"政府投资"作了界定，《上海市建筑市场管理条例（2014年修订）》第六十一条："……（三）政府投资，是指在本市行政区域内使用政府性资金进行的固定资产投资活动。政府性资金包括财政预算内投资资金、各类专项建设基金、统借国外贷款和其他政府性资金"。

在地方政府规章层面，浙江省政府对"政府投资"作了界定，《浙江省政府投资项目管理办法》（浙江省政府令第185号，2005年3月1日起实施）第一条："本办法所称的政府投资项目，是指县级以上人民政府利用下列资金所进行的固定资产投资项目：（一）财政预算安排的建设资金；（二）纳入财政预算管理的专项建设资金；（三）政府融资以及利用国债的资金；（四）国际金融组织和外国政府的贷款、赠款；（五）转让、出售、拍卖国有资产及其经营权所得的国有资产权益收入；（六）土地使用权出让金；（七）法律、法规规定的其他政府性资金"。太原市政府也对"政府投资"作了界定，《太原市人民政府投资项目管理办法》（太原市人民政府令第66号，2009年1月1日生效）第二条："政府投资，是指市财政预算内外用于固定资产投资资金（包括预算外资金按预算内管理的资金），纳入财政管理的各种政府性专项建设资金（含城市基础设施建设费、水利建设基金、环保治理专项资金、教育附加费等），各部门按政府规定征收用于建设的资金，国家和省补助投资、国债资金以及由市级财政承诺偿还的建设借款资金"。

大多数地方政府按照投资的资金或资产来源界定固定资产投资项目是否属于政府投资项目。

各地对于政府投资的资金或资产范围的规定也基本一致，资金范围通常包括四大类：①中央和本级财政预算内资金；②各类专项补助资金、专项建设资金；③国债专项资金；④国际金融组织和国外政府贷款等政府主权外债资金。

2. 关于企业投资项目的定义

《企业投资项目核准和备案管理条例》（国务院令第673号）第二条明确规定："本条例所称企业投资项目，是指企业在中国境内投资建设的固定资产投资项目"；第二十二条规定："事业单位、社会团体等非企业组织在中国境内投资建设的固定资产投资项目适用本条例，但通过预算安排的固定资产投资项目除外"。

《企业投资项目核准和备案管理办法》（发展和改革委员会令第2号）第二条规定："本办法所称企业投资项目，是指企业在中国境内投资建设的固定资产投资项目，包括企业使用自己筹措资金的项目，以及使用自己筹措的资金并申请使用政府投资补助或贷款贴息等的项目。项目申请使用政府投资补助、贷款贴息的，应在履行核准或备案手续后，提出资金申请报告"。

由此可见，企业投资项目一般应具备两个特征：第一，企业在境内进行固定资产投资；第二，企业投资资金不包括预算安排资金。

实际上，在国务院令第673号与发展和改革委员会令第2号发布之前，已有四十余部地方法规对"企业投资项目"的定义作了相关规定。例如：2016年1月20日发布的《广东省企业投资项目监督管理办法》（粤发改稽察〔2016〕50号）第二条规定："本省行政区域内企业投资项目的监督管理活动，适用本办法。前款所称企业投资项目，是指企业利用自有资金、融资等非政府性资金进行建设的固定资产投资项目"；2015年9月23日发布的《宁波市政府核准投资项目管理办法》（宁波市人民政府令第221号）第二条规定："本市行政区域内对实行核准制的企业投资项目的申请、核准和监督管理活动，适用本办法。前款所称实行核准制的企业投资项目，是指企业不使用政府性资金投资建设的关系国家安全和生态安全、涉及重大生产力布局、战略性资源开发和重大公共利益的固定资产投资项目"；2013年7月19日发布的《梅州市人民政府办公室关于印发梅州市企业投资管理体制改革实施办法（暂行）的通知》（梅市府办〔2013〕44号）第三条规定："本办法所称企业投资项目，是指企业利用自有资金、融资等非政府性资金进行的固定资产投资项目，包括内资企业投资项目和外商投资项目。其中外商投资项目包括中外合资、中外合作、外商独资、外商并购境内企业、外商投资企业增资和再投资等。"

根据这些规定也可得出结论：企业投资项目指的是企业利用非政府性资金进行建设的固定资产投资项目。

综合上述关于政府投资项目和企业投资项目的定义分析可知：针对固定资产投资项目而言，政府投资项目和企业投资项目的界限在于项目是否使用了政府投资资金。

3. 审批制项目决策程序

政府投资资金，包括预算内投资、各类专项建设基金、统借国外贷款等。政府投资性资金的安排，根据资金来源、项目性质和调控需要，可分别采取直接投资、资本金注入、投资补助、转贷和贷款贴息等方式。本书所称的审批制项目，主要是指采取直接投资和资本金注入的政府投资项目。其他政府资金性投资项目，除参照执行审批制项目决策程序外，还应按照国家相关规定编制项目资金申请报告，执行相关审批程序。

根据中共中央、国务院《关于深化投融资体制改革的意见》（中发〔2016〕18号），政府投资资金只投向市场不能有效配置资源的社会公益服务、公共基础设施、农业农村、生态环境保护和修复、重大科技进步、社会管理、国家安全等公共领域的项目，以非经营性项目为主，原则上不支持经营性项目。

政府投资项目实行审批制，包括审批项目建议书、项目可行性研究报告、初步设计。除情况特殊、影响重大的项目需要审批开工报告外，一般不再审批开工报告，同时应严格政府投资项目的初步设计、概算审批工作。

实行审批制决算的项目，是指使用政府直接投资、资本金注入的建设项目。其策划与决策的程序如下。

（1）编制项目建议书。

实行审批制的项目，必须依据国民经济和社会发展规划及国家宏观调控总体要求，编制三年滚动政府投资计划，明确计划内的重大项目，并与中期财政规划相衔接。建立覆盖各地区各部门的政府投资项目库，未入库项目原则上不予安排政府投资。项目单位根据规划要求委托工程咨询机构编制项目建议书（初步可行性研究报告），对项目建设的必要性、功能定位和主要建设内容、拟建地点、拟建规模、投资匡算、资金筹措以及社会效益和经济效益等进行初步分析。

（2）项目建议书的受理与审批。

项目建议书编制完成后，按照规定的程序和事权，报送项目审批部门审批。申请安排中央预算内投资 3 000 万元及以上的项目，以及需要跨地区、跨部门、跨领域统筹的项目，由国家发展改革委审批或者由国家发展改革委委托中央有关部门审批，其中特别重大项目由国家发展改革委核报国务院批准；其余项目按照隶属关系，由中央有关部门审批后抄送国家发展改革委。

项目审批部门对符合有关规定、确有必要建设的项目，批复项目建议书（一般称项目立项），并将批复文件抄送城乡规划、国土资源、环境保护等部门。如有必要，项目审批部门在受理项目建议书后委托入选的工程咨询机构进行评估。

项目审批部门在批准项目建议书之后，应当按照有关规定进行公示。公示期间征集到的主要意见和建议，作为编制和审批项目可行性研究报告的重要参考。

（3）编制项目可行性研究报告。

项目建议书批准后，项目单位应当委托工程咨询机构编制可行性研究报告，对项目在技术上和经济上的可行性以及社会效益、节能、资源综合利用、生态环境影响、社会稳定风险等进行全面分析论证，落实各项建设和运行保障条件，并按照有关规定取得相关行政许可或审查意见，向城乡规划、国土资源、环境保护等部门申请办理规划选址、用地预审、环境影响评价、节能等审批手续。可行性研究报告的编制格式、内容和深度应当达到规定要求。

经国务院及有关部门批准的专项规划、区域规划中已经明确的项目，部门改扩建项目，以及建设内容单一、投资规模较小、技术方案简单的项目，可以简化相关文件内容和审批程序。

（4）项目可行性研究报告的受理与审批。

项目可行性研究报告编制完成后，由项目单位按照原申报程序和事权向原项目审批部门申报可行性研究报告，并应附以下文件：①城乡规划行政主管部门出具的选址意见书；②国土资源行政主管部门出具的用地预审意见；③环境保护行政主管部门出具的环境影响评价审批文件；④项目的节能评估报告书、节能评估报告表或者节能登记表（需附地方有关部门出具的节能审查意见）；⑤根据有关规定应当提交的其他文件。

在项目审批部门受理项目可行性研究报告后，一般按规定时限委托工程咨询机构进行项目评估。承担咨询评估任务的工程咨询机构不得承担同一项目建议书和可行性研究报告的编制工作。特别重大的项目还应实行专家评议制度。

项目审批部门对符合有关规定、具备建设条件的项目，批准项目可行性研究报告，并将批复文件抄送城乡规划、国土资源、环境保护等部门。

对于项目单位缺乏相关专业技术人员和建设管理经验的直接投资项目，项目审批部门应当在批复可行性研究报告时要求实行代理建设制度（简称"代建制"），通过招标方式选择工程咨询机构，作为项目管理单位负责组织项目的建设实施。

（5）转入项目实施准备阶段，组织初步设计。

经批准的项目可行性研究报告是确定建设项目的依据。项目单位可依据批复文件，按照规定要求向城乡规划、国土资源等部门申请办理规划许可、正式用地手续等，并委托设计单位组织初步设计。

对于政府以资本金注入方式投入的项目，要确定出资人代表。创新不同的资金类型和资金运用方式，确定相应的管理办法，逐步实现政府投资项目的决策程序和资金管理的科学化、制度化和规范化。

1.3.2 PPP项目投资决策程序

财政部文件《关于印发政府和社会资本合作模式操作指南（试行）的通知》（财金〔2014〕113号）、《关于印发〈政府和社会资本合作项目财政承受能力论证指引〉的通知》（财金〔2015〕21号）、《关于印发〈PPP物有所值评价指引（试行）〉的通知》（财金〔2015〕167号）等，以及国家发展改革委文件《关于开展政府和社会资本合作的指导意见》（发改投资〔2014〕2724号）、《关于印发〈传统基础设施领域实施政府和社会资本合作项目工作导则〉的通知》（发改投资〔2016〕2231号）等，均对PPP项目投资决策程序中涉及的项目立项、可研、物有所值评价报告、财政承受能力论证报告、实施方案等做出了操作性指导。

但是，两部委的文件中对PPP项目实施机构以及前期决策方式等方面有不同的解释，因此，为使PPP项目纳入正常的基本建设程序，PPP项目的决策一般仍应按照1.3.1节的政府投资项目审批制项目策划和决策要求，编制项目建议书、项目可行性研究报告，进行相应的立项、决策审批。在此基础上，按照PPP模式的内涵、功能作用、适用范围和管理程序等规定，完善决策程序。具体投资决策程序可见本书第九章内容。

以深圳市为例，2018年6月19日，深圳市发展和改革委员会、深圳市财政委员会发布了文件《关于印发〈深圳市政府和社会资本合作（PPP）实施细则〉的通知》（深发改规〔2018〕1号），此文件将各阶段各事项及各责任单位均描述得较为详细，图1-2为PPP项目操作流程图。

综上，PPP在我国的发展历史不算太久，目前还处于摸索前进的状态。一方面，通过几年的积极推进确实对国内基础设施建设作出了巨大贡献；另一方面，在操作过程中也确实暴露出不合规或是不合理的问题。正如多位PPP专家说的，PPP行稳方能致远。

那么，要想解决操作过程中的各类问题，就要认识到PPP项目投资效益评价的特殊性，在PPP项目投资决策时，不仅要考虑项目的收益和风险，还需要兼顾参与各方的利益，在利益相关方的诉求之间找到一个平衡点，这样才能使项目达到多赢的目的。例如，21号文公式中的折现率是什么？它与财务内部收益率有什么关系？是什么影响了收益率的变化？影响程度有多深？不同付费计算方式各有什么特点？再如，政府方和投资人在投资决策过程中关注的内容一致吗？哪些一致？哪些不一致？均可以在下文中找到答案。

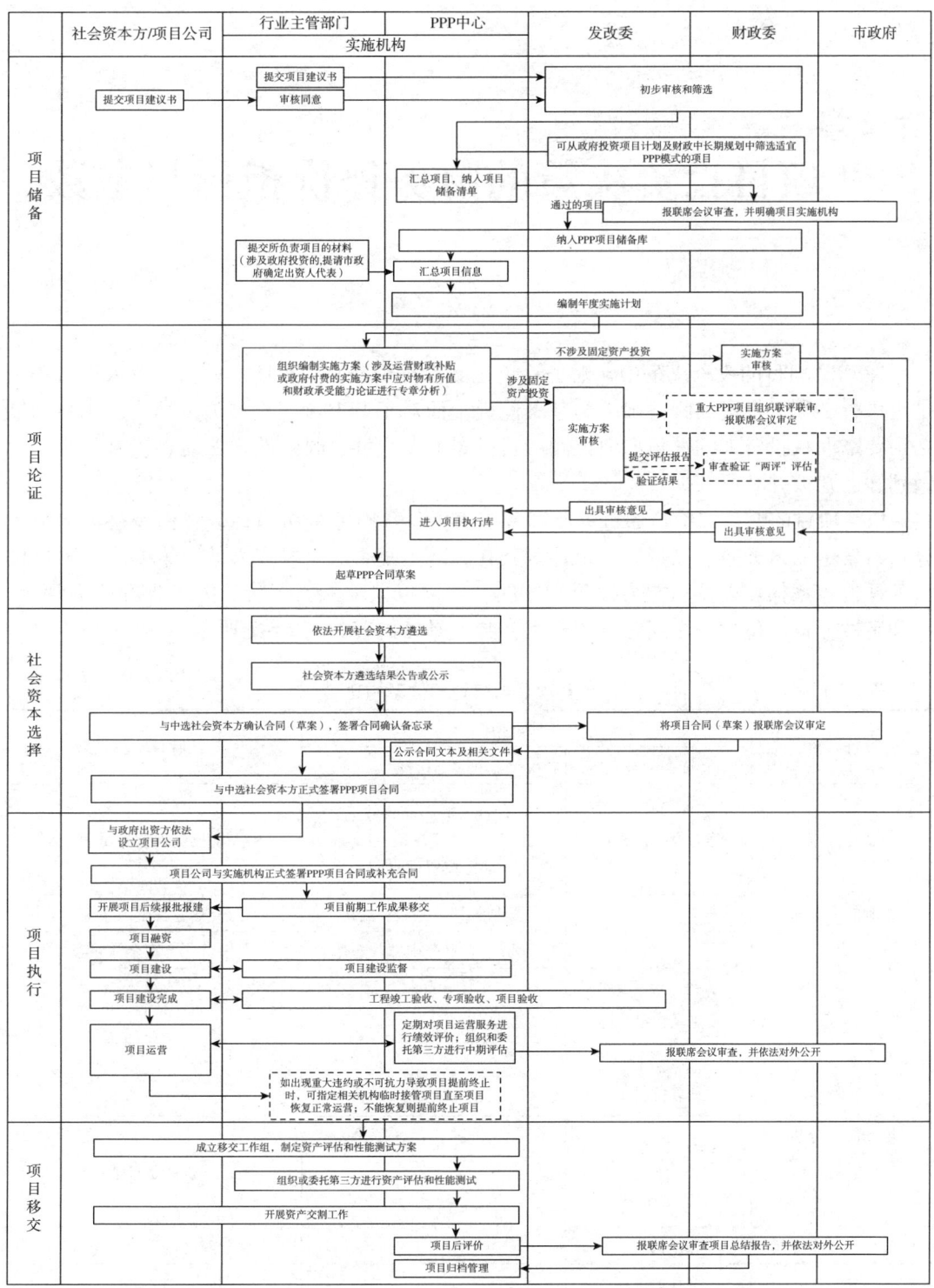

图1-2 深圳市政府和社会资本合作（PPP）项目操作流程图

资料来源：深圳市政府和社会资本合作（PPP）事务中心网站。

第 2 章
PPP 项目投资决策的财务评价指标与参数

在 PPP 项目的投资决策中，财务评价是必不可少的决策程序。社会投资人决策项目是否可行必须以投资的收益水平为基本前提。而对于 PPP 项目的政府方而言，项目前期必须要掌握从投资人的视角如何评判项目的财务安全性、收益性，才能在谈判与决策中做到知己知彼并有所依据。

PPP 项目的财务评价是通过编制财务报表，计算财务分析指标，在微观层面分析计算项目发生的财务效益和费用，以评判其在经济上是否满足投资人的决策要求。整体的财务评价体系构建以盈利能力评价为主线，辅之以偿债能力评价、财务生存能力评价、不确定性分析，包含一系列评价指标和参数，具体内容如表 2-1 所示。

表 2-1　　　　　　　　　　PPP 项目财务评价体系构建

评价内容	财务评价指标		基本报表
	静态指标	动态指标	
盈利能力分析	静态投资回收期	全投资财务内部收益率、财务净现值、动态投资回收期	全投资现金流量表
	—	资本金财务内部收益率	资本金现金流量表
	—	投资各方财务内部收益率	投资各方现金流量表
	总投资收益率、资本金净利润率	—	利润及利润分配表
偿债能力分析	偿债备付率、利息备付率	—	
	资产负债率、流动比率、速动比率	—	资产负债表
财务生存能力分析	盈余资金	—	财务计划现金流量表
不确定性分析	盈亏平衡点	—	利润及利润分配表
	敏感性分析	—	全投资现金流量表

如表 2-1 所示，可以选用的投资分析方法和评价指标众多，如何选择非常关键。

大多数投资人会关注项目的投资收益水平，而投资收益水平的评价指标众多，如总投资收益率、资本金净利润率、财务内部收益率，该如何选择呢？财务内部收益率因既考虑了项目投入资金的时间价值，其数值又具有普遍参考意义，得到了广泛应用。

财务内部收益率是指财务净现值为零时的折现率。现金流量表记录所有的投资现金流入和流出，如表2-2所示。

表2-2　现金流量表　　　　　　　　　　　　　　　　　　　　　　单位：万元

年	1	2	3	4	5	6	7	8	9	10
收入			170	200	230	260	290	300	320	330
运营成本			-40	-50	-60	-70	-80	-85	-90	-95
投资成本	-300	-500								
税			-30	-40	-50	-60	-70	-75	-80	-85
现金流	-300	-500	100	110	120	130	140	140	150	150

财务净现值是指按设定的折现率 i_c 计算的项目计算期内各年净现金流量的现值之和。计算公式为：

$$FNPV = \sum_{t=1}^{n}(CI-CO)_t(1+i_c)^{-t} \qquad （公式2-1）$$

式中：

FNPV——净现值；

CI——现金流入；

CO——现金流出；

$(CI-CO)_t$——第 t 年的净现金流量；

n——计算期年数；

i_c——设定的折现率，通俗地讲是折现的现金流回报率。

财务内部收益率就是通过现金流量表反映的本项目最低可以接受的折现率，也就是净现值为零时的折现率。税收是成本的重要组成部分，财务内部收益率的测算应当建立在税后分析基础上的，即考虑各期交纳税费对现金流入的抵减作用。本章下文将首先介绍测算财务内部收益率的资金时间价值原理、现金流量分析方法，然后对财务评价指标体系的构建进行阐述。

2.1　现金流量分析方法

从是否考虑资金的时间价值的角度划分，财务评价指标可分为静态指标、动态指标。财务净现值与财务内部收益率是典型的动态财务评价指标，以项目财务现金流量表为基础，利用资金时间价值的原理进行折现，计算项目财务内部收益率和财务净现值指标，从而评判项目是否可获得期望的收益水平。首先介绍一个关键概念——资金时间价值，然后阐述测算财务净现值与财务内部收益率的财务分析基础方法——现金流量分析方法。

1. 资金时间价值

资金的时间价值也称货币的时间价值。在商品货币经济中，资金是劳动资料、劳动对象和劳动报酬的货币表现。资金运动反映的是物化劳动和活劳动的运动过程，在这个运动过程中，劳动者新创造的价值形成资金增值。这个资金增值采取了随时间推移而增值的外在形式，故称之为资金的时间价值。资金时间价值在商品货币经济中有两种表现形式：利润和利息。

由于资金存在时间价值，致使不同时点发生的现金流量不能直接进行比较，资金必须与时间结合，才能表现出其真正的价值。因此，对项目进行经济评价，首先应对其收益与费用进行时间价值的等值变换，即将不同时点上的资金价值转换为相同时点（一个或多个）上的价值，使之具有时间可比性，这就是所谓的资金时间价值等值变换原理。

举个简单的例子：根据人们的常识，即使在物价不变的情况下，金额相同的货币在不同的时间仍具有不同的价值。例如，某人现在手头有 10 000 元，现在这 10 000 元价值比将来任一年份的 10 000 元价值要高。因为此时这 10 000 元可以存入银行，可以买理财产品，也可以拿去投资，现在的 10 000 元可以等同于 1 年后的 10 500 元，可以等同于 2 年后的 11 025 元。

【案例 2 – 1】 某人把 10 000 元现金存入银行。年存款利率为 5%，定期存放 6 年整，按复利计算，6 年后该笔存款取出时共多少钱？

设定 6 年后该笔存款取出时的价值为 F，测算如下：

$$F = 10\ 000 \times (1 + 5\%)^6$$
$$= 13\ 401$$

即该笔存款 6 年后取出时共 13 401 元。

根据案例可以看出资金的时间价值是按复利计算的。所谓复利，是指在计算某一计息周期的利息时，其先前周期上所累积的利息要计算利息。复利的概念是相对于单利而言的，单利是指在计算利息时，仅用最初本金来计算，而不计入先前计息周期中所累积增加的利息。相较于单利计息而言，复利计息更符合资金在社会再生产过程中的实际状况。

以案例 2 – 1 为例，若采用单利计算存款的年收益，则该笔存款 6 年后取出时共多少钱？

设定 6 年后该笔存款取出时的价值为 F，测算如下：

$$F = 10\ 000 \times (1 + 5\% \times 6)$$
$$= 13\ 000$$

即该笔存款 6 年后取出时共 13 000 元。

2. 现金流量分析方法

现金流指的是资金在一个特定的时期（如月、季度、年度）流入和流出的过程。现金流量分析是对 PPP 项目投融资、建设、运营到移交的整体生命周期的现金流出和流入的全部资金活动采用收付实现制进行汇总分析。通过现金流量表可以方便地测算出财务内部收益率、财务净现值、投资回收期等重要的盈利能力评价指标。通过财务计划现金流量表的分析，可以较直观的评判项目生存能力的可行性。

现金流量分析对项目经济评价具有重要意义，并在当前 PPP 财务测算中大量应用，主要的动态盈利指标分析均采用现金流量分析方法。

简要分析步骤为：在项目计算期内，以相关效益费用数据为现金流量，编制现金流量表，考虑资金时间价值，采用折现方法计算净现值、内部收益率等指标，用以分析考察项目投资盈利能力。

现金流量分析又可分为项目投资现金流量分析，项目资本金现金流量分析和投资各方现金流量分析三个层面。

项目投资现金流量分析是在匡算出项目总投资额后，不考虑融资方案设计的前提下，对投资项目进行的融资前分析，其评价目标是考察项目全部投资的盈利能力。项目资本金现金流量分析和投资各方现金流量分析是项目融资后分析，是在初步确定项目融资方案和交易结构后，通过对项目资本金的收益水平和项目公司股东权益资金的收益水平进行评判，进而确定项目的融资方案和交易结构设计是否合理。

（1）项目投资现金流量分析。

项目投资现金流量分析（原称为"全部投资现金流量分析"），是在投资项目可行性研究阶段必须开展的融资前财务分析。在不考虑债务融资的情况下，财务评价人员确定现金流入和现金流出，编制项目投资现金流量表，计算财务内部收益率和财务净现值等指标，进行项目全部投资盈利能力分析，评判项目对投资者或其他财务主体总体的价值贡献。

项目投资现金流量分析是从拟实施项目全部投资总盈利能力的角度，评判项目建设方案、运营方案设计的合理性、可行性。该项分析可排除融资方案的影响，通过计算相关评价指标，作为规划实施项目初步投资决策的依据和下一步融资方案研究的基础。企业投资人在投资项目决策阶段，常通过项目投资现金流量分析考察项目是否能满足企业投资的最低收益要求，如果相关财务评价指标达不到最低收益要求，就会终止下一步的投资计划。

根据投资决策需要，项目投资现金流量分析可选取所得税前、所得税后两个角度进行考察，选择计算相应的财务指标。

项目投资现金流量分析的现金流入主要包括营业收入（销售收入、租赁收入、补贴收入和其他收入），增值税销项税额，在计算期的最后一年，还包括回收资产余值及回收流动资金。

现金流出主要包括建设投资（含固定资产进项税）、流动资金、经营成本、增值税进项税额、应纳增值税、营业税金及附加。如果运营期内需要投入维持运营投资，应将其作为现金流出。所得税后分析还要将所得税作为现金流出。由于是融资前分析，该所得税应与融资方案无关，其数值应区别于利润及利润分配表中的所得税，称为调整所得税，或融资前所得税。计算方法为用不受利息因素影响的息税前利润乘以所得税税率。净现金流量（现金流入与现金流出之差）是计算评价指标的基础（见表 2-3）。

表 2-3　　　　　　　　　　　项目投资现金流量表　　　　　　　　　　单位：万元

序号	项目	合计	计算期					
			1	2	3	4	……	n
1	现金流入							
1.1	营业收入							
1.2	补贴收入							
1.3	增值税销项税额							
1.4	回收固定资产余值							
1.5	回收流动资金							
2	现金流出							
2.1	建设投资							
2.2	流动资金							
2.3	经营成本							
2.4	增值税进项税额							
2.5	应交增值税							
2.6	税金及附加							
2.7	维持运营投资							
3	所得税前净现金流量（1-2）							
4	累计所得税前净现金流量							
5	调整所得税							
6	所得税后净现金流量（3-5）							
7	累计所得税后净现金流量							

计算指标：

项目投资财务内部收益率（%）（所得税前）

项目投资财务内部收益率（%）（所得税后）

项目投资财务净现值（所得税前）（i_c =　　%）

项目投资财务净现值（所得税后）（i_c =　　%）

项目投资财务回收期（年）（所得税前）

项目投资财务回收期（年）（所得税后）

（2）项目资本金现金流量分析。

项目资本金现金流量分析是在项目投资现金流量分析基础上，通过拟定的融资方案，从项目资本金出资者整体角度，识别、确定其现金流入和现金流出，编制项目资本金现金流量表，计算项目资本金内部收益率指标，从而评判项目资本金在项目整个生命周期内可获得的收益回报水平。

融资方案设计和交易结构设计是 PPP 项目前期准备阶段的重点工作。项目资本金现金流量分析是融资后分析，正常情形下项目资本金现金流量分析的财务评价指标能够反映项目投资人自有资金出资整体的盈利回报能力是否达到最低期望收益。相比于项目投资现金流量分析考察项目在融资前的全部投资整体收益回报水平，项目资本金现金流量分析和其评价指标更适用于 PPP 项目中的投资决策。根据 2016 年 9 月 24 日发布的《财政部关于印发〈政府和社会资本合作项目财政管理暂行办法〉的通知》（财金〔2016〕92 号）（以下简称"财金〔2016〕92 号文"），第十七条第四款项："合同应当根据项目基准成本和项目资本金财务内部收益率，参照工程竣工决算合理测算确定项目的补贴或收费定价基准。"这一观点得到了官方的认同。

项目资本金现金流量分析指标是比较和取舍融资方案的重要依据。在项目全部投资现金流量融资前分析已对项目基本获利能力有所判断的基础上，再通过项目资本金现金流量分析结果可以进一步判断项目方案在设计的融资条件下的合理性。因此，可以说项目资本金现金流量分析指标是融资决策的依据，有助于项目投资者在其可接受的融资方案下最终决策出资。

项目资本金现金流量分析需要编制项目资本金现金流量表（见表 2-4），该表的现金流入包括营业收入（销售收入、租赁收入、补贴收入和其他收入）、增值税销项税额，在计算期的最后一年，还可包括回收资产余值及回收流动资金；现金流出主要包括建设投资和流动资金中的项目资本金（政府方和社会资本方的权益资金）、经营成本、增值税进项税额、应交增值税、营业税金及附加、还本付息和所得税。该所得税等同于利润及利润分配表等财务报表中的所得税，而区别于项目投资现金流量表中的调整所得税。如果计算期内需要投入维持运营投资，也应将其作为现金流出（通常可设定维持运营投资由企业自有资金支付）。可见该表的净现金流量包括了项目或项目公司在缴税和外部融资还本付息之后所剩余的全部收益（含项目公司股东各方应分配的利润），也即项目公司的净收益，又是项目投资各方的权益性收益。

表 2-4　　　　　　　　　　　项目资本金现金流量表　　　　　　　　　　单位：万元

序号	项目	合计	计算期					
			1	2	3	4	……	n
1	现金流入							
1.1	营业收入							
1.2	补贴收入							
1.3	增值税销项税额							
1.4	回收固定资产余值							
1.5	回收流动资金							
2	现金流出							
2.1	项目资本金							
2.2	借款本金偿还							
2.3	借款利息支付							
2.4	经营成本							
2.5	增值税进项税额							
2.6	应交增值税							

续表

序号	项目	合计	计算期					
			1	2	3	4	……	n
2.7	税金及附加							
2.8	所得税							
2.9	维持运营投资							
3	净现金流量（1－2）							
计算指标：								
资本金财务内部收益率（%）								

（3）项目投资各方现金流量分析。

对于某些项目，为了考察投资各方的具体收益，还需要进行投资各方现金流量分析。投资各方现金流量分析是从投资各方实际收入和支出的角度，确定现金流入和现金流出，分别编制投资各方现金流量表，计算投资各方的内部收益率指标，考察投资各方自有资金出资可能获得的收益回报水平。

在仅按股本比例分配利润和分担亏损和风险的情况下，投资各方的利益是均等的，可不进行投资各方现金流量分析，应用项目资本金现金流量分析即可。当投资各方不按股权比例分配利润时，各方的收益率将会有差异。例如，PPP 项目成立项目公司后，政府出资人代表不参与利润分配，社会资本方股东将获得超过股份比例的可分配利润，此时应用项目资本金现金流量分析测算的资本金财务内部收益率指标不能准确地反映社会资本方股东自有资金的实际收益回报水平。应通过投资各方现金流量分析，计算投资各方的财务内部收益率指标从而准确评判股东权益资金的收益能力是否达到最低期望要求。

投资各方现金流量表中的现金流入和现金流出科目需要根据项目具体情况和投资各方因项目发生的收入和支出情况选择填列（见表 2－5）。

表 2－5　　　　　　　　投资各方现金流量表　　　　　　　　单位：万元

序号	项目	合计	计算期					
			1	2	3	4	……	n
1	现金流入							
1.1	实分利润							
1.2	资产处置收益分配							
1.3	租赁费收入							
1.4	技术转让或使用收入							
1.5	其他现金流入							
2	现金流出							
2.1	实缴资本							

续表

序号	项目	合计	计算期					
			1	2	3	4	……	n
2.2	租赁资产支出							
2.3	其他现金流出							
3	净现金流量（1-2）							

计算指标：

投资各方财务内部收益率（%）

2.2 PPP项目投资决策常用评价指标

2.2.1 项目投资财务净现值

1. 定义

项目投资财务净现值与项目财务内部收益率共同被认为是投资项目财务评价中最重要的动态盈利指标。

项目投资财务净现值是考察项目盈利能力的绝对量指标，它反映项目在满足按设定折现率要求的盈利之外所能获得的超额盈利的现值。项目投资财务净现值等于或大于零，表明项目的盈利能力达到或超过了设定折现率所要求的盈利水平，该项目财务效益可以被接受。

2. 项目投资财务净现值的测算

项目投资财务净现值是指按设定的折现率i_c计算的项目计算期内各年净现金流量的现值之和。计算公式为：

$$\text{FNPV} = \sum_{t=1}^{n}(CI-CO)_t(1+i_c)^{-t} \qquad \text{（公式2-2）}$$

式中：

CI——现金流入；

CO——现金流出；

$(CI-CO)_t$——第t年的净现金流量；

n——计算期年数；

i_c——设定的折现率，通常可选用财务内部收益率的基准值（可称财务基准收益率，最低可接受收益率等）。

财务净现值和财务内部收益率具有关联性，简单来说财务内部收益率即为项目的净现值为零时的折现率。在对同一个PPP项目做财务盈利能力评价时，采用财务基准收益率作为折现率用于计算财务净现值，可使财务净现值大于或等于零与财务内部收益率大于或等于财务基准收益率，两者对项目财务盈利水平的判断结果一致。

【案例 2-2】 某集中供热 PPP 项目建设期 2 年，运营期 18 年。项目投产首年生产负荷 80%，其他年份为 100%。已知计算期内该项目各年度的现金流入，现金流出数据，通过项目投资现金流量表（现金流量按年末发生计）（见表 2-6），根据设定的所得税前财务基准收益率（i_c）5%，测算所得税前财务净现值，并由此评价项目的财务可行性。

表 2-6　　　　　集中供热 PPP 项目投资现金流量表　　　　　单位：万元

序号	项目	1	2	3	4	5	6	7	8	9	10
	生产负荷			80%	100%	100%	100%	100%	100%	100%	100%
1	现金流入	0	0	1 044	1 044	1 044	1 044	1 044	1 044	1 044	1 044
1.1	营业收入			941	941	941	941	941	941	941	941
1.2	销项税额			103	103	103	103	103	103	103	103
1.3	回收资产										
1.4	回收流动资金										
2	现金流出	3 008	3 008	493	430	430	430	430	430	430	430
2.1	建设投资	3 008	3 008								
2.2	流动资金			63							
2.3	经营成本			395	395	395	395	395	395	395	395
2.4	进项税额			35	35	35	35	35	35	35	35
2.5	应纳增值税			0	0	0	0	0	0	0	0
2.6	营业税金及附加			0	0	0	0	0	0	0	0
2.7	维持运营投资										
3	所得税前净现金流量	-3 008	-3 008	551	614	614	614	614	614	614	614
4	累计税前净现金流量	-3 008	-6 016	-5 465	-4 851	-4 237	-3 623	-3 010	-2 396	-1 782	-1 168
5	调整所得税			81	81	81	81	81	81	81	81
6	所得税后净现金流量	-3 008	-3 008	470	533	533	533	533	533	533	533
7	累计后净现金流量	-3 008	-6 016	-5 546	-5 013	-4 480	-3 948	-3 415	-2 882	-2 349	-1 816

序号	项目	11	12	13	14	15	16	17	18	19	20
	生产负荷	100%	100%	100%	100%	100%	100%	100%	100%	100%	100%
1	现金流入	1 044	1 044	1 044	1 044	1 044	1 044	1 044	1 044	1 044	1 107
1.1	营业收入	941	941	941	941	941	941	941	941	941	941
1.2	销项税额	103	103	103	103	103	103	103	103	103	103
1.3	回收资产										
1.4	回收流动资金										63

续表

序号	项目	11	12	13	14	15	16	17	18	19	20
2	现金流出	430	431	506	506	506	506	506	506	506	506
2.1	建设投资										
2.2	流动资金										
2.3	经营成本	395	395	395	395	395	395	395	395	395	395
2.4	进项税额	35	35	35	35	35	35	35	35	35	35
2.5	应纳增值税	0	1	68	68	68	68	68	68	68	68
2.6	营业税金及附加	0	0	8	8	8	8	8	8	8	8
2.7	维持运营投资										
3	所得税前净现金流量	614	613	538	538	538	538	538	538	538	601
4	累计税前净现金流量	-554	59	597	1 135	1 673	2 210	2 748	3 286	3 824	4 424
5	调整所得税	81	81	79	79	79	79	79	79	79	79
6	所得税后净现金流量	533	532	459	459	459	459	459	459	459	522
7	累计税后净现金流量	-1 283	-751	-292	167	625	1 084	1 543	2 002	2 460	2 982

根据项目投资现金流量表计算：

$$\text{所得税前财务净现值}(i_c = 5\%) = -3\,008 \times (1.05)^{-1} - 3\,008 \times (1.05)^{-2} + 551 \times (1.05)^{-3}$$

$$+ 614 \times \frac{(1+5\%)^9 - 1}{5\%(1+5\%)^9} \times (1.05)^{-3} + 538$$

$$\times \frac{(1+5\%)^7 - 1}{5\%(1+5\%)^7} \times (1.05)^{-12} + 601 \times (1.05)^{-20}$$

$$= -2\,865 - 2\,728 + 476 + 3\,769 + 1\,733 + 226 = 611 > 0$$

所得税前财务净现值（$i_c = 5\%$）大于零，项目财务效益是可以接受的。

3. 财务净现值的优点与不足

财务净现值是反映项目投资盈利能力的一个重要的动态评价指标，被广泛应用于投资项目财务经济评价中。其优点在于指标不仅考虑了资金的时间价值，对投资项目进行了动态分析评价，而且考察了项目在整个生命周期内的经济状况，并且直接以货币数额的形式表示项目投资的收益性大小，经济意义直观明确。其不足在于没有考虑到初始投资规模的影响，仅仅依靠净现值作为评判盈利水平的依据，具有局限性，不足以认定净现值大的项目其投资盈利水平就高。基于此种需要，外延出另一个财务评价指标——财务净现值率。

所谓财务净现值率，就是财务净现值和初始投资额的比率，计算公式为：

$$FNPVR = \frac{FNPV}{PVI} \quad \text{（公式2-3）}$$

式中：

FNPVR——财务净现值率；

FNPV——财务净现值；
PVI——初始投资额。

财务净现值率表示单位投资获得的净收益现值。

2.2.2 财务内部收益率

1. 定义

项目财务内部收益率（也称"内部报酬率"）应用项目现金流量表分析计算，是指能使投资项目在整个计算期内各年净现金流量现值累计等于零时的折现率。项目财务内部收益率应用项目现金流量表分析计算。根据评价目标不同，可分为项目投资财务内部收益率、项目资本金财务内部收益率、投资各方财务内部收益率，通用表达式为：

$$\sum_{t=1}^{n}(CI-CO)_t(1+FIRR)^{-t}=0 \qquad (公式2-4)$$

式中：

FIRR——欲求取的项目财务内部收益率；
CI——现金流入；
CO——现金流出。

将求得的项目财务内部收益率与设定的基准参数（i_c）进行比较，当 FIRR≥i_c 时，即认为项目的盈利性能够满足要求，该项目财务效益可以被接受。财务内部收益率的选定首先应该不小于该资金的机会成本。资金机会成本是指在为手中的一笔资金选派用场时，有两种不同的方案，由于选择了其中一种从而放弃了另一方案所失去的利益或收入，亦叫资金择机代价。资金的机会成本不应和资金的财务成本混淆，财务成本是筹集资金所花的成本。所以资金的成本一定要区分资金的机会成本和资金的财务成本这两个概念。在投资决策时，首先应当考虑的是资金的机会成本，而不是财务成本。在实际应用中，资金的机会成本通常比财务成本高。财务内部收益率的评判标准应不小于资金的机会成本。

2. 财务内部收益率的分类

项目投资财务内部收益率（也称"项目全投资财务内部收益率"）是考察项目盈利能力的相对量指标，反映了项目初始投资额在整个项目周期内所获得的资金回报率。该经济指标表明了项目对所占用资金的一种收回能力，内部收益率计算结果值越大，表明投资项目的经济性，即回收和盈利能力越强，方案的经济效果越好。

按照财金〔2016〕92号文的说法，PPP项目的财务评价应准确测算项目资本金财务内部收益率指标，合理评价项目投资人自有资金出资在项目全生命周期内的收益回报水平。项目资本金财务内部收益率的表达式和计算方法同项目投资财务内部收益率，只是所依据的现金流量数据来自于项目资本金现金流量表，判断的基准参数（财务基准收益率）称为项目资本金税后财务基准收益率。

项目资本金税后财务基准收益率应体现项目权益出资人对项目资本金出资获利的最低期望值（也称最低可接受收益率）。当项目资本金财务内部收益率大于或等于该最低可接受收益率时，说明在该融资方案下，项目资本金获利水平超过或达到了要求，该融资方案是可以接受的。

依据投资各方现金流量表中的现金流入和现金流出科目计算的投资各方财务内部收益率，其表达式和计算方法同项目投资财务内部收益率，只是所依据的表格和净现金流量内涵不同，判断的基准参数也不同。

项目社会资本方股东财务内部收益率大于社会资本方股东最低可接受的收益率，说明项目社会资本方股东自有资金获利水平超过了要求，从项目社会投资者角度看财务效益是可以接受的。

3. 财务内部收益率指标的优缺点

（1）财务内部收益率指标考虑了资金的时间价值，用于对投资项目进行动态分析，并考察评判投资项目在整个生命周期内的全部情况。

（2）财务内部收益率是内生决定的，即由项目的现金流量特征决定的，不是事先外生给定的。因此，在进行财务分析评价时往往把财务内部收益率作为最主要的盈利能力评价指标。

（3）财务内部收益率指标的缺点是计算烦琐，全生命周期内净现金流正负值变动超过一次的非常规投资项目会有多解现象，分析、检验和评判比较复杂。

有关财务内部收益率评价指标的更多内容将在后面的章节详细阐述。

2.2.3 投资回收期

项目投资回收期是指以项目的净收益回收项目投资所需的时间。对于投资项目，投资者为了避免投资风险，往往希望在一定期限内回收投资，特别对于产品更新换代比较快或市场竞争比较激烈的投资项目，为避免技术进步或市场变化带来的风险，投资者要求在较短的时间内回收投资。因此，往往在财务评价中会计算项目的投资回收期指标。

从是否考虑资金的时间价值角度划分，投资回收期可分为静态投资回收期、动态投资回收期。

1. 静态投资回收期

（1）定义。

项目静态投资回收期不考虑资金的时间价值，一般以年为单位，并从项目建设开始时计算项目的净收益回收项目投资所需的时间，若从项目投产开始时计算起的，应予以特别注明。其表达式为：

$$\sum_{t=1}^{P_t}(CI-CO)_t=0 \qquad (公式2-5)$$

（2）项目静态投资回收期的测算。

项目静态投资回收期可借助项目全投资现金流量表，依据未经折现的净现金流量和累计净现金流量计算，项目现金流量表中累计净现金流量由负值变为零时的时点，即为项目投资回收期。其计算公式为：

P_t = 累计净现金流量开始出现正值的年份数 $-1+$（上年累计净现金流量的绝对值/当年净现金流量）

$$\qquad (公式2-6)$$

该指标评价的判断依据是基准投资回收期，在考察具体的投资项目时，可将计算出来的投资回收期与投资者所要求的投资回收期进行比较，若计算出来的投资回收期小于投资者所要求的基准投资回收期，则表示项目能够在投资者要求的期限内回收投资，否则表明在投资者所要求的投资回收期内，项目的盈利能力达不到要求。投资回收期越短，表明投资回收越快，抗风险能力越强。

2. 动态投资回收期

（1）定义。

动态投资回收期与静态投资回收期都是反映项目收益抵偿投资总额所需的时间，不同点是动态周期的计算方法考虑了货币的时间价值。对于合作周期较长的 PPP 项目，更适用考虑了货币的时间价值的动态投资回收期。

全部投资所得税后动态投资回收期是以经确定的资金成本率为折现率，将各年净现金流量折现到建设起点，累计净现值等于零时的时间。由于计算了资金的时间价值，同时又是所得税后指标，它反映了投资者回收项目全部投资资金成本所需要的时间。表达式为：

$$\sum_{t=1}^{P_t}(CI_t - CO_t) \cdot (1+i)^{-t} = 0 \qquad \text{（公式 2-7）}$$

式中：

i——经确定的资金成本率。

（2）动态投资回收期的测算。

动态投资回收期可通过在全投资现金流量表中增加所得税后各年现金流量净现值和累计现金流量净现值两栏后直接计算求得，其公式为：

P_t = 累计净现金流量现值开始出现正值的年份数 - 1 +（上年累计净现金流量现值的绝对值/当年净现金流量现值） （公式 2-8）

（3）投资回收期指标的优点与不足。

静态投资回收期的最大优点是经济意义明确、直观、计算简单，便于投资者衡量投资项目承担风险的能力，同时在一定程度上反映了投资效果的优劣。因此得到了一定范围的应用。

静态投资回收期指标的不足主要有两点：一是投资回收期指标只考虑投资回收之前的效果，不能反映回收期之后的情况，存在片面性；二是没有考虑资金时间价值，无法用以正确地辨识投资项目的优劣。

由于静态投资回收期的局限性和不考虑资金时间价值，有可能导致评价判断错误。因此，静态投资回收期不是全面衡量投资项目的理想指标，只能用于粗略评价或者作为辅助指标和其他指标结合使用。而动态投资回收期考虑了资金时间价值，优于静态投资回收期，但是计算相对复杂，虽然能反映投资回收之后的情况，仍然有局限性。

【案例 2-3】 某集中供热 PPP 项目建设期 2 年，运营期 18 年，基准投资回收期 15 年，折现率 9%。项目现金流量计算表见表 2-7。分别用投资回收期法与净现值法考察该项目是否满足投资决策要求。

表 2-7　　　　　　　集中供热 PPP 项目现金流量计算　　　　　　单位：万元

年份	1	2	3	4	5	6	7	8	9	10
净现金流量	-8 000	-6 000	2 000	2 000	2 000	2 000	2 000	2 000	2 000	1 000
累计净现金流量	-8 000	-14 000	-12 000	-10 000	-8 000	-6 000	-4 000	-2 000	0	1 000
年份	11	12	13	14	15	16	17	18	19	20
净现金流量	1 000	1 000	1 000	1 000	1 000	1 000	1 000	1 000	1 000	1 000
累计净现金流量	2 000	3 000	4 000	5 000	6 000	7 000	8 000	9 000	10 000	11 000

根据静态投资回收期计算式，

该项目投资回收期 = 9 - 1 + 2 000/2 000 = 9（年）

因为，投资回收期小于基准投资回收期 15 年，因此该项目投资可行。

测算该项目的净现值：

$NPV = -8\,000/1.09 - 6\,000/(1.09)^2 + 2\,000/(1.09)^3 + \cdots + 1\,000/(1.09)^{20}$

$\qquad = -783.96$

因为 NPV < 0，该项目不可行。

2.2.4 静态盈利能力指标

盈利能力是任何建设投资项目投资者最关注的财务评价指标。而对于投资体量大、生命周期长的 PPP 项目更是如此。用于反映项目盈利能力的财务指标有很多类，经常选用的静态盈利能力指标介绍如下。

1. 总投资收益率

总投资收益率考察的是项目总投资的盈利水平，是指项目达到设计能力后正常年份的年息税前利润或运营期内年平均息税前利润与项目总投资的比率，其主要表达的是 PPP 项目单位投资成本所能带来的年平均利润是多少，可以充分地反映出投资者参与该项目所投入成本的获利效率。

总投资收益率的计算式：

$$ROI = \frac{EBIT}{TI} \times 100\% \qquad\qquad （公式 2-9）$$

式中：

ROI——总投资收益率；

EBIT——年息税前利润；

TI——项目总投资。

其中，年息税前利润可通过如下公式计算：

$$EBIT = 利润总额 + 支付的全部利息 \qquad\qquad （公式 2-10）$$

或：

$$EBIT = 营业收入 - 营业税金及附加 - 经营成本 - 折旧和摊销 \qquad （公式 2-11）$$

总投资收益率高于同行业的收益率参考值或者投资者确定的预期收益率，表明用总投资收益率表示的项目盈利能力满足要求。

2. 资本金净利润率

项目资本金净利润率表示项目资本金的盈利水平,是指项目达到设计能力后正常年份的年净利润或运营期内年平均净利润与项目资本金的比率。其计算公式为:

$$ROE = \frac{NP}{EC} \times 100\% \qquad (公式2-12)$$

式中:

ROE——资本金净利润率;

NP——年净利润;

EC——项目资本金。

项目资本金净利润率高于同行业的净利润率参考值或者投资者确定的预期收益率,表明用项目资本金净利润率表示的盈利能力满足要求。

总投资收益率与资本金净利润率可通过"项目总投资使用计划与资金筹措表"和"利润表"计算。

【案例2-4】某集中供热PPP项目总投资6 288万元,项目资本金2 032万元。利润表数据如表2-8所示,计算总投资收益率和项目资本金净利润率指标。

表2-8　　　　集中供热PPP项目利润及利润分配表　　　　单位:万元

序号	项目	1	2	3	4	5	6	7	8	9	10
	生产负荷	0	0	80%	100%	100%	100%	100%	100%	100%	100%
1	营业收入	0	0	941	941	941	941	941	941	941	941
2	营业税金及附加	0	0	0	0	0	0	0	0	0	0
3	总成本费用	0	0	825	815	805	794	783	771	759	746
4	补贴收入										
5	利润总额	0	0	116	125	136	146	157	169	182	195
6	弥补以前年度亏损										
7	应纳税所得额	0	0	116	125	136	146	157	169	182	195
8	所得税	0	0	29	31	34	37	39	42	45	49
9	净利润	0	0	87	94	102	110	118	127	136	146
	附:息税前利润	0	0	324	324	324	324	324	324	324	324
序号	项目	11	12	13	14	15	16	17	18	19	20
	生产负荷	100%	100%	100%	100%	100%	100%	100%	100%	100%	100%
1	营业收入	941	941	941	941	941	941	941	941	941	941
2	营业税金及附加	0	0	8	8	8	8	8	8	8	8
3	总成本费用	733	718	703	688	671	654	636	617	617	617
4	补贴收入										
5	利润总额	208	222	229	245	262	279	297	316	316	316
6	弥补以前年度亏损										

续表

序号	项目	11	12	13	14	15	16	17	18	19	20
7	应纳税所得额	208	222	229	245	262	279	297	316	316	316
8	所得税	52	56	57	61	65	70	74	79	79	79
9	净利润	156	167	172	184	196	209	223	237	237	237
	附：息税前利润	324	324	316	316	316	316	316	316	316	316

根据息税前利润计算公式，运营期内年平均息税前利润为 320 万元。运营期内年平均净利润为 163 万元。

按年平均息税前利润和年平均净利润，计算总投资收益率和项目资本金净利润率指标。

$$总投资收益率 = \frac{320}{6\,288} \times 100\% = 5.1\%$$

$$项目资本金净利润率 = \frac{163}{2\,032} \times 100\% = 8.03\%$$

2.2.5 财务盈利能力评价指标的综合应用

根据财务内部收益率与财务净现值的关系，即财务内部收益率是项目财务净现值为零时，全生命周期的现金流入折现到期初的资金价值，正好覆盖项目全生命周期的现金流出折现到期初的资金价值，采用复利计算的资金回报率，财务内部收益率也可以称为折现的现金流回报率。本节结合具体案例说明回报率分析与净现值分析在项目投资决策中的具体应用。

【案例 2-5】某 PPP 项目采用 BOT 模式，建设期 1 年，运营期 10 年。投资人期望运营期每年项目带来 2 000 万元人民币净现金流入，10 年后无偿移交该资产。按照项目实施当期市场收益水平，项目的年度投资回报率大概在 12%。为了达到期望的年度现金收益，按照市场平均投资回报水平，建设期投资人应该对项目投资多少？

根据财务净现值计算公式

$$\begin{aligned}
FNPV &= 2\,000/(1+12\%) + 2\,000/(1+12\%)^{-2} + \cdots + 2\,000/(1+12\%)^{-10} \\
&= 2\,000 \times (P/A, 12\%, 10) \\
&= 2\,000 \times 5.6502 \\
&= 11\,300.45 \text{（万元）}
\end{aligned}$$

现金流量如表 2-9 所示：

表 2-9 项目投资现金流量表 单位：万元

序号	项目	1	2	3	4	5	6	7	8	9	10	11
	生产负荷		100%	100%	100%	100%	100%	100%	100%	100%	100%	100%
1	现金流入	0	2 500	2 500	2 500	2 500	2 500	2 500	2 500	2 500	2 500	2 500
1.1	总收入	0	2 500	2 500	2 500	2 500	2 500	2 500	2 500	2 500	2 500	2 500

续表

序号	项目	1	2	3	4	5	6	7	8	9	10	11
2	现金流出	11 300	500	500	500	500	500	500	500	500	500	500
2.1	建设投资	11 300										
2.2	成本费用	0	500	500	500	500	500	500	500	500	500	500
3	净现金流量	-11 300	2 000	2 000	2 000	2 000	2 000	2 000	2 000	2 000	2 000	2 000
4	累计净现金流量	-11 300	-9 300	-7 300	-5 300	-3 300	-1 300	700	2 700	4 700	6 700	8 700

注：项目投资内部收益率12%。

当把期望的未来年度净现金收益按照市场平均的折现年度投资回报率，折现到建设期初时，可以发现，为了达到期望的年度净收益，按照项目实施当期的市场收益水平，投资人要对项目投入11 300.45万元。

【案例2-6】案例2-5中如果项目采用BOO模式，项目建设形成的固定资产所有权归项目公司所有。在合作期末该项目资产不移交，估值预计为25 000万元人民币。根据12%的投资回报率水平计算，为了达到期望的年度净现金收益水平，建设期投资人应该投资多少？

根据财务净现值计算公式

$$FNPV = 2\,000/(1+12\%) + 2\,000/(1+12\%)^{-2} + \cdots$$
$$+ 2\,000/(1+12\%)^{-9} + 27\,000/(1+12\%)^{-10}$$
$$= 2\,000 \times (P/A, 12\%, 10) + 25\,000 \times (P/F, 12\%, 10)$$
$$= 2\,000 \times 5.6502 + 25\,000 \times 0.322$$
$$= 19\,350.40（万元）$$

现金流量如表2-10所示：

表2-10　　　　项目投资现金流量表　　　　单位：万元

序号	项目	1	2	3	4	5	6	7	8	9	10	11
	生产负荷		100%	100%	100%	100%	100%	100%	100%	100%	100%	100%
1	现金流入	0	2 500	2 500	2 500	2 500	2 500	2 500	2 500	2 500	2 500	27 500
1.1	总收入	0	2 500	2 500	2 500	2 500	2 500	2 500	2 500	2 500	2 500	2 500
1.2	回收固定资产余值											25 000
2	现金流出	19 350	500	500	500	500	500	500	500	500	500	500
2.1	建设投资	19 350										
2.2	成本费用	0	500	500	500	500	500	500	500	500	500	500
3	净现金流量	-19 350	2 000	2 000	2 000	2 000	2 000	2 000	2 000	2 000	2 000	27 000
4	累计净现金流量	-19 350	-17 350	-15 350	-13 350	-11 350	-9 350	-7 350	-5 350	-3 350	-1 350	25 650

注：项目投资内部收益率12%。

当把期望的未来年度净现金收益按照市场平均的折现的年投资回报率折现到建设期初时，可以发现，为了达到期望的年度净收益，按照项目实施当期的市场收益水平，投资人要对项目投入 19 350.40 万元。

根据案例 2-5、案例 2-6，如果投资人期望的年度投资收益增多，在项目投资回报率一定的情况下，投资人应在建设期投入更多的建设投资额。

【案例 2-7】 案例 2-5 中在项目投资人考察项目的投资风险后，认为项目的投资收益风险比较低，因此确定在项目的年度投资回报率为 10% 时就可以决定投资该项目。为了达到年度项目给投资人带来 2 000 万元的期望收益，建设期投资人应该投资多少？

根据财务净现值计算公式

$$FNPV = 2\,000/(1+10\%) + 2\,000/(1+10\%)^{-2} + \cdots + 2\,000/(1+10\%)^{-10}$$
$$= 2\,000 \times (P/A, 10\%, 10)$$
$$= 2\,000 \times 6.1446$$
$$= 12\,289.20$$

现金流量如表 2-11 所示：

表 2-11　　　　　　　　　　项目投资现金流量表　　　　　　　　　　单位：万元

序号	项目	1	2	3	4	5	6	7	8	9	10	11
	生产负荷		100%	100%	100%	100%	100%	100%	100%	100%	100%	100%
1	现金流入	0	2 500	2 500	2 500	2 500	2 500	2 500	2 500	2 500	2 500	2 500
1.1	总收入	0	2 500	2 500	2 500	2 500	2 500	2 500	2 500	2 500	2 500	2 500
2	现金流出	12 289	500	500	500	500	500	500	500	500	500	500
2.1	建设投资	12 289										
2.2	成本费用	0	500	500	500	500	500	500	500	500	500	500
3	净现金流量	-12 289	2 000	2 000	2 000	2 000	2 000	2 000	2 000	2 000	2 000	2 000
4	累计净现金流量	-12 289	-10 289	-8 289	-6 289	-4 289	-2 289	-289	1 711	3 711	5 711	7 711

注：项目投资内部收益率 10%。

当项目投资人期望的折现的年度投资回报率降低到 10%，为了达到项目年度净现金收益 2 000 万元的要求，在建设期项目投资人要对项目投入 12 289.20 万元。

根据案例 2-5、案例 2-7，可以发现项目的折现的年度投资回报率（即财务内部收益率）与项目的财务净现值呈负相关关系。如果投资人要求的折现的年度投资回报率降低，在项目净现金流量一定的情况下，则投资人在建设期投入的建设投资额可以降低。

【案例 2-8】 案例 2-5 中，如果 PPP 项目采用 BOO 模式，建设期 1 年，运营期 10 年，测算的建设总投资为 20 000 万元。如果投资人要求运营期每年项目为其至少带来 2 000 万元人民币的净现金收益，10 年后评估的固定资产余值 25 000 万元。那么项目的折现的年度投资回报率应至少达到多少？

设定折现的年度投资回报率为 i，因为没有专门的计算公式，这里应用插值法和折现的财务净现值计算 i 值应达到的投资回报水平。

首先估算 i 的大约取值，项目每年净现金收益为 2 000 万元，则

$i \approx$ 年平均收入/最初成本 = 2 000/20 000 = 10%

在折现的年度投资回报率 10% 时，项目在建设期投资为

$$\begin{aligned}FNPV &= 2\,000/(1+10\%) + 2\,000/(1+10\%)^{-2} + \cdots \\ &\quad + 2\,000/(1+10\%)^{-9} + 27\,000/(1+10\%)^{-10} \\ &= 2\,000 \times (P/A, 10\%, 10) + 25\,000 \times (P/F, 10\%, 10) \\ &= 2\,000 \times 6.1446 + 25\,000 \times 0.3855 \\ &= 21\,926.70 \text{（万元）}\end{aligned}$$

在折现的年度投资回报率即财务内部收益率为 10% 时，项目要达到投资人要求的年度净现金收益水平，建设期投资额 21 926.7 万元。很明显，21 926.7 万元 > 20 000 万元，因为财务内部收益率与财务净现值呈负相关关系。为了使建设投资降低到 20 000 万元，折现的年度投资回报率应高于 10%。

在折现的年度投资回报率为 12% 时，项目在建设期投资为

$$\begin{aligned}FNPV &= 2\,000/(1+12\%) + 2\,000/(1+12\%)^{-2} + \cdots \\ &\quad + 2\,000/(1+12\%)^{-9} + 27\,000/(1+12\%)^{-10} \\ &= 2\,000 \times (P/A, 12\%, 10) + 25\,000 \times (P/F, 12\%, 10) \\ &= 2\,000 \times 5.6502 + 25\,000 \times 0.322 \\ &= 19\,350.40 \text{（万元）}\end{aligned}$$

在折现的年度投资回报率为 12% 时，保持年度净现金收益水平不变，建设期投资额只需要 19 350.40 万元。因此，保持年度净现金收益水平不变，建设期投资额为 20 000 万元时，折现年度投资回报率介于 10% 与 12% 之间，采用插值法测算：

$$\begin{aligned}i &= 10\% + 2\% \times (21\,926.70 - 20\,000)/(21\,926.70 - 19\,350.40) \\ &= 11.50\%\end{aligned}$$

现金流量如表 2-12 所示：

表 2-12　　　　　　　　　项目投资现金流量表　　　　　　　　　单位：万元

序号	项目	1	2	3	4	5	6	7	8	9	10	11
	生产负荷		100%	100%	100%	100%	100%	100%	100%	100%	100%	100%
1	现金流入	0	2 500	2 500	2 500	2 500	2 500	2 500	2 500	2 500	2 500	27 500
1.1	总收入	0	2 500	2 500	2 500	2 500	2 500	2 500	2 500	2 500	2 500	2 500
1.2	回收固定资产余值											25 000
2	现金流出	20 000	500	500	500	500	500	500	500	500	500	500
2.1	建设投资	20 000										
2.2	成本费用	0	500	500	500	500	500	500	500	500	500	500
3	净现金流量	-20 000	2 000	2 000	2 000	2 000	2 000	2 000	2 000	2 000	2 000	27 000
4	累计净现金流量	-20 000	-18 000	-16 000	-14 000	-12 000	-10 000	-8 000	-6 000	-4 000	-2 000	25 000

注：项目投资内部收益率 11.5%。

根据案例2-8，在测算出项目建设总投资后，投资人可以根据期望的年度净现金流量收益，测算折现的年度投资回报率，作为衡量投资项目是否可行的依据。

2.2.6 偿债能力指标

PPP项目建设运营所耗用的资金通常都比较大，那么在较长的建设运营周期内通过贷款等手段融入资金将是不可避免的，这就使得偿债能力成为考核PPP项目的又一重要指标。偿债能力指标不仅是投资者关心的指标，由于它反映了贷款发放的安全程度，更是银行等债权人最为关心的指标。

1. 利息备付率

利息备付率是指在借款偿还期内的息税前利润与当年应付利息的比值，它从付息资金来源的充裕性角度反映支付债务利息的能力。利息备付率的含义和计算公式均与企业财务绩效评价的"已获利息倍数"指标相同。息税前利润等于利润总额和当年应付利息之和，当年应付利息是指计入总成本费用的全部利息。利息备付率计算公式如下：

$$ICR = \frac{EBIT}{PI} \qquad (公式2-13)$$

式中：

ICR——利息备付率；

EBIT——息税前利润；

PI——应付利息额。

利息备付率应分年计算，分别计算在债务偿还期内各年的利息备付率。若偿还前期的利息备付率数值偏低，为分析所用，也可以补充计算债务偿还期内的年平均利息备付率。

利息备付率表示利息支付的保证倍率，对于正常经营的项目公司，利息备付率至少应大于1，一般不宜低于2，并结合债权人的要求确定。利息备付率高，说明利息支付的保证度大，偿债风险小；利息备付率低于1，表示没有足够的资金支付利息，偿债风险很大。

2. 偿债备付率

偿债备付率是从偿债资金来源的充裕性角度反映偿付债务本息的能力，是指在债务偿还期内，可用于计算还本付息的资金与当年应还本付息额的比值，可用于计算还本付息的资金是指息税前利润加上折旧和摊销（即息税折旧摊销前利润）减去所得税后的余额；当年应还本付息金额包括还本金额及计入总成本费用的全部利息，运营期内的短期借款本息也应纳入计算。国内外也有其他略有不同的计算偿债备付率的公式。

$$DSCR = \frac{EBITDA - TAX}{PD} \qquad (公式2-14)$$

式中：

DSCR——偿债备付率；

EBITDA - TAX——息税折旧摊销前利润减去所得税后的余额；

PD——当年应还本付息额。

如果运营期间支出了维持运营的投资费用,应从分子中扣减。偿债备付率应分年计算,分别计算在债务偿还期内各年的偿债备付率。

偿债备付率表示偿付债务本息的保证倍率,至少应大于1,一般不宜低于1.3,并结合债权人的要求确定。偿债备付率低,说明偿付债务本息的资金不充足,偿债风险大。当这一指标小于1时,表示可用于计算还本付息的资金不足以偿付当年债务。

3. 借款偿还期

借款偿还期指标是用项目投产以后可用于偿还借款本金的资金包括未分配利润、折旧摊销及其他收益,偿还贷款所需要的时间。借款偿还期通常用年表示。如果借款偿还期小于债权人要求的期限,则认为具有偿还借款的能力。计算公式为:

$$借款偿还期 = (偿清借款的年份 - 开始借款的年份) \\ + 当年偿还本金额/当年可用于还本的资金额 \quad (公式2-15)$$

利息备付率、偿债备付率和借款偿还期等偿债能力指标可通过"借款还本付息表""总成本费用表"和"利润表"计算。

【**案例2-9**】案例2-4中与备付率指标有关的数据见表2-13,计算该项目的利息备付率和偿债备付率,对本项目的偿债能力进行分析。

表2-13　　　　　　集中供热PPP项目与备付率有关的数据　　　　　　单位:万元

序号	项目	3	4	5	6	7	8	9	10
1	应还本付息额	407	407	407	407	407	407	407	407
	还本	199	208	219	229	241	252	265	278
	付息	209	199	189	178	167	155	142	129
2	应付利息额	209	199	189	178	167	155	142	129
3	息税前利润	324	324	324	324	324	324	324	324
4	折旧								
5	摊销	222	222	222	222	222	222	222	222
6	所得税	29	31	34	37	39	42	45	49
序号	项目	11	12	13	14	15	16	17	18	19	20
1	应还本付息额	407	407	407	407	407	407	407	0	0	0
	还本	291	306	321	336	353	370	388	0	0	0
	付息	116	102	87	71	54	37	19	0	0	0
2	应付利息额	116	102	87	71	54	37	19	0	0	0
3	息税前利润	324	324	316	316	316	316	316	316	316	316
4	折旧										
5	摊销	222	222	222	222	222	222	222	222	222	222
6	所得税	52	56	57	61	65	70	74	79	79	79

根据表 2-13 的数据计算的备付率指标见表 2-14。

表 2-14　　　　集中供热 PPP 项目利息备付率与偿债备付率指标

序号	项目	3	4	5	6	7	8	9	10
计算指标	利息备付率	1.55	1.63	1.72	1.82	1.95	2.09	2.28	2.50
	偿债备付率	1.27	1.26	1.26	1.25	1.24	1.24	1.23	1.22
序号	项目	11	12	13	14	15	16	17	
计算指标	利息备付率	2.80	3.19	3.65	4.46	5.80	8.50	16.61	
	偿债备付率	1.21	1.20	1.18	1.17	1.16	1.15	1.14	

计算结果分析：本项目前期利息负担大，虽有足够资金支付利息，但利息备付率较低。本项目还本付息周期内，偿债备付率较低，存在一定的偿债风险。

2.2.7　财务生存能力指标

项目的生存发展能力体现的是项目的可持续发展能力，也是项目财务评价的重要内容之一。

财务生存能力分析是在财务分析辅助报表和利润与利润分配表的基础上编制财务计划现金流量表，通过考察项目计算期内各年的投资，融资和经营活动所产生的各项现金流入和流出，计算净现金流量和累计盈余资金，分析项目是否能为企业创造足够的净现金流量维持正常运营，进而考察实现财务可持续性的能力。

财务可持续性首先应体现在有足够大的经济活动净现金流量，其次各年累计盈余资金不应出现负值。若出现负值，应进行短期借款，同时分析该短期借款的年份长短和数额大小，进一步判断项目的财务生存能力。短期借款应体现在财务计划现金流量表中，短期借款利息应计入财务费用。

很多 PPP 项目属于非经营性项目或准经营性项目，没有营业收入，或营业收入不足以弥补运营成本。对于此类项目通常需要政府付费或可行性缺口补贴维持运营，通过财务生存能力分析评价可以合理估算项目运营期各年所需的政府补贴数额。

财务生存能力评价可通过以下相辅相成的两个方面进行分析。

（1）应有足够的净现金流量维持项目的正常经营。

在项目运营期间，只有能够从各项经济活动中得到足够的净现金流量，项目才能得以持续生存。如果一个项目不能产生足够的经营性现金流量，或经营净现金流量为负值，说明维持项目正常运行会遇到财务上的困难，实现自身资金平衡的可能性小，有可能要靠短期融资来维持运营，有些项目可能需要政府补助来维持运营。

通常 PPP 项目运营期前期还本付息负担较重，如果偿债能力指标显示还本付息负担过重，导致为维持资金平衡需要筹措的短期借款过多或前期政府补助过多，可以设法调整还款期，或是寻求更有利的融资方案，减轻各年还款负担。

（2）各年累计盈余资金不应出现负值。

在整个运营期间，允许个别年份的净现金流量出现负值，但不能允许任一年份的累计盈余资金出现负值，一旦出现负值时应适时进行短期融资或政府补贴，该短期融资或政府补贴应体现在财务计划现金流量表中。

2.2.8 评价企业财务状况的财务指标

资产负债率、流动比率、速动比率等指标常用来考察社会投资者的财务状况是否能够满足投资项目建设、融资和运营的要求，根据企业资产负债表的相关数据测算。

1. 资产负债率

资产负债率是指企业或被评价项目的某个时点负债总额同资产总额的比率。项目财务分析评价中通常按年末数据进行计算，在长期债务还清后的年份可不再计算资产负债率。计算公式为：

资产负债率 =（负债总额/资产总额）×100%   （公式 2 - 16）

资产负债率表示企业总资产中有多少是通过负债得来的，是评价企业负债水平的综合指标。适度的资产负债率既能表明企业投资者、债权人的风险较小，又能表明企业经营安全、稳健、有效，具有较强的融资能力。

过高的资产负债率表明企业财务风险太大；过低的资产负债率则表明企业对财务杠杆利用不够。实践表明，行业间资产负债率差异较大。实际分析时应结合国家宏观经济总体运行状况、行业发展趋势、企业实力和投资强度等具体条件进行判定。

2. 流动比率

流动比率是企业某个时点流动资产同流动负债的比率。其计算公式为：

流动比率 = 流动资产/流动负债   （公式 2 - 17）

流动比率用来衡量企业资产流动性的大小，考察流动资产规模与流动负债规模之间的关系，判断企业短期债务到期前，可以转化为现金用于偿还流动负债的能力。

流动比率指标越高，说明偿还流动负债的能力越强。国际公认的标准比率是 2.0。但行业间流动比率会有很大差异，实践中应结合行业特点分析评判。

3. 速动比率

速动比率是企业某个时点的速动资产同流动负债的比率，其计算公式为：

速动比率 = 速动资产/流动负债   （公式 2 - 18）

速动资产 = 流动资产 - 存货   （公式 2 - 19）

速动比率也是衡量企业资产流动性的指标，是将流动比率指标计算公式的分子剔除了流动资产中的存货后，计算企业的短期债务偿还能力。速运比率较流动比率能更为准确地反映偿还流动负债的能力。该项指标越高，说明偿还流动负债的能力越强。国际公认的标准比率为 1.0。同样，行业间该项指标也有较大差异，实践中应结合行业特点分析评判。

2.2.9 不确定性分析方法

不确定性分析是指因对于项目将来面临的运营条件、技术发展和各种外部环境缺乏准确的信息而产生的决策没有把握性，进而对影响项目经营的各种不确定性因素进行的分析考察。例如，某投资项目根据测算确定的财务内部收益率为 8%，如果基准收益率为6%，则项目是可行的。但当销售定价降低2%，或者产销量降低5%，或者建设投资增加7%，只要其中任何一个因素变化，财务内部收益率将降低到6%以下。如能有效地控制这些不确定性因素的变化，不让其中任何一个因素超过上述变化，就能保证投资项目的财务内部收益率大于6%；如果不能有效控制这种不确定性，则项目便不可行。常用的不确定性分析方法包括敏感性分析和盈亏平衡分析。

1. 敏感性分析

（1）定义。

敏感性分析用以考察项目涉及的各种不确定因素对项目方案经济评价指标的影响，找出敏感因素，估计项目效益对它们的敏感程度，粗略预测项目可能承担的风险，为进一步的风险分析打下基础。

敏感性分析包括单因素敏感性分析和多因素敏感性分析。单因素敏感性分析是指每次只改变一个因素的数值进行分析，估算单个因素的变化对项目效益产生的影响。多因素敏感性分析则是同时改变两个或两个以上因素进行分析，估算多因素同时发生变化的影响。为了找出关键的敏感因素，通常多进行单因素敏感性分析。必要时，可以同时进行单因素敏感性分析和多因素敏感性分析。

（2）敏感性分析的计算方法。

①选取不确定因素。

不确定因素系指那些在项目决策分析评价中涉及的对项目效益有一定影响的基本因素。不确定因素通常根据行业和项目的特点，参考类似项目的经验选择那些可能对项目效益影响较大的重要的不确定因素。经验表明，通常应予以进行敏感性分析的因素包括建设投资、产出价格、主要投入价格或可变成本、运营负荷、建设期以及外商投资项目中会考虑到人民币外汇汇率等，根据项目的具体情况也可选择其他因素。

②确定不确定因素变化程度。

同时针对不确定因素的不利变化和有利变化进行，以便观察各种变化对盈利能力等效益指标的影响。一般是选择不确定因素变化的百分率，为了绘制敏感性分析图的需要可分别选取5%、10%、15%、20%等。对于那些不便使用百分数表示的因素，例如建设期，可采用延长或缩短一段时间表示，例如延长一年、缩短一年。

③选取分析指标。

根据财务评价的指标体系，可选定其中一个或几个主要指标进行分析。最基本的分析指标是财务内部收益率或财务净现值，根据项目实际情况也可以选择投资回收期等其他评价指标，必要时可同时针对两个或两个以上的指标进行敏感性分析。通常敏感性分析中必选的财务评价指标是项目投资财务内部收益率。

④计算敏感性分析指标。

敏感性分析指标包括敏感度系数和临界点。

敏感度系数是项目效益指标变化的百分率与不确定因素变化的百分率之比。敏感度系数高，表示项目效益对该不确定因素敏感程度高，提示应该重视该不确定因素对项目效益的影响。计算公式为：

$$E = \frac{\Delta A/A}{\Delta F/F} \qquad (公式2-20)$$

式中：

E——评价指标 A 对于不确定因素 F 的敏感度系数；

$\Delta A/A$——不确定因素 F 发生（$\Delta F/F$）变化时，评价指标 A 的相对变化率（%）；

$\Delta F/F$——不确定因素 F 的变化率（%）。

$E > 0$，表示评价指标与不确定因素同方向变化；$E < 0$，表示评价指标与不确定因素反方向变化。$|E|$ 较大者敏感度系数高。

临界点是指不确定因素的极限变化，即不确定因素的变化使项目由可行变为不可行的临界值，也可以说是该不确定因素使内部收益率等于基准收益率或净现值变为零时的变化率。当该不确定因素为费用科目时，为其增加的百分率；当该不确定因素为效益科目时，为其降低的百分率。临界点也可以用该百分率对应的具体数值表示。

⑤编制敏感性分析表，绘制敏感性分析图。

将敏感性分析的结果汇总于敏感性分析表，在敏感性分析表中应同时给出原项目方案的指标数值、所考虑的不确定因素及其变化、在这些不确定因素变化的情况下，项目效益指标的计算数值，并据此编制各不确定因素的敏感度系数与临界点分析表，也可以将其与敏感性分析表合并成一张表。并可根据敏感性分析表中的数值绘制敏感性分析图，横轴为不确定因素变化率，纵轴为项目效益指标。

【案例2-10】

说明：以建设投资增加10%和销售价格降低10%为例，说明表2-15中敏感度系数的计算如下：

表2-15　　　　　　　　　　敏感性分析表

序号	不确定因素	不确定因素变化率（%）	财务内部收益率（%）	敏感度系数
	基本方案		7.86	
1	建设投资变化	10	7.84	-0.025
		-10	7.89	-0.0382
2	销售价格变化	10	8.57	0.903
		-10	7.16	0.890
3	融资利率变化	10	7.82	-0.0508
		-10	7.90	-0.0509

建设投资增加10%时：

$\Delta A/A = (0.0784 - 0.0786)/0.0786 = -0.0025$

$E_{建} = -0.0025/0.1 = -0.025$

销售价格降低-10%时：

$\Delta A/A = (0.0716 - 0.0786)/0.0786 = -0.089$

$E_{销} = -0.089/(-0.1) = 0.89$

比较上面两个敏感度系数的绝对值，可以看出 $E_{销}$ 大于 $E_{建}$，说明销售价格比建设投资对项目效益指标的影响程度相对较大，也即项目效益指标对销售价格敏感程度高于对建设投资的敏感程度。

2. 盈亏平衡分析

（1）定义。

盈亏平衡分析是在一定市场和经营条件下，根据达到设计生产能力时的成本费用和收入数据，通过求取盈亏平衡点，研究分析成本费用与收入平衡关系的一种方法。随着相关因素的变化，项目经营企业的盈利和亏损会有个转折点，称为盈亏平衡点。在这一点上，销售收入（扣除销售税金及附加）等于总成本费用，刚好盈亏平衡。盈亏平衡点的表达形式有多种，可以用产量、产品销售定价、单位可变成本和年固定成本等绝对量表示，也可以用生产能力利用率等相对量表示。

盈亏平衡分析直接考察了项目的抗风险能力，例如一个项目只有达到90%的生产能力以上才能盈利，说明此项目的风险很大，或者说其抗风险能力很差。如果一个项目只要产销达到30%就能盈亏平衡，说明这个方案的抗风险能力强。

（2）计算方法。

采用线性盈亏平衡分析基于以下假设条件：

①产量等于销售量，即当年生产的产品当年完全销售；

②产量变化，单位可变成本不变，从而总成本费用是产量的线性函数；

③产量变化，产品销售价格不变，从而销售收入是销售量的线性函数；

④只生产单一产品，或者生产多种产品，但可以换算为单一产品计算，即不同产品的生产负荷率是一致的。

基于以上假设条件，盈亏平衡点可以采用公式计算法。其不同因素的盈亏平衡点计算公式包括：

BEP(生产能力利用率) = 年总固定成本/(年销售收入 − 年总可变成本
　　　　　　　− 年销售税金与附加) × 100%　　　　　　　（公式2 − 21）

BEP(产量) = 年总固定成本/(单位产品销售价格 − 单位产品可变成本
　　　　− 单位产品销售税金与附加)
　　　　　= BEP(生产能力利用率) × 设计生产能力　　　　（公式2 − 22）

BEP(产品销售价格) = (年总固定成本/设计生产能力) + 单位产品可变成本
　　　　　　　+ 单位产品销售税金与附加　　　　　　　　（公式2 − 23）

2.3　PPP项目常用的回报机制和付费模型分析

2.3.1　PPP项目常用的回报机制分类

社会资本投资PPP项目，承担项目的设计、建设、运营、维护等工作，回收投资成本并获取合理回报是PPP项目投资回报机制设计的基础。合理回报的获取及方式与PPP

项目是否具备经营性直接相关。按照项目的经营属性，可将PPP项目划分为经营性项目、准经营性项目和非经营性项目。

经营性项目是指具有明确的收费依据、具体的计费办法和规则，能够通过向使用者收费获取项目收益，并且该收益可以完全覆盖项目的投资、建设、运营、维护成本并取得合理投资回报的项目，如采取特许经营模式的收费公路项目等。准经营性项目是指具有明确、具体的收费依据和规则，但所收取的费用不足以覆盖投资建设、运营成本并获得合理收益，需要政府通过财政资金补贴或投入其他资源等方式对缺口部分进行补助的项目，如城市公共交通设施项目等。非经营性项目是指项目本身具有较强的公益性、较好的社会效益但缺乏收费基础，只能通过政府购买服务的方式收回成本并获得合理收益的项目，如市政道路、海绵城市等项目。

根据上述三类项目收益获取的不同途径和方式，可将社会资本投资回报的机制划分为三类，与经营性项目对应的机制为"使用者付费"，与准经营性项目对应的为"可行性缺口补助"，与非经营性项目对应的为"政府付费"。

2.3.2 PPP项目常用回报机制的适用条件

1. 使用者付费机制

使用者付费（User Charges）是指由最终消费用户直接付费购买公共产品和服务。项目公司直接从最终用户处收取费用，以回收项目的建设和运营成本并获得合理收益。

该机制一般适用于投资规模较大、项目需求长期稳定、具备收费基础、价格调整机制灵活、市场化程度较高的基础设施和公用事业项目中，如高速公路、桥梁隧道等交通基础设施项目等，其适用需满足以下条件：

（1）具备收费的合法、合理性。项目的收费主体、收费权设置、计费标准和规则要符合价格法等国家法律、法规的规定，涉及政府定价、政府指导价的，还要进行项目成本评估，按照行政许可法的规定履行价格听证程序，并公开项目的收费依据以及款项的数额及用途，接受社会公众的监督。同时，收费标准的确定还应考虑社会公众的支付意愿和支付能力，使费用控制在公众可接受、可承担的合理范围，并根据市场需求的价格弹性进行定价管理，达到社会效益和经济效益的统一。

（2）具备需求的长期、稳定性。由于在使用者付费项目中，社会资本或其成立的项目公司需要承担全部或大部分的项目需求风险，因此项目是否具备长期、稳定、持续的需求量，能否较为准确地进行收益评估和财务测算，从而对项目的投入和产出进行详细的量化评价是决定项目是否具备商业可行性的关键。只有通过收费可以实现完全覆盖项目的投资、运营成本并取得合理的收益，社会资本才有参与项目投资的意愿和动力。

（3）具有必要的最低需求风险分担机制和排他性约定。由于在使用者付费项目中社会资本的投资成本回收、收益取得均与项目的实际需求量直接关联，因此作为项目的提出者，政府部门需要对项目需求的长期性、稳定性，以及最低的需求量风险合理分担；同时为便于社会资本获得融资支持和稳定的投资回报，政府还需根据建设规划，对在一定期限和范围内避免建设与投资项目存在竞争性以及替代性的项目进行约定，从而增强项目的投资收益预期，提高项目的可融资性。

（4）具有灵活的价格调整措施。由于使用者付费项目合作期年限多在15年至20年以上，为确保在项目执行期间公共产品或服务的价格能够反映市场供求关系，平衡社会资本收益和社会公众利益，还需要设置灵活的价格调整机制，如建立公共产品或服务的供给价格与消费价格指数、生产价格指数以及银行利率等特定系数之间的联动关系，以反映成本变动等因素对价格的影响；建立项目公司提供产品或服务的价格与同类型产品或服务的市场价格之间的比价关系，确定比较的基准和参照，并明确价格调整的具体条件、触发机制、实施程序等。

2. 可行性缺口补助

可行性缺口补助（Viability Gap Funding，VGF）是指使用者付费不足以满足项目公司成本回收和合理回报时，由政府给予项目公司一定的经济补助，以弥补使用者付费之外的缺口部分。

可行性缺口补助是在政府付费机制与使用者付费机制之外的一种折中选择，其一般存在于城市供水、供热等市政公用领域，以及城市公共交通等公共服务领域，其适用需满足以下条件：

（1）项目具有一定的公益性和经营性。不同于市场化程度较高的"使用者付费"项目，"可行性缺口补助"项目具有公益性和经营性的双重特征，其供给的产品或服务既具有一定的收费基础，能够产生经济收益，又具有公共产品基础性、普惠性的属性，因此其产品或服务的定价不能实现完全的市场化和商业化，市场机制无法充分发挥价格调整的功能，因此在社会资本的建设、运行、维护等投入与项目的收益之间即存在一定的缺口，需要政府进行适当的补偿。

（2）资金缺口能够测算并具备补偿的可行性。可行性缺口补助项目同样要求项目需求具有长期、稳定、持续的特征，能够通过较为准确的财务测算，评估出项目的全寿命周期成本以及预计可获得的项目收益，从而计算出需补偿的项目缺口范围以及具体数额；同时，对该缺口的补偿又需在政府财政资金所能够承担的能力范围内，通过补偿缺口既可以使项目具备商业上的可行性，保证社会资本能够获得合理的投资回报，又可以在财政风险可控的前提下提高公共产品或服务的供给数量和质量。

（3）补助的方式和措施能够产生实际效果。为弥补投资收益的缺口，调动社会资本参与的积极性，政府所提出的补偿方式和措施需能够产生实际的收益效果，具有确定的货币金额或商业开发价值。常见的措施包括货币性补助，如政府向社会资本提供部分建设资金、贷款贴息、价格补贴，或投资入股、放弃股份分红等；以及权益性补偿，如政府向社会资本无偿提供的划拨土地使用权、项目周边土地经营权、配套商业设施开发权，以及无偿提供项目配套性基础设施等。

3. 政府付费

政府付费（Government Payment）是指政府直接付费购买公共产品和服务。在政府付费机制下，政府可以依据项目设施的可用性、产品或服务的使用量以及质量向项目公司付费。政府付费是公用设施类和公共服务类项目中较为常用的付费机制，适用于不具有向公众用户收费的功能，如市政道路、海绵城市等，其适用需满足以下条件：

（1）具有完全的公益性和实施的可行性。政府付费项目所提供的公共产品或服务基本上均具有非竞争性、非排他性和外部性的特征，不具备收费基础，无法通过价格杠杆实现市场供求调节，正是由于其纯粹公共产品的属性，决定了政府付费项目显著的公益性，不适宜也无法通过市场方式实现产品供给和需求调节，因此政府具有提供并承担费用的责任。同时，由于采取向社会资本购买的方式较政府直接提供更符合物有所值要求，能够以较低的项目全寿命周期成本获得质量更优、效率更高的公共产品或服务，因此具备实施政府付费机制的合理性及可行性。

（2）具备科学的付费标准和规则体系。为确保公共产品或服务的供给质量和效率，实现 PPP 项目物有所值的目标，同时保证社会资本能够获得合理的投资回报，需要项目具备科学、完备的付费标准和规则体系，并通过质量评价、绩效考评及适当的价格调整措施，形成公共产品或服务的收益激励机制，从而达到政府付费机制设定的政策目标。具体而言，项目的付费标准和规则体系包括可用性指标、使用量指标以及绩效评价指标，将在付费模型一节详细阐述。

回报机制关系 PPP 项目的风险分配和收益回报，是 PPP 项目设计的核心。实践中，需要根据各方的预期期望和承受能力，结合项目所涉的行业、运作方式等实际情况，因地制宜地设置合理的回报机制。

2.3.3　PPP 项目常用的付费模型

政府付费是指由政府直接付费购买公共产品或服务。其与使用者付费的最大区别在于付费主体是政府、而非项目的最终使用者。根据项目类型和风险分配方案的不同，政府付费机制下，常用的付费模型通常会基于项目投资、使用量，并结合绩效考核进行设计。值得注意的是，按照 2017 年 10 月财政部印发的《关于规范政府和社会资本合作（PPP）综合信息平台项目库管理的通知》（财办金〔2017〕92 号），"项目建设成本不参与绩效考核，或实际与绩效考核结果挂钩部分占比不足 30%，固化政府支出责任的"不得入库。项目公司的建设成本至少 30% 与绩效考核挂钩。

1. 与投资相关的付费模型

基于项目投资设计的付费模型，付费前提是项目公司所提供的项目设施或服务需符合合同约定的标准和要求，即项目的建设和运营投资提供的设施或服务符合合同约定的性能标准即可获得付费，而不需要考虑项目设施或服务的实际需求，因此项目公司一般不需要承担需求风险。

大部分的社会公共服务类项目（例如学校、医院等）以及部分公用设施和公共交通设施项目可以采用此类付费模型，当与按绩效付费搭配使用，如果项目公司提供设施或服务的质量没有达到合同约定的标准，则政府付费将按一定比例进行扣减。

在与投资相关的付费模型中，通常在项目开始时就已经确定项目公司的投资成本，在项目开始运营后，政府即按照原先约定的金额向项目公司付款，但如果存在不可用的情形，再根据不可用的程度扣减实际的付款。常用的付费计算方式包括等额本金、等额本息和财金〔2015〕21 号文付费公式。

2. 与使用量相关的付费模型

与使用量相关的付费模型是指政府主要依据项目公司所提供的项目设施或服务的实

际使用量来付费。在按使用量付费的项目中，项目的需求风险通常主要由项目公司承担。实践中，污水处理、垃圾处理、轨道交通、高速公路等部分公用设施项目较多地采用使用量付费。使用量付费也应与绩效付费搭配使用，即如果项目公司提供的设施或服务未达到合同约定的绩效标准，政府的付费将进行相应扣减。使用量付费常通过约定最低使用量、最高使用量，分担最低需求风险、分享超额收益。

最低使用量即政府与项目公司约定一个项目的最低使用量，在项目实际使用量低于最低使用量时，不论实际使用量多少，政府均按约定的最低使用量付费。最低使用量的付费安排可以在一定程度上降低项目公司承担实际需求风险的程度，提高项目的可融资性。

最高使用量即政府与项目公司约定一个项目的最高使用量，在实际使用量高于最高使用量时，政府对于超过最高使用量的部分不承担付款义务。最高使用量的付费安排为政府的支付义务设置了一个上限，可以有效防止政府因项目使用量持续增加而承担过度的财政风险，并控制项目公司的超额收益。

2.3.4 "财金〔2015〕21号文"付费计算方式与其他方式的比较

1. "财金〔2015〕21号文"付费计算方式简介

PPP项目中财政运营补贴支出的测算是整个交易结构搭建及融资方案设计的重点，是项目社会资本采购环节的核心条款，是PPP项目运作成败的关键。

目前在国家部委层面，只有财政部在2015年公布的《财政部关于印发〈政府和社会资本合作项目财政承受能力论证指引〉的通知》（财金〔2015〕21号）（简称"21号文"）中对于PPP项目的财政运营补贴支出测算提出了一个计算公式（简称"21号文公式"）。

根据21号文，运营补贴支出责任是指在PPP项目运营期间，政府承担的直接付费责任。不同付费模式下，政府承担的运营补贴支出责任不同。政府付费模式下，政府承担全部运营补贴支出责任；可行性缺口补助模式下政府承担部分运营补贴支出责任；使用者付费模式下政府不承担运营补贴支出责任。

根据现有PPP法规要求每一年度全部PPP项目需要从本级财政一般公共预算中安排的支出责任，占一般公共预算支出比例不应超过10%。因此，若某一PPP项目运作中运营补贴支出的测算方式选择不当，将导致某一年份本级财政部门纳入一般公共预算的财政运营补贴支出突破10%的红线，项目也会因违规而整改或被叫停。

与传统的等额本金、等额本息付费模式相比，21号文公式具有的前期付费数额低后期付费数额高的支出方式符合地方社会经济发展和一般公共预算支出增长的规律，也能有效降低PPP项目实施时本届政府财政支付压力，得到了各地地方政府的认可。但21号文对该公式及其参数的取值解释过于简单，实践操作中应结合具体项目所属行业、当期市场环境、融资环境和融资成本等因素对合理利润率、折现率取值具体设置。测算方式在PPP项目实际操作中显露出了一些现象，也已经引起了PPP项目中各参与方的注意。

（1）财政运营补贴支出数额前期低，后期高。

采用21号文公式测算政府运营补贴支出数额，前期支付额过低，后期支付额较高。而PPP项目进入运营期后，前期会承担建设投资融资的还本付息义务，财务成本支出较大，后期较小。这就导致采用21号文公式计算政府运营补贴支出与PPP项目的实际成本支出进度不匹配。根据测算的财务计划现金流量表，前期累计盈余资金很有可能出现负值，出现较大的资金缺口直接影响项目的生存能力和可持续经营。在项目实际运作中，可能无法满足银行在项目贷款评估和风控审核中对于现金流覆盖率等指标的要求。

（2）PPP项目全生命周期内政府运营补贴支出总额相对较高。

在基本假设条件一致的情况下，满足同样的盈利水平，与等额本息、等额本金的付费公式相比，采用21号文公式所计算出的政府运营补贴支出责任总额静态数值过高。但考虑资金成本的影响，全生命周期的运营补贴支出责任总额折现到运营期初时，21号文公式所计算的政府运营补贴支出责任总额并不高于等额本息、等额本金的付费公式（见图2－1）。

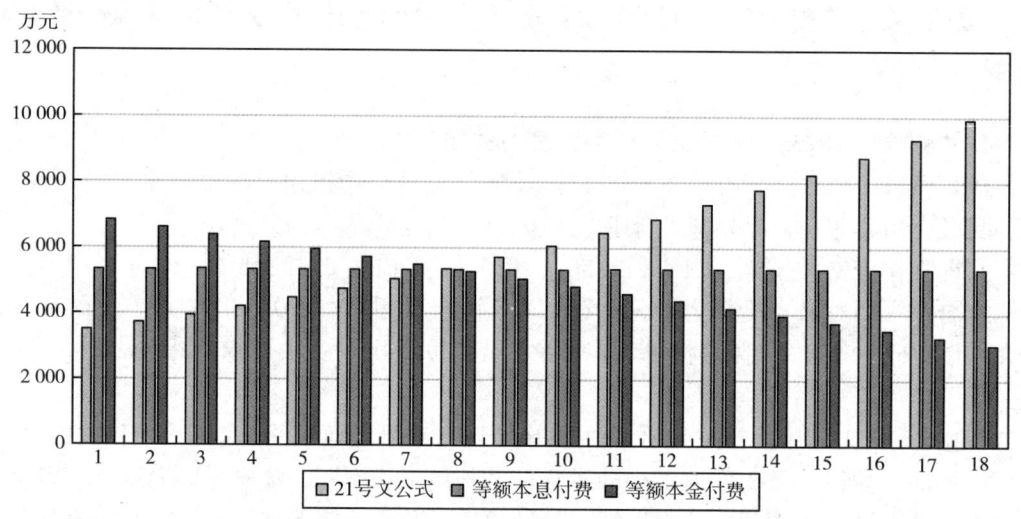

图2－1 不同付费机制下政府运营补贴的支付

【案例2－11】某人居环境治理PPP项目，建设期2年，运营期18年。总投资55 244万元，融资方案为自有资金出资12 716万元，占比23%；银行贷款42 528万元，占比77%。银行贷款宽限期2年，等额本息还款期15年，年贷款利率4.9%。暂不考虑运营成本和运营收入，在满足项目资本金税后财务内部收益率7%的盈利水平要求时，测算的全生命周期政府运营补贴支出金额如表2－16所示。

表2－16　　某人居环境治理PPP项目运营补贴支出金额测算　　单位：万元

序号	计算方式	政府运营补贴支出总额
1	21号文公式	111 846
2	等额本息	96 894
3	等额本金	89 342

2. "财金〔2015〕21号文"付费计算方法

根据21号文,运营补贴支出应当根据项目建设成本、运营成本及利润水平合理确定,并按照不同付费模式分别测算。

对于政府付费模式的项目,在项目运营补贴期间,政府承担全部直接付费责任。政府每年直接付费数额包括:社会资本方承担的年均建设成本(折算成各年度现值)、年度运营成本和合理利润。

计算公式为:

当年运营补贴支出数额

$$= \frac{项目全部建设成本 \times (1+合理利润率) \times (1+年度折现率)^n}{财政运营补贴周期(年)}$$

$$+ 年度运营成本 \times (1+合理利润率) \qquad (公式2-24)$$

对可行性缺口补助模式的项目,在项目运营补贴期间,政府承担部分直接付费责任。政府每年直接付费数额包括:社会资本方承担的年均建设成本(折算成各年度现值)、年度运营成本和合理利润,再减去每年使用者付费的数额。

计算公式为:

当年运营补贴支出数额

$$= \frac{项目全部建设成本 \times (1+合理利润率) \times (1+年度折现率)^n}{财政运营补贴周期(年)}$$

$$+ 年度运营成本 \times (1+合理利润率) - 当年使用者付费数额 \qquad (公式2-25)$$

式中:

n——折现年数。

财政运营补贴周期指财政提供运营补贴的年数。

年度折现率应考虑财政补贴支出发生年份,并参照同期地方政府债券收益率合理确定。

合理利润率应以商业银行中长期贷款利率水平为基准,充分考虑可用性付费、使用量付费、绩效付费的不同情景,结合风险等因素确定。在计算运营补贴支出时,应当充分考虑合理利润率变化对运营补贴支出的影响。

项目全部建设成本是经政府财政和审计部门以及项目公司共同确认的全部项目建设投资,是PPP项目公司实际支出额,一般包括工程费用、工程建设其他费用、预备费、建设期贷款利息、铺底流动资金。

年度运营成本一般为中标社会资本的招标或谈判确定额,部分项目可能是PPP项目公司成本的实际发生数。

21号文公式可以分解成两部分:针对建设成本的补贴和针对运营成本的补贴。

(1)建设成本补贴。

$$建设成本补贴 = \frac{项目全部建设成本 \times (1+合理利润率) \times (1+年度折现率)^n}{财政运营补贴周期(年)}$$

$$(公式2-26)$$

根据计算公式可知:

"项目全部建设成本"是合作期内对整个项目建设期静态成本的补贴;

"(1+合理利润率)"是根据市场条件应给予项目公司的提供建设服务的合理收益,通过每年的静态建设成本乘以合理利润率获得;

"(1+年度折现率)^n"可理解为项目建设资金投入项目后,未回收资金发生的机会成本,或资金占用的时间价值。

在每一期的项目建设成本未回收前,对项目公司而言尚未回收的建设资金会产生机会成本,这一部分以当年政府应支付的静态建设成本及合理利润为基数,通过公式中的折现率测算。

(2)运营成本补贴。

运营成本补贴 = 年度运营成本 × (1 + 合理利润率)　　　　　(公式2-27)

PPP项目中运营成本因为每年发生,当期结算;运营成本补贴发放和结算之间没有时间差或时间差较短,因此这一部分的补贴不考虑资金占用的机会成本,仅在运营成本基础上加上合理利润即可。

3. 其他常用的投资回报计算方式

政府付费类PPP项目缺乏公共产品使用者收入回报来源。可行性缺口补助类PPP项目存在少量公共产品使用者收入回报来源但不能满足项目公司投资成本回收及合理盈利要求。因此,两类项目都需要政府作为付费主体。为了满足PPP项目公司合理回报要求,选用准确的投资回报测算方式是PPP项目准备阶段交易结构设计的关键点之一。常用的投资回报测算方式除21号文的运营补贴计算公式外,还有等额本金、等额本息两类。

(1)等额本金付费方式。

等额本金付费方式是指,除每年度向项目公司支付运营绩效服务费外,政府每年等额支付项目公司的建设投资同时按约定的投资回报率支付项目公司尚未回收资金的资金占用费。

计算公式为:

$$当年运营补贴支出数额 = \frac{项目全部建设成本}{财政运营补贴周期(年)} + \left[项目全部建设成本 - \frac{项目全部建设成本 \times (n-1)}{n}\right]$$

$$\times i + 年度运营成本 \times (1 + 合理利润率) - 使用者付费$$

(公式2-28)

式中:

n——政府支付运营补贴的当期。

i——政府方与项目公司约定的项目全部建设成本的综合投资回报率。

财政运营补贴周期指财政提供运营补贴的年数。

项目全部建设成本是经政府财政和审计部门以及项目公司共同确认的全部项目建设投资,是PPP项目公司实际支出额,一般包括工程费用、工程建设其他费用、预备费、建设期贷款利息、铺底流动资金。如果政府方股东不参与项目公司利润分红,则股东权益资金可剔除政府方权益资金注入。

年度运营成本及合理利润全部参与运营期绩效考核。

使用者付费是指可行性缺口补助项目中每期收取的使用者付费收入,若是政府付费类项目则不存在使用者付费。

这种付费方式的特点是融资利率波动风险由项目公司承担,可能获取融资利率的差额回报,提高投资的收益水平。对于政府方则可以在项目前期锁定对项目公司的回报率,在项目运营期规避利率波动的影响。

在 PPP 项目实际运作中,等额本金付费方式又有以下运用方式。

除运营成本及合理回报的支付外,政府支付的运营补贴分两部分:一是项目公司在建设投资中的银行贷款的还本付息;二是项目公司股东在建设期投入自有资金的还本付息。

计算公式为:

$$当年运营补贴支出数额 = \frac{股东权益资金}{财政运营补贴周期(年)} + \left[股东权益资金 - \frac{股东权益资金 \times (n-1)}{n}\right] \times i + 债务资金还本付息额 + 年度运营成本 \times (1 + 合理利润率) - 使用者付费 \qquad (公式2-29)$$

式中:

n——政府支付运营补贴的当期。

i——政府方与项目公司约定的股东权益资金的年投资回报率。

财政运营补贴周期指财政提供运营补贴的年数。

股东权益资金是指建设期项目资本金中股东投入的自有资金。如果政府方股东不参与项目公司利润分红,则股东权益资金可剔除政府方权益资金注入。

债务资金还本付息额是指建设期项目债务融资部分在运营期内当期的应付本息。

年度运营成本及合理利润全部参与运营期绩效考核。

使用者付费是指可行性缺口补助项目中每期收取的使用者付费收入,若是政府付费类项目则不存在使用者付费。

这种付费方式的特点为若项目双方不在 PPP 项目合同中约定融资成本控制类条款,则社会资本方不承担融资利率波动的风险,但因为政府根据融资成本的实际情况支付,对于融资能力较强的社会资本方,无法享受到融资低利率的差额回报。对于政府方而言,若不约定融资成本控制类条款,在项目前期即确定了政府方需承担融资利率上升的风险。

(2) 等额本息付费方式。

等额本息付费方式是指,除每年度向项目公司支付运营绩效服务费外,政府每年按约定的投资回报率等额支付项目公司的建设投资及合理回报。该类付费方式下,若不存在使用者付费收入,政府在合作期内每年支付的还本付息总额相同。

计算公式为:

$$当年运营补贴支出数额 = 项目全部建设成本 \times \frac{i \times (1+i)^n}{(1+i)^n - 1} + 年度运营成本$$

$$\times (1+合理利润率) - 使用者付费 \qquad (公式 2-30)$$

式中：
n——政府支付运营补贴的周期（一般为年数）。
i——政府方与项目公司约定的建设投资的综合投资回报率。
年度运营成本及合理利润全部参与运营期绩效考核。
使用者付费是指可行性缺口补助项目中每期收取的使用者付费收入，若是政府付费类项目则不存在使用者付费。

（3）等额本金和等额本息付费方式比较。

采用等额本金的付费方式，政府支付运营补贴的进度是前期总额多，后期总额少，不利于缓解本级财政一般公共预算支出的当期压力，不符合财政收入增长和国民经济发展的一般规律。采用等额本息的付费方式，有利于政府在项目合作期内平滑运营补贴支出压力，不会出现项目运营前期本级财政运营补贴支出压力过大的问题。

根据案例 2-11，在建设总投资、融资结构、融资利率、运营补贴支付周期等基本假设条件一致的情况下，项目公司要达到同样的盈利水平，采用等额本金的付费方式相比于等额本息的付费方式，政府实际支付的补贴总额略低。

建议实际操作中合作双方根据政府财政承受能力情况、债务融资还款方式等各项因素综合考虑确定采用何种付费方式。

2.3.5 使用量付费模型下的付费计算方式

在按项目公司所提供的项目设施或者服务的实际使用量来付费的模型中，通常会设置一个根据项目的建设成本、运营成本及合理利润率得到的服务单价，最终政府方的付费额度会根据服务单价和使用量来计算。但为了防止项目实际运营过程中使用量过高所带来的超额收益或使用量过少难以弥补成本的现象，一般对于此类项目通常会在付费计算方式设计中约定最低使用量和最高使用量。

通常双方会限定两个临界值，分别为基础使用量（保底使用量）和拒绝使用量（最高使用量）。服务单价一般包含固定单价和变动单价，其中，固定单价反映 PPP 项目投资建设的资本性支出成本、固定运营成本和合理利润，变动单价反映项目生产运营的可变运营成本及合理利润。对于付费周期内计算项目公司收入时采用如下最低需求风险分担和超额收益共享机制：

实际使用量 < 基础使用量时，服务费收入 = 实际使用量 × 服务费单价 +（基础使用量 - 实际使用量）× 固定单价；

基础使用量 < 实际使用量 < 拒绝使用量时，服务费收入 = 实际使用量 × 服务费单价；

实际使用量 > 拒绝使用量时，服务费收入 = 拒绝使用量 × 服务费单价 +（实际使用量 - 拒绝使用量）× 变动单价。

在上述不同条件下的政府运营补贴付费，根据政府和项目公司协商计费周期，可取年度、季度、月度等。

1. 污水处理类项目付费计算方式

污水处理类项目付费计算方式是建设期成本与运营期成本均折算入污水处理水价之

中，仅通过污水处理费用获得利润，政府不再支付其他费用。

计算公式：

付费周期内污水处理费用＝污水处理服务费单价×付费周期内污水处理量

（公式2-31）

上述公式中污水处理费单价又可以称为建设＋运营折合水价，因为其包括两部分内容：建设投资部分折合水价和运营投资部分折合水价。按照政府定价收取的污水处理费与实际约定的污水处理服务费单价之间的价格差额部分，按照付费周期内污水处理量结算政府可行性缺口补助。

2. 垃圾处理类项目付费计算方式

垃圾处理类项目付费计算方式类似污水处理类项目，是建设期成本与运营期成本均折算入垃圾处理单价之中，仅通过垃圾处理费用获得利润，政府不再支付其他费用。

计算公式：

付费周期内垃圾处理费用＝垃圾处理服务费单价×付费周期内垃圾处理量

（公式2-32）

上述公式中垃圾处理费单价是建设、运营成本和合理回报折算的单价，因为其包括两部分内容：建设投资部分折合单价和运营投资部分折合单价。

3. 城市轨道交通类 PPP 项目付费计算方式

城市轨道交通项目属于政府投资为主、为社会提供公共服务的准经营性项目。由于轨道交通建设投资巨大，运营成本相对较高，而且涉及公众利益的票价一般由政府管制，采用 PPP 模式的项目公司很难实现自负盈亏，财务现金流长期存在缺口，势必需要当地政府采用可行性缺口补助的方式予以补贴，保证项目的顺利运营。常用的政府运营补贴计算方式主要有协议票价法、车公里补贴法。

（1）协议票价法。

协议票价法又称影子票价法。这种模式是基于客流为计量基础的"客流补贴模式"，最早是由香港地铁公司引入内地的，是国内应用较多的补贴模式。协议票价法的政府运营补贴计算公式如下：

政府运营补贴＝（影子票价－实际票价）×客流量－非票务收入　　（公式2-33）

上式中，协议票价或影子票价是根据项目的财务净现值大于等于0时模拟计算的票价。在此种补贴模式下，政府为了满足社会资本方最低投资回报率的要求，由政府和社会资本方通过协商手段，计算一个理论上的影子票价，这个影子价格要比实际票价高，实际价格与影子票价的差价需要政府补贴，从而形成项目公司或社会资本方的补贴收入。

（2）车公里补贴法。

车公里补贴法也称车公里成本法或车公里运营服务费法，是基于政府向 PPP 项目公司购买公共服务理念，以列车运营里程为基础指标计算的补贴模式。车公里补贴法的可行性缺口补贴计算公式如下：

政府运营补贴＝约定车公里数×约定车公里服务价格
　　　　　－基准客运收入－基准非票业务收入　　（公式2-34）

其中:

约定车公里数为项目双方按行车组织计划确定的车公里数（全部车辆运营里程的总和）;

约定车公里服务价格为在项目双方约定的车公里服务的价格;

基准客运收入为项目公司预期达到的基本票务收入，按预测客流和实际人次票价的乘积进行计算。预测客流体现了项目公司对客流风险的承担，如果项目实际客流不及预测客流，则期间客运收入的差额损失由项目公司承担;如果实际客流超出预测客流，超出部分的客运收入由项目双方共享。

基准非票业务收益为约定的 PPP 项目非票业务收益，是对项目公司需达到的非客运服务业务收益的基本要求。如实际非客运服务业务收益不及基本要求，则期间的差额损失由项目公司承担;如实际非客运服务业务收益超出基本要求，则超出部分由项目双方共享。

2.3.6 不同付费计算方式的参数与财务内部收益率的关联性

本节对 21 号文付费公式中的合理利润率、折现率参数与财务评价中主要盈利能力评价指标——项目投资税前财务内部收益率的关联性进行分析。考虑到等额本金、等额本息两类付费方式在 PPP 项目实际运作中的普遍应用，本节同时对两类付费方式中投资回报率参数与项目投资税前财务内部收益率指标的关联性进行分析。

1. 21 号文公式中的合理利润率、折现率参数

（1）21 号文中付费公式的分解。

以政府付费模式的项目为例，文件给出的计算公式为:

当年运营补贴支出数额

$$= \frac{项目全部建设成本 \times (1+合理利润率) \times (1+年度折现率)^n}{财政运营补贴周期(年)}$$

$$+ 年度运营成本 \times (1+合理利润率)$$

其中，n 为代表折现年数，财政运营补贴周期指财政提供运营补贴的年数。

这个公式用于计算每年政府给予项目公司的运营补贴额，可以拆分为两部分:针对建设期成本的补贴和针对运营期成本的补贴。

① 针对建设期成本的补贴。

针对建设期成本的补贴可分为三部分：a. 静态成本；b. 合理利润；c. 资金的机会成本。

a. 静态成本。将项目全部建设成本按补贴年数做简单的算术平均即为每年静态成本的补贴，即"项目全部建设成本/财政运营补贴周期"。

b. 合理利润。即根据市场条件应给予项目公司的合理利润，通过每年的静态成本乘以合理利润率获得，即"项目全部建设成本/财政运营补贴周期×合理利润率"。

c. 资金占用的机会成本。机会成本即由于资金占用而不得不放弃的在其他方面可能取得的最大收益，即"项目全部建设成本/财政运营补贴周期×(1+合理利润率)×年度折现率^n"。

② 针对运营期成本的补贴。

由于运营成本每年发生，当期结算，补贴发放和成本结算之间没有时间差，因此这一部分的补贴不考虑资金占用的机会成本，仅仅在运营成本基础上加上合理利润即可。

（2）21号文公式相关参数与项目投资税前财务内部收益率的关联性分析。

首先不能简单的把合理利润率、折现率的选取等同于项目投资财务内部收益率。

假设增值税、城建税等税费和附加对项目投资财务内部收益率影响很小，以政府付费类项目为例，对21号文公式相关参数与项目投资税前财务内部收益率关联性做如下分析。

设：p = 项目全部建设成本；

q = 合理利润率；

i = 年度折现率；

N = 财政运营补贴周期（年）；

c = 年度运营成本；

k = 项目投资税前财务内部收益率。

则21号文付费公式可表达为：

$$当年运营补贴支出数额 = \frac{p(1+q)(1+i)^n}{N} + c(1+q) \qquad (公式2-35)$$

其中：n 为付费年份，即1至N年中政府支付运营补贴的每一年（见表2-17）。

表2-17　　　　　　　项目的全部投资现金流入与流出结构表

	建设期	运营期
现金流入	—	$\frac{p(1+q)(1+i)^n}{N} + c(1+q)$
现金流出	p	c

根据项目投资财务内部收益率的定义："应用项目投资现金流量表分析计算，是指能使投资项目在整个计算期内各年净现金流量现值累计等于零时的折现率"，有如下关系：

$$P = \frac{p(1+q)}{N}[(1+i)^1(1+k)^{-1} + (1+i)^2(1+k)^{-2}$$
$$+ \cdots + (1+i)^N(1+k)^{-N}] + cq(P/A, k, n)$$
$$= \left(\frac{p}{N}\right)(1+q)\sum_{n=1}^{N}[(1+i)/(1+k)]^n + cq\frac{(1+k)^n - 1}{k(1+k)^n}$$

再将公式两边除以P，有：

$$1 = \left(\frac{1+q}{N}\right)\sum_{n=1}^{N}[(1+i)/(1+k)]^n + \left(\frac{cq}{p}\right)\frac{(1+k)^n - 1}{k(1+k)^n},$$

上式中存在等比数列求和，现分类讨论：

① 若$q = 0$时，则$1 = \dfrac{\sum_{n=1}^{N}[(1+i)/(1+k)]^n}{N}$，即$\sum_{n=1}^{N}[(1+i)/(1+k)]^n = N$，显然，此时当$k = i$时，上式右边等于$1 + 1 + \cdots + 1 = N$，等式成立。可见，当合理利润率 = 0

时,项目投资税前财务内部收益率即为付费公式中的折现率 i。

②若 $q \neq 0$ 时,则有 $k > i$,运用等比数列求和公式上式可化解为以下等式:

$$1 = \frac{(1+q)}{N} \times \frac{(1+k)}{(k-i)}\left[1-\left(\frac{1+i}{1+k}\right)^N\right] + \left(\frac{cq}{pk}\right) - \frac{cq(1+k)\left[1-\left(\frac{1}{1+k}\right)^N\right]}{pk^2}$$

上述公式中,是关于 k 的一元高次方程,其余的参数均在项目实施方案或 PPP 项目合同中有确定的值。

【案例 2-12】借助 Excel 软件验证上述公式表达的 21 号文公式参数与财务指标的关系。

根据案例 2-11,在 Excel 工作表中设计如下表(见表 2-18):

表 2-18　　　　　　　案例 2-11 项目投资内部收益率推算

	J	K	L
77	项目总投资	55 244	p
78	合理利润率	8%	q
79	设定折现率	6.28%	i
80	运营年限	18	N
81	年运营成本	0	c
82	项目投资内部收益率	7%	k
83	目标计算等式	1.02039	

其中:K83 单元格输入以下公式: =(1 + K78)/K80 × (1 + K82)/(K82 − K79) × [1 − (1 + K79)^K80/(1 + K82)^K80] + K81 × K78/K77/K82 − K81 × K78 × (1 + K82) × [1 − (1/(1 + K82))^K80]/K77/(K82^2),

把案例 2-11 的基础数据填入 K77:K81 单元格中,在 K82 单元格中按案例 2-12 设定的盈利水平输入 7%,这样 K83 单元格会根据公式自动推算出一个结果 1.02039,即约等于 1。因此上述公式表达的参数与财务指标的关系成立。

利用表 2-18,可以借助 Excel 软件中模拟分析模块的单变量求解功能推算采用 21 号文公式付费的 PPP 项目的税前投资内部收益率,过程如下:

把 PPP 项目的基础数据填入 K77:K81 单元格中,在 K82 单元格中随意输入一个内部收益率数值。

K83 单元格输入公式:

=(1 + K78)/K80 × (1 + K82)/(K82 − K79) × [1 − (1 + K79)^K80/(1 + K82)^K80] + K81 × K78/K77/K82 − K81 × K78 × (1 + K82) × [1 − (1/(1 + K82))^K80]/K77/(K82^2),

这样 K83 单元格会根据公式自动推算出一个结果数据。

选中此工作表页面,点击数据→模拟分析→单变量求解,弹出单变量求解对话框。在对话框中的目标单元格输入 K83,目标值中输入 1,可变单元格中输入 K82,点击确定。则在 K82 单元格中可自动推算出项目的税前投资内部收益率。

2. 等额本金付费方式中的投资回报率参数

（1）项目资本金和债务融资分别计算投资回报。

以政府付费类项目为例，项目建设总投资中社会资本自有资金按投资回报率支付当期还本和回报，银行贷款等债务融资部分仅考虑融资成本，支付当期还本付息补贴。

【案例 2-13】某政府付费类 PPP 项目，建设期 2 年，运营期 18 年。总投资 55 244 万元，融资方案为自有资金出资 12 716 万元，占比 23%，其中政府出资股比为 30%，3 815 万元，社会资本出资股比为 70%，8 901 万元；银行贷款 42 528 万元，占比 77%。银行贷款宽限期 2 年，等额本息还款期 18 年，年贷款利率 4.9%。暂不考虑运营成本和运营收入。

该项目设计的政府付费方式为：年政府付费额 = 项目社会资本自有资金回报额 + 债务资金还本付息额

根据上述数据计算本项目的项目投资税前财务内部收益率：

项目资本金中社会资本出资 8 901 万元，按 8% 的投资回报率、运营期 18 年，以等额本息法算得每年的权益资本回报额为 950 万元；银行贷款 42 528 万元，年贷款利率 4.9%，按等额本息法计算得出运营期每年的贷款资金还本付息额 3 610 万元。

根据上述项目数据，设总投资为 P，资本金占比为 23%，其中社会资本出资比例 70%；债务资金占比 77%。社会资本自有资金的投资回报率为 8%，债务资金的利息率为 4.9%。假设本案例不考虑增值税、城建税等税费和附加对项目盈利能力评价指标的影响。

设本项目的项目投资税前财务内部收益率为 k，则有以下等式：

$$P \times (1 - 23\% \times 30\%) = [P \times 23\% \times 70\% \times (A/P, 8\%, 18) \\ + P \times 77\% \times (A/P, 4.9\%, 18)] \times (P/A, k, 18)$$

上式变形为：

$$(A/P, k, 18) \times (1 - 23\% \times 30\%) \\ = 23\% \times 70\% \times (A/P, 8\%, 18) + 77\% \times (A/P, 4.9\%, 18),$$

两边按资金回收系数公式代入有：

$$\frac{k(1+k)^{18}}{(1+k)^{18}-1} \times (1 - 23\% \times 30\%)$$

$$= 23\% \times 70\% \times \frac{8\%(1+8\%)^{18}}{(1+8\%)^{18}-1} + 77\% \times \frac{4.9\%(1+4.9\%)^{18}}{(1+4.9\%)^{18}-1}$$

即：

$$\frac{k(1+k)^{18}}{(1+k)^{18}-1} = \left[23\% \times 70\% \times \frac{8\%(1+8\%)^{18}}{(1+8\%)^{18}-1} + 77\% \right. \\ \left. \times \frac{4.9\%(1+4.9\%)^{18}}{(1+4.9\%)^{18}-1}\right] / (1 - 23\% \times 30\%)$$

通过 Excel 软件中的单变量求解方法来计算：

在 Excel 软件中设计表格，输入如下数据（见表 2-19）：

表 2-19　　　　　　案例 2-14 项目投资内部收益率推算

	J	k
77	运营年限	18
78	项目资本金比例	23%
79	社会资本股权比例	70%
80	自有资金投资回报率	8%
81	债务资金比例	77%
82	债务资金年收益率	4.9%
83	项目投资财务内部收益率	5.49
84	目标公式	0.08883039
85	目标值	0.0887

在 K84 单元格中输入目标公式：

= K83 × (1 + K83)^K77/[(1 + K83)^K77 - 1]

在 K85 单元格中输入目标值：

= K78 × K79 × K80 × [(1 + K80)^K77]/[(1 + K80)^K77 - 1] + K81 × K82 × [(1 + K82)^K77]/[(1 + K82)^K77 - 1)]/[1 - K78 × (1 - K79)]。

即等式右边计算结果 0.0887。

选择 Excel 软件中数据菜单的单变量求解工具，在单变量求解对话框中输入：目标单元格：K84；目标值：0.0887；可变单元格：K83；点确定。则在 K83 单元格中输出结果值：5.49%，即 5.49% 是本项目的投资税前财务内部收益率。

因 k 值介于 8% 与 4.9% 之间，因此有：

$(1+k)^{18} \approx (1+8\%)^{18} \approx (1+4.9\%)^{18}$，

在 $\dfrac{k(1+k)^{18}}{(1+k)^{18}-1} = [23\% \times 70\% \times \dfrac{8\%(1+8\%)^{18}}{(1+8\%)^{18}-1} + 77\% \times \dfrac{4.9\%(1+4.9\%)^{18}}{(1+4.9\%)^{18}-1}]/$

$(1-23\% \times 30\%)$ 等式中，等式两边可以同时约掉资金回收系数中分子、分母的乘方，则从上述等式可以算出：

$k = (23\% \times 70\% \times 8\% + 77\% \times 4.9\%)/(1 - 23\% \times 30\%)$

$= 5.44\%$，

和 5.49% 仅相差 0.05%，误差率仅为 0.91%。

当改变项目运营期为 10 年时，通过单变量求解算出回报率 k 值仍为 5.49%，可见 k 值与运营期年限关系不大。

上述计算的是按社会资本自有资金投资回报率付费时的项目投资税前财务内部投资收益率。如果按项目全部资本金计算投资回报率支付政府运营补贴，则项目投资税前财务内部收益率的近似值计算如下：

$k = (23\% \times 8\% + 77\% \times 4.9\%)/(1 - 23\%)$

$= 7.29\%$

上述简单的算术平均值求出项目投资税前财务内部收益率的近似值，不但直观的表现出投资回报率与项目投资财务内部收益率之间的关联性，并且可以直接用于 PPP 项目盈利能力评价的分析与决策。

（2）不区分项目资本金和债务融资，统一计算投资回报。

以政府付费类项目为例，在不区分项目资本金和债务融资，统一计算投资回报的政府付费公式中。假设运营成本合理利润对项目盈利水平影响很小，可忽略不计。等额本金付费公式下的每一年政府付费是对项目总投资的分期等额还本和投资回报。每期政府支付的运营补贴可用以下公式表述：

$$当期运营补贴支付额 = \frac{P}{N} + \left[P - \frac{(n-1)P}{N}\right] \times i \quad \text{（公式2-36）}$$

式中：

i——本项目的综合投资回报率；

N——运营年限；

P——项目全部建设投资。

在不考虑对年度运营成本补贴的情况下，等额本金PPP项目全投资现金流见表2-20。

表2-20　　　　　　　　项目的全部投资现金流入与流出结构表

期数	现金流出	现金流入	
		等额年金	等差年金
0	P		
1		$\frac{P}{N}$	P_i
2		$\frac{P}{N}$	$P_i \frac{(N-1)}{N}$
3		$\frac{P}{N}$	$P_i \frac{(N-2)}{N}$
...			
n		$\frac{P}{N}$	$P_i \frac{[N-(n-1)]}{N}$
N		$\frac{P}{N}$	$P_i \frac{1}{N}$

项目运营期各年的现金流入分两种：

等额年金（每年收回的投资本金$\frac{P}{N}$）；按年递减的等差年金（每年收回的投资回报 $P_i \frac{(N-(n-1))}{N}$），首项为 P_i，公差为 $-P_i \frac{1}{N}$。

等差年金现金流的折现公式如下：

$$P = A_1 \times (P/A, i, n) \pm \frac{G}{i}[(P/A, i, n) - n(P/F, i, n)] \quad \text{（公式2-37）}$$

式中：

A_1——首项；

G——公差；

i——折现率。

设项目全投资税前内部收益率为 k，将上述现金流折现有以下等式：

$$P = \frac{P}{N}(P/A,k,N) + P_i(P/A,k,N) - \frac{P_i}{N_k}[(P/A,k,N) - N(P/F,k,n)]$$

等式化解后得如下等式：

$$1 = \left(\frac{1}{N} + i - \frac{i}{N_k}\right) \times (P/A,k,N) + \frac{i}{k} \times (P/F,k,n)$$

假设 $k = i$，代入上述公式，则公式右边变为：

$$\left(\frac{1}{N} + i - \frac{i}{N_i}\right) \times (P/A,i,N) + \frac{i}{i} \times (P/F,i,n)$$

$$= i \times (P/A,i,N) + (P/F,i,n)$$

$$= i\frac{(1+i)^N - 1}{i(1+i)^N} + \frac{1}{(1+i)^N}$$

$$= 1$$

等式右边正好等于左边。

因此，采用等额本金法付费公式的 PPP 项目在不考虑运营期合理利润的情况下，全投资税前财务内部收益率 k 正好等于项目全投资设定的综合投资回报率 i。

3. 等额本息法付费方式中的投资回报率参数

针对 PPP 项目中建设成本部分的标准等额本息法付费公式的计算公式可以用 Excel 软件中的财务函数 PMT 表达，即：

$$\text{每年的可用性服务费} = -\text{PMT}(i,N,P) = P\frac{i(1+i)^N}{(1+i)^N - 1}。$$

其中：PMT 为 Excel 软件中的财务函数，用于计算等额本息法下每年回收的投资额和回报额。

【案例 2 – 14】某政府付费类 PPP 项目，建设期 2 年，运营期 18 年。总投资 55 244 万元，项目全部建设投资成本的合理利润率为 8%，综合投资回报率 7.72%；运营期每年的运营绩效服务费为 200 万元，运营成本的合理利润率为 8%。

政府每年支付的运营补贴计算公式：

$$A = P(1+r)\frac{i(1+i)^N}{(1+i)^N - 1} + c(1+q) \qquad (公式 2 - 38)$$

其中：

A——政府每年度支付的运营补贴；

P——项目实际投资额；

r——项目全部建设投资成本的合理利润率 8%；

i——项目全部建设投资的年度综合投资回报率 7.72%；

n——项目运营年限 18 年；

C——项目每年度的运营成本；

q——运营成本的合理利润率 8%。

假设本案例不考虑增值税、城建税等税费和附加对项目盈利能力评价指标的影响，试推算本 PPP 项目投资税前财务内部收益率（见表 2-21）。

表 2-21　　　　　　项目的全部投资现金流入与流出结构表

	建设期	运营期
现金流入	—	$P(1+r)\dfrac{i(1+i)^N}{(1+i)^N-1}+c(1+q)$
现金流出	P	c

本项目运营期每年度运营合理利润均为 16 万元，根据净现值计算原理有以下关系式：

$$P=[P(1+r)(A/P,i,n)+cq]\times(P/A,k,n)$$

则：

$$(A/P,k,n)=(1+r)(A/P,i,n)+\dfrac{cq}{P}$$

$$=(1+r)\dfrac{i(1+i)^N}{(1+i)^N-1}+\dfrac{cq}{P}$$

$$=1.08\times\dfrac{7.72\%(1+7.72\%)^{18}}{(1+7.72\%)^{18}-1}+\dfrac{16}{55\,244}$$

$$=0.1133$$

则 $(P/A,k,n)=1/0.1133=8.8261$，

再运用年金现值系数表列表（见表 2-22）：

表 2-22　　　　　　年金现值系数表

折现率	年金现值系数
8%	9.371
k	8.8261
10%	8.201

用线性内插法计算得：

$$k=8\%+\dfrac{(9.371-8.8261)\times(8\%-10\%)}{(9.371-8.201)}$$

$$=7.07\%$$

根据案例 2-13 中的公式 $(A/P,k,n)=(1+r)(A/P,i,n)+\dfrac{cq}{P}$，根据以下情况可以简化分析：

当项目运营利润与项目总投资比值 $\dfrac{cq}{P}$ 很小而忽略不计时，且可用性付费公式中不设定 r 值（即 $r=0$）时，上述公式化解为：

$$(A/P,k,n)=(A/P,i,n),$$

即标准的等额年金公式的现金流折现平衡等式。

由于等式两边要相等，且同一项目的运营年限相同，在等式成立时，有 $k=$

$i = 7.72\%$。

即当不考虑运营利润所带来的现金流时,用标准的等额年金公式计算政府支付可用性服务费公式中的 i 即可认为是项目的全投资税前回报率 k。

综上所述,首先不能简单地把付费公式中的折现率、投资回报率等参数等同于项目投资内部收益率指标。可以针对 21 号文付费公式、等额本金、等额本息等不同付费公式,通过合理推算付费公式中的折现率、合理利润率或投资回报率参数与项目投资财务内部收益率之间的关联性,简单、直观地估算项目投资税前财务内部收益率,从而评判 PPP 项目的盈利水平是否在合理区间,进而为政府部门和社会资本在 PPP 项目决策中提供一定的决策参考依据。

第3章
PPP 项目投资内部收益率

3.1 PPP 项目财务内部收益率概念、分类及判别准则

3.1.1 PPP 项目财务内部收益率概念及经济含义

1. PPP 项目财务内部收益率的概念

财务内部收益率是判断项目财务可行性和预期盈利能力的重要指标，在 PPP 项目中，财务内部收益率指标是构建政府和社会资本利益关系的核心因素，是政府方在引入社会资本过程中用于制定招标控制价和测算可行性缺口补贴的基础和依据，同时也是社会资本投标测算的基础数据，在 PPP 项目中重要性地位十分突出。

以财务内部收益率为依据确定和形成的 PPP 项目回报水平，是 PPP 项目是否具有吸引力的关键，也是 PPP 项目前期论证的重要内容。根据《建设项目经济评价方法与参数（第三版）》（以下简称《方法与参数（第三版）》），财务内部收益率（Financial Internal Rate of Return，FIRR）指能使项目计算期内净现金流量现值累计值（即净现值）等于零时的折现率，即 FIRR 作为折现率使下式成立：

$$\sum_{t=1}^{n}(CI-CO)_t(1+FIRR)^{-t}=0 \qquad (公式3-1)$$

式中：

CI——现金流入量；

CO——现金流出量；

$(CI-CO)_t$——第 t 期的净现金流量，其中：$t=0,1,2,\cdots,n$；

n——项目计算期，在 PPP 项目中为项目合作期限；

$FIRR$——财务内部收益率。

从上式可以看出，内部收益率中的"内部"说明它只与项目本身的现金流量序列有关，与外界无关，不需要给定折现率。从公式 3-1 可以看出，FIRR 方程是一个高次多项式方程，其可能存在唯一解、多解以及无解的情况。对于常规投资项目，即项目建设期（含投产初期）净现金流量为负值，其他各年净现金流量均为正值，在项目计算

期内净现金流量的符号仅变化一次，该项目的内部收益率是唯一的。对于非常规混合投资项目，如项目生命周期内追加投资，发生大修理，可能会造成项目净现金流量的符号在计算期内变化多次，此时计算出的 FIRR 可能存在多个正实数根或者无法计算出项目的 FIRR。针对 PPP 项目的特点、结合 PPP 项目内部收益率测算的实操经验，本书仅从常规项目出发对 PPP 项目的内部收益率进行探讨。

2. PPP 项目财务内部收益率的经济含义

PPP 项目财务内部收益率是使 PPP 项目在整个计算期内各年净现金流量现值累计等于零时的折现率。可以看出，在对 PPP 项目进行经济评价时，考虑了资金的时间价值，以现值作为决策的基础。PPP 项目内部收益率的经济含义可以从两个方面来考量：一是在 PPP 项目的整个合作期内折现率按内部收益率 FIRR 计算，始终存在未被收回的投资，而在项目合作期结束时，投资恰好完全被收回。也就是说，在项目的整个寿命期内，项目始终处于"偿付"未被收回的投资的状态；二是内部收益率是根据随时间变化的未收回的投资余额得出的收益率，项目在这样的收益率水平下，在合作期满结束时，以每年的净收益恰好将投资全部收回，而其他年份均存在未收回的投资。

综上，内部收益率是留在项目内部在项目合作期内尚未收回投资的收益率、不是项目初始投资在整个项目合作期内的盈利率，它不仅收到项目初始投资规模的影响，而且受项目合作期内各年净收益的影响。简言之，内部收益率指标能反映项目自身的盈利能力，它是项目占用的尚未收回资金的盈利能力，不是项目初期投资的获利能力。

【案例 3-1】某县城森林公园建设 PPP 项目，项目建设投资为 18 465 万元，项目合作期为 18 年：其中建设期 2 年，运营期 16 年，合作期内项目现金流量表如表 3-1 所示，按照公式 3-1 得到本项目的投资财务内部收益率为 6.83%。

表 3-1　　　　　　　项目投资现金流量表（所得税前）　　　　　　单位：万元

合作期 项目	1	2	3	4	5	6	7	8	9
现金流入	0	0	2 266	2 272	2 279	2 287	2 294	2 302	2 309
1. 运营收入	0	0	809	849	892	936	983	1 032	1 081
2. 可行性缺口补助	0	0	1 457	1 423	1 388	1 350	1 311	1 269	1 228
现金流出	11 079	7 386	237	243	249	256	263	270	277
1. 建设投资	11 079	7 386							
2. 运营成本	0	0	237	243	249	256	263	270	277
3. 增值税	0	0	0	0	0	0	0	0	0
净现金流量	-11 079	-7 386	2 029	2 030	2 030	2 031	2 031	2 032	2 032

续表

合作期 项目	10	11	12	13	14	15	16	17	18
现金流入	2 310	2 315	2 320	2 326	2 332	2 337	2 343	2 349	2 355
1. 运营收入	1 043	1 063	1 082	1 103	1 123	1 144	1 166	1 187	1 210
2. 可行性缺口补助	1 266	1 252	1 238	1 223	1 208	1 193	1 178	1 162	1 146
现金流出	277	282	287	293	298	384	444	449	456
1. 建设投资									
2. 运营成本	277	282	287	293	298	303	309	314	320
3. 增值税	0	0	0	0	0	81	135	135	136
净现金流量	2 032	2 033	2 033	2 033	2 034	1 953	1 900	1 900	1 899

本项目内部收益率经济含义的解析：6.83%表示尚未恢复的（即仍在占用的）资金在6.83%的利率情况下，项目合作期终了时，可以使得所占用的资金全部收回。本项目合作期满时可以使占用资金全部恢复，具体恢复过程如图3-1所示。

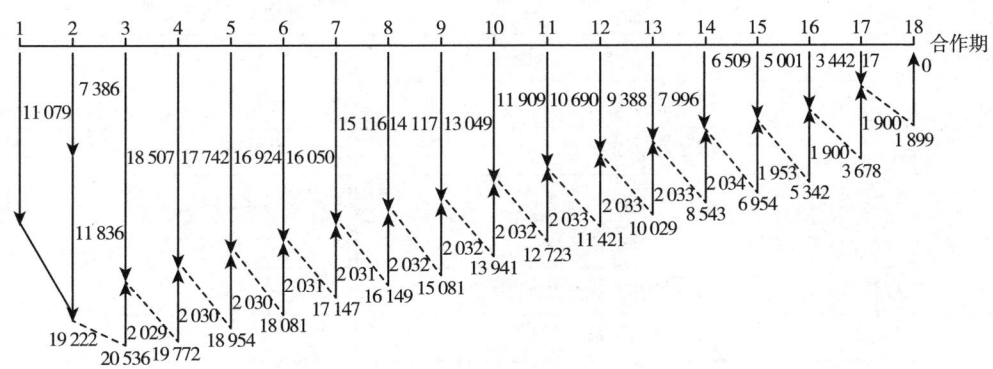

图3-1 项目资金恢复过程（单位：万元）

所以可以粗略地说，内部收益率是项目整个计算期内占用资金的平均的盈利能力。如果合作期最后一年的净现金流量不是1 899万元，而是2 000万元，那么按6.83%的利率，到期末除全部恢复占用的资金外，还有101万元的富余。为使期末资金刚好全部恢复，利率还可高于6.83%，即内部收益率也随之升高。因此，内部收益率可以理解为PPP项目对占用资金的一种恢复能力，其值越高，一般来说PPP项目的投资盈利能力越高。

综上所述，在PPP项目中，PPP项目财务内部收益率通常指使PPP项目全生命周期内净现值累计为零时的折现率。在PPP项目实施方案编制、评审过程中，政府方、社会资本方通常根据项目的内部收益率指标、项目所涉的行业财务基准收益率来衡量、确定项目的收益水平，同时将项目财务内部收益率指标作为PPP项目运营补贴机制设计、项目招投标中的重要参数。

3.1.2 PPP 项目财务内部收益率的分类

PPP 项目财务内部收益率指标涉及三种指标：融资前指标——"PPP 项目投资财务内部收益率"、融资后指标——"PPP 项目资本金财务内部收益率"及"PPP 项目投资各方财务内部收益率"。这三种内部收益率均依据公式 3-1，但是所用的现金流入和现金流出不同，根据《方法与参数（第三版）》，"项目投资财务内部收益率""资本金财务内部收益率"及"投资各方财务内部收益率"的现金流量子项对比如表 3-2 所示。

表 3-2　　　　　　三种内部收益率指标现金流量子项比较

项目投资现金流量表	项目资本金现金流量表	投资各方现金流量表
1. 现金流入	1. 现金流入	1. 现金流入
1.1 营业收入	1.1 营业收入	1.1 实分利润
1.2 补贴收入	1.2 补贴收入	1.2 资产处置收益分配
1.3 回收固定资产余值	1.3 回收固定资产余值	1.3 租赁费收入
1.4 回收流动资金	1.4 回收流动资金	1.4 技术转让或使用收入
—	—	1.5 其他现金流入
2. 现金流出	2. 现金流出	2. 现金流出
2.1 建设投资	2.1 项目资本金	2.1 实缴资本
2.2 流动资金	2.2 借款本金偿还	2.2 租赁资产收入
2.3 经营成本	2.3 借款利息支付	2.3 其他现金流出
2.4 营业税金及附加	2.4 经营成本	—
2.5 维护运营投资	2.5 营业税金及附加	—
—	2.6 所得税	
—	2.7 维护运营投资	
3. 所得税前净现金流量（1-2）	3. 净现金流量（1-2）	3. 净现金流量（1-2）
4. 调整所得税	—	
5. 所得税后净现金流量（3-4）		
计算指标： 项目投资财务内部收益率（%） （所得税前） 项目投资财务内部收益率（%） （所得税后）	计算指标： 资本金财务内部收益率（%）	计算指标： 投资各方财务内部收益率（%）

注：与传统建设项目"项目投资财务内部收益率""资本金财务内部收益率"的现金流量子项相比较而言，"PPP 项目投资财务内部收益率""PPP 项目资本金财务内部收益率"的现金流入子项主要以政府付费及使用者付费为主。

1. PPP 项目投资财务内部收益率

PPP 项目投资财务内部收益率，也称融资前内部收益率，是以项目全部建设成本、运营成本、税金和其他费用作为现金流出，以政府付费（分为完全政府付费或缺口补助）和使用者付费作为全部现金流入，分别折现对比后在项目净现值为零时的收益率。

PPP项目投资财务内部收益率是一种融资前分析指标，考察项目确定融资方案前、没有融资的情况下项目自身的获利能力，能够完整地反映项目层次上的动态盈利能力。从投资决策角度分析，项目投资财务内部收益率主要目的之一是估算项目的融资需求，项目投资现金流量表中累计净现金流量为负值时，项目需要中长期融资；当某年的净现金流量为负值时，项目需要短期融资。当项目投资内部收益率高于借款资金成本时，项目使用财务杠杆能提高权益投资方的收益率，往往存在旨在提高权益投资收益率的长期借款需求并可获得财务杠杆收益。

由于PPP项目投资财务内部收益率是融资前分析指标、不区分股权融资与债权融资、不考虑资金来源和筹资方式、假定项目全部投资均由投资者以自有资金的形式投入，从表3-2中可以看出计算项目投资内部收益率的现金流出中不包括"利息支出"，而"利息支出"是项目总成本费用的重要组成部分，直接影响到项目利润及投资人应缴纳的所得税。为了排除利息支出对项目利润、应缴纳所得税所造成的干扰和影响，项目投资现金流量表中增加了"调整所得税"项，以区别于项目资本金现金流量表中的所得税，并产生了所得税前净现金流量和所得税后净现金流量。因此，项目投资财务内部收益率包括所得税前和所得税后两项指标。

（1）所得税前项目投资财务内部收益率。

测算所得税前内部收益率的主要原因在于不同投资主体使用的所得税税率及适用的所得税优惠政策不同。根据《中华人民共和国企业所得税法》《中华人民共和国个人所得税法》等相关税法规定，我国对公司企业和合伙企业实行不同的企业所得税纳税规定以及相应的优惠政策。例如，个人独资企业、合伙企业不缴纳企业所得税、缴纳个人所得税，有限责任公司、股份有限公司等类型的一般公司按照25%的税率缴纳企业所得，而小型微利企业所得减按50%计入应纳税所得额且按20%的税率缴纳企业所得税。

对于不同的投资主体而言，考察项目自身的盈利能力时，需要排除所得税税率及所得税优惠政策对项目投资回报的影响。而所得税前内部收益率指没有考虑所得税而测算出的项目投资财务内部收益率，此时的内部收益率排除了资金来源不同、筹资方式不同、所得税政策不同而对考察项目本身全部投资的盈利能力所造成的干扰和影响。

（2）所得税后项目投资财务内部收益率。

所得税后内部收益率指考虑了"调整所得税"而测算出的项目投资财务内部收益率，而调整所得税是指以息税前利润为依据计算的所得税。从整体上来说，所得税是针对投资实体的所得而征收的税收，是投资实体层面必须考虑的问题，也是项目现金流量表不可缺少的现金流出项。在考察项目自身的收益水平时，无须考虑融资方案、应纳所得额和所得税率等项目身外因素。

2. PPP项目资本金财务内部收益率

PPP项目资本金财务内部收益率是一种融资后分析指标，其考虑了债权融资的问题，站在投资人的角度，考察计算期内各年的现金流入和流出情况，据此计算投资人投入的自有资金可望获得的报酬率。

资本金财务内部收益率在融资需求得以确定的基础上，需要初步确定融资方案，并分析不同融资方案的资本金收益水平。项目资本金内部收益率基于项目资本金现金流量表计算，反映投资实体层次上的盈利能力。从表3-2可以看出，PPP项目资本金财务内部收益率与PPP项目投资财务内部收益率的差别在于：项目资本金现金流量表现金流入项与其完全相同，而现金流出项内容有所差异，项目资本金现金流量表将融资结构内容（"项目资本金""借款本金偿还"和"借款利息支付"）替代了项目投资现金流量表的投资构成内容（"建设投资"和"流动资金"）。

3. PPP项目投资各方财务内部收益率

PPP项目的投资财务内部收益率和资本金财务内部收益率是以"项目公司"为边界分别计算的不同收益指标，与社会资本方投资内部收益率的计算范围、口径不一致，不能作为社会资本方投资收益指标。PPP项目投资各方财务内部收益率的现金流计算，是以各投资方与项目公司之间的现金流入和流出为边界。

PPP项目投资各方财务内部收益率也是一种融资后分析指标，考察投资者进行该项投资的实际获利水平，是反映投资各方收益水平的主要指标。在项目公司各股东方实行不对称分红情况下，实现将现金流与社会资本方投入的成本进行直接配比计算，在口径上精准的核算了社会资本方的投入和产出之比，可用于评价投资各方参与收益分配的公平合理性，目的是促进各方优势互补、达成平等互利的合作协议。

PPP项目投资各方财务内部收益率需要考虑政府方出资代表是否存在不分红、少分红或放弃剩余财产分配请求权的情况。政府如果不分红、少分红或放弃剩余财产分配请求权，对社会资本方的回报产生影响。此时，就需要用社会资本方的内部收益率计算出政府抛弃分红、少分红或抛弃剩余财产分配请求权对回报率的影响。

4. 不同内部收益率之间的数量关系

（1）PPP项目投资财务内部收益率与PPP项目资本金财务内部收益率的数量关系。

从投资构成看，PPP项目投资财务内部收益率未考虑债务资金，且假定项目全部投资均由投资者以自有资金的形式投入；PPP项目资本金财务内部收益率考虑了债权融资的问题，建设所需的全部资金包括权益资金和债务资金两部分，假设权益资金等于项目资本金，债务资金等于银行借款。举例分析财务杠杆的作用。

【案例3-2】某一城市景观建设PPP项目的全部投资为T，资本金为T_z，银行贷款为T_d，项目全投资财务内部收益率为FIRR，资本金财务内部收益率为$FIRR_z$，银行贷款利率为i。

解析：根据全部投资为T、自有资金为T_z、银行贷款为T_d三者的关系可得：

$$T = T_z + T_d$$

根据项FIRR、$FIRR_z$及i，可得到近似线性关系：

$$T \times FIRR = T_z \times FIRR_z + T_d \times i$$

令$K = T_z/T$，则可得$FIRR = FIRR_z \times K + (1-K) \times i$　　　　（公式3-2）

由此可知，项目全投资财务内部收益率近似为资本金财务内部收益率、银行贷款利率的加权平均值，权值分别为自有资金比例和贷款比例。需要注意的是，由于还本付息方式等因素的影响，项目全投资财务内部收益率与资本金内部收益率、银行贷款利率并不是简单的线性关系，但是公式 3-2 能够反映出项目全投资财务内部收益率、资本金财务内部收益率及银行贷款利率之间正确的正（负）相关关系，同时也反映了财务杠杆的作用。

已知 $K<1$，由公式 3-2 可以得出当 $FIRR > i$ 时，$FIRR_z > FIRR$；当 $FIRR < i$ 时，$FIRR_z < FIRR$。一般来说，当项目投资内部收益率大于银行利率时，由于资金的杠杆效应，资本金内部收益率大于项目投资内部收益率，杠杆率越高，资本金内部收益率越高，相应地项目资本金承担的风险也越高；当项目投资内部收益率小于银行利率时，资本金内部收益率小于项目投资内部收益率，高杠杆意味着资本金收益率摊薄，相应地资本金承担的风险也随之降低。

（2）PPP 项目投资各方财务内部收益率与 PPP 项目资本金财务内部收益率的数量关系。

比较股东投资净现金流和项目资本金净现金流，可以说明股东投资财务内部收益率与资本金内部收益率的数量关系。从投资各方现金流量表可以看出，主要现金流入项是实际分配的利润、资产（股权）处置收入、PPP 项目公司到期清算分配收入和其他收入，主要现金流出项是实缴资本和其他支出。如果不考虑法定盈余公积和任意盈余公积及优先股股利分配，每年的净利润及剩余现金流能够及时分配给投资方，各投资方按实缴资本同比例分配收益，PPP 项目投资各方财务内部收益率等于资本金财务内部收益率。

但是实践中，由于项目不可能将其当年产生的现金流全部分配给投资者，同时根据我国的财务管理制度规范，PPP 项目公司不可能不计提留存收益，所以，如果不发生 PPP 合作期内处置项目公司股权获得高额转让溢价等特殊情况，投资各方的内部收益率低于资本金内部收益率。

此外，部分政府参股的公益性和准经营性 PPP 项目中，基于投资支持或是降低运营期财政补贴的角度考虑，政府有可能选择放弃部分或全部收益分配的权利，这样可能会出现投资各方的财务内部收益率大于项目资本金财务内部收益率的情形。

5. 三种内部收益率的适用性分析

PPP 项目主要由政府和社会资本之间基于基础设施、公共服务项目构建长期合作关系，在决策或招商阶段合理确定项目收益水平是建立政企之间利益关系的重要工作，事关公正公平和项目可持续健康运营。对于政府和社会资本而言，选择合适的内部收益率指标作为其决策参考依据至关重要。

总体上来看，PPP 项目投资财务内部收益率，没有考虑资本的杠杆因素，侧重于考量项目本身的获利情况；PPP 项目资本金财务内部收益率考虑了融资的杠杆因素，考量的是投资者利用自有资本撬动融资后的获利情况，从投资者角度来说更具有现实参考性；PPP 项目投资各方财务内部收益率是基于投资者对投资项目所有支出与其从投资项目得到的所有收入计算而得，反映的是投资者从该项投资中实际所获得的收益水平。

（1）PPP 项目投资财务内部收益率。

为使 PPP 项目尽快落地，地方政府通常把为项目引入股权另一方（社会资本方）

作为主要目标之一，而项目债务资金筹集则是由股权方通过所组建的项目公司予以实现、落实，政府方对项目债务不承担筹措、担保、偿还等责任，采用"项目财务内部收益率"指标充分体现了PPP项目这一本质特征。

PPP项目中融资责任全部由社会资本承担，政府确定一个项目的内部收益率区间，项目的融资方案及利率风险由项目公司或社会资本方负责时，允许社会资本根据其自身融资实力、抗风险能力以及对未来利率变动的预期，自由决定融资方案（包括项目融资结构、整个合作期的资金安排等），可以更充分地发挥社会资本方资金运作的能力，提高其资本的收益水平。故将项目内部收益率作为其决策的参考标准，一方面能够更全面地将投资者的融资能力纳入考核，另一方面也有助于政府以更优惠的条件选择更合适的合作伙伴，最大限度地实现PPP项目物有所值。因此，本书建议政府方在进行PPP项目财务方案设计时宜优先选用"项目财务投资内部收益率"指标。

（2）PPP项目资本金财务内部收益率。

从社会资本的角度来说，仅考虑项目投资财务内部收益率是不够的，需通过资本金财务内部收益率对项目投资效益和资本金使用效率作出科学判断。资本金财务内部收益率对投资收益水平的衡量及投资项目选择更具有参考价值。由于不同投资者的融资能力不同，实力强的投资者撬动杠杆的能力更强，融资利率更低，相同资本金内部收益率期望下其对项目收入的要求较融资能力弱的投资者更低，当其他条件相同时，融资能力强的投资者更有可能与政府达成合作。

从政府的角度来说，由于融资比例不同、财务杠杆不同，导致同一项目因融资比例变化而使得资本金收益率高低不同，从而导致项目缺乏合理的判断标准，也导致投融资比例和交易结构设计变得困难，在项目规模和融资比例两者均发生变化的影响下，资本金收益率进一步变得多样，导致对社会资本方合理收益愈加难以判断。此外，政府使用该指标的一个潜在风险是，政府方可能为PPP项目的融资成本变化承担责任。因此，建议政府在PPP项目财务方案设计时慎重使用资本金财务内部收益率指标。为规避出现社会资本（或项目公司）在融资条件发生变化时向政府方提出补偿诉求的情况，需要在PPP项目合同中对融资成本变化风险予以进一步的约定和明确。

（3）PPP项目投资各方财务内部收益率。

在项目公司各股东方实行不对称分红的情况下（政府方基于投资支持或是减少运营期财政补贴的角度考虑选择放弃部分或全部收益分配权利，此时出现了同股不同权的情形），资本金财务内部收益率已不能准确折射社会资本的投资收益水平，社会资本需以项目分红情况为基础针对社会资本构建专门的社会资本方净现金流、测算相应的投资各方财务内部收益率指标来衡量其实际投资收益水平，并在PPP项目合同中明确政府投资方对项目公司现金流的管理控制权限以及项目清算时的分配方式等事项。

3.1.3 PPP项目财务内部收益率判别准则

1. 财务内部收益率判别准则

从项目财务内部收益率与净现金流量、财务净现值的关系来分析内部收益率，衡量项目财务可行性的判断准则，根据公式3-1，财务内部收益率与净现金流量正相关、与财务净现值（FNPV）负相关，内部收益率与净现值的关系如图3-2所示。

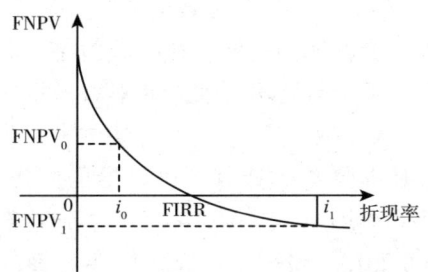

图3-2　内部收益率与净现金流量关系图

从图上可以看出，由于净现值$FNPV(i)$是i的递减函数，故折现率i定得越高，项目财务净现值就越小。当$FNPV(i)$曲线与横轴相交，其临界值FIRR是财务净现值评价准则的一个分水岭，其实质就是使投资方案在计算期内各年净现金流量的现值累计等于零时的折现率。当$i<FIRR$时，对于所有折现率i值，净现值$FNPV(i)$是正的；而当$i>FIRR$时，对于所有的i值，净现值$FNPV(i)$是负的。根据财务净现值的评价准则，当$FNPV(i)\geq0$时，项目具备经济可行性。与财务净现值评价准则相对应，当项目财务内部收益率大于或等于行业基准收益率时，项目的投资方案是可行的。

2. PPP项目财务基准收益率

基准收益率由无风险回报率和行业风险回报率两部分组成，它不仅是项目资金时间价值的度量，也是判别经营企业是否获得了与其承担的风险相对等的投资回报的标准。相应的，影响行业基准收益率确定的因素主要体现在两个方面：资金成本和行业风险。资金成本就是为取得项目资金使用权所支付的费用，包括融资结构中的资金类别、比例和成本。由于风险与损失总是形影相随，因此，为了弥补风险可能造成的损失，自然就会要求获得一定的回报作为补偿。

PPP项目财务基准收益率能够用于评判PPP项目财务内部收益率指标是否满足要求。财务基准收益率是设定的最低可接受收益率，如果测算的收益低于财务基准收益率水平，则不应投资。选取财务基准收益率，应该明确是对谁而言。不同的人，或者从不同角度去考虑，对投资收益会有不同的最低期望值。

财务基准收益率的选取直接影响PPP项目最终收益，是收益测算最关键的因素。《方法与参数（第三版）》中指出了企业投资等其他各类建设项目的财务基准收益率的选取，既可以使用投资者确定的项目的最低可接受投资收益，也可以选用国家或行业部门发布的财务基准收益率。在我国现行条件下，通常情况下财务基准收益率的确定可遵循如下方法：

（1）项目投资财务内部收益率基准参数的确定。项目投资财务内部收益率的基准参数可采用《方法与参数（第三版）》《关于调整部分行业建设项目财务基准收益率的通知》（发改投资〔2013〕586号）或各行业主管部门给出的项目投资财务基准收益率的参考值，或由评价者根据投资方的要求设定。一般可在加权平均资金成本方法基础上再加上调控意愿等因素来确定财务基准收益率。选择项目投资财务内部收益率的基准参数时要注意所得税前和所得税后指标的不同。

（2）项目资本金财务内部收益率基准参数的确定。项目资本金财务内部收益率的基准参数应为项目资本金所有者整体的最低可接受收益率。其数值大小主要取决于资金成本、资本收益水平、风险以及项目资本金所有者对权益资金收益的要求，还与投资者对风险的态度有关。通常可在加权平均资金成本方法与资本资产定价模型法基础上加上调控意愿等因素来确定财务基准收益率计算，也可参照同类项目（企业）的净资产收益率确定，也可参考《方法与参数（第三版）》《关于调整部分行业建设项目财务基准收益率的通知》（发改投资〔2013〕586号）或各行业主管部门给出的项目资本金财务基准收益率的参考值。

（3）投资各方财务内部收益率基准参数的确定。投资各方财务内部收益率的基准参数为投资各方对投资收益水平的最低期望值，应该由投资人自行确定。因为不同投资者的决策理念、资本实力和风险承受能力有很大差异，出于某些原因，投资者可能会对不同项目有不同的收益水平要求。

确定行业基准收益率可采用的方法有资本资产定价模型法（CAPM）、加权平均资金成本法（WACC）、德尔菲（Delphi）专家调查法和统计分析法等。其中，由于CAPM方法测算所依据的数据客观真实、理论方法严谨，被西方市场经济发达国家以及国际金融组织广泛用来进行项目权益资金基准收益率的测算分析。有了项目权益资金基准收益率，再结合权益资金与负债的比例，运用WACC法即可确定项目投资基准收益率。

【案例3-3】 某集中供热PPP项目总投资估算6 287万元，其中资本金2 032万元，占比32%；银行贷款4 255万元，占比68%。银行贷款年利率4.9%，宽限期2年，等额还本付息期15年。PPP项目公司适用的企业所得税税率25%。采用加权平均资金成本方法结合资本资产定价模型法测算本项目适用的项目财务内部基准收益率。

解析：（1）首先采用资本资产定价模型法确定投资人权益资金的资金成本。

$$K_S = R_f + \beta(R_m - R_f) \qquad \text{（公式3-3）}$$

式中：

K_S——权益资金的资金成本；

R_f——市场无风险投资收益率；

β——项目的投资风险系数；

R_m——市场平均风险投资收益率。

①市场无风险投资收益率的确定。

市场无风险投资收益率一般可采用政府发行的相应期限的国债利率，$R_f = 4.27\%$。

②项目的投资风险系数的确定。

通过查询2004年建设部标准定额研究所出版的《建设项目经济评价参数研究》，集中供热行业的投资风险系数$\beta = 2.73$。

③市场平均风险投资收益率的确定。

市场平均风险投资收益率利用前五年平均国内生产总值增长率确定（见表3-3）。

表 3-3　　　　　　　　　　前五年国内生产总值增长率

年份	国内生产总值（亿元）	增长率
2011	489 300.6	
2012	540 367.4	10.44%
2013	595 244.4	10.16%
2014	643 974.0	8.19%
2015	689 052.1	7.00%
2016	743 585.5	7.91%
2017	—	—
平均增长率	—	8.74%

④权益资金的资金成本。

$K_S = R_f + \beta(R_m - R_f) = 4.27\% + 2.73 \times (8.74\% - 4.27\%) = 16.47\%$

（2）银行贷款资金的资金成本，根据资金成本率的表达式测算。

表达式为：

$$\sum_{i=0}^{n} \frac{F_t - C_t}{(1+i)^t} = 0 \qquad （公式3-4）$$

式中：

F_t——各年实际筹措资金流入额；

C_t——各年实际资金筹集费和对资金提供者的各种付款，包括贷款，债券等本级的偿还；

i——资金成本率；

n——资金占用期限。

假设本项目的资金筹集费为0，建设期分年贷款金额为2 127.5万元，根据公式计算：

$(2\ 127.5 - 52) + (2\ 127.5 - 156)/(1+i) - 407/(1+i)^2 - 407/(1+i)^3 - \cdots - 407/(1+i)^{16} = (2\ 127.5 - 52) + (2\ 127.5 - 156)/(1+i) - \left(407 \times \frac{(1+i)^{16} - 1}{i(1+i)^{16}}\right) + 407/(1+i) = 0$

用人工试算法计算：$i = 5.24\%$。

（3）应用加权平均资金成本方法测算本项目融资方案的综合资金成本。

加权平均资金成本表达式：

$$I = \sum_{t=1}^{n} i_t \times f_t \qquad （公式3-5）$$

式中：

I——加权平均资金成本；

i_t——第t种融资的资金成本；

f_t——第t种融资的融资金额占融资方案总融资金额的比例，有$\sum f_t = 1$。

n——各种融资类型的数目。

考虑银行贷款的利息偿还的抵税作用,本项目加权平均资金成本计算公式为:
16.47% ×32% +5.24% ×(1 −25%)×68% =7.94%

因此,不考虑其他资金风险因素和通货膨胀率的影响,本项目税后财务基准收益率为 7.94%。

3.2 PPP 项目内部收益率的测算方法

对于投资项目内部收益率的确定,普遍采用的方法是线性内插法或 Excel 环境下插入函数的方法。国内外众多学者对内部收益率的确定已经有了一定的研究,崔升飞为了避开高次方程的求解,提出了利用微分法计算内部收益率的思路与方法;胡钧提出了计算投资项目内部收益率的新迭代格式,可以得到 IRR 较高的精确值,这些方法相对来说比较复杂。从 PPP 项目财务评价的实操层面,介绍三种比较实用的内部收益率测算方法:线性内插法、EXCEL 软件求解法以及 MATLAB 软件求解法。

3.2.1 线性内插法

对于内含报酬率的求解,传统方法为线性内插法。线性内插法是函数中求近似值的常用方法,线性内插法的原理是假设未知变量 $X = f(Y)$,函数图如图 3-3 所示,自变量 Y 与其函数值 X 二者之间不一定为线性关系,但是若在很小的区间 $[Y_1, Y_2]$ 内可认可它们之间接近于直线,因此,运用解析法,可得到割线 AB 的方程如下:

$$\frac{X - X_1}{Y_1 - 0} = \frac{X_2 - X_1}{Y_1 - Y_2}$$

上述公式经过变形为:

$$X = X_1 + \frac{X_2 - X_1}{Y_1 - Y_2} Y_1$$

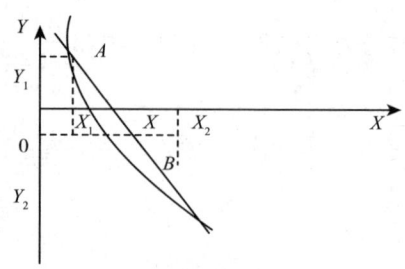

图 3-3 线性内插法图解

在已知 (Y_1, X_1) 和 (Y_2, X_2) 的条件下,自变量 Y 所对应的函数值 X 的近似值即可求得。但是这个方法只适用于在区间 $[Y_1, Y_2]$ 较小时,求得的函数值 X 才会与真实值相接近,否则,会产生较大误差。所以,要求这个区间非常小,一般不超过5%。

根据项目现金流量表中的净现金流量,采用线性内插法推算PPP项目的内部收益率的步骤为:

(1) 根据经验初步确定一个初始折现率i_0。

(2) 根据PPP项目投资方案的现金流量计算初始折现率i_0对应的初始净现值$FNPV_0$。

(3) 若$FNPV_0$等于0,则i_0即为项目的内部收益率,试算结束;若$FNPV_0$大于0,则增大折现率继续试算,直到测算出的净现值接近0为止;若$FNPV_0$小于0,则减小折现率继续试算,直到测算出的净现值接近0为止。

(4) 重复步骤(3)的试算过程,直到找到两个折现率i_1和i_2使得$FNPV_1>0$、$FNPV_2<0$,其中i_2与i_1的差值一般不超过2%~5%。

(5) 利用线性内插法公式近似计算项目内部收益率。

$$FIRR = r_1 + (r_2 - r_1) \times \frac{|FNPV_1|}{|FNPV_1| + |FNPV_2|} \qquad (公式3-6)$$

其中:FIRR为财务内部收益率;r_1、r_2为试算折现率;$|FNPV_1|$、$|FNPV_2|$为分别按r_1、r_2测算的净现值的绝对值。

【案例3-4】试运用线性内插法求解案例3-1中森林公园PPP项目的投资财务内部收益率(税前)i_N。

解析:按照内部收益率的定义,根据公式3-1,内部收益率i_N需满足:

$$\begin{aligned}FNPV(i_N) = &-11\,079(P/F,i_N,1) - 7\,386(P/F,i_N,2) + 2\,029(P/F,i_N,3)\\&+ 2\,030(P/F,i_N,4) + 2\,030(P/F,i_N,5) + 2\,031(P/F,i_N,6)\\&+ 2\,031(P/F,i_N,7) + 2\,032(P/F,i_N,8) + 2\,032(P/F,i_N,9)\\&+ 2\,032(P/F,i_N,10) + 2\,033(P/F,i_N,11) + 2\,033(P/F,i_N,12)\\&+ 2\,033(P/F,i_N,13) + 2\,034(P/F,i_N,14) + 1\,953(P/F,i_N,15)\\&+ 1\,990(P/F,i_N,16) + 1\,990(P/F,i_N,17) + 1\,899(P/F,i_N,18) = 0\end{aligned}$$

(1) 首先根据经验,选取$i_0 = 5\%$进行试算,测算得出FNPV(5%) = 2 507.95(万元)>0;

(2) 取大于5%的折现率继续试算,选取$i_1 = 6\%$,测算得出FNPV(6%) = 1 065.88(万元)>0;

(3) 取大于6%的折现率继续试算,选取$i_2 = 7\%$,测算得出FNPV(7%) = -198.52(万元)<0;

(4) 由此可见,内部收益率i_0必在6%~7%之间,利用内插法,根据公式(3-6)可得本项目的全投资内部收益率(税前)i_N为:

$$i_N = 6\% + (7\% - 6\%) \times \frac{|1\,065.88|}{|1\,065.88| + |-198.52|} = 6.83\%$$

运用线性内插法测算项目内部收益率时,插值区间是线性内插法的关键,决定了计算结果的准确性,插值区间越小,计算结果越贴近内部收益率的真值。根据净现金流量,插值区间的确定方法一般有两种:当项目全生命周期内每年的净现金流量相等时,可计算出投资项目的年金现值系数,通过查找年金现值系数表,找出对应的折现率区间(即插值区间);当项目全生命周期内每年的净现金流量不相等时,采用"试算法"找到使得净现值出现正、负的折现率,即为插值区间。

3.2.2 Excel 软件求解法

Excel 软件求解 PPP 项目的内部收益率主要包括两种方式:一是 IRR 函数法;二是单变量求解法。运用 Excel 软件中的 IRR 函数以及单变量求解内部收益率的具体介绍如下。

1. IRR 函数法

常见的财务指标都可以用 EXCEL 来求解,内部收益率就是其中之一。"IRR 函数法"利用 Excel 表格编辑公式,可以快速、准确地进行内部收益率的测算,能够大幅度提高工作效率,其语法形式为 IRR(values,guess),其中:values 为数组或单元格的引用,包含用来计算内部收益率的数字;guess 为对函数 IRR 计算结果的估计值,对 guess 的指定是可选的,若不指定默认为 0.1。IRR 函数法求解内部收益率的主要步骤为:

(1) 建立现金流量表。根据项目基础信息,输入合作期、效益计算期、现金流入、现金流出等项目基础数据,测算得出项目净现金流量,建立现金流量表。

(2) 输入计算公式,测算得出项目内部收益率:IRR = (项目净现金流量数据序列)。

【案例 3-5】试运用 IRR 函数法求解案例 3-1 中森林公园 PPP 项目的投资财务内部收益率(税前)i_N。

解析:建立案例 3-1 中森林公园 PPP 项目的现金流量表,在单元格 B11 中输入包含净现金流量参数的 IRR 函数,回车即可得到内部收益率 i_N 为 6.83%,IRR 函数法求解内部收益率的 EXCEL2016 操作过程如图 3-4 所示。

	A	B	C	D	E	F	G	H	I	J	K	L	M	N	O	P	Q	R	S
1																			
2	项目/合作期	1	2	3	4	5	6	7	8	9	10	11	12	13	14	15	16	17	18
3	一、现金流入	0	0	2 266	2 272	2 279	2 287	2 294	2 302	2 309	2 310	2 315	2 320	2 326	2 332	2 337	2 343	2 349	2 355
4	1.运营收入			809	849	892	936	983	1 032	1 081	1 043	1 063	1 082	1 103	1 123	1 144	1 166	1 187	1 210
5	2.可行性缺口补助			1 457	1 423	1 388	1 350	1 311	1 269	1 228	1 266	1 252	1 238	1 223	1 208	1 193	1 178	1 162	1 146
6	二、现金流出	11 079	7 386	237	243	249	256	263	270	277	277	282	287	293	298	384	444	449	456
7	1.建设投资	11 079	7 386																
8	2.运营成本			237	243	249	256	263	270	277	277	282	287	293	298	303	309	314	320
9	3.增值税			0	0	0	0	0	0	0	0	0	0	0	0	81	135	135	136
10	三、净现金流量	-11 079	-7 386	2 029	2 030	2 030	2 031	2 031	2 032	2 032	2 032	2 033	2 033	2 033	2 034	1 953	1 900	1 900	1 899
11		=IRR(B10:S10)																		
12		IRR(**values**, [guess])																		

图 3-4 IRR 函数法求解内部收益率示意图

2. 单变量求解法

单变量求解是解决假定一个公式要取的某一结果值,其中变量的引用单元格应取值为多少的问题。"单变量求解"实质是一组由假设分析工具的组成的命令。通过设定某个公式的预期结果,运用"单变量求解",Excel 能够根据设定的目标值不断调整引用单元格的值,直到引用的单元格的值使得公式达到设定的逾期结果为止。用"单变量求解"测算内部收益率的步骤如下：

（1）任选一个单元格A_1，作为"引用单元格"代表内部收益率，"引用单元格"为可变单元格。

（2）选定另一单元格B_1，作为可以设定某个公式预期结果的"目标单元格"，其中输入的公式为"$=C_0/(1+A_1)^\wedge 0 + C_1/(1+A_1)^\wedge 1 + C_2/(1+A_1)^\wedge 2 + \cdots + C_n/(1+A_1)^\wedge n$"或者"$=NPV(A_1，项目净现金流量数据序列)$"。其中，$C_t$为第$t$期的现金净流量（期末值）。

（3）单击"数据"菜单中的"模拟分析"命令，点击"单变量求解"，会弹出"单变量求解"对话框。在弹出的对话框中，"目标单元格"设置为"B_1"、"目标值"设置为"0"、"可变单元格"设置为"A_1"，完成对话框后单击"确定"按钮，要计算的内部收益率就会出现在"引用单元格A_1"中，目标单元格中也会变成一个非常接近于0的值。此时"引用单元格A_1"即为所需要求解的内部收益率。

【案例3-6】 试运用"单变量求解法"求解案例3-1中森林公园PPP项目的投资财务内部收益率（税前）i_N。

解析：（1）选用B_{11}作为"引用单元格"，代表内部收益率，其为可变单元格；

（2）选用C_{11}作为"目标单元格"，输入公式"$=NPV(B_{11}，B_{10}:S_{10})$"；

（3）单击"数据"菜单中的"模拟分析"命令，点击"单变量求解"，会弹出"单变量求解"对话框。将弹出对话框中的目标单元格设置为C_{11}、目标值设置为0、可变单元格设置为B_{11}，完成对话框后单击"确定"按钮，求解的本项目全投资内部收益率（税前）i_N即为$B_{11}=0.0683=6.83\%$，此时目标单元格C_{11}显示为一个非常接近于0的值。

单变量求解法求解内部收益率的EXCEL2016软件操作过程如图3-5所示。

	A	B	C	D	E	F	G	H	I	J	K	L	M	N	O	P	Q	R	S
1																			
2	项目/合作期	1	2	3	4	5	6	7	8	9	10	11	12	13	14	15	16	17	18
3	一、现金流入	0	0	2 266	2 272	2 279	2 287	2 294	2 302	2 309	2 310	2 315	2 320	2 326	2 332	2 337	2 343	2 349	2 355
4	1.运营收入			809	849	892	936	983	1 032	1 081	1 043	1 063	1 082	1 103	1 123	1 144	1 166	1 187	1 210
5	2.可行性缺口补助			1 457	1 423	1 388	1 350	1 311	1 269	1 228	1 266	1 252	1 238	1 223	1 208	1 193	1 178	1 162	1 146
6	二、现金流出	11 079	7 386	237	243	249	256	263	270	277	277	282	287	293	298	384	444	449	456
7	1.建设投资	11 079	7 386																
8	2.运营成本			237	243	249	256	263	270	277	277	282	287	293	298	303	309	314	320
9	3.增值税			0	0	0	0	0	0	0	0	0	0	0	0	81	135	135	136
10	三、净现金流量	-11 079	-7 386	2 029	2 030	2 031	2 031	2 032	2 032	2 032	2 033	2 033	2 033	2 033	2 034	1 953	1 900	1 900	1 899
11				0	=NPV(B11,B10:S10)															
12					NPV(rate,value1,[value2],[value3],...)															

(a)

	A	B	C	D	E	F	G	H	I	J	K	L	M	N	O	P	Q	R	S
1																			
2	项目/合作期	1	2	3	4	5	6	7	8	9	10	11	12	13	14	15	16	17	18
3	一、现金流入	0	0	2 266	2 2			02	2 309	2 310	2 315	2 320	2 326	2 332	2 337	2 343	2 349	2 355	
4	1.运营收入			809		单变量求解 ? ×		32	1 081	1 043	1 063	1 082	1 103	1 123	1 144	1 166	1 187	1 210	
5	2.可行性缺口补助			1 457	14	目标单元格(E): C11		69	1 228	1 266	1 252	1 238	1 223	1 208	1 193	1 178	1 162	1 146	
6	二、现金流出	11 079	7 386	237		目标值(V): 0			277	277	282	287	293	298	384	444	449	456	
7	1.建设投资	11 079	7 386			可变单元格(C): B11													
8	2.运营成本			237		确定 取消			277	277	282	287	293	298	303	309	314	320	
9	3.增值税			0					0	0	0	0	0	0	81	135	135	136	
10	三、净现金流量	-11 079	-7 386	2 029	2 030	2 030	2 031	2 031	2 032	2 032	2 032	2 033	2 033	2 033	2 034	1 953	1 900	1 900	1 899
11			0	¥13 566.84															

(b)

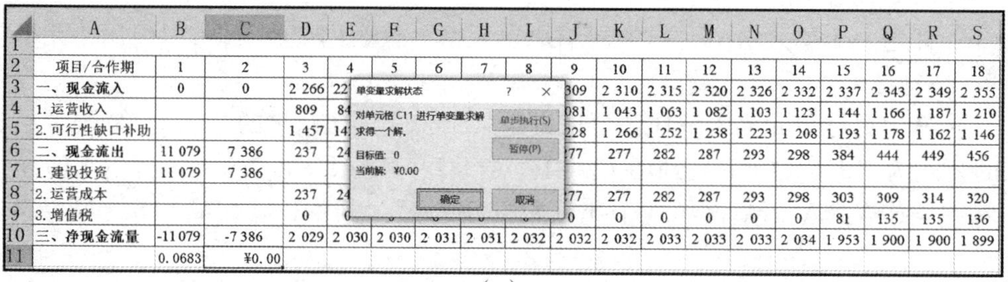

	A	B	C	D	E	F	G	H	I	J	K	L	M	N	O	P	Q	R	S
1																			
2	项目/合作期	1	2	3	4	5	6	7	8	9	10	11	12	13	14	15	16	17	18
3	一、现金流入	0	0	2 266	22					309	2 310	2 315	2 320	2 326	2 332	2 337	2 343	2 349	2 355
4	1.运营收入			809	84					081	1 043	1 063	1 082	1 103	1 123	1 144	1 166	1 187	1 210
5	2.可行性缺口补助			1 457	14					228	1 266	1 252	1 238	1 223	1 208	1 193	1 178	1 162	1 146
6	二、现金流出	11 079	7 386	237	24					77	277	282	287	293	298	384	444	449	456
7	1.建设投资	11 079	7 386																
8	2.运营成本			237	24					77	277	282	287	293	298	303	309	314	320
9	3.增值税			0						0	0	0	0	0	0	81	135	135	136
10	三、净现金流量	-11 079	-7 386	2 029	2 030	2 030	2 031	2 031	2 032	2 032	2 032	2 033	2 033	2 033	2 034	1 953	1 900	1 900	1 899
11		0.0683	¥0.00																

(c)

图 3-5　单变量求解法求解内部收益率示意图

3.2.3　MATLAB 软件求解法

MATLAB 软件是一种广泛用于工程计算及数值分析领域的新型高级技术计算语言，自 1984 年推向市场以来，现已成为国际公认的最优秀的工程应用开发环境。MATLAB 软件可用于算法开发、数据可视化、数据分析以及数值计算。MATLAB 高效的数值计算及符号计算功能，能使用户从繁杂的数学运算分析中解脱出来。利用 MATLAB 软件中 roots 函数对高次多项式进行求解是一种新的计算内部收益率的方法，能够克服传统方法计算内部收益率的复杂过程。

根据公式 3-1：$\sum_{t=1}^{n}(CI-CO)_t(1+FIRR)^{-t}=0$

令 $(CI-CO)_t=C_t$，其中：$t=0,1,2,\cdots,n$，则将公式 3-1 展开为：

$C_0(1+FIRR)^0+C_1(1+FIRR)^{-1}+\cdots+C_n(1+FIRR)^{-n}=0$ （公式 3-7）

公式 3-7 等号两边同时乘以 $(1+FIRR)^n$，得到：

$C_0(1+FIRR)^n+C_1(1+FIRR)^{n-1}+\cdots+C_n(1+FIRR)^0=0$ （公式 3-8）

分别令 $x=1+FIRR$，$b_t=C_t(t=0,1,2,\cdots,n)$，$F(x)=0$，则公式 3-8 变形为：

$F(x)=b_0x^n+b_1x^{n-1}+\cdots+b_{n-1}x^1+b_nx^0$ （公式 3-9）

运用 MATLAB 创建多项式，可以采用直接输入法创建多项式，即在 MATLAB 的窗口中直接输入多项式的系数矢量，然后利用转换函数 poly2sym 将多项式由系数矢量转换为符号的形式。

在 command window 窗口输入多项式函数，并求根，命令为：

$>>b=[b_0\ b_1\ b_2\ \cdots\ b_{n-1}\ b_n]$；

$>>r=roots(b)$

$r=\cdots$

最后所得到的实数解即为所求的 $(1+FIRR)$，从而计算得出项目的内部收益率。

【案例 3-7】试运用"MATLAB 求解法"求解案例 3-1 中森林公园 PPP 项目的投资财务内部收益率（税前）i_N。

解析：（1）根据项目现金流量表，创建多项式命令。

$>>$poly2sym（[0 -11 079 -7 386 2 029 2 030 2 030 2 031 2 031 2 032 2 032 2 032 2 033 2 033 2 033 2 034 1 953 1 900 1 900 1 899]）

$ans = -11\,079 \times x^{17} - 7\,386 \times x^{16} + 2\,029 \times x^{15} + 2\,030 \times x^{14} + 2\,030 \times x^{13} + 2\,031 \times x^{12}$
$+ 2\,031 \times x^{11} + 2\,032 \times x^{10} + 2\,032 \times x^{9} + 2\,032 \times x^{8} + 2\,033 \times x^{7} + 2\,033 \times x^{6}$
$+ 2\,033 \times x^{5} + 2\,034 \times x^{4} + 1\,953 \times x^{3} + 1\,900 \times x^{2} + 1\,900 \times x + 1\,899$

（公式 3-10）

公式 3-10 即为创建的多项式。

（2）计算内部收益率。

①在 matlab2016 "命令行窗口" 中输入：

＞＞b = [0 -11 079 -7 386 2 029 2 030 2 030 2 031 2 031 2 032 2 032 2 032 2 033 2 033 2 033 2 034 1 953 1 900 1 900 1 899]；

②在 matlab "命令行窗口" 中输入：

＞＞r = roots（b）

回车键得到运行结果：

r =

　　-0.9331 + 0.1395i

　　-0.9331 - 0.1395i

　　1.0683 + 0.0000i

　　-0.8025 + 0.4203i

　　-0.8025 - 0.4203i

　　-0.5879 + 0.6590i

　　-0.5879 - 0.6590i

　　-0.3080 + 0.8171i

　　-0.3080 - 0.8171i

　　0.8229 + 0.3872i

　　0.8229 - 0.3872i

　　0.6044 + 0.6420i

　　0.6044 - 0.6420i

　　0.3265 + 0.8079i

　　0.3265 - 0.8079i

　　0.0101 + 0.8698i

　　0.0101 - 0.8698i

通过 MATLAB 求解内部收益率的具体操作过程如图 3-6 所示。

因为 $x = (1 + i_N)$，且理论上内部收益率 FIRR 为正实数，所以 x 只能取 1.0683 + 0.0000i，此时项目财务内部收益率 $i_N = 6.83\%$。

3.2.4 总结

线性内插法测算原理简单，但是在应用过程中存在明显的缺陷。首先，体现在插值区间的确定：项目全生命周期内每年的净现金流量相等的情况为几乎不存在的特殊情况，几乎无法运用查找年金现值系数表快速确定插值区间；采用"试算法"确定插值

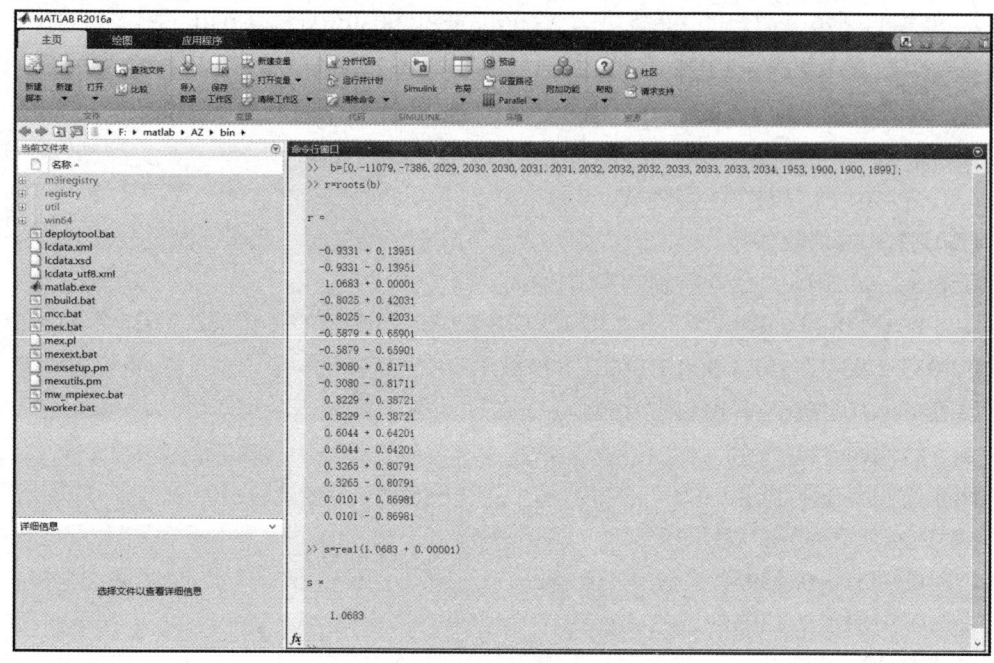

图 3-6　MATLAB 求解法求解内部收益率示意图

区间时，计算工作量大，特别是当项目生命周期长、各期的净现金流量较多且数量变化较大时，难以在第一次试算时找到接近内部收益率的折现率，导致试算工作量的大幅度增加。其次，由于线性内插法是一种"以直代曲、按比例测算"的方式，从内部收益率的测算原理公式 3-1 可以看出内部收益率方程是高次多项式方程、净现值与折现率并不呈线性关系，因此线性内插法测算结果与真实的内部收益率之间存在一定的误差。

此外，若测算过程中出现内部收益率多解和无解情况，属于非常规方案的 PPP 项目。当项目的投资效益非常好或者非常差时，一般会出现项目内部收益率不存在的情况；当项目的净现金流量序列在合作期内变化多次时，一般会出现项目存在多个内部收益率的情况，因此遇到这种情况时对多个内部收益率进行分析、检验和判别，排除无效内部收益率是进行 PPP 项目经济评价的关键。按照财务管理的理论，如果有一个方案出现了多个内部收益率而不能排除或者不存在满足要求的内部收益率时，则内部收益率法不再适用于该项目的经济评价。

3.3　部分行业 PPP 项目财务内部收益率水平

对于涉及基础设施和公共服务领域的 PPP 项目，不同的社会资本对于同一项目的判断不尽相同，所处行业、项目具体特点、融资成本差异、对待风险的态度、对收益水平的预期等诸多因素，决定了社会资本必须自主确定其在项目上最低可接受的财务收益率。而 PPP 项目所涉及的各行业基准收益率就是社会资本以动态的观点所确定的、可接受的项目最低标准的收益水平。PPP 项目财务基准收益率是项目财务内部收益率的判别标准，是本行业、本地区可允许的最低投资收益率界限，拟投资项目的财务内部收益率高于或等于基准收益率项目才是可行的。

根据《方法与参数（第三版）》，财务基准收益率的选用原则为：

（1）由于项目收益水平与项目产出物价格密切相关，政府对这类项目的产出物（或服务）价格实行控制与干预，一般情况下，在非市场定价行业的行业基准收益率是对政府投资收益要求的上限，政府投资这类项目主要目的是履行政府职能、提供公共服务，而不是为了获取更大的投资收益。

同时，以政府正常导向方法确定的行业财务基准收益率，不是对参与这类项目的其他投资者的收益要求，参与这类项目的投资者更关心政府对这类项目有什么支持措施，以及投资者的权益投资收益率有多少。其他投资者可以通过参加政府招标竞争或与政府相关部门协商确定项目的融资与运营方案。

（2）政府以外的其他各类投资主体，原则上应该根据资金成本和风险收益自行决定项目的财务基准收益率，或将其认可的项目最低可接受财务收益率作为项目的基准折现率。企业可以应用资本资产定价模型法（CAPM）、加权平均资金成本法（WACC）、典型项目模拟法以及德尔菲（Delphi）专家调查法在初步确定财务基准收益率的基础上，根据自身发展战略、经营策略、项目目标、投资收益的期望、机会成本等因素确定具体项目的最低可接受财务收益率，作为项目的财务基准收益率。在跨行业投资或者项目投资者对项目特点及风险情况缺乏经验时，企业可以参考使用国家行政主管部门统一测定、发布的行业基准收益率。在投资者自行确定项目的财务基准收益率的情况下，项目财务基准收益率的取值与用于政府投资项目的行业基准收益率的取值可以相同，也可以不同；前者可以高于后者，也可以低于后者。

3.3.1 PPP 项目内部收益率取值分析

PPP 项目提供的是基础设施和公共服务，基于 PPP 项目的公共属性，社会资本只能从中获得合理收益而不应获取暴利。对社会资本来说，PPP 项目内部收益率的基准值或合理取值问题，无疑是社会资本方作出投资决策时的重要依据，是其关注的核心问题之一。由于现阶段诸多企业长期依赖商业银行贷款，融资渠道单一，融资成本较高，如果 PPP 项目的收益率过低可能无法覆盖较高的融资成本，对 PPP 项目的推进及实施将会形成巨大的风险和隐患；对政府来说，PPP 项目投资收益率水平作为研究策划 PPP 项目、制定 PPP 项目实施方案时要确定的重点内容、为 PPP 项目配置相关投融资政策的重要依据，同时是其与社会资本方进行 PPP 协议谈判时的一个关键问题。

选择合理的项目财务内部收益率对于项目最终的成败有着举足轻重的影响，一方面较高的收益率可能会给财政支付造成较大支付压力；另一方面，低于行业水平的收益率可能减小项目吸引力甚至导致后期项目采购环节流标，造成较大的成本损失，因此，选择符合行业特性的收益率作为 PPP 项目参考值是非常重要的一步。财务基准收益率为确定 PPP 项目的内部收益率水平提供了一定的参考依据。同时，考虑项目的资金成本、风险收益水平，根据基础设施和公共服务的行业特点和不同的 PPP 运作方式，结合现阶段经济增长速度和金融市场状况，PPP 项目大致有两类财务内部收益率的确定标准。

1. "使用者付费"的 PPP 项目

对"使用者付费"的 PPP 项目，财务内部收益率可以选择在长期贷款基准利率基础上加 2~3 个风险点。如按中国人民银行发布的现行 5 年期银行贷款基准利率 5% 计算，合理的投资内部收益率可以定在 7.0%~8.0%。"使用者付费" PPP 项目财务内部收益率的另一个重要参考标准是全国的现价国内生产总值 GDP 增速。现价 GDP 增速反映的是全社会平均投资回报水平，2014—2016 年平均大约在 7.0%，未来则存在进一步下降趋势。社会资本方投资建设或运营 PPP 项目，"理应"获得全社会平均的投资回报水平。

2. "政府付费"项目

对于政府付费的 PPP 项目，由于地方政府的信用总体上比较高或至少理论上地方政府"赖账"的可能性较小（实际上有的地方政府诚信未必如此），项目的投资风险相对更小、投资回报更有保障，则其合理财务内部收益率的参照指标应该按金融市场上无风险收益率（通常为同期限国债利率）再加上 2~3 个风险点来确定。按照目前长期国债利率估算，这类 PPP 项目的合理投资内部收益率最好设定为 5%~6%，比同期银行贷款基准利率稍微高一点。从长期看，随着我国经济发展水平和人均收入不断提高，无论是长期贷款基准利率、现价 GDP 增速还是长期国债利率，都存在进一步走低的趋势，PPP 项目的合理财务内部收益率标准要跟着相应向下调整。

3.3.2 财政部 PPP 综合信息平台库部分行业 PPP 项目的内部收益率水平

财政部开发建设的政府和社会资本合作（Public – Private Partnership，PPP）综合信息平台（以下简称"PPP 综合信息平台"）是全国 PPP 项目信息的管理和发布平台，平台中 PPP 项目的内部收益率水平总体上反映了我国 PPP 项目的收益水平。本次调研以 PPP 综合信息平台中的项目为调查对象，涉及交通运输、市政工程、生态建设与环境保护、水利建设、农业、林业、能源、保障性安居工程、旅游、文化、养老、医疗卫生、教育、科技及体育共 15 个行业，调查了这 15 个行业中所有处于执行阶段的 PPP 项目的内部收益率取值情况（时间上横跨 2014 年至今，地区上涵盖华北、东北、华东、华中、华南、西南、西北区域），共收集了有效数据样本 1 107 个（即 1 107 个 PPP 项目）。

通过统计 1 107 个 PPP 项目样本的财务内部收益率数据，分析了这 1 107 个 PPP 项目中投资财务内部收益率、资本金财务内部收益率、投资各方内部收益率使用情况及其取值水平，详细统计结果如下（需要注意的是有部分 PPP 项目样本同时使用两种及两种以上内部收益率衡量项目的收益水平）。

1. 投资财务内部收益率、资本金财务内部收益率、投资各方内部收益率使用量占比情况

1 107 个样本 PPP 项目中分别使用了投资财务内部收益率、资本金财务内部收益率、投资各方内部收益率的 PPP 项目数量占比情况如图 3 – 7 所示；1 107 个样本 PPP 项目按行业划分，每个行业中使用了投资财务内部收益率、资本金财务内部收益率、投资各方内部收益率的 PPP 项目数量占所调查行业的项目数量总数的比例如图 3 – 8 所示。

第3章 PPP项目投资内部收益率

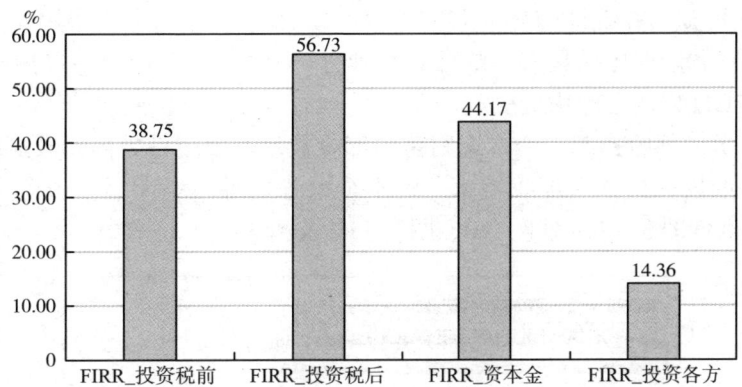

图3-7 不同类型PPP项目财务内部收益率使用数量总体占比

注：FIRR_投资税前——PPP项目投资财务内部收益率（所得税前）；
FIRR_投资税后——为PPP项目投资财务内部收益率（所得税后）；
FIRR_资本金——PPP项目资本金财务内部收益率；
FIRR_投资各方——PPP项目投资各方财务内部收益率。

由图3-7可知，在1 107个样本PPP项目中，采用了投资财务内部收益率（所得税前）指标的PPP项目数量占比为38.75%；采用了投资财务内部收益率（所得税后）指标的PPP项目数量占比为56.73%；采用了资本金财务内部收益率指标的PPP项目数量占比为44.17%；采用了投资各方财务内部收益率指标的PPP项目数量占比为14.13%。由此可知，在1 107个PPP样本项目中，采用投资财务内部收益率指标的项目数量远大于采用资本金财务内部收益率指标及投资各方财务内部收益率指标的项目数量，而且采用投资各方财务内部收益率指标的项目数量最少。

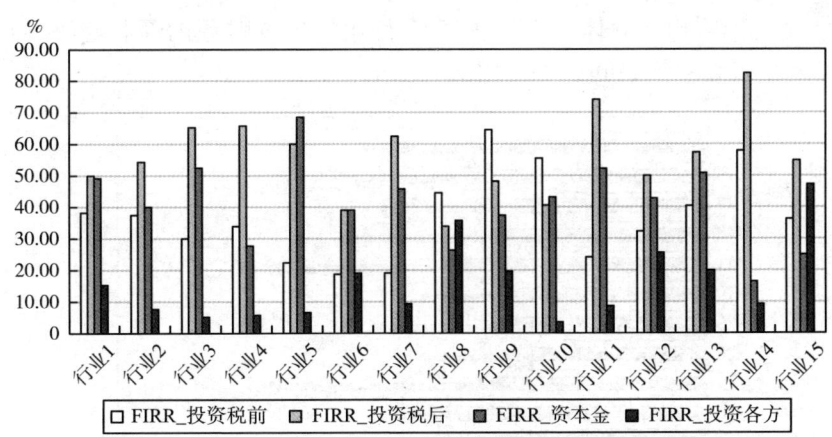

图3-8 15个行业中不同类型内部收益率的使用数量占比

注：（1）行业1——交通运输；行业2——市政工程；行业3——生态建设与环境保护；
行业4——水利建设；行业5——农业；行业6——林业；行业7——能源；
行业8——保障性安居工程；行业9——旅游；行业10——文化；
行业11——养老；行业12——医疗卫生；行业13——教育；
行业14——科技；行业15——体育。
（2）FIRR_投资税前、FIRR_投资税后、FIRR_资本金、FIRR_投资各方的含义同图3-1。

由图 3-8 可知，在统计的样本 PPP 项目所涵盖的 15 个行业中采用投资财务内部收益率指标的项目数量占比均最多。除体育行业外，其他 14 个行业中采用投资各方内部收益率指标的项目数量占比均最少。

2. 投资财务内部收益率、资本金财务内部收益率、投资各方内部收益率取值水平

15 个行业的投资财务内部收益率、资本金财务内部收益率、投资各方内部收益率的取值水平分别见图 3-9、图 3-10、图 3-11 及图 3-12。

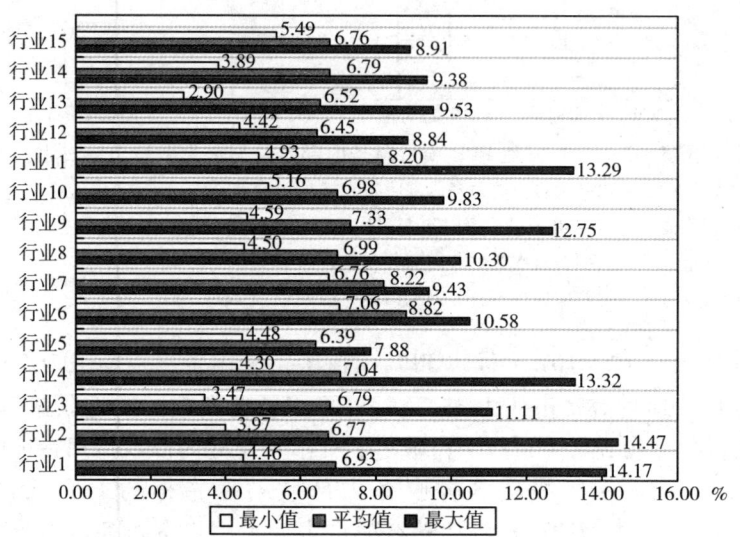

图 3-9　15 个行业投资财务内部收益率（所得税前）取值水平

注：图标中行业 1—行业 10 的含义同图 3-8。

从图 3-9 可以看出，总体上来说：15 个行业的投资财务内部收益率（所得税前）取值均在 2.9% ~14.47% 之间，平均取值为 7.13%。

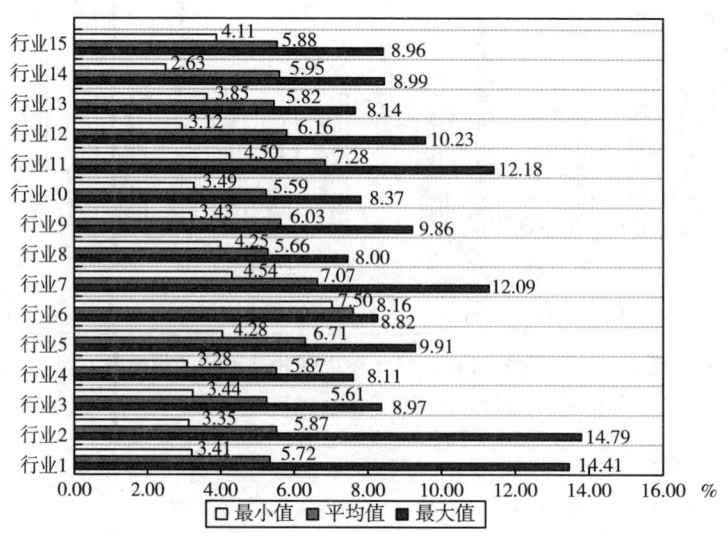

图 3-10　15 个行业投资财务内部收益率（所得税后）取值水平

注：图标中行业 1—行业 10 的含义同图 3-8。

从图 3-10 中可以看出，总体上来说：15 个行业的投资财务内部收益率（所得税后）取值均在 2.63%~14.79% 之间，平均取值为 6.22%。

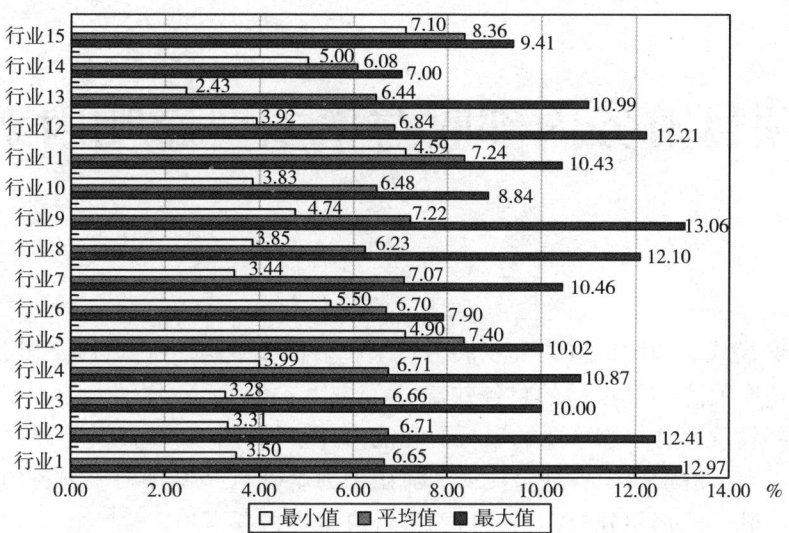

图 3-11　15 个行业资本金财务内部收益取值水平

注：图标中行业 1—行业 10 的含义同图 3-8。

从图 3-11 可以看出，总体上来说：15 个行业的资本金财务内部收益率取值均在 2.43%~13.06% 之间，平均取值为 6.85%。

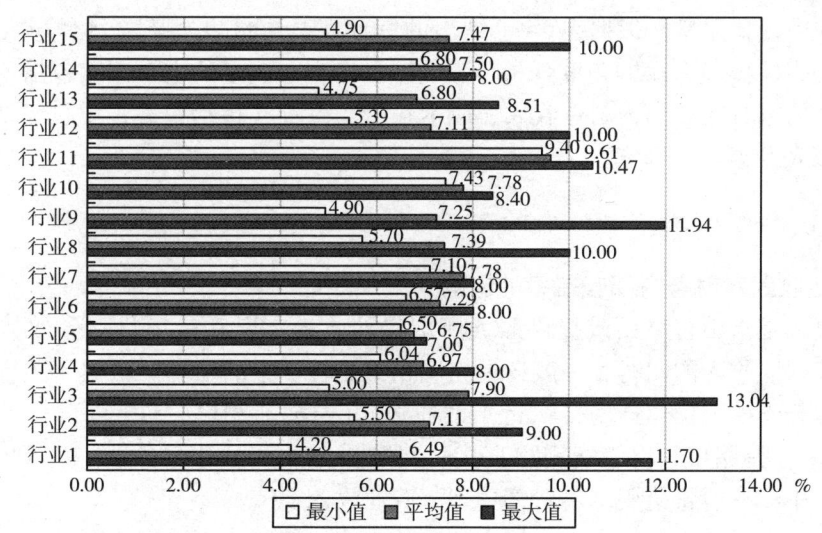

图 3-12　15 个行业投资各方财务内部收益率取值水平

注：图标中行业 1—行业 10 的含义同图 3-8。

从图 3-12 可以看出，总体来说：15 个行业的投资各方财务内部收益率取值在 4.2%~13.04% 之间，15 个行业的投资各方财务内部收益率平均取值为 7.41%。

第4章
PPP 项目财务内部收益率主要影响因素分析

随着 PPP 模式在我国的推广和发展，越来越多的企业以 PPP 项目公司股东的身份，从投资人的角度关注 PPP 项目的财务效益。

财务内部收益率是一个重要的项目盈利能力评价指标，在项目财务评价中起到关键作用。本章以现金流量表中各现金流入、流出项为基础对 PPP 项目中财务内部收益率的主要影响因素进行识别和分析，为项目的投资决策提供参考。

4.1 影响因素识别

PPP 项目财务内部收益率指标是以项目全周期净现金流为考察对象的动态指标，取决于项目的净现金流量。根据表 3-1 列出的三种现金流量表，从项目公司（不成立项目公司时，为社会资本）的角度分析，影响项目净现金流量的主要因素包括项目投融资结构、资金使用时间计划、营业收入、成本费用、税收（包括税率、税收优惠政策等影响因素）以及其他相关因素。

4.1.1 收入类

1. 营业收入对财务内部收益率的影响

营业收入是指销售产品或提供服务所取得的收入，通常是项目财务效益的主要部分。在估算营业收入的同时，一般还要完成相关流转税金的估算。根据《关于印发政府和社会资本合作模式操作指南（试行）的通知》（财金〔2014〕113 号），"使用者付费（User Charge）是指由最终消费用户直接付费购买公共产品和服务"，在 PPP 项目的财务测算分析中，一般将使用者付费部分列入营业收入。

营业收入是现金流量表中现金流入的重要主体，其变化直接影响财务内部收益率的大小。同时是财务分析的重要数据，其估算的准确性极大的影响着项目财务效益的估计。

2. 运营补贴对财务内部收益率的影响

根据《政府和社会资本合作项目财政承受能力论证指引》（财金〔2015〕21 号）第十一条，"运营补贴支出责任是指在项目运营期间，政府承担的直接付费责任。不同付费模式下，政府承担的运营补贴支出责任不同。政府付费模式下，政府承担全部运营补贴支出责任；可行性缺口补助模式下，政府承担部分运营补贴支出责任；使用者付费模式下，政府不承担运营补贴支出责任。"在PPP项目财务测算中，运营补贴是现金流入的重要主体，其变化直接影响财务内部收益率的大小。

财金〔2015〕21号文中，公式和等额本息公式是PPP项目财务测算中常用的两种运营补贴测算方式。一方面，由于不同的补贴测算方式产生的现金流量不同，因而不同的补贴测算方式对财务内部收益率产生直接的影响；另一方面，由于全部建设成本、合理利润率及折现率是财金〔2015〕21号文公式中的重要参数，全部建设成本、投资回报率及合理利润率是等额本息公式的重要参数，这些参数的变化会直接影响公式的测算结果，从而间接影响项目财务内部收益率的大小。在项目操作过程中，如果能结合项目实际，采用对合作双方均有利的补贴测算模式将有利于项目的推进。

（1）测算方式。

在PPP项目财务测算中，根据第二章PPP项目投资决策的财务评价指标与参数中的案例2-12，财金〔2015〕21号文公式测算出的财政运营补贴支出数额前期低、后期高，可能会导致净现金流量前期低、后期高。等额本息公式测算出的财政运营补贴支出数额相对平滑，项目的净现金流量也趋于一致。由于在PPP项目全生命周期中净现金流量数额的不同排列序列会产生不同的财务内部收益率，因此，两种测算公式会影响财务内部收益率的测算结果。

财金〔2015〕21号文公式运营补贴前低后高符合财政一般公共预算支出增长的一般规律；相较于财金〔2015〕21号文公式，采用等额本息的付费方式有利于缓解项目运营前期借款还本付息压力过大的问题，有利于政府在项目合作期内平滑运营补贴支出压力。

（2）重要参数。

①全部建设成本。

根据《中华人民共和国财政部令第81号——基本建设财务规则》，建设成本是指按照批准的建设内容由项目建设资金安排的各项支出，包括建筑安装工程投资支出、设备投资支出、待摊投资支出和其他投资支出。

在PPP项目公司中，作为政府运营补贴计算基数的全部建设成本实际支出额，一般包括工程费用、工程建设其他费用、预备费、建设期贷款利息、铺底流动资金。即全部建设成本指传统工程建设项目中的生产性建设项目总投资，包括建设投资（含固定资产投资、无形资产投资、递延资产投资等）、建设期借款利息和铺底流动资金三部分。

全部建设成本应区别于建设投资，后者包括工程费用（建筑工程费、设备购置费、安装工程费）、工程建设其他费和预备费（基本预备费和涨价预备费），即建设投资＝工程费用＋工程建设其他费＋预备费。

由于在计算补贴时对是否扣除政府方出资的资本金存在较大的争议，在计算运营补贴时全部建设成本是否需要扣除政府方出资的资本金，会导致测算运营补贴基数的变化，从而影响财务内部收益率的大小，因此，本书对是否在全部建设成本扣除政府方出资的资本金的问题做探讨。

②合理利润率。

根据《政府和社会资本合作项目财政承受能力论证指引》（财金〔2015〕21号），合理利润率应以商业银行中长期贷款利率水平为基准，充分考虑可用性付费、使用量付费、绩效付费的不同情景，结合风险等因素确定。当前我国5年期以上商业银行贷款基准利率为4.9%，中西部地区融资利率一般会比东部地区融资利率高，上浮比例在20%左右甚至更高，基于此，在确定PPP合理利润率时应考虑项目所处地域、融资环境和行业水平。

参考叶建强在《PPP项目财政运营补贴公式在财务实务中的运用》一文中所做的调查，以建筑行业为例，根据相关统计资料显示，2009—2016年，我国建筑行业上市公司的平均毛利率为10.7%~11.6%，民营上市建筑企业的毛利率为13%~16%。与此相比，目前采用《指引》的取值方法确定的合理利润率是明显偏低的，在扣除期间费用、税费后的利润率将更低。另外，根据国家税务总局发布的《核定征收企业所得税暂行办法》（国税发〔2008〕30号）规定，建筑业的应税所得率为8%~20%，也就是说在国家税务部门看来，建筑行业的净利润至少为8%，而《指引》中的公式计算给予项目公司运营补贴是项目公司的收入，这里的合理利润率严格说来指的是项目成本利润率，既不是毛利率，也不是净利率，按此利润率计算并扣除期间费用、所得税后计算的项目公司净利润几乎是负数。

由此看来，在PPP项目中，若运用《指引》中的公式计算运营补贴应当适用较高一点合理利润率，至少应当以行业平均毛利率为基准，并充分考虑可用性付费、使用量付费、绩效付费的不同情景，结合风险等因素确定，而不应是以商业银行中长期贷款利率水平为基准确定。

另外还需要注意的是，《指引》中的公式中有两个合理利润率，两个合理利润率是不同的，不能简单地适用同一利润率，前一个是建设工程的利润率，应当依据建筑行业的毛利率为基准来确定，后一个合理利润率是运营利润率，应当根据运营内容所处行业运维毛利率为基准确定。

因此，合理利润本质上应该是由市场竞争获得的，但需要政府的正确引导，也就是在项目前期准备阶段，PPP咨询机构应配合政府方对项目的条件做出充分的研究与判断，给出预期合理利润的空间范围，并以此设计竞标标的与竞标方案，鼓励市场投资人参与竞标，形成市场化的合理利润。

由于合理利润率的高低会影响政府补贴数额的多寡，从而影响财务内部收益率的大小，本书对合理利润率的取值对财务内部收益率的影响程度做探讨。

③折现率。

《财政承受能力论证指引》规定，年度折现率应考虑财政补贴支出发生年份，并参照同期地方政府债券收益率合理确定。

根据指引的要求，以及折现率的定义，归纳折现率的确定可遵循以下原则：

a. 折现率必须高于无风险报酬率。无风险报酬率通常以政府发行的国库券利率、银行储蓄作为参考。折现率高于无风险报酬率的部分即风险报酬率。

b. 折现率应体现投资回报率。在存在正常的资本市场和产权市场的条件下,任何一项投资的回报不应低于该投资的机会成本,同时折现率反映的是投资的期望收益率。收益率与投资风险成正比,风险越大,期望收益越高;风险越小,期望收益越低。

结合上述原则,总结了几种常用的折现率的确定方法:

a. 累加法。累加法反应的是折现率与风险之间的关系。累加法的计算公式如下:

折现率 = 无风险报酬率 + 风险报酬率 + 通货膨胀率

其中:风险报酬率 = 开发风险报酬率 + 经营风险报酬率 + 财务风险报酬率

采用累加法的关键是要准确判定各项风险报酬率,但要准确判定每项风险难度太大,况且还要确定计入折现率的内容以及这些内容的比率数值。目前已经很少应用这种方法。

b. 市场比较法。市场比较法是指通过选取与项目相同类型或者相近行业或相似规模的项目案例,求出它们各自的风险报酬率或折现率,经过分析调整,按照不同的权数进行修正,并消除特殊因素的影响,综合计算得出该项目折现率的方法。

此种方法需选取相同相近的行业,参照其折现率,部分 PPP 项目可以采用这种方法(如收费高速公路的净资产收益率),但部分 PPP 项目的公益性使这种方法也不适用。

c. 资本资产定价(CAPM)模型。CAPM 模型广泛应用于投资决策和公司理财领域,目前 PPP 项目的分析大多用此方法。

使用 CAPM 计算的折现率为无风险折现率加上风险溢价,其中无风险折现率一般使用长期国债或者银行的长期利率。CAPM 中假设非系统风险不会产生相应的风险溢价。

其计算公式如下:

$$K_S = R_f + \beta(R_m - R_f) \quad \text{(公式 4-1)}$$

其中:

K_S——折现率;

R_f——市场无风险投资收益率;

β——项目的投资风险系数;

R_m——市场平均风险投资收益率。

但是,在 PPP 项目中用于测算财金〔2015〕21 号文公式折现率时,CAPM 没有考虑风险分配的因素,直接利用 CAPM 所计算出来的折现率为项目资金成本(资金时间价值)。因此,将 CAPM 应用到 PPP 项目中时需要作出一定的调整,从而使计算出的折现率能够反映政府与社会资本方之间的风险分配情况。

由于折现率的高低会影响政府补贴数额的多寡,从而影响财务内部收益率的大小,本书对折现率的取值对财务内部收益率的影响程度做探讨。

④投资回报率。

PPP 项目中,投资回报率是等额本息测算方式的重要参数。非经营性项目可用性付费及准经营性项目可行性缺口补贴为项目公司的主要收入来源,投资回报率作为政府可用性付费及缺口补贴的计算依据,投标报价中一般作为社会资本方主要的竞价因素,投资回报率能保障项目收益。目前，基础设施投资项目市场资金回报率一般在6%~8%之间。

4.1.2 成本费用类

1. 建设投资

建设投资是项目费用的重要组成，是项目财务分析的基础数据，可根据项目前期研究不同阶段、对投资估算精度的要求及相关规定选用估算方法。

在国家发改委和原建设部（现住建部）联合颁布的《建设项目经济评价方法与参数（第三版）》中有明确规定，建设投资按概算法分类由工程费用（建筑工程费、设备购置费、安装工程费）、工程建设其他费和预备费（基本预备费和涨价预备费）组成，即建设投资 = 工程费用 + 工程建设其他费 + 预备费。

对项目投资财务内部收益率而言，由于测算其所用的建设投资是不考虑融资的，因此仅考虑建设投资数额对其产生的影响。对于项目资本金财务内部收益率而言，考虑到建设投资除自有资金出资外还包括银行借款，因此，借款额度、借款利息、利息偿还方式等均对其有影响，后文将从建设投资数额、借款的角度分析其对项目资本金财务内部收益率的影响。

2. 流动资金

项目运营需要流动资产投入，在项目财务评价中需要估算并预先筹措的是从流动资产中扣除流动负债，即企业短期信用融资（应付账款等）后的流动资金。项目评价中流动资金的估算应考虑应付账款对需要预先筹措的流动资金的抵减作用。对有预收账款的某些项目，还可同时考虑预收账款对流动资金的抵减作用。

值得注意的是，现金流量表内的流动资金不是可行性研究报告中固定资产投资中的铺底流动资金。

流动资金作为现金流出项，其数值的变化会影响净现金流量的大小，从而影响财务内部收益率的大小，后文对流动资金的数值对财务内部收益率的影响程度做探讨。

3. 经营成本

根据《财政部关于修改〈企业会计准则——基本准则〉的决定》（中华人民共和国财政部令第76号），费用是指企业在日常活动中发生的、会导致所有者权益减少的、与向所有者分配利润无关的经济利益的总流出。费用只有在经济利益很可能流出从而导致企业资产减少或者负债增加且经济利益的流出额能够可靠计量时才能予以确认。企业为生产产品、提供劳务等发生的可归属于产品成本、劳务成本等的费用，应当在确认产品销售收入、劳务收入等时，将已销售产品、已提供劳务的成本等计入当期损益。在财务分析中，为了对运营期间的总费用一目了然，将管理费用、财务费用和营业费用这三项费用与生产成本合并为总成本费用。这是财务分析相对于会计规定所做的不同处理，但并不会因此影响利润的计算。

在项目决策分析与评价中，成本与费用按其计算范围可分为单位产品成本和总成本费用；按成本与产量的关系分为固定成本和可变成本；按会计核算的要求有生产成本（制造成本）和期间费用；按财务分析的特定要求有经营成本。经营成本是项目决策分析与评价的现金流分析中所采用的一个特定的概念，作为运营期内的主要现金流出。经营成本的构成用下式表示：

经营成本 = 外购原材料 + 外购燃料及动力费 + 工资或薪酬 + 修理费 + 其他费用

经营成本与总成本费用的关系如下：

经营成本 = 总成费用 − 折旧费 − 摊销费 − 利息支出

经营成本是现金流量表现金流出的主要部分，在其他条件不变的情况下，其数值的变化会影响净现金流量的大小，从而影响财务内部收益率的大小，本章节将对经营成本的数值对财务内部收益率的影响程度做探讨。

4. 折旧、摊销

所得税是企业的一种现金流出，它取决于利润的大小和税率的高低，而利润大小与成本大小密切相关，加大成本会减少利润，从而使所得税减少。而折旧直接影响项目成本，折旧可以起到减少赋税的作用，这种作用称之为"折旧抵税"。折旧、摊销数额受折旧摊销方法的影响，因此，折旧、摊销的变化将会通过一系列的变动影响财务内部收益率。

企业在缴纳企业所得税时会导致现金的流出。而计提折旧、摊销时虽无现金流出，但折旧摊销费用的多少会影响到所得税负的大小，即折旧摊销费用不能产生现金流入但可通过所得税的节省来减少现金的流出。因此，折旧摊销、所得税与现金流的关系很密切，本章将通过分析折旧摊销的计算方式产生的不同折摊数额对现金流出产生的间接作用来分析其对财务内部收益率的影响。

5. 税费

由于税费的大小会影响项目现金流出的多少，从而影响项目净现金流量的大小，进而对项目财务内部收益率的大小产生影响，因此，本书就税费对财务内部收益率的影响做简要分析。

（1）增值税。

增值税是以商品（含应税劳务）在流转过程中产生的增值额作为计税依据而征收的一种流转税。从计税原理上说，增值税是对商品生产、流通、劳务服务中多个环节的新增价值或商品的附加值征收的一种流转税。

在实际的操作过程中，要考虑各行业对增值税纳税范围和减免政策的相关要求，尽量在财务评价中考虑项目实际的纳税情况，以减少财务评价的误差。

①基本税率要求。

根据《财政部　税务总局关于调整增值税税率的通知》（财税〔2018〕32号）、《财政部　税务总局　海关总署关于深化增值税改革有关政策的公告》（财政部　税务总局　海关总署公告2019年第39号）：

a. 增值税一般纳税人（以下简称"纳税人"）发生增值税应税销售行为或者进口货物，原适用16%税率的，税率调整为13%；原适用10%税率的，税率调整为9%。

b. 纳税人购进农产品，原适用10%扣除率的，扣除率调整为9%。纳税人购进用于生产或者委托加工13%税率货物的农产品，按照10%的扣除率计算进项税额。

c. 原适用16%税率且出口退税率为16%的出口货物劳务，出口退税率调整为

13%；原适用10%税率且出口退税率为10%的出口货物、跨境应税行为，出口退税率调整为9%。

d. 适用13%税率的境外旅客购物离境退税物品，退税率为11%；适用9%税率的境外旅客购物离境退税物品，退税率为8%。

e. 纳税人购进国内旅客运输服务，其进项税额允许从销项税额中抵扣。

f. 小规模纳税人增值税征收率为3%，国务院另有规定的除外。

②进项税抵扣。

根据《国务院关于废止〈中华人民共和国营业税暂行条例〉和修改〈中华人民共和国增值税暂行条例〉的决定》（中华人民共和国国务院令第691号），下列进项税额准予从销项税额中抵扣：从销售方取得的增值税专用发票上注明的增值税额。从海关取得的海关进口增值税专用缴款书上注明的增值税额。购进农产品，除取得增值税专用发票或者海关进口增值税专用缴款书外，按照农产品收购发票或者销售发票上注明的农产品买价和11%的扣除率计算的进项税额，国务院另有规定的除外，进项税额计算公式：进项税额=买价×扣除率。根据《财政部　税务总局　海关总署关于深化增值税改革有关政策的公告》（财政部　税务总局　海关总署公告2019年第39号）：纳税人购进农产品，原适用11%扣除率已经调整为9%。

值得注意的是，在PPP项目中，建设投资会产生较大的进项税留抵，因此要尤为注意固定资产进项税的抵扣问题。

《财政部　国家税务总局关于全国实施增值税转型改革若干问题的通知》（财税〔2008〕170号）第一条明确规定，自2009年1月1日起，增值税一般纳税人购进（包括接受捐赠、实物投资，下同）或者自制（包括改扩建、安装，下同）固定资产发生的进项税额，可根据《增值税暂行条例》和《增值税暂行条例实施细则》的有关规定，凭增值税专用发票、海关进口增值税专用缴款书和运输费用结算单据从销项税额中抵扣。其中的准予抵扣的固定资产是指增值税暂行条例及其实施细则所规定的固定资产范围，即增值税暂行条例实施细则第二十一条规定的，"固定资产是指使用期限超过12个月的机器、机械、运输工具以及其他与生产经营有关的设备、工具、器具等"；对于一般纳税人的不动产以及用于不动产在建工程的购进货物，不准抵扣进项税额。增值税暂行条例实施细则第二十三条规定了不动产和不动产在建工程，即"不动产是指不能移动或者移动后会引起性质、形状改变的财产，包括建筑物、构筑物和其他土地附着物。纳税人新建、改建、扩建、修缮、装饰不动产，均属于不动产在建工程。"

③主要增值税优惠政策。

主要包括减免、退税。

a. 免征增值税：根据《国务院关于废止〈中华人民共和国营业税暂行条例〉和修改〈中华人民共和国增值税暂行条例〉的决定》（中华人民共和国国务院令第691号）下列项目免征增值税："农业生产者销售的自产农产品；避孕药品和用具；古旧图书；直接用于科学研究、科学试验和教学的进口仪器、设备；外国政府、国际组织无偿援助的进口物资和设备；由残疾人的组织直接进口供残疾人专用的物品；销售的自己使用过的物品。增值税的免税、减税项目由国务院规定。任何地区、部门均不得规定免税、减税项目"。

根据《财政部　国家税务总局关于全面推开营业税改征增值税试点的通知》（财税〔2016〕36号），下列项目免征增值税：对增值税小规模纳税人中月销售额未达到2万元的企业或非企业性单位，免征增值税；2017年12月31日前，对月销售额2万元（含本数）至3万元的增值税小规模纳税人，免征增值税；托儿所、幼儿园提供的保育和教育服务；养老机构提供的养老服务；残疾人福利机构提供的育养服务；婚姻介绍服务；殡葬服务；残疾人员本人为社会提供的服务；医疗机构提供的医疗服务；从事学历教育的学校提供的教育服务；学生勤工俭学提供的服务；农业机耕、排灌、病虫害防治、植物保护、农牧保险以及相关技术培训业务，家禽、牲畜、水生动物的配种和疾病防治；纪念馆、博物馆、文化馆、文物保护单位管理机构、美术馆、展览馆、书画院、图书馆在自己的场所提供文化体育服务取得的第一道门票收入；寺院、宫观、清真寺和教堂举办文化、宗教活动的门票收入；行政单位之外的其他单位收取的符合《试点实施办法》第十条规定条件的政府性基金和行政事业性收费；个人转让著作权；个人销售自建自用住房；2018年12月31日前，公共租赁住房经营管理单位出租公共租赁住房等。

b. 即征即退：按照财政部、国家税务总局《关于印发〈资源综合利用产品和劳务增值税优惠目录〉的通知》（财税〔2015〕78号），垃圾以及利用垃圾发酵产生的沼气生产电力、热力100%即征即退，污水处理劳务污水经加工处理后符合《城镇污水处理厂污染物排放标准》（GB 18918—2002）规定的技术要求或达到相应的国家或地方水污染物排放标准中的直接排放限值，70%即征即退。

合理的税收筹划是增加项目收益的一种途径，项目测算中做好进项税及销项税的抵扣，最大限度地降低增值税。

（2）税金及附加。

根据《关于印发〈增值税会计处理规定〉的通知》（财会〔2016〕22号）规定，全面试行营业税改征增值税后，"营业税金及附加"科目名称调整为"税金及附加"科目，该科目核算企业经营活动发生的消费税、城市维护建设税、资源税、教育费附加及房产税、城镇土地使用税、车船税、印花税等相关税费；利润表中的"营业税金及附加"项目调整为"税金及附加"项目。在PPP项目中常涉及的税金及附加主要包括城市维护建设税、教育费附加、城镇土地使用税、印花税等。

（3）企业所得税。

企业所得税是对我国内资企业和经营单位的生产经营所得和其他所得征收的一种税。企业所得税纳税人即所有实行独立经济核算的中华人民共和国境内的内资企业或其他组织，包括以下6类：国有企业、集体企业、私营企业、联营企业、股份制企业、有生产经营所得和其他所得的其他组织。企业所得税的征税对象是纳税人取得的所得。包括销售货物所得、提供劳务所得、转让财产所得、股息红利所得、利息所得、租金所得、特许权使用费所得、接受捐赠所得和其他所得。主要税收优惠包括以下几项。

①免征、减征企业所得税。

根据《中华人民共和国企业所得税法》，收入总额中的下列收入为不征税收入：财政拨款；依法收取并纳入财政管理的行政事业性收费、政府性基金；国务院规定的其他不征税收入。企业实际发生的与取得收入有关的、合理的支出，包括成本、费用、税金、损失和其他支出，准予在计算应纳税所得额时扣除。企业发生的公益性捐赠支出，在年度利润总额12%以内的部分，准予在计算应纳税所得额时扣除。

根据《中华人民共和国企业所得税法》，企业的下列所得可以免征、减征企业所得税：从事农、林、牧、渔业项目的所得；从事国家重点扶持的公共基础设施项目投资经营的所得；从事符合条件的环境保护、节能节水项目的所得；符合条件的技术转让所得。符合条件的小型微利企业，减按20%的税率征收企业所得税。国家需要重点扶持的高新技术企业，减按15%的税率征收企业所得税。

②"三免三减半"。

企业从事国家重点扶持的公共基础设施项目的投资经营的所得，自项目取得第一笔生产经营收入所属纳税年度起，第1~3年免征企业所得税，第4~6年减半征收企业所得税。企业承包经营、承包建设和内部自建自用本条规定的项目，不得享受本条规定的企业所得税优惠。企业投资经营符合《公共基础设施项目企业所得税优惠目录》规定条件和标准的公共基础设施项目，采用一次核准、分批次（如码头、泊位、航站楼、跑道、路段、发电机组等）建设的，凡同时符合以下条件的，可按每一批次为单位计算所得，并享受企业所得税"三免三减半"优惠：第一，不同批次在空间上互相独立；第二，每一批次自身具备取得收入的功能；第三，以每一批次为单位进行会计核算，单独计算所得，并合理分摊期间费用。

从事符合条件的环境保护、节能节水项目的所得，自项目取得第一笔生产经营收入所属纳税年度起，第1~3年免征企业所得税，第4~6年减半征收企业所得税。

对符合条件的节能服务公司实施合同能源管理项目，符合规定的自项目取得第一笔生产经营收入所属纳税年度起，第1~3年免征企业所得税，第4~6年按照25%的法定税率减半征收企业所得税。

居民企业从事符合规定扣除标准的电网（输变电设备设施）的新建项目，可依法享受企业所得税"三免三减半"优惠政策。

③投资抵免。

企业购置并实际使用《环境保护专用设备企业所得税优惠目录》《节能节水专用设备企业所得税优惠目录》和《安全生产专用设备企业所得税优惠目录》规定的环境保护、节能节水、安全生产等专用设备的，该专用设备的投资额的10%可以从企业当年的应纳税额中抵免；当年不足抵免的，可以在以后5个纳税年度结转抵免。

4.1.3 投融资方案

1. 投融资结构

本书中的投融资结构具体指PPP项目的总投资中项目资本金与融资的构成及比例关系。在对PPP项目进行财务评价时，项目的资本金来源于项目投资人自有资金投入、不需要还本付息，项目资本金财务内部收益率水平收益取决于项目的盈利水平和项目的融资成本。《国务院关于调整和完善固定资产投资项目资本金制度的通知》（国发〔2015〕51号）规定了各种行业固定资产投资项目的最低资本金比例。融资是一种负债，不仅需要偿还本金，还需要按约定利率支付一定的资金使用成本，会影响项目财务内部收益率水平，最大限度地降低融资成本可以减少项目公司的总成本，提升项目资本金收益。

2. 资金使用时间计划

根据项目建设需要编制项目资金使用时间计划，一般情况下，PPP项目的投资额较大，因而资金注入时点的不同对现金流的影响极大，合理的资金安排有利于准确测算评价指标。

（1）建设投资的资金使用计划对项目现金流有明显影响，由于一般情况下PPP项目的建设投资额度较大，在建设期建设投资额度的变化及投入的时点都会对现金流产生较大的影响，故而影响财务内部收益率的高低。

（2）在PPP项目中，由于PPP项目合同的约定不同，项目资本金的注入方式会有差异。资本金在项目建设期一次性注资，还是根据项目进度需求和银行贷款要求在建设前期注资多或平均在建设期各年注资对项目的财务内部收益率均有明显的影响。

由于项目投资财务内部收益是考虑全部建设投资在无融资的情况下的测算，因此，资本金的投入时间对项目投资财务内部收益无直接影响。

（3）在PPP项目中，根据项目建设进度和银行贷款使用计划的时间来确定借款的使用时间计划，其投入项目的时间不同将会对财务内部收益率造成不同的影响。

3. 建设期贷款还款方式

项目还款方式主要包括等额本金、等额本息两种方式。由于偿还本金和应付利息的计算方式不同导致还款利息支出数额、本金偿还时间和利息支出时间不同，同时考虑到资金时间价值的作用，两种还款方式会对项目的收益产生不同的影响。总体来说，由于等额本息方式较等额本金方式而言会支付更多的利息，在其他条件不变的情况下，财务内部收益率更低。

本书主要就两种测算方式产生的结果分析比较其对财务内部收益率的影响。

（1）等额本息还款。

①规定：等额本息还款方式下，还款期内按年采用复利法进行还款，每年偿还同等数额的贷款（包括本金和利息），直到期满还清为止。

②相关公式：

年还款额 = 贷款总额 × $(1+年利率)^{贷款总期数}$ × 年利率/$(1+年利率)^{贷款总期数} - 1$

（公式4-2）

年利息还款额 = 期初剩余用款额度 × 年利率 （公式4-3）

年本金还款额 = 年还款额 - 年利息还款额 （公式4-4）

（2）等额本金还款。

①规定：等额本金还款方式下，每年偿还贷款本金相同，而利息随本金的减少而逐

年递减，直至期满还清。

②相关公式：

年还款额 = 平均年支付本金 + 年利息还款额　　　　　　　　　　（公式4-5）
年利息还款额 = 期初剩余贷款额度 × 当期年利率　　　　　　　　（公式4-6）
期初剩余贷款额度 = 贷款总额 - 平均年支付本金 × 已支付期数　　（公式4-7）

（3）等额本息还款法和等额本金还款法表现数据比较。

①年还款额比较：等额本金还款法首年最高，以后逐期减少；等额本息还款法年还款额各期相同。

②各期支付本金比较：等额本金还款法各期支付的本金相同；等额本息还款法各期支付的本金逐期增加。

③各期支付利息比较：等额本金还款法各期支付的利息等额减少，其差额为年支付本金与年利率的乘积；等额本息还款法各期支付的利息非等额减少，前期利息差额较小，后期利息差额较大。

④各期支付本金与利息间关系比较：等额本金还款法各期支付本金与利息间没有直接联系；等额本息还款法各期支付本金与利息直接相关，利息减少多少，本金相应增加多少。

⑤贷款本金余额比较：等额本金还款法本金余额等额减少；等额本息还款法本金余额非等额减少。

⑥本金偿还进度的识别比较：等额本金还款法各期偿还本金相同，本金偿还进度容易识别；等额本息还款法各期偿还本金不规则增加，还款进度难以识别。

4. 建设期贷款还款期限

一般PPP项目在可行性研究报告或项目实施方案中明确了合作期限，建设期和运营期相加即为合作期限，运营期与还款期限相等。但在实际的操作中，银行贷款还款期限由贷款银行决定。

一般情况下，银行长期项目贷款还款期最高年限为15年，重大项目在与贷款银行沟通后可以适当调整延长还款期。PPP项目合作期通常与银行贷款还款期不一致，还款期限越长，越容易平滑还款压力，财务内部收益率越高；反之，则加重项目公司的财务压力，财务内部收益率越低。

4.1.4　项目合作期限

项目合作期分为建设期与运营期，建设期项目公司无投资收益，所以建设期越短越好，运营期项目公司通过运营收入获取投资收益，因此，经营性PPP项目在市场稳定的前提下运营期越长越好。

4.2　影响因素评价

财务内部收益率是投资项目财务盈利能力分析的重要指标，从财务内部收益率的定义可知，各年净现金流量对财务内部收益率有同向影响。即净现金流量增加，财务内部收益率提高，反之降低。此外，运营期前期的净现金流量对财务内部收益率的影响较大，运营期后期的净现金流量对财务内部收益率的影响较小。本书通过对现金流量表的分析，来判断各要素对现金流的作用以及对财务内部收益率造成的不同影响。除现金流量表列示的各现金流入和流出项外，在财务分析中其他要素也会间接地影响到现金流的变化从而影响项目的收益。

下文通过分析基于不同现金流量表的财务内部收益率即"项目投资财务内部收益率""项目资本金财务内部收益率"和"投资各方财务内部收益率"三类财务内部收益率，从而进行财务内部收益率的影响因素评价。

下文通过具体的 PPP 项目案例阐述影响因素识别的主要影响因素对财务内部收益率的影响。通过案例分析财务内部收益率的测算结果，直观地反映出各影响因素的影响路径和作用大小。列举的 PPP 项目案例概况如下。

【案例 4-1】某项目建设投资 17 200.00 万元，其中工程费用 12 000.00 万元；工程建设其他费 4 000.00 万元工程；预备费 1 200.00 万元。建设期贷款利息按目前央行公布的中长期贷款基准利率 4.9% 测算，建设期贷款利息 701.75 万元。建设期贷款采用等额本金的还款方式，还款年限同运营期。建设期 4 年，建设期资金按每年 25% 平均投入项目建设，运营期 16 年。项目自有资金占总投资的 20%，其中政府出资 30%，社会资本出资 70%。可行性缺口补助计算采用年金公式法，投资回报率为 8%，项目运营合理利润率为 8%，建设投资合理利润率为 8%。项目运营成本和收入见表 4-1。

表 4-1　　　　　　　　　　年运营成本、收入表

序号	项目	数额/年（万元）	备注
一	运营成本	240.99	
1	工资及福利费	147.74	不考虑增幅
2	修理费	24.24	不考虑增幅
3	水电费	25.88	不考虑增幅
4	管理费	43.13	不考虑增幅
二	收入（使用者付费）	862.56	
1	博物馆门票收入	576.00	不考虑增幅
2	博物馆文创商品收入	216.00	不考虑增幅
3	民宿收入	70.56	不考虑增幅

根据项目基本信息，项目的投资现金流量表、项目资本金现金流量表及投资各方现金流量表分别见表 4-2、表 4-3、表 4-4。

表4-2 项目投资现金流量表

单位:万元

项目	合计	建设期				运营期															
年度		1	2	3	4	5	6	7	8	9	10	11	12	13	14	15	16	17	18	19	20
时期		2018	2019	2020	2021	2022	2023	2024	2025	2026	2027	2028	2029	2030	2031	2032	2033	2034	2035	2036	2037
一、现金流入	34 582.44	0.00	0.00	0.00	0.00	2 161.40	2 161.40	2 161.40	2 161.40	2 161.40	2 161.40	2 161.40	2 161.40	2 161.40	2 161.40	2 161.40	2 161.40	2 161.40	2 161.40	2 161.40	2 161.40
1. 运营收入	13 800.96	0.00	0.00	0.00	0.00	862.56	862.56	862.56	862.56	862.56	862.56	862.56	862.56	862.56	862.56	862.56	862.56	862.56	862.56	862.56	862.56
2. 可行性缺口补助	20 781.48	0.00	0.00	0.00	0.00	1 298.84	1 298.84	1 298.84	1 298.84	1 298.84	1 298.84	1 298.84	1 298.84	1 298.84	1 298.84	1 298.84	1 298.84	1 298.84	1 298.84	1 298.84	1 298.84
二、现金流出	24 952.77	4 300.00	4 300.00	4 300.00	4 300.00	435.11	435.11	435.11	435.11	435.11	435.11	435.11	435.11	435.11	435.11	435.11	435.11	497.75	557.89	557.89	557.89
1. 建设投资	17 200.00	4 300.00	4 300.00	4 300.00	4 300.00																
2. 运营成本	3 855.82					240.99	240.99	240.99	240.99	240.99	240.99	240.99	240.99	240.99	240.99	240.99	240.99	240.99	240.99	240.99	240.99
3. 增值税	400.89					0.00	0.00	0.00	0.00	0.00	0.00	0.00	0.00	0.00	0.00	0.00	0.00	58.27	114.21	114.21	114.21
4. 附加税	40.09					0.00	0.00	0.00	0.00	0.00	0.00	0.00	0.00	0.00	0.00	0.00	0.00	5.83	11.42	11.42	11.42
5. 调整所得税	3 065.97					194.12	194.12	194.12	194.12	194.12	194.12	194.12	194.12	194.12	194.12	194.12	194.12	192.67	191.27	191.27	191.27
三、所得税前净现金流量	13 085.64	-4 300.00	-4 300.00	-4 300.00	-4 300.00	1 920.41	1 920.41	1 920.41	1 920.41	1 920.41	1 920.41	1 920.41	1 920.41	1 920.41	1 920.41	1 920.41	1 920.41	1 856.32	1 794.79	1 794.79	1 794.79
1. 累计净现金流量	-58 033.89	-4 300.00	-8 600.00	-12 900.00	-17 200.00	-15 279.59	-13 359.17	-11 438.76	-9 518.35	-7 597.93	-5 677.52	-3 757.10	-1 836.69	83.72	2 004.14	3 924.55	5 844.96	7 701.28	9 496.07	11 290.85	13 085.64
2. 净现值	2 470.99	-4 114.83	-3 937.64	-3 768.08	-3 605.81	1 541.04	1 474.68	1 411.17	1 350.41	1 292.25	1 236.61	1 183.36	1 132.40	1 083.63	1 036.97	992.32	949.59	878.37	812.68	777.68	744.20
3. 累计净现值	-116 131.82	-4 114.83	-8 052.47	-11 820.55	-15 426.36	-13 885.32	-12 410.65	-10 999.47	-9 649.06	-8 356.81	-7 120.20	-5 936.85	-4 804.45	-3 720.81	-2 683.84	-1 691.52	-741.94	136.43	949.11	1 726.79	2 470.99
四、所得税后净现金流量	9 989.67	-4 300.00	-4 300.00	-4 300.00	-4 300.00	1 726.29	1 726.29	1 726.29	1 726.29	1 726.29	1 726.29	1 726.29	1 726.29	1 726.29	1 726.29	1 726.29	1 726.29	1 663.65	1 603.52	1 603.52	1 603.52
1. 累计净现金流量	-84 411.89	-4 300.00	-8 600.00	-12 900.00	-17 200.00	-15 473.71	-13 747.42	-12 021.13	-10 294.84	-8 568.56	-6 842.27	-5 115.98	-3 389.69	-1 663.40	62.89	1 789.18	3 515.47	5 179.12	6 782.63	8 386.15	9 989.67
2. 净现值	646.66	-4 114.83	-3 937.64	-3 768.08	-3 605.81	1 385.26	1 325.61	1 268.53	1 213.90	1 161.63	1 111.61	1 063.74	1 017.93	974.10	932.15	892.01	853.60	787.20	726.07	694.81	664.89
3. 累计净现金流量现值	-133 362.26	-4 114.83	-8 052.47	-11 820.55	-15 426.36	-14 041.10	-12 715.49	-11 446.96	-10 233.06	-9 071.43	-7 959.83	-6 896.09	-5 878.16	-4 904.07	-3 971.92	-3 079.91	-2 226.31	-1 439.11	-713.04	-18.23	646.66
FIRR(税前)	6.26%					FNPV(税前)	¥2 470.99														
FIRR(税后)	4.98%					FNPV(税后)	¥646.66														

第4章 PPP项目财务内部收益率主要影响因素分析

表4-3 项目资本金现金流量表

时期		建设期				运营期															
年度 项目	合计	1 2018	2 2019	3 2020	4 2021	5 2022	6 2023	7 2024	8 2025	9 2026	10 2027	11 2028	12 2029	13 2030	14 2031	15 2032	16 2033	17 2034	18 2035	19 2036	20 2037
一、现金流入	34 582.44	0.00	0.00	0.00	0.00	2 161.40	2 161.40	2 161.40	2 161.40	2 161.40	2 161.40	2 161.40	2 161.40	2 161.40	2 161.40	2 161.40	2 161.40	2 161.40	2 161.40	2 161.40	2 161.40
1. 运营收入	13 800.96	0.00	0.00	0.00	0.00	862.56	862.56	862.56	862.56	862.56	862.56	862.56	862.56	862.56	862.56	862.56	862.56	862.56	862.56	862.56	862.56
可行性缺口补助	20 781.48	0.00	0.00	0.00	0.00	1 298.84	1 298.84	1 298.84	1 298.84	1 298.84	1 298.84	1 298.84	1 298.84	1 298.84	1 298.84	1 298.84	1 298.84	1 298.84	1 298.84	1 298.84	1 298.84
二、现金流出	30 469.91	807.37	982.81	1 158.24	1 333.68	1 856.51	1 823.62	1 790.72	1 757.83	1 724.93	1 692.04	1 659.15	1 626.25	1 593.36	1 560.46	1 527.57	1 494.67	1 524.42	1 551.66	1 518.76	1 485.87
1. 项目资本金	4 282.10	807.37	982.81	1 158.24	1 333.68																
2. 借款本金偿还	14 321.40					895.09	895.09	895.09	895.09	895.09	895.09	895.09	895.09	895.09	895.09	895.09	895.09	895.09	895.09	895.09	895.09
3. 借款利息支付	5 964.86					701.75	657.89	614.03	570.17	526.31	482.45	438.59	394.73	350.87	307.01	263.16	219.30	175.44	131.58	87.72	43.86
4. 运营成本	3 855.82					240.99	240.99	240.99	240.99	240.99	240.99	240.99	240.99	240.99	240.99	240.99	240.99	240.99	240.99	240.99	240.99
5. 增值税	400.89					0.00	0.00	0.00	0.00	0.00	0.00	0.00	0.00	0.00	0.00	0.00	0.00	58.27	114.21	114.21	114.21
6. 附加税	40.09					0.00	0.00	0.00	0.00	0.00	0.00	0.00	0.00	0.00	0.00	0.00	0.00	5.83	11.42	11.42	11.42
7. 所得税	1 604.76					18.69	29.65	40.62	51.58	62.55	73.51	84.48	95.44	106.41	117.37	128.34	139.30	148.81	158.38	169.34	180.30
三、所得税前净现金流	5 717.28	-807.37	-982.81	-1 158.24	-1 333.68	323.58	367.44	411.30	455.16	499.01	542.87	586.73	630.59	674.45	718.31	762.17	806.03	785.79	768.12	811.98	855.84
累计净现金流量	-5 520.90	-807.37	-1 790.17	-2 988.52	-4 282.10	-3 958.52	-3 591.08	-3 179.79	-2 724.63	-2 225.62	-1 682.74	-1 096.01	-465.42	209.04	927.35	1 689.52	2 495.55	3 281.34	4 049.46	4 861.44	5 717.28
净现金流量现值	1 764.07	-772.60	-899.98	-1 014.96	-1 118.37	259.66	282.15	302.23	320.06	335.79	349.57	361.54	371.54	380.57	387.87	393.83	398.56	371.82	347.81	351.83	354.87
累计净现金流量现值	-24 513.25	-807.37	-1 672.59	-2 687.55	-3 805.92	-3 546.27	-3 264.12	-2 961.88	-2 641.82	-2 306.04	-1 956.46	-1 594.92	-1 223.08	-842.51	-454.64	-60.81	337.75	709.57	1 057.37	1 409.20	1 764.07
四、所得税后净现金流	4 112.52	-807.37	-982.81	-1 158.24	-1 333.68	304.89	337.78	370.68	403.57	436.47	469.36	502.26	535.15	568.05	600.94	633.83	666.73	636.98	609.75	642.64	675.54
1. 累计净现金流量	-15 405.53	-807.37	-1 790.17	-2 988.52	-4 282.10	-3 977.21	-3 639.42	-3 268.74	-2 865.17	-2 428.70	-1 959.34	-1 457.08	-921.93	-353.89	247.05	880.89	1 547.62	2 184.60	2 794.35	3 436.99	4 112.52
2. 净现金流量现值	913.56	-772.60	-899.98	-1 014.96	-1 118.37	244.66	259.38	272.39	283.79	293.70	302.24	309.49	315.56	320.53	324.49	327.52	329.68	301.41	276.09	278.46	280.11
3. 累计净现金流量现值	-30 421.48	-772.60	-1 672.59	-2 687.55	-3 805.92	-3 561.26	-3 301.88	-3 029.50	-2 745.71	-2 452.01	-2 149.77	-1 840.28	-1 524.72	-1 204.19	-879.70	-552.18	-222.51	78.90	354.99	633.45	913.56
FIRR(税后)	6.82%					FNPV(税后)	¥913.56														

表 4-4　投资各方现金流量表

时期		合计	建设期				运营期														
	年度		1	2	3	4	5	6	7	8	9	10	11	12	13	14	15	16	17	18	19	20
项目			2018	2019	2020	2021	2022	2023	2024	2025	2026	2027	2028	2029	2030	2031	2032	2033	2034	2035	2036	2037
一、现金流入		7 176.09	0.00	0.00	0.00	0.00	50.46	80.06	109.67	139.27	168.88	198.48	228.09	257.69	287.30	316.90	346.51	376.11	401.78	427.61	457.22	3 330.07
1. 实分利润		4 332.85	0.00	0.00	0.00	0.00	50.46	80.06	109.67	139.27	168.88	198.48	228.09	257.69	287.30	316.90	346.51	376.11	401.78	427.61	457.22	486.82
2. 资产处置收益分配		2 843.24																				2 843.24
3. 租赁收入		0.00																				
4. 技术转让或使用权收入		0.00																				
5. 其他现金流入		0.00																				
二、现金流出		2 997.47	565.16	687.96	810.77	933.58	0.00	0.00	0.00	0.00	0.00	0.00	0.00	0.00	0.00	0.00	0.00	0.00	0.00	0.00	0.00	0.00
1. 实缴资本		2 997.47	565.16	687.96	810.77	933.58																
2. 租赁资产支出		0.00																				
3. 其他现金流出		0.00																				
三、净现金流量		4 178.62	-565.16	-687.96	-810.77	-933.58	50.46	80.06	109.67	139.27	168.88	198.48	228.09	257.69	287.30	316.90	346.51	376.11	401.78	427.61	457.22	3 330.07
FIRR		6.62%																				

根据项目现金流量表,本项目财务内部收益率指标测算结果如表 4-5 所示。

表 4-5　　　　　　　　　财务内部收益率指标测算结果

序号	指　　标	测算值
1	项目投资财务内部收益率(税前)	6.26%
2	项目投资财务内部收益率(税后)	4.98%
3	项目资本金财务内部收益率	6.82%
4	投资各方财务内部收益率	6.62%

4.2.1　收入类

1. 营业收入变化对财务内部收益率的影响

分析营业收入对财务内部收益率的影响是较复杂的过程,对于收入据实结算的可行性缺口补助的项目而言,营业收入增多则相应的政府补贴会降低,在合理利润率和其他条件不变的情况下总的现金流入不变。因此,对现金流的影响在增值税上,增值税的变化将影响税金及附加的改变,从而改变项目的利润总额使得所得税发生相应的改变,进而影响项目净现金流量的改变。由于增值税的数额影响较小,因此在相同的补贴测算模式下,对财务内部收益率的影响也较小。

对于使用者付费的项目而言,由于不存在政府补贴,使用者付费的变化即营业收入变化对财务内部收益率的影响就比较直接,使用者付费增多,相应的现金流入增大,虽然增值税、税金及附加等的增大导致现金流出也随之增大,但由于后者在数额上远低于前者,因此总的净现金流是增大的,财务内部收益率也会提高。

在案例 4-1 中,对于可行性缺口补贴的项目,当项目营业收入每年增加 20% 时,财务内部收益率降低。反之,当营业收入每年降低 20% 时,财务内部收益率提高。由于增值税和税金及附加的数额变动较小,故其对财务内部收益的影响程度也就很小(见表 4-6)。

表 4-6　　　　　　　营业收入变化对财务内部收益率的影响

营业收入每年增加 20%		案例 4-1		营业收入每年降低 20%	
项目投资财务内部收益率(税前)	6.21%	项目投资财务内部收益率(税前)	6.26%	项目投资财务内部收益率(税前)	6.31%
项目投资财务内部收益率(税后)	4.94%	项目投资财务内部收益率(税后)	4.98%	项目投资财务内部收益率(税后)	5.02%
项目资本金财务内部收益率	6.71%	项目资本金财务内部收益率	6.82%	项目资本金财务内部收益率	6.93%
投资各方财务内部收益率	6.44%	投资各方财务内部收益率	6.62%	投资各方财务内部收益率	6.80%

2. 补贴收入对财务内部收益率的影响

(1) 两种测算方式对比。

通过前文影响因素识别对比等额本息测算方式和财金〔2015〕21号文公式可以看出，在基本假设条件一致的情况下，为满足同样的财务内部收益率水平，财金〔2015〕21号文公式项目可行性缺口补贴逐年增加，可行性缺口补贴总额高于等额本息公式测算的补贴总额。由此可见，与等额本息的付费公式相比，采用财金〔2015〕21号文公式所计算出的政府运营补贴支出责任总额更高，所计算出的财务内部收益率更低。

反之，由于等额本息的付费方式将政府全部的付费均匀的平滑到项目全合作周期，因而相较于财政部21号文公式，补贴总额少，财务内部收益率高。

如表4-7所示，在案例4-1中基本假设条件一致的情况下，当财金〔2015〕21号文公式计算出的补贴额大于等额本息公式计算出的补贴额时，财金〔2015〕21号文公式的财务内部收益率水平还是低于等额本息法测算补贴时的内部收益率水平。

表4-7 等额本息公式与财金〔2015〕21号文公式对财务内部收益率影响对比

等额本息公式		财金〔2015〕21号文公式	
项目投资财务内部收益率（税前）	6.26%	项目投资财务内部收益率（税前）	6.23%
项目资本金财务内部收益率	6.82%	项目资本金财务内部收益率	6.46%
投资各方财务内部收益率	6.62%	投资各方财务内部收益率	6.27%

(2) 影响控制措施。

财政补贴涉及政府、项目公司（社会投资人）和社会公众的利益再分配，是准经营性PPP项目实践中的难点。PPP项目目前常用的财金〔2015〕21号文公式、等额本息法等补贴模式，都有其适用条件和不足之处，普遍存在多补贴或少补贴问题，即项目各年补贴额与实际资金缺口相脱节，补贴结果具有较大的主观性。结合上文的分析，对项目公司选择合理的补贴公式做出如下建议：

①项目前期工作基础。对于涉及使用者付费的PPP项目，市场风险往往是最重要的风险。因此，项目前期要做好市场调查工作，尽量在财务分析时使用接近实际的成本收入进行测算。

②政府机构专业能力。PPP合同执行是政府和项目公司（社会投资人）共同的责任。以城市轨道交通项目为例，鉴于票价机制和保底客流（基准客运收入）设计可能带来政府或有债务，如果政府方缺乏城市轨道交通管理专业能力，包括PPP合同谈判和过程监管能力，建议在项目决策和实施阶段选择经验丰富的咨询机构协助。

③财政承受能力。鉴于中国不断强化地方政府预算约束，财政部规定年度PPP项目付费以一般公共预算支出10%为上限，因此，补贴方案设计需要考虑当地财政中长期预算和各年项目预期支出情况。如果近期当地财政支出压力较大，可以考虑补贴额呈现"前少后多"分布特点的财金〔2015〕21号文公式；反之，可以选择等额本息等方法。对于财政支出能力较弱的地区，应积极研究其他经营性资源配套方案，减少PPP项目对现金补贴的路径依赖。

④基于绩效考核的激励机制。在正常条件下，社会投资人应该有一个合理的回报率

预期,但这种回报不允许政府保底。PPP项目应该建立全生命周期考核机制,特别是政府付费类或财政补贴类,必须将项目绩效评价结果与政府支出责任挂钩。对于投资回收期较长的项目,政府可以根据财力状况和社会投资人信誉,合理地设计近期预付机制和远期超额收益分享机制。

⑤指标计算和参数选取的合理性。由于财金〔2015〕21号文公式和等额本息法都涉及全部建设成本、运营维护成本(运行成本)等指标,需要准确界定指标内涵。同时,合理利润率、折现率、投资回报率等参数对补贴计算影响较大,需要科学取值,避免主观人为因素影响补贴结果。

(3) 重要参数。

①财金〔2015〕21号文公式中各参数对财务内部收益率的敏感度分析。

在案例4-1中,设置项目运营合理利润率与建设投资合理利润率均为8%,折现率4.5%,当其他基本假设条件不变时,测算项目财务内部收益率如表4-7所示。以资本金内部收益率为例,测算运营合理利润率、建设投资合理利润率和折现率分别上下浮动20%时,对项目财务内部收益率的敏感度(见表4-8)。

表4-8　　　　　　　　　　　敏感性分析表

序号	影响因素	影响因素变化率(%)	项目资本金财务内部收益率(%)	敏感度系数
	基本方案		6.46	
1	运营合理利润率	20	6.53	0.055
		-20	6.40	0.045
2	建设投资合理利润率	20	6.91	0.350
		-20	6.01	0.350
3	折现率	20	9.02	1.980
		-20	3.56	2.245

比较上面三个影响因素的敏感度系数,显然财金〔2015〕21号文公式中三个参数均与项目财务内部收益率呈正相关关系,即运营合理利润率、建设投资合理利润率、折现率的上浮会导致项目财务内部收益率的上浮;参数的下浮,均会导致项目财务内部收益率的下降。

以E表示敏感度系数绝对值,通过比较三个影响因素敏感度系数的绝对值,可以看出敏感度 $E_{折现率} > E_{建设投资合理利润率} > E_{运营合理利润率}$,说明折现率对项目财务内部收益率的影响最大,其次是建设投资合理利润率,运营合理利润率对项目财务内部收益率的影响最小。

②等额本息公式投资回报率对财务内部收益率的影响。

投资回报率变化对可用性付费产生影响,从而影响项目的现金流入值,导致项目净现金流量的变化,进而改变财务内部收益率的大小。

在案例4-1中如表4-9所示,当投资回报率变大时,财务内部收益率提高,反之则降低。

表4-9　投资回报率变化对财务内部收益率的影响（等额本息公式）

投资回报率（建设）提高20%		案例4-1		投资回报率（建设）降低20%	
项目投资财务内部收益率（税前）	7.44%	项目投资财务内部收益率（税前）	6.26%	项目投资财务内部收益率（税前）	5.06%
项目资本金财务内部收益率	9.91%	项目资本金财务内部收益率	6.82%	项目资本金财务内部收益率	3.56%
投资各方财务内部收益率	9.72%	投资各方财务内部收益率	6.62%	投资各方财务内部收益率	3.41%

4.2.2　成本费用类

1. 建设投资对财务内部收益率的影响

无借款时，投资变化对相应年净现金流量有影响，从而对财务内部收益率有影响，这种影响能够真实反映项目财务盈利能力的变化。因此，为排除建设期贷款利息对财务内部收益率的影响，选取建设投资作为财务内部收益率的影响因素进行分析。

对使用者付费项目而言，若建设期某年投资减少或各年同时减少，则相应年现金流出减少。同时，建设投资的减少带动利润表中运营期各年计提的折旧摊销小幅度减少，总成本费用等额减少，利润总额等额增加，所得税更小幅度增加，现金流出等额增加，净现金流量等额减少，但所得税变化对现金流出的影响较小。因此，投资减少时财务内部收益率提高；反之，投资增加时财务内部收益率降低。

在PPP项目中，由于财务评价使用不同阶段的总投资（可行性研究报告估算阶段、初步设计概算阶段、施工图预算阶段、竣工决算阶段）在数值上的差异较大，将对财务内部收益率产生较大的影响。因此，在财务评价中，应尽量选择该阶段已知的最接近实际发生额的投资额进行财务测算，以便投资各方做出更科学的判断。

此外，对于PPP项目的投资各方而言，无论是政府方还是社会资本都应合理控制建设投资，提高建设期资金的使用效率，以获得更多的收益。

2. 流动资金对财务内部收益率的影响

流动资金作为现金流出项，支出越多则净现金流量越小，财务内部收益率则降低。反之，当项目公司通过合理的财务预期规划和安排，以最少的流动资金顺利地周转运营项目，财务内部收益率则会提高。

3. 经营成本对财务内部收益率的影响

对使用者付费项目而言，经营成本是现金流量表现金流出的主要部分，在其他条件不变的情况下，经营成本越高，企业的现金流出越多，净现金流量越小，财务内部收益率则越低。

在PPP项目实务中，对政府付费项目和可行性缺口补助项目而言，如果招采社会资本时在招标控制价中设置运营绩效服务费上限，即政府方对项目的经营成本做上限控制。在项目运营阶段，如果项目公司的实际经营成本超过约定的经营成本控制上限，实际经营成本越高，企业的现金流出越多，财务内部收益率越低。

对 PPP 项目而言，在经营成本据实结算的情况下，项目公司的经营成本越多，政府补贴越多，反而导致项目公司的运营回报越高，因此会出现项目公司故意撑大项目经营成本的情况。所以政府应当在项目前期及运营过程中设置合理机制控制项目运营成本。

4. 折旧、摊销对财务内部收益率的影响

会计准则规定企业应当对固定资产定期计提折旧，以实现固定资产投资的价值补偿。在企业的整个生产经营过程中，折旧与摊销是影响现金流量的重要因素。其原理在于折旧摊销的抵税效应。

就折旧而言，会计准则中规定企业可以自主选择不同的会计政策，其中包括对折旧方法的选择。由于折旧方法的不同，产生的各年折现额不同，因此对现金流量的影响也就不同，所得出的财务内部收益率也不同。

从目前来看，企业广泛使用的折旧方法包括平均年限法、加速折旧法（年数总和法和双倍余额递减法）。在 BOO、BOOT 等运作模式的 PPP 项目中，项目公司拥有固定资产权属，项目总投资中除采用直线摊销法计提无形资产摊销外，还要对固定资产计提折旧。

（1）平均年限法。

平均年限法是将固定资产的账面价值扣除残值后的净值在规定的年限内平均予以分摊计算折旧额的方法。采用这种方法计算的折旧额每年都相同，对各期现金流量的影响也相同，不存在各个期间内增加或减少税负的情况。

（2）年数总和法。

年数总和法是将固定资产的原值减去预计净残值的余额乘以一个以固定资产尚可使用年限为分子，以预计使用年限逐年数字之和为分母的逐年递减的分数计算每年的折旧额。即：

年折旧率 =（尚可使用年限／预计使用年限的年限总和）×100%　　（公式 4-8）

年折旧额 =（固定资产原值 - 预计残值）× 年折旧率　　（公式 4-9）

从公式可以看出，在年数总和法下，每年的折旧率都在发生变化，相应的折旧额也发生变化。

（3）双倍余额递减法。

双倍余额递减法是指在不考虑固定资产净残值的情况下，根据每期期初固定资产原价减去累计折旧后的余额和双倍的直线法折旧率计算固定资产折旧的一种方法。

年折旧率 = 2/折旧年限 ×100%　　（公式 4-10）

年折旧额 = 上期固定资产净值 × 年折旧率　　（公式 4-11）

由公式可以看出，采用平均年限法时，每年的折旧额相同，通过利润表对每年所得税的影响也是相同的，相应的对年净现金流量的影响也维持在相同的水平上。

采用加速折旧法（年数总和法和双倍余额递减法）时，企业的折旧额在前期较高，后期较低，从而导致前期缴纳的所得税费用较低、净现金流量较高，相当于政府为企业提供了一笔无息贷款。

不同的折旧方法对不同期间的现金流量影响很大。首先，不同的折旧方法对固定资产价值补偿和时间补偿造成影响；其次，不同的折旧方法所导致的年折旧额计提直接影响到企业利润受冲减的程度。因此，企业应当利用这些差异，进行分析比较，选择最适合本企业的折旧方法，以达到最佳税收效益。虽然从整个期间来看，无论采用哪种方法，企业的折旧总额和净现金流量总额都是不变的。但是，采用加速折旧法前期折旧额较高，相对于平均年限法财务内部收益率较高。由于影响折旧的变化导致所得税的变化，故最终会影响税后财务内部收益率。

综上所述，当企业折旧、摊销增大时，项目总成本费用也会增加，因而利润总额减少，相应的所得税和调整所得税都会同步减少，但所得税减少的幅度小于折旧、摊销增大的幅度，最终导致项目现金流出增大，净现金流量变小，所以项目财务内部收益率均会变小。反之，当企业折旧、摊销减小时，项目财务内部收益率均会变大。

对社会投资人的投资各方财务内部收益率而言，当企业折旧、摊销增大时，项目总成本费用也会增加，因而利润总额减少，相应的所得税和调整所得税都会同步减少，导致净利润减少，在计提盈余公积后社会投资人可分得的利润减少，对于投资各方现金流量表而言，现金流入中的实分利润减少，即净现金流量减小，故投资各方财务内部收益率变小。

折旧、摊销与所得税对现金流量的作用是相互的，不同的折旧方法和折旧、摊销年限都间接影响了企业的现金流量。企业在进行生产经营的过程中，应当重视现金流量的作用及其影响因素，着重分析所得税和折旧、摊销的计量方法、适用年限，以使其对现金流量的影响效果达到最优水平。

5. 税费对财务内部收益率的影响

税费作为现金流出的重要组成部分，当税费增加时，现金流出增多，净现金流量变小，财务内部收益率降低；反之，当税费减少时，财务内部收益率则提高。

由于各行业的税率在一定时期内是相对固定的，因此本研究不对税率的增减做具体分析，但不同行业的税收优惠政策对于项目的税费支出有明显的影响。由于PPP项目涉足的行业主要集中在能源、交通运输、市政工程、农业、林业、水利、环境保护、保障性安居工程、医疗卫生、养老、教育、科技、文化、体育、旅游等公共服务领域，多属于国家鼓励发展的产业领域，可以享受的国家税收优惠政策较多。对于项目公司而言，在财务分析评价中，要根据实际情况综合考虑可适用的各种税收优惠政策，做好税收筹划。特别是在项目运营前期，现金流入较少，若能享有尽可能多的税收优惠政策将有利于项目公司结存利润还本付息，缓解项目公司财务压力。

4.2.3 投融资方案

1. 投融资结构对财务内部收益率的影响

（1）建设期借款额对财务内部收益率的影响。

由于项目投资现金流量分析是在匡算出项目总投资额后，不考虑融资方案设计的前提下，对投资项目进行的融资前分析，其评价目标是考察项目总体投资的盈利能力。因此，在项目投资现金流量分析中，建设期借款额变化对项目投资财务内部收益率无影响。

项目资本金现金流量表与项目投资现金流量表比较，现金流出项中不设"建设投资"和"流动资金"两项，而设"自有资金""借款本金偿还""借款利息支出"三项。建设期只列自有资金，不列借款，于运营期列还本付息。所以，借款额的变化对项目资本金财务内部收益率会产生一定的影响。

当项目投资财务内部收益率大于项目融资利率时,投资额及其使用计划不变,借款(指固定资产投资借款,或称长期借款)变化的影响有:借款额增加时,相应的资本金比例降低即建设期自有资金减少,建设期利息增加,还本、付息增加,净现金流量减少,其项目资本金财务内部收益率和投资各方财务内部收益率提高;反之,当借款额减少时,项目资本金财务内部收益率和投资各方财务内部收益率降低。

以案例 4-1 为例,在其他条件不变的前提下,项目借款额变化对资本金财务内部收益率的影响见表 4-10。

表 4-10　　　　　　　　　　借款额变化的影响

借款增加 10%		案例 4-1		借款减少 10%	
资本金比例减至 10%,贷款比例增至 90%		资本金 20%,贷款比例 80%		资本金比例增至 30%,贷款比例增至 70%	
项目资本金财务内部收益率(税后)	9.95%	项目资本金财务内部收益率(税后)	6.82%	项目资本金财务内部收益率(税后)	5.30%
投资各方财务内部收益率	9.75%	投资各方财务内部收益率	6.62%	投资各方财务内部收益率	5.15%

因此,建议 PPP 项目投资者在国务院《关于调整和完善固定资产投资项目资本金制度的通知》(国发〔2015〕51 号)的要求下,最大化地使用资本金的杠杆作用,撬动借款来建设项目,可以使项目获得最大化的收益。

由于投资各方现金流量表中实缴资本考察的是社会资本方的自有资金变化对项目投资各方财务内部收益率的影响,因此,其变化与借款变化对资本金财务内部收益率的影响作用路径和方向一致。即当借款额增加时,其投资各方财务内部收益率提高;反之,当借款额减少时,投资各方财务内部收益率降低。以案例 4-1 为例,在其他条件不变的前提下,项目借款额变化对投资各方财务内部收益率的影响见表 4-10。

(2)建设期借款利率变化对财务内部收益率的影响。

近年来,受融资难、融资贵的融资环境影响,企业融资成本普遍较高,融资本钱和融资难度双升的情况下,企业贷款利息较高,对项目公司而言,财务成本增多,相应的企业效益降低。

对于 PPP 项目而言,由于项目运营期跨越 10~30 年甚至更长的时间,运营期贷款利率的变化将影响项目的现金流变化从而导致财务内部收益率提高或降低。

利率表示一定时期内利息与本金的比率,通常用百分比表示。利率又称利息率,通常用 i 表示。利率的一般计算公式为:

利率 = 利息/本金 × 100%　　　　　　　　　　　　　　　　　(公式 4-12)

利率作为资本的价格,决定和影响的因素很多,利率的水平最终是由各种因素的综合影响所决定的。首先,利率分别受到产业的平均利润水平、货币的供给与需求状况、经济发展的状况等因素的影响;其次,又受到物价水平、利率管制、国际经济状况和货币政策等因素的影响。

基准利率是中央银行公布的商业银行存款、贷款、贴现等业务的指导性利率。基准利率是金融市场上具有普遍参照作用的利率,其他利率水平或金融资产价格均可根据这一基准利率水平来确定。

由于基准利率受到各种因素的影响,在较长的一段时期内具有不确定性,而基准利率通常是 PPP 项目中项目公司贷款的重要参考因素,因此下文对利率的浮动变化对财务内部收益率的影响做一定的分析。

①对项目投资财务内部收益率的影响。

由于项目投资现金流量分析是在匡算出项目总投资额后,不考虑融资方案设计的前提下,对投资项目进行的融资前分析,其评价目标是考察项目总体投资的盈利能力。因此,在项目投资现金流量分析中,建设期借款利率的变化导致建设期借款额变化对项目投资财务内部收益率无影响。

②对资本金财务内部收益率的影响。

在 PPP 项目中,借款利率增加后,会产生影响如下:

a. 若建设期利息为自有资金,则建设期自有资金增加,净现金流量减少。

b. 付息增加而使还款能力降低,即税后利润减少,减少额等于利润总额减少额(即付息增加额)与所得税减少额之差,或者等于付息增加额与(1－所得税税率)之积。

c. 运营期相应年建设期利息形成的折旧费增加,付息增加,所得税减少,净现金流量增加。影响路径为:建设期利息增加导致固定资产总值增加,而使可计提的折旧(或摊销)总额增加,还款能力提高,提高额等于折旧(或摊销)增加额与税后利润减少额[即折旧或摊销增加额与(1－所得税税率)之积]之差,或者等于折旧(或摊销)增加额与所得税税率之积。付息与折旧(或摊销)增加对还款能力的相反影响结果使还款能力降低,前期还本减少,而还本总额不变,因此付息增加且大于还本减少,还本、付息之和增加,净现金流量减少。

因此,借款利率增加后,项目资本金现金流量表内借款付息增加,净现金流量变小,项目资本金财务内部收益率降低;反之,借款利率降低时项目资本金财务内部收益率提高。

根据案例 4-1 在其他条件不变的情况下,如表 4-11 所示,对项目资本金财务内部收益率而言,当借款利率上浮 20% 即为 5.88% 时,尽管建设期利息增大,可行性缺口补贴增多,但与现金流出项借款利息支付部分冲减,利率越高借款越多,建设期还息越多,现金流出越多,现金流入变小,项目净现金流量变小,财务内部收益率降低;反之,当借款利率下浮 20% 时,财务内部收益率提高。

表 4-11 利率变化对财务内部收益率的影响

借款利率增加 20%		案例 4-1		借款利率下浮 20%	
等额本金,借款利率 5.88%		等额本金,借款利率 4.9%		等额本金,借款利率 3.92%	
项目资本金财务内部收益率(税后)	5.08%	项目资本金财务内部收益率(税后)	6.82%	项目资本金财务内部收益率(税后)	8.71%
投资各方财务内部收益率	4.97%	投资各方财务内部收益率	6.62%	投资各方财务内部收益率	8.5%

案例 4-1 是在等额本金的还款方式下测算分析出如表 4-11 所示结论的。当案例 4-1 的还本付息方式更改为等额本息时,如表 4-12 所示,利率的增减变化对财务

内部收益率的影响与采用等额本金的还款模式在作用路径和方向上是一致的。当借款利率上浮20%即5.88%时，财务内部收益率降低；反之，当借款利率下浮20%时，财务内部收益率提高。

表 4–12　　等额本息下借款利率增加或减少对财务内部收益率影响对比

等额本息下借款利率增加20%		等额本息		等额本息下借款利率降低20%	
项目资本金财务内部收益率	-6.09%	项目资本金财务内部收益率	0.40%	项目资本金财务内部收益率	4.42%
投资各方财务内部收益率	-5.82%	投资各方财务内部收益率	0.21%	投资各方财务内部收益率	4.31%

③对投资各方财务内部收益率的影响。

由于在投资各方现金流量表中"实分利润"考察的是社会资本方的利润分配，借款利率的变动对其影响与对资本金财务内部收益率影响在作用路径和方向上是一致的。以案例4–1为例，在其他条件不变的前提下，项目借款利率变化对投资各方财务内部收益率的影响见表4–12。

（3）建设期利息资金筹措方式对财务内部收益率的影响。

①对项目投资财务内部收益率的影响。

由于项目投资现金流量分析是在匡算出项目总投资额后，不考虑融资方案设计的前提下，对投资项目进行的融资前分析，其评价目标是考察项目总体投资的盈利能力。因此，在项目投资现金流量分析中，建设期利息资金筹措方式的变化对项目投资财务内部收益率无影响。

②对资本金财务内部收益率的影响。

建设期利息为借款的资本金现金流量表，与建设期利息为自有资金的相比，前表较后表建设期利息增加。但前表中"自有资金"项减少额为后表的建设期利息，因此前表比后表自有资金减少，现金流出减少；运营期初还本、付息增加，现金流出增加；同时，付息增加导致所得税减少，现金流出减少；运营期相应年建设期利息形成的折旧摊销费增加，现金流出增加。

影响因素综合作用的结果，使建设期利息为借款时项目资本金财务内部收益率较建设期利息为自有资金时提高。

（4）资本金比例对财务内部收益率的影响。

根据国务院《关于调整和完善固定资产投资项目资本金制度的通知》（国发〔2015〕51号），各行业固定资产投资项目的最低资本金比例按以下规定执行：①城市和交通基础设施项目：城市轨道交通项目20%，港口、沿海及内河航运、机场项目25%，铁路、公路项目20%。②房地产开发项目：保障性住房和普通商品住房项目维持20%，其他项目25%。③产能过剩行业项目：钢铁、电解铝项目维持40%，水泥项目维持35%，煤炭、电石、铁合金、烧碱、焦炭、黄磷、多晶硅项目维持30%。④其他工业项目：玉米深加工项目20%，化肥（钾肥除外）项目25%。⑤电力等其他项目20%。⑥城市地下综合管廊、城市停车场项目，以及经国务院批准的核电站等重大建设项目，可以在规定最低资本金比例基础上适当降低。

在 PPP 项目财务评价中，资本金比例越高，表现在资本金现金流量表的现金流出越多，净现金流量越多，且该笔现金流入发生在计算期前几年（通常在建设期产生），考虑资金的时间价值，对资本金财务内部收益率的影响就尤为明显。

对于财务内部收益率而言，在其他条件不变的前提下，资本金比例越高，使用资本金的撬动能力越低，对项目公司和股东各方而言资本金财务内部收益率越低。

在案例 4-1 中，资本金比例降低，即银行贷款比例提高，其变化可见表 4-10。可见，资本金比例与资本金财务内部收益率成反比关系，即资本金比例越低，资本金财务内部收益率越高。当项目应用资本金财务内部收益率进行评价时，要对相同资本金比例下的资本金财务内部收益率比较才有意义，单一设定一个资本金财务内部收益率限值，显得毫无意义。

（5）股权比例对财务内部收益率的影响。

根据《关于规范政府和社会资本合作合同管理工作的通知》（财金〔2014〕156号）规定，"政府在项目公司中的持股比例应当低于50%，且不具有实际控制力及管理权"。因此，在 PPP 项目中，社会资本处于控股地位。

《关于印发〈政府和社会资本合作项目财政承受能力论证指引〉的通知》（财金〔2015〕21号）规定，"PPP 项目全生命周期过程的财政支出责任，主要包括股权投资、运营补贴、风险承担、配套投入等"，故政府方股权大小直接关系到未来政府的财政支出责任。因此，政府方应审慎决策股权出资比例。

在计算运营补贴时扣除政府方出资的项目中，股权比例的变化对项目资本金财务内部收益率的大小有一定的影响。当政府方股权支出比例下降即社会资本股权占比提高时，计算可行性缺口补助中可用性付费部分的全部建设成本（案例 4-1 中，全部建设成本为项目总投资减去政府方股权出资，即政府方出资资本金）增大，可用性付费增加，现金流量变大。尽管前述变动会影响可行性缺口补助销项税额的变动，但增值税数量上的变动仍小于可用性付费减少数量。因此，从整个现金流来看，项目的净现金流仍然是变大的，故项目资本金财务内部收益率提高。

以案例 4-1 为例，如表 4-13 所示，当政府方股权提高 20% 即占股 36% 时，资本金财务内部收益率降低。反之，当政府方股权降低 20% 即占股 24% 时，资本金财务内部收益率提高。

表 4-13　　　　　　　　股权变动对财务内部收益率影响对比

政府方股权比例提高 20%		案例 4-1		政府方股权比例降低 20%	
政府方 36%，社会资本 64%		政府方 30%，社会资本 70%		政府方 24%，社会资本 76%	
项目资本金财务内部收益率（税前）	8.14%	项目资本金财务内部收益率（税前）	8.62%	项目资本金财务内部收益率（税前）	9.09%
项目资本金财务内部收益率（税后）	6.42%	项目资本金财务内部收益率（税后）	6.82%	项目资本金财务内部收益率（税后）	7.22%
投资各方财务内部收益率	6.23%	投资各方财务内部收益率	6.62%	投资各方财务内部收益率	7.01%

2. 资金使用时间计划对财务内部收益率的影响

（1）建设投资使用计划对财务内部收益率的影响。

投资额不变的情况下，若投资投入计划变化影响建设投资趋后投入，建设期后期某几年投资增加，现金流出增加，则相应年净现金流量均等额减少；相对应的建设前期某几年投资减少，现金流出减少，则相应年净现金流量均等额增加，但建设期末累计净现金流量不变。前期投资减少额与后期投资增加额相等，而同一数值折现时前期现值大，后期现值小，所以建设期末累计净现值增加。前期净现金流量对财务内部收益率影响大，后期对财务内部收益率影响小，因此，投资趋后使用时财务内部收益率提高；反之，投资趋前使用时财务内部收益率降低。

以案例4-1为例，通过表4-14可以直观地看出投资额不变，建设投资使用计划对财务内部收益率的影响。

表4-14　　投资额不变，建设投资使用计划对财务内部收益率的影响

建设投资趋前使用				案例4-1				建设期投资趋后使用			
资金使用计划				资金使用计划				资金使用计划			
第一年	第二年	第三年	第四年	第一年	第二年	第三年	第四年	第一年	第二年	第三年	第四年
40%	40%	10%	10%	25%	25%	25%	25%	10%	10%	40%	40%
项目投资财务内部收益率（税前）			5.86%	项目投资财务内部收益率（税前）			6.26%	项目投资财务内部收益率（税前）			6.75%
项目资本金财务内部收益率			6.60%	项目资本金财务内部收益率			6.82%	项目资本金财务内部收益率			7.21%
投资各方财务内部收益率			6.40%	投资各方财务内部收益率			6.62%	投资各方财务内部收益率			7.00%

（2）资本金投入使用时间计划对财务内部收益率的影响。

①建设期一次注资。

项目资本金现金流量表考察项目资本金对项目影响的分析。在该表的分析中，若资本金在建设期第一年一次性投入，则测算期第一年现金流出增多，此后建设期既无现金流入亦无现金流出，在其他条件不变的情况下，同资本金每年平滑的注入项目相比，项目资本金财务内部收益率提高。

同理，在投资各方财务内部收益率的测算中，考虑本表测算的是社会投资人投入资本金的收益水平，故其变化方向同项目资本金财务内部收益率。

②建设期趋前投入。

若资本金在建设期趋前投入，则测算前期现金流出增多，此后建设期现金流出减少，在其他条件不变的情况下，同资本金每年平滑的注入项目相比，项目资本金财务内部收益率降低。

同理，在投资各方财务内部收益率的测算中，考虑本表测算的是社会投资人投入资本金的收益水平，测算时使用的实缴资本是社会投资人投入的资本金，故其变化方向同

项目资本金财务内部收益率。

③建设期趋后投入。

与建设期趋前投入相反。

以案例 4-1 为例,在其他条件不变的前提下,资本金投入计划对财务内部收益率的影响见表 4-15。

表 4-15　　　　资本金投入计划对财务内部收益率的影响对比

资本金建设期初期一次性注资				资本金趋前投入				资本金趋后投入			
资金使用计划				资金使用计划				资金使用计划			
第一年	第二年	第一年	第二年	第一年	第二年	第一年	第二年	第一年	第二年	第一年	第二年
100%	0%	0%	0%	40%	40%	10%	10%	10%	10%	40%	40%
项目投资财务内部收益率（税前）		6.26%		投资财务内部收益率（税前）		6.26%		投资财务内部收益率（税前）		6.26%	
项目资本金财务内部收益率		6.21%		项目资本金财务内部收益率		6.60%		项目资本金财务内部收益率		7.21%	
投资各方财务内部收益率		6.02%		投资各方财务内部收益率		6.40%		投资各方财务内部收益率		7.01%	

（3）借款使用计划变化对财务内部收益率的影响。

由于项目投资现金流量分析是在匡算出项目总投资额后,不考虑融资方案设计的前提下,对投资项目进行的融资前分析,其评价目标是考察项目总体投资的盈利能力。因此,在项目投资现金流量分析中,借款使用计划的变化对项目投资财务内部收益率无影响。

对项目资本金现金流量表而言,借款使用计划变化对项目资本金财务内部收益率的影响如下:

借款趋前使用,自有资金则趋后使用,建设期利息增加,还本总额不变。建设前期某几年自有资金减少,则后期某几年自有资金之和等额增加。

若建设期利息也为自有资金,则建设前期建设期利息增加额远小于自有资金减少额。因此,建设前期相应年现金流出增加;还款前期各年还款能力增加,还本总额不变,但趋前发生,付息总额减少,也趋前发生,最终导致还款前期各年还本、付息之和增加,且趋前发生,现金流出变大;建设期利息增加,折旧摊销费小幅增加,所得税更小幅减少,现金流出小幅减少,对净现金流量的影响极小。

上述影响的综合作用下,借款趋前使用时财务内部收益率较低;反之,借款趋后使用时财务内部收益率提高（见表 4-16）。

表 4-16　　　　　　　　借款额不变，借款使用计划变化的影响

借款投资趋前使用				案例 4-1				借款投资趋后使用			
资金使用计划				资金使用计划				资金使用计划			
第一年	第二年	第三年	第四年	第一年	第二年	第三年	第四年	第一年	第二年	第三年	第四年
40%	40%	10%	10%	25%	25%	25%	25%	10%	10%	40%	40%
项目资本金财务内部收益率（税前）			7.79%	项目资本金财务内部收益率（税前）			8.62%	项目资本金财务内部收益率（税前）			9.53%
项目资本金财务内部收益率（税后）			6.08%	项目资本金财务内部收益率（税后）			6.82%	项目资本金财务内部收益率（税后）			7.77%
投资各方财务内部收益率			5.89%	投资各方财务内部收益率			6.62%	投资各方财务内部收益率			7.55%

3. 建设期贷款还款方式对财务内部收益率的影响

等额本息还款法，一般每年还款总额一定，这样，最初还的利息相对比较多，本金还的相对比较少，整个还款期间，还的总利息要多。而等额本金还款法，每年还的本金一样多，这样，本金的余额快速变小，它产生的利息也相应少。

由于等额本息的还款方式使得项目公司在整个还款期内较等额本金方式多支付利息，增加项目公司的财务成本，因此，采用该种方式相较于等额本金的方式，资本金财务内部收益率和投资各方财务内部收益率均低。

对于项目投资财务内部收益率而言，该指标的测算不考虑融资情况，因此建设期借款偿还方式对其没有影响。

如果想保持一定的资本金财务内部收益率，采用"等额本金"的融资方式得到的政府付费补贴要大于"等额本息"的补贴。融资方案中还款方式的一字之差，带来了政府方高额的付费补贴，对政府方是不公平的。但采用"等额本息"的还款方式又会加重项目公司的财务还款压力。因此，选择何种还款方式要从项目公司的角度出发，应综合考虑项目公司财务能力和银行要求等各因素。

结合案例 4-1，从表 4-17 可以直观地看出还款方式的不同对财务内部收益率的不同影响。

表 4-17　　　　　　等额本金和等额本息对财务内部收益率的影响对比

等额本金		等额本息	
项目资本金财务内部收益率（税前）	8.62%	项目资本金财务内部收益率（税前）	1.15%
项目资本金财务内部收益率（税后）	6.82%	项目资本金财务内部收益率（税后）	0.40%
投资各方财务内部收益率	6.62%	投资各方财务内部收益率	0.26%

4. 建设期贷款还款期限长短对财务内部收益率的影响

一般 PPP 项目在可行性研究报告或项目实施方案中明确了合作期限，建设期和运营期相加即为合作期限，运营期与还款期限相等。但在实际的操作中，银行贷款还款期限

由贷款银行决定,常常会出现运营期与还款期限不一致的情况。

等额本金方式下,还款期限越短,资本金财务内部收益率越低,呈正相关关系。从财务模型来看,还款期限越短,则前期还款压力越大,为了保持合理的资本金财务内部收益率,社会资本方面必然要求政府提高补贴标准,这样无疑加大了政府方的投入。从整个还款周期来看,尽管等额本金方式下前期还款压力大,但整体还款数额比等额本息少。因此,项目公司应当结合项目公司预期运营情况选择合适的还款期限和方式。

在案例4-1中,通过表4-18对还款期限的调整,可以直观地看出,当还款期变短,项目资本金财务内部收益率降低;反之,当还款期变长,项目资本金财务内部收益率提高。

表4-18　　　　等额本金下还款期限长短对财务内部收益率影响对比

等额本金,还款期16年(同运营期)		等额本金,还款期10年	
项目投资财务内部收益率(税前)	6.26%	项目投资财务内部收益率(税前)	6.26%
项目资本金财务内部收益率	6.82%	项目资本金财务内部收益率	5.67%
投资各方财务内部收益率	6.62%	投资各方财务内部收益率	5.50%

4.2.4　项目合作期限长短对财务内部收益率的影响

PPP项目的生命周期通常较长,根据发改委等六部委发布的《基础设施和公用事业特许经营管理办法》(2015年6月1日施行)文件,项目合作期限最长不超过30年,国家鼓励金融机构为特许经营项目提供银团贷款服务,贷款期限最长可达30年。

合作期较长可以平滑政府财政支出,对项目公司而言,一般项目的投资回收期也比较长,适当延长项目的合作期也可以增加项目公司在未来的收益,提高财务内部收益率水平。

根据案例4-1,比较项目合作期延长或缩短对项目收益的影响可以看出,合作期越长财务内部收益率越高,反之则越低(见表4-19)。

表4-19　　　　项目合作期限长短对财务内部收益率的影响对比

合作期变长		案例4-1		合作期变短	
合作期23年(4+19)		合作期20年(4+16)		合作期17年(4+13)	
项目投资财务内部收益率(税前)	6.41%	项目投资财务内部收益率(税前)	6.26%	项目投资财务内部收益率(税前)	6.06%
项目资本金财务内部收益率	7.29%	项目资本金财务内部收益率	6.82%	项目资本金财务内部收益率	6.15%
投资各方财务内部收益率	7.08%	投资各方财务内部收益率	6.62%	投资各方财务内部收益率	5.97%

4.3 建议与总结

4.3.1 建议

PPP 项目强调合作，崇尚公平理念，无论是政府还是社会资本，均应在一个公平诚信的平台上合作，政府方不应过分强调自己的资金成本和压力，社会资本方不应过分攫取超额利润。针对当前财务评价过程中出现的种种问题，提出如下应用建议。

1. 合理选用付费计算公式

不同的计算公式都有其优缺点，在选用付费公式时要结合项目的特点、财政承受能力等，站在合作双方公平合作的角度选取。

2. 合理确定融资方案以及还款期限、还款方式

根据发改委等六部委发布的《基础设施和公用事业特许经营管理办法》（2015 年 6 月 1 日施行），项目合作期限最长不超过 30 年，而且国家鼓励金融机构为特许经营项目提供银团贷款服务，贷款期限最长可达 30 年。

政府方在审核设定融资方案的还款期限时，应该和合作期限相符合，不应该同意社会资本方以各种理由缩短还款期限。根据前述可知，还款期限小于合作期限，政府方付费将大大增加，社会资本会得到超额的付费收入。

3. 合理确定投资回报率

财政部财金〔2015〕21 号文第十六条提出的合理利润率和年度折现率，以及第十七条和第十八条提出的合理利润率和年度折现率的确定原则，可以作为基础数据，导入公式测算出政府方的年度付费。而投资回报率正是以合理利润率和年度折现率来确定的。

4. 合理确定财务内部收益率

财务内部收益率受融资方案、收入、成本、所得税、增值税、折旧摊销等财务假设的影响，对政府方和社会资本来讲，全投资财务内部收益率对有融资需求的 PPP 项目并无意义，资本金财务内部收益率才是确定项目能否成功合作的主要依据。合理的财务内部收益率对项目公司（SPV）在项目合作期内的正常运营非常重要。

4.3.2 结语

政府部门在前期论证过程中，已经对资本金比例、融资方案中政府和社会资本的比例以及合作期限等设定了明确的依据。PPP 项目合作的财政承受能力评价过程中，政府和社会资本方要有公平的心态去合作，运用公开的程序去测算付费，选用有实力的咨询机构为双方合作牵线搭桥，提供智力支持。咨询机构在评价过程中，作为中立的第三方，科学合理地测算财务盈利能力、财务内部收益率指标选用要准确。只有公平，PPP 项目才能正常发展、长久发展。

第二篇

政府视角下的PPP项目
投资决策要素

第5章
PPP 项目的交易边界条件

PPP 项目的交易边界条件是合同双方关于利益分配的重要约束，是 PPP 项目合同的核心内容。清晰的 PPP 项目交易边界条件是双方较好履约、持续合作的重要保障，本章就 PPP 项目边界条件中的投资控制、超额收益分享机制、定价调价机制、绩效考核机制等主要内容进行介绍。

5.1　PPP 项目的投资控制

所谓投资控制就是为了尽可能好地实现建设项目既定的投资目标而进行的一系列工作，其基本要求是使投资目标不被突破，或在突破投资目标已不可避免的情况下，使得突破的幅度尽可能地小。需要注意的是 PPP 项目中，由于项目参与方中至少存在政府方和社会资本方两个主要的交易对手，在 PPP 运作中不可避免需要在相关利益主体间明确工程投资控制责任和风险承担方法，在项目投资控制方面与传统模式下政府作为单一投资主体的情形将形成明显区别。无论是政府方还是社会资本或项目公司都有各自的投资控制工作，本章仅限于就政府方对 PPP 项目进行投资控制问题进行讨论。

5.1.1　PPP 项目投资控制中存在的问题

1. 政府过度重视项目落地速度

目前，PPP 项目实施过程中政府方最为关注的是项目能否快速完成入库、采购和签约流程，所有准备工作时间都要求以招标采购的强制性标准压缩至最短，前期工作严重弱化，咨询服务的价值被快速走流程的能力掩盖。最终导致的结果就是项目可行性研究成为彻底的可批性研究，项目实施方案等对项目产出需求的研究和论证极为粗疏，风险分配章节内容空泛，套路化严重。

另外，一般情况下，初步设计完成后对整个工程造价的影响程度约为 75%。目前，由于政府急于项目落地，大部分 PPP 项目的设计工作是在采购结束后由项目公司完成，政府对后续设计工作的监督也并不到位，如果设计时考虑最多的是设计方案的安全性和美观性而忽视节约建设成本的要求，没有进行优化设计，就必然导致设计保险系数偏

2. 忽视项目的事前控制

长期以来，人们把控制理解为目标值与实际值的比较，以及当实际值偏离目标值时分析产生差异的原因，确定下一步对策。这种管理方法只能发现差异，不能消除差异，也不能预防差异的发生。这是一种事后控制，是一种被动的控制方法。而如果在设计阶段控制工程造价，先按一定的质量标准，编制造价计划，然后当详细设计制定出来以后，对照造价计划中所列的指标进行审核，预先发现差异，主动采取一些控制方法消除差异，可以使设计更经济。

《关于印发政府和社会资本合作模式操作指南（试行）的通知》（财金〔2014〕113号）中在风险分配章节提到，"原则上，项目设计、建造、财务和运营维护等商业风险由社会资本承担"，据此，可假设一个严格产出导向的理想PPP模型：政府方在PPP项目协议中严格约定项目的产出要求；项目公司承担全部的设计、投融资、建造和运营维护工作；在产出要求不发生变化的情况下，项目公司的实际建设投资高低并不影响其与政府方之间的协议中的主要责任和义务，来自政府的补贴或是公共服务的价格也不会因此变动。项目公司自主经营管理，对外签订包括工程建设相关的各类合同，特别是借助固定总价和工期的EPC合同，将建设期最为关键的完工风险和投资超支风险转移给专业承包商。而政府方基于合同相对性原则，并不需要过分担心项目公司对外的合同签订以及投资控制问题，因此PPP项目的投资可以得到有效控制。

遗憾的是，以上理想模型仅能在一些较为早期的PPP项目中看到，而在本轮的PPP实践中，占绝大多数的政府付费和可行性缺口补助项目，更为普遍的做法是在签订合同时，政府和社会资本方只有暂定投资，项目实际建设投资需要在竣工结算和决算时重新确定，并以最终确认的投资金额作为确定政府实际支出的依据。显而易见，如果没有一个完善的履约过程监管机制设计，PPP项目的投资超支问题就成为一种潜在的重大风险。按照当下的财政承受能力论证方法和预算管理的要求，当项目出现比较严重的投资超支问题时，原有财承报告中的风险承担支出可能无法覆盖新增的财政支出责任，进而会带来政府方的履约风险。

3. "两标并一标"下投资控制的矛盾

目前，PPP项目中还有一个明显特征就是"两标并一标"模式的流行，各类工程企业成为社会资本的主流，能否以投资拉动施工成为工程企业参与PPP项目的主要考量因素，投资PPP项目的一大目的就是要规避传统工程招投标下的激烈竞争并赚取相对丰厚的施工利润。而对于政府方PPP项目的项目签约落地和解决融资的需求更为迫切，"两标并一标"客观上也确实能加快项目的推进速度。共同作用下的结果就是工程类企业作为社会资本方同时成为PPP项目公司的实际控制人和工程的总承包商。如果PPP项目的全寿命期成本确实经过了有效竞争且投资额能被有效锁定，这本来也不成问题，但是目前大多PPP项目的投资额并不能事先锁定，而是依赖于项目的事后审计，进而导致以下两大矛盾的凸显：

（1）社会资本方缺少主动控制项目投资的激励。以工程承包商身份出现的社会资本方希望把工程造价做大，通过关联交易，在项目建设期赚取更多施工利润以回收项目的资本金投入；而项目公司却由于相同收益率下的实际投资收益也会随着工程投资的增加而增加，从而更缺少主动控制项目投资的激励，两者的叠加效果会加大投资超支的风险。

（2）政府方的投资控制受制于社会资本方。实践中通常有两种投资确认/审计模式，一种是完全无视 PPP 项目公司的特点，不考虑其对外签订合同的情况，按照类似对工程承包商审核价格的方式，将全部工程投资项目从施工图竣工图编制、清单列项、定额组价开始全面审核/审计；另一种则是认可 PPP 项目公司作为项目建设主体的身份，依据其合法合规对外签订合同及合同的结算审核情况进行审计。前一种模式下，计价依据与施工过程高度耦合，此时政府方的审核工作实质上要穿透项目公司和社会资本方股东的两层合同和管理关系，相对社会资本方在信息不对称上的劣势更加明显。后一种模式下，项目公司与社会资本方股东签订的工程合同直接成为审核依据，而合同签订的主体又非政府方，政府方相对比较被动。因此，无论是哪一种方式，此时政府方的投资控制都已经全面受制于社会资本方。

另外，政府方对投资控制从能力、人力、经验上都相对弱于社会资本，例如政府相关部门事务比较繁忙，没有也不可能有专门的团队和精力管理更多的事情，在第三方中介机构市场不够规范的情况下，政府方对投资控制的能力与社会资本相比较弱，具有不对称性；而事后审计实际上又是政府承担了全部或者一部分投资超支的风险。

4. 咨询公司素质参差不齐

2014 年国家大力推广 PPP 模式以来，全国各地掀起了 PPP 项目投资热潮，随之而来的是市场上的 PPP 咨询机构开始快速增加，除了原来的传统咨询公司以及投行业务参与 PPP 咨询外，更多的第三方机构开始介入。PPP 咨询机构服务质量参差不齐，很多机构拿项目靠低价竞争的不公平现象破坏了行业规则；做项目靠"拿来主义"，并没有考虑到地方政府的实际情况与项目的实际情况，在方案中设置了不合理或者不适用的边界条件。

然而，大多政府对 PPP 项目咨询公司过度依赖，对咨询公司出具的财务报告、实施方案等很难做出深入的分析，导致对 PPP 项目的投资控制把控不严。

5.1.2 PPP 项目投资控制的前提条件

PPP 项目投资控制是基于坚实的项目前期工作。按国家发展改革委的要求，"可行性研究报告审批后，实施机构根据经批准的可行性研究报告有关要求，完善并确定 PPP 项目实施方案"，对于重大基础设施政府投资项目，"应重视项目初步设计方案的深化研究，细化工程技术方案和投资概算等内容，作为确定 PPP 项目实施方案的重要依据"。可见，确定 PPP 实施方案须在项目完成可行性研究报告后，对应于投资控制，其基础和前提条件是需具备工程投资估算成果；而对于重大基础设施项目实施 PPP 模式，并未要求一定要取得初步设计的批复，但需重视深化研究和细化工程技术方案，并以投资估算作为确定 PPP 项目实施方案的重要依据。因此，对于政府方而言，在确保项目可行性研究和初步设计质量基础上夯实工程投资估算或概算成果，是有效控制 PPP 项目投资规模、控制政府支出责任、提高项目经济效益的关键性基础，也是在 PPP 项目运作中科学合理、公正公平划分政府和社会资本投资控制责任和风险承担的前提条件。

5.1.3 PPP 项目投资控制及投资风险分担方法

1. 建安工程费下浮投资机制

在 PPP 项目采购阶段，政府方通常要求社会资本投标人对建安工程费予以下浮，按下浮后的总投资进行可用性服务费或影子价格等 PPP 招标指标进行报价。在项目实施期间，对于 PPP 合同安排中需要依据工程竣工决算成果计算补贴回报的项目，则要求在竣工决算时按招标阶段确定的下浮率计算投资基数；对于采用影子价格报价的项目，则在计算相关合理投资超支补偿时要考虑招标阶段所明确下浮率的影响。通过建安投资下浮率机制的设立，政府方在招标阶段即对社会资本报价水平实现有效控制，一方面挖掘了社会资本项目管理能力，有利于筛选出有实力的社会资本；另一方面，政府方在招标阶段就对工程投资"挤水分"，从开始即实现了投资节约效益，有利于政府方从总体上控制项目投资规模。

2. 政府方承担的前期工作及设计阶段投资差异处理

PPP 项目前期工作通常由政府方负责完成，在多数情况下，政府方负责的前期工作会延续至项目可行性研究阶段或初步设计阶段结束，在此阶段的前期工作投资控制责任主体是政府方，如此部分投资纳入 PPP 项目投资范畴，则项目公司对此部分投资据实承担，在回报机制安排中予以全额补偿。在实操中 PPP 合同投资控制安排往往以批复的概算作为基础，但在 PPP 运作实施时前期工作可能只进行到可行性研究阶段。为此可以可研估算成果或经深化的初步设计概算成果（尚未审批）作为 PPP 项目招标时的投资口径，所有投标人皆以此"采购投资"作为 PPP 报价的统一前提条件，同时在 PPP 合同中明确"采购投资"与最终批复概算成果之间出现差异的回报调整或投资补偿机制；如初步设计仍由政府方承担，则该差异责任全部由政府方承担。

3. 政府方负责实施的征地拆迁和工程

在部分 PPP 项目中，征地拆迁工作由政府方负责实施，但其投资纳入 PPP 项目范围，由项目公司负责提供资金。在此情况下，征地拆迁投资控制责任完全由政府方负责，项目公司对此部分投资据实承担，在 PPP 回报机制安排中予以全额补偿。同时，由于开工压力等原因，部分纳入 PPP 投资范围的工程项目可能已由政府方先期开工实施，此部分工程的投资控制责任也归于政府方，项目公司对此部分投资据实承担，在 PPP 回报机制安排中予以全额补偿。对于政府方负责实施的征地拆迁和前期实施工程，除明确投资控制责任和出资责任外，尚需明确相应的质量和工期保障要求，如由于此部分工作导致项目整体进度延误，需对项目公司另行设置补偿方法。另外，为鼓励项目公司、社会资本协助政府推进征拆工作，也可以由社会资本方承担一小部分的投资变化风险。

4. 工程变更处理

PPP 合同中对工程变更设立处理机制，所针对的对象是政府方和项目公司之间的关系，这与传统方式下工程变更处理关注项目公司与工程承建方之间的关系形成本质区别。因此，需在 PPP 合同中明确界定何为工程变更和相应的处理方法，包括变更分类、变更程序、决策权限等。在 PPP 项目实践中，常见处理方式是将经政府批准的涉及工程项目范围、建设规模、设计标准和功能、工艺技术方案的变化纳入工程变更的范畴，此类变更无论是政府方提出还是由项目公司提出，按程序经政府实施机构和（或）其他有权部门批准后则构成工程变更。对于经批准的工程变更，当然补偿须考虑投标阶段所明确的工程降造下浮率这一影响因素的作用；如实现投资节约，则通过 PPP 回报机制从项目公司予以扣回，如该类变更提议来源于项目公司则可给予适当奖励。对于由施工组织和施工方法变化导致的投资增减，通常不纳入政府与项目公司之间的投资补偿调整机制，此类风险由项目公司自行承担，效益由其享有；但为保证工程建设质量和工期，实施机构对重大施工组织和施工方法变化予以监管十分必要。对于因项目公司原因导致的设计缺陷、深度不足或设计错误等原因引起的设计变更致使项目建设费用的增加，由项目公司承担。

5. 基本预备费的使用管理

由于项目投资估算或概算成果中计列的"基本预备费"在工程建设过程中是否一定发生和发生多少额度存在不确定性，其管理使用模式往往成为政府和社会资本进行 PPP 合同谈判时博弈的重要内容之一。该项费用的一种可选使用管理方式是：首先，基本预备费计入 PPP 项目投资口径范围，在 PPP 招标阶段纳入 PPP 报价指标的测算；其次，在工程建设期间基本预备费由政府实施机构全额控制和管理，用于政府方对可能出现的工程变更进行投资补偿的资金来源；最后，工程竣工决算后剩余的基本预备费由政府方通过投资回收或调整项目公司补贴的方式予以收回。该模式最大的特点是基本预备费的全部权益归政府方所有，由政府方完全掌控，体现政府对于社会资本在投资控制思路方面的强势地位。

6. 建设期利息的计算

由于 PPP 项目融资责任在于项目公司，因此在不少 PPP 项目中，政府方对项目公司的建设期利息并不管控，项目债务资金融资成本高低体现项目公司或社会资本的能力，融资成本高则项目公司承担相应成本，融资成本低则由项目公司享有相应效益，有利于调动项目公司融资积极性。但对于采用竣工决算投资审核作为项目回报计算基础的 PPP 项目，则需在 PPP 合同中对建设期利息的计算规则予以明确。实操中较为合理的做法是以 PPP 采购阶段所确立的项目融资结构和利率水平作为 PPP 回报框架中确定"建设期利息"的计算基础，以发挥项目公司在融资上的能动性和体现其在融资上的风险承担责任。本研究不赞成有的项目以项目公司实际融资成本作为确认建设期利息基础的做法。在 PPP 项目合同中根据 PPP 回报机制安排对"建设期利息"明确相应的计算方法和风险处理机制，并不代替政府机构和项目公司根据国家或行业相关管理规定开展相应的投资管理工作和采用相应的数据口径。

7. 构建"两标并一标"下 PPP 项目合同与工程合同相结合的投资控制体系

一个良好的投资控制体系应该是主体明确、目标清晰、操作便利同时还要有利于减少争议。从定额计价走向清单计价，再到提倡基于总价的工程总承包模式，工程领域的投资控制总体上向集成化、一体化的趋势发展，政府方对 PPP 项目投资控制的方法也应避免因为过度管理而走回头路。为此，本节针对PPP项目，特别是"两标并一标"模式下的PPP项目的投资控制，提出构建一种PPP项目合同与工程合同相结合的投资控制体系。

（1）"两标并一标"下PPP项目合同与工程合同的连锁机制：提前控制，风险传导机制清晰。如前文所述，"两标并一标"下的PPP项目的投资控制之所以成为重点，核心问题一是社会资本方既是项目公司股东又是工程承包商的角色冲突；二是本轮PPP项目的复杂性带来的投资控制与施工过程的高度耦合。在尊重现状的前提下，要解决这一问题，就必须在一定程度上突破合同相对性的限制，将未来项目公司与社会资本方之间的工程合同中有关投资控制的内容在PPP项目合同中提前予以锁定。

在实践中，可以考虑在PPP项目合同中提前锁定的工程合同商务条件和条款，至于工程合同中其他条款如进度付款、保险、奖惩措施、保修、终止/解除合同等，虽然也会影响投资额，但在保证了工程合同标准不低于PPP项目合同标准后，可以不作为锁定条件，以给予项目公司更多主动管理的激励。

（2）"两标并一标"下PPP项目投资二审机制：尊重项目公司自主经营，提高审计效率。对于PPP项目投资额的最终确定，目前较为普遍的做法是引入审计机制。但在实践中，以审计方法确定PPP项目投资的操作层面还有一些模糊地带，如由第三方审计还是由审计局委托；以PPP项目合同和PPP项目公司对外工程合同作为依据还是仅基于PPP项目合同另起炉灶（将对PPP项目投资额的控制和审核/审计等同于对工程合同的管理习惯，要求项目公司按照施工图、竣工图、编制清单、定额组价、签证变更等重新编制一份，不考虑项目公司对外合同签订和支出的实际情况）全面核算；工程监理、造价咨询等传统的工程投资控制参与方的角色等。另外，PPP模式下的审计规则可在符合国家及当地法律法规的前提下，充分考虑PPP合同的相关约定，由政府和社会资本方协商确定。

在结合PPP项目合同与工程合同连锁机制的基础上，建议在"两标并一标"下的PPP项目投资考虑如下的二审机制：

PPP项目投资的控制目标分解到工程合同中，如以可研估算或初设概算的相应分解结果作为工程合同对应投资的控制目标；

工程合同文本需严格执行PPP项目合同中的相应连锁机制，保证工程合同与PPP项目合同在同口径上的结算原则与方法的一致性；

PPP项目合同中约定全过程投资控制或跟踪审计机制，由工程监理、造价咨询或跟踪审计等负责的过程审核依据为PPP项目公司对外签订的合同；

PPP项目投资最终审计仅作为二审，即在全过程造价咨询或跟踪审计结果基础上进行，针对初审结果无异议的部分，仅需要复审其程序和依据，如合同范围是否一致，项目公司对外合同签订是否合规，重大变更是否执行了相应程序等；

PPP项目投资审计中的实质性审计内容可限于如下内容：①投资控制目标调整，如调整概算等；②初审结果有争议内容；③影响PPP项目投资额较大的索赔；④PPP项目合同中需列入总投资的其他支出，如建设期利息、建设单位管理费等。

8. 采用限额设计并引入设计监理

限额设计是指在限定的投资额度范围内进行各阶段的具体设计，按照批准的项目可行性研究报告、设计任务书和投资估算来进行初步设计,明确投资估算作为工程项目投资的最高限额的权威性;初步设计阶段要尽可能地提高概算的准确性,包括技术设计阶段的修正概算,维护投资概算的原则性;在施工图设计阶段,设计人员要深入现场、跟踪现场,使设计图纸细致化、具体化、标准化、完整化,尽可能地将变更设计控制在设计阶段;同时,要建立健全各专业设计技术人员的经济责任制,实行节约提奖,超额则要分析审查原因,由自身技术因素造成的,则要追究经济乃至法律责任。强制引入设计监理模式工程设计的实质是一种智力劳动成果,是一种高智慧的用图纸和文字表现出来的商品,代表了该行业的生产力水平和科学研究发展的方向,它具有商品的各种特性,必须接受市场经济和社会各界的监督和检验。为此国家在实施工程监理制度时明确把工程设计纳入工程范畴,并对工程设计制定了系统性、规范性的,有定量也有定性的设计规范、标准和法规,这是工程设计的依据,也是工程设计监理的依据和尺度,使设计领域形了一套行之有效的互相监督、制约、促进的机制。其次,不合格的勘察设计目前还普遍存在,据统计,我国勘察设计作品不合格率达到了20%,工程事故的30%与设计因素有关,因此,在设计领域引入监理机制,经过监理工程师的严格核审,及时发现错误、纠正错误,可以有效地减少工程设计中的不合格作品和工程事故。从目前的市场经济体制来看,建筑产品的技术先进、经济合理、功能价值高已成为工程设计最基本的功能诉求,投资商自动寻求监理咨询公司做其顾问,对设计方案、结构、设备、造价等方面提出评审的意见,并提出优化设计和节省投资的方案,寻求最大的投资效益比,有效地实现业主的目标。当然,通过设计监理,设计单位的正确意见也得到了支持和贯彻。因此,引入设计监理有可能、有必要,也是大势所趋,有效地提高了工程设计的质量及项目投资计算的准确度。

在PPP项目方案设计和合同安排中,项目投资管理控制思路与项目PPP模式密切相关。对于政府付费类PPP项目或需要政府提供可行性缺口补贴的项目,PPP项目投资控制和风险承担与政府方的支出和项目公司收益水平密切相关,需要妥善处理政府方和项目公司之间在PPP项目投资范围认定、投资规模确定、投资管理和责任配置、投资变化风险处理、竣工决算审核,以及投资补偿或回报调整等方面的相关事项,需要本着科学合理、公正公平和合作共赢的原则予以安排。而对于完全由使用者付费支撑的项目,除非政府方在项目建设规模、建设标准和工艺技术路线等方面有调整,否则投资控制责任宜完全交由项目公司自行负责,由项目公司自行权衡和平衡在投资、建设和运营全周期环节中的利益安排。

5.2　PPP项目超额收益分享机制

对于PPP项目,一方面需要保证社会资本获得合理的投资回报,因为其需要通过盈利来维持自身的生存和发展,一旦社会资本长期处于亏损状态,则其与政府之间的合作关系将有可能破裂,进而导致项目失败;另一方面,在项目运营期内可能会出现使用者激增、生产成本大幅下降等现象,导致社会资本获得超出合理预期的利润,从而造成公众利益受损。因此，PPP项目应坚持"盈利但不暴利"的基本原则，与此同时，为满足公众日益增长的公共服务需求，政府需激发社会资本的主观能动性以提高整个项目的运营效率。社会资本凭借自身的创新和技术优势主要负责PPP项目的建设和后期运营，为调动社会资本提高整个项目运营效率的积极性，政府方需要将超出预期的利润与其合理分享。由此可见，超额收益分享机制的建立可以在防止社会资本暴利的基础上实现对其的有效激励，最终促进项目成功。

《关于印发政府和社会资本合作模式操作指南（试行）的通知》（财金〔2014〕113号）中指出："设置超额收益分享机制的，社会资本或项目公司应根据项目合同约定向政府及时足额支付应享有的超额收益。"《关于在公共服务领域深入推进政府和社会资本合作工作的通知》（财金〔2016〕90号）中也明确指出："对于使用者付费完全覆盖成本和收益的项目，要依据合同将超额收益的政府方分成部分及时足额监缴入国库，并按照事先约定的价格调整机制，确保实现价格动态调整，切实减轻公众负担。"对比两个文件的不同，不难理解，不是所有的PPP项目均需设置超额收益分享机制。如对于政府付费类PPP项目，此类项目没有使用者付费来源，完全靠政府进行付费，在项目采购阶段一般就会确定社会资本的投资收益，在项目运营期政府按照"依效付费"的原则进行付费即可，一般不会产生超额收益。因此，超额收益分享机制一般应用于使用者付费类与可行性缺口补助类PPP项目。本节就PPP项目超额收益分享的基本原则、影响因素、分享方式等进行介绍和分析。

5.2.1 PPP项目超额收益分享的基本原则

PPP项目超额收益的分享需遵循双方共赢的原则、风险与收益相匹配的原则、保障公平的原则。

（1）双方共赢的原则。最大限度获取社会效益与经济效益是采用PPP模式双方的共同目的，因而在对超额收益的分成方式进行确定时应保证参与各方都"有利可图"，以此形成维持合作伙伴间的信任合作关系，最终在达成项目目标的同时实现共赢。

（2）风险与收益相匹配的原则，即承担风险较多的一方可获取更高比例的超额收益。PPP项目政府与社会资本之间的合作是以共担风险、共享收益为基础的，因此，超额收益的合理分配要充分考虑参与双方各自所承担的风险大小。为了保证社会资本提高项目运营效率的积极性，其所获取的超额收益应当与自身所承担的风险相匹配。社会资本可以根据自身条件来选择最低需求的程度，如果社会资本资金雄厚，有着先进的经营管理水平，认为自身在此项目中能够实现盈利则可以选择较低的最低需求水平，同样，担保上限也会高，社会资本在上限范围内可以实现盈利；反之，选择较高的最低需求水平下限，保证项目正常运营和合理的投资回报，这也体现了高风险高回报、低风险低回报的原则。

（3）保障公平的原则。政府和社会资本参与PPP项目应站在公平、对等的角度，政府不应站在上位者的角度而过于强势，社会资本也不应因有资金优势而漫天要价。同样，公平的超额收益分享机制一方面可以极大地调动参与者的积极性，避免双方间产生矛盾与冲突；另一方面可以实现双方利益结构的最优化，使得 PPP 项目参与各方竭诚合作，实现共赢。

5.2.2 PPP 项目超额收益分享的影响因素

超额收益分配方式的选择及分配比例的确定往往受到项目经营性、项目本身的吸引力、社会资本运营能力以及政府对社会资本的激励程度等因素的影响。

（1）项目经营性。项目经营性的强弱实质上反映了其市场化程度的高低，项目经营性强，则社会资本通过主动管理获得超额收益的可能就较大，因此，为激励其主动管理经营则应该分成比例较高。反之，项目经营性不强，产生超额收益的原因更多可能是由于政府规划、政策、社会发展等客观、外在的因素引起的，这样就不宜给予社会资本过高比例的收益分成。

（2）社会资本对项目的运营能力。社会资本的运营能力的高低往往决定了一个项目产生超额收益的数额大小，自身运营能力高的社会资本会使项目在运营期间赚取较高超额收益，此时动态的阶梯式分成方式则能在实现对社会激励的同时提高项目的整体效益。

（3）政府对社会资本的激励程度。社会资本超额收益分成比例的高低很大程度上取决于政府在项目中想要对其实现的激励程度，如果 PPP 项目所需投资金额较大或者专业技术较强，则政府往往会为了尽可能高的实现对社会资本激励而将其超额收益分成比例设置较高。

（4）项目自身的吸引力。项目自身的吸引力也是影响项目超额收益分配的重要因素。如若项目的前期工作比较扎实、项目的合法合规性得到较高的认可、项目基本投资收益设定的较为理想，则项目自身的吸引力比较大，从而项目的潜在竞争程度较大，因此超额收益的分配则比较倾向于政府方。

5.2.3 PPP 项目超额收益的界定

不同的 PPP 项目对于超额收益的界定不同，即何时产生的收益属于社会投资人或项目公司的，何时产生的收益属于超额收益，政府可以参与分配，超额收益的界定是项目超额收益分配的前提条件。本节将对常见的几种超额收益的界定进行介绍。

1. 经营收入界定型

部分 PPP 项目可以直接以项目的经营收入界定超额收益的产生，此类项目一般情况下其经营成本与项目的经营收入关联度不高，项目未来年度的经营收入的高低不会造成项目经营成本的过高或过低，即项目的可变成本较低。此时可以约定一个项目的经营数额作为双方合同下的约定数额，当项目未来年度经营收入超过双方约定数额时即视为产生超额收益。如轨道交通、市政道路等项目中的广告收入，项目的经营收入与经营成本的关联度并不高，此时双方即可直接约定一个数额作为未来年度的广告收入额，超过约定数额时即视为产生超额收益。

2. 经营净收益界定型

部分 PPP 项目未来年度的经营收入与经营成本关联度较高，经营收入的高低直接影响到经营成本的高低，即项目的可变成本较高。此时若直接以经营收入额来界定超额收益的产生则无法充分调动社会资本的经营积极性，也有失公平性原则，无法做到双方共赢，此时则可以以项目未来年度的净收益（项目经营收入与项目经营成本的差额部分）来界定项目的超额收益。如文化传承馆类 PPP 项目，民族服装、民族传承乐器等的销售是项目未来经营收入的重要组成部分。项目的经营收入与项目的经营成本关联度较高。此时双方可以约定一个项目未来年度的净收益值，当未来年度经营净收益超过约定净收益值时即视为产生超额收益。

3. 使用量界定型

部分 PPP 项目未来年度经营收益影响因素较多，以未来年度经营收入或净收益来界定超额收益难以做到项目风险的合理分配，此时可以以使用量作为边界来界定超额收益。如轨道交通项目客流量的不确定性是项目最主要的风险因素，其大小是随机波动的，无法准确预测，有可能比预测值低，也可能高于预测值，因此合理的政府保证对 PPP 项目的成功实施影响巨大。当项目运营期间实际客流量低于预期值时，政府对社会资本最低收益保证为其分担了需求风险，保证城市轨道交通 PPP 项目顺利的运作。而为了防止社会资本在项目运营期间，实际客流量因城市轨道交通线网完善而高于预期值而赚取超额收益，政府同样可以对项目设置一个最高客流量担保来与最低客流量担保形成对冲，超过双方约定的客流量限额部分由政府与社会资本方或项目公司以约定比例进行超额收益分配。

4. 价格界定型

部分 PPP 项目受价格因素影响较大，特别是实行政府定价或政府指导价的项目，在长达十几年或几十年的合作期内，受政策变动等因素的影响，未来经营年度的使用者付费价格与现行的价格可能有较大的差距，因此会直接影响到社会资本的投资收益且社会资本对此没有较大的控制力。在项目投资阶段无论是政府方还是社会资本都是基于目前价格做出的相应的投资决策。若未来年度使用者付费价格较目前相对较低，政府应给予社会资本适当的补偿；相应的若未来年度使用者付费价格较目前相对较高，则项目会产生超额收益，政府应参与超额收益的分配。如停车场类项目、实行政府定价的旅游类项目，双方可以约定当下的使用者付费价格，当未来年度使用者付费价格调高时政府与社会资本或项目公司按照一定比例分配。

5.2.4 PPP 项目超额收益的分享方式

PPP 项目的超额收益分享主要包括固定式分成和阶梯式分成两种方式。固定式分成方式是指项目双方提前约定好超额收益的分成比例，一旦产生超额收益便按约定比例分享，如在旅游类项目中，在综合考虑各项因素后约定一个双方均可接受的比例用于超额收益的分享；阶梯式分成则是指双方对超额收益的分成比例取决于产生超额收益的具体数额，即将超额收益具体数额划分为多个阶梯，超额收益增高至不同阶梯则对应不同的分成比例，是一种动态的分成方式，如工程建设领域承包方所占超额收益的分成比例随着超额收益数额的递增阶梯式增加。

5.3　PPP 项目的定价及调价机制

在 PPP 项目的交易边界条件中，通常还需要根据相关法律法规规定、结合项目的自身特点，设置合理的定价和调价机制，以明确项目定价的依据、标准，调价的条件、方法。PPP 项目的定价及调价机制是 PPP 项目运作的核心内容，也是政府与社会资本谈判的主要关注点。

5.3.1　PPP 项目的定价机制

PPP 项目定价机制是 PPP 项目利益分配机制的核心，是 PPP 模式发挥作用的重要条件。没有合理的定价机制，政府与社会资本合作机制就无从发挥作用。因此，采用 PPP 模式必须建立科学合理的定价机制。

1. 影响 PPP 项目价格形成的因素

PPP 项目定价需要考虑的因素主要有：①项目的投资与运营成本。不同类型项目的投资规模与运营成本的构成不同，在给定的特许经营期内应科学测算，以便保证项目公司收回投资并获得合理回报。②物价指数。反映社会运营成本变化趋势和消费者支付能力。③国家有关税收政策。④服务质量。服务质量的高低不仅影响需求，同时也影响成本，制定价格时应该考虑服务质量，并且通过价格机制激励措施提高服务质量。

2. PPP 项目定价原则

（1）依法合规、公开透明的原则。由于 PPP 项目大多为涉及公共利益的基数设施项目，其价格的确定一定要依法合规、公开透明，不能有违法违规或者暗箱操作的情况出现。在核定 PPP 项目营运价格标准时，应该严格按《价格法》及价格管理相关行政法规和规范性文件的规定执行。可以市场化的项目，其价格的确定应以市场为导向；需要政府进行价格管理的，应将项目纳入政府价格管理的范围。物价部门在核定纳入价格管理范围的 PPP 项目价格标准时，除要依法依规履行定价成本审查、价格集体审议制度外，还应按程序组织价格听证，并广泛听取利益关联方、公众等各方面的意见，经综合平衡、统筹考虑，报当地政府批准后公布执行。

（2）补偿成本、合理收益的原则。社会资本参与 PPP 项目，必然会考虑其投资的安全性，在收回投资的基础上获得一定的投资回报。因此，在保证社会资本能够收回投资及运营成本的前提下，兼顾多方利益，合理确定项目的利润率，从而在满足项目正常投资的情况下激励社会资本积极参与 PPP 项目。

（3）公平负担、优质优价的原则。核定 PPP 项目价格标准时，不仅要考虑服务、价格的问题，还应考虑公平负担问题。社会资本应公正公平、依法依规签订合约，依法依规履行所应承担的责任、风险和所应获得的合理回报；政府应按约定公平负担应由政府方承担的最低需求负担、不可抗力等自然灾害造成的损失责任等；社会资本向使用者或用户收取的费用也应公平，不能超过合理的范围。

3. 不同付费机制下价格的确定

PPP 项目的定价涉及政府和社会资本方的根本利益，不同的付费模式、付费公式，其影响价格形成的因素有所不同。付费模式有政府付费模式、可行性缺口补助模式和使用者付费模式；付费的计算公式一般有两种，即年金公式和财金21号文中的计算公式。不论哪种计算公式，当年运营补贴数额均从年均建设成本（折算成各年度现值）、年度运营成本、合理利润以及当年使用者付费几个部分进行计算，其中：使用者付费部分是在项目有运营收入的情况下对使用者付费模式及可行性缺口补助模式的价格形成产生影响。

（1）政府付费模式的价格确定。

政府付费模式付费数额一般由建设成本、运营成本以及合理利润组成。根据可用性、使用量或绩效考核指标，政府以等额年金或等额本金加当期利息的方式每年向项目公司支付费用。

①项目建设成本。项目的全部建设成本包括项目的建设投资与建设期利息两部分。

a. 建设投资费用分析。建设成本中的建设投资费用，是指项目公司为完成工程项目建设，在建设期内投入且形成现金流出的全部费用。根据国家发展改革委和建设部发布的《建设项目经济评价方法与参数（第三版）》的规定，建设投资包括工程费用（建筑工程费、安装工程费、设备购置费）、工程建设其他费用和预备费三部分。

由于PPP项目一般情况下在项目建议书或可行性研究阶段发起，建设投资部分的数额无法进行很好的控制。一般情况下，建设投资费用分别以：经审计的竣工决算数、经政府相关部门审定的初步设计概算数和经审计的竣工决算数且不超过总投资控制数（经政府相关部门审定的初步设计概算数）三种方式进行控制。这三种方式各有优劣，但第三种方式在控制项目不超概算、总投资的可控性、项目的成本管理等方面更有优势。

b. 建设期利息。建设期利息是指在建设期内发生的为工程项目筹措资金的融资费用及债务资金利息。建设期利息以PPP采购阶段所确立的项目融资结构和利率水平作为PPP回报框架中确定"建设期利息"的计算基础。融资方式包括但不限于商业信贷资金、股东借款、融资票据以及资产证券化等。因社会资本方原因导致项目延期或停工等情形造成的建设期利息增加部分一般由社会资本自行承担，不计入建设项目总投资。建设期利息可以根据风险分担原则在PPP项目合同中进行具体约定。

②运营成本。运营成本是PPP项目为保证项目正常运营维护所发生的成本和费用，主要包括运营维护所需的原材料、设备、人工等成本，以及管理费用和运营期财务费用等。PPP项目的运营时间长，在长达10~30年的运营周期中，物价波动、CPI、政策法规调整、当地经济发展水平等因素以及项目公司的运营维护能力均影响着项目的运营成本。在对运营成本进行定价时可通过市场调查、参照类似项目、专家经验判断、因素分析等方法对运营成本进行确定。在选择社会投资人时，可以将年度运营成本作为项目的采购标的，通过设置最高限价的方式，由社会投资人根据自身的运营维护能力进行报价的市场调节机制确定；也可以根据项目合同约定的年度运营成本并通过绩效考核机制、调价机制、合同的具体约定等进行控制。

③合理利润。合理利润是指以全部建设成本以及运营成本为基础，在项目付费期间政府需要支付给项目公司的投资回报，主要受到资金的机会成本、投资者期望回报率、风险报酬率等因素的影响。合理利润率始终是政府与社会资本双方争论的焦点，PPP项

目的合理利润率应根据行业特点以及项目的盈利情况合理制定。

（2）使用者付费模式及可行性缺口补助模式的价格确定。

影响使用者付费模式及可行性缺口补助模式的价格因素主要有建设成本、运营成本、合理利润以及使用者付费等，其中建设成本、运营成本和合理利润在政府付费模式中已做阐述，本节不再进行详细说明。

使用者付费是指由最终消费用户直接付费购买公共产品或服务，用以弥补项目的建设、运营成本及合理利润。若使用者付费部分收入可以回收项目的建设、运营成本及合理利润时，则项目属于使用者付费模式；若使用者付费部分收入无法覆盖项目的建设、运营成本及合理利润时，则属于可行性缺口补助模式，需要对其给予可行性缺口补助。

PPP 项目使用者付费与社会资本的回报成正比，主要由使用量和使用价格决定。根据已有 PPP 项目运营经验，项目使用量一般比较稳定或者政府以合同形式予以保证。而由于物价波动、政策法规调整、当地经济社会发展水平的提高，某些 PPP 项目产品或服务的使用价格表现为较大的不确定性。实践中，使用者付费的定价方式主要有：根据《价格法》等相关法律法规及政策规定确定、由双方在 PPP 项目合同中约定、由项目公司根据项目实施时的市场价格定价。其中，除了最后一种方式是以市场价为基础外，对于前两种方式，均需要政府参与或直接决定有关 PPP 项目的收费定价。

①政府参与定价考虑的因素。

a. 需求的价格弹性，是指需求量对价格变动的敏感程度，即使用者对于价格的容忍程度，收费价格上涨到一定程度后，可能会导致使用量的下降；

b. 项目公司的目标，即在综合考虑项目的实施成本、项目合作期限、预期使用量等因素的情况下，收费定价能否使项目公司获得合理的收益；

c. 项目本身的目标，即能否实现项目预期的社会和经济效益；

d. 有关定价是否超出使用者可承受的合理范围（具体可以参考当地的物价水平）；

e. 是否符合法律法规的强制性规定。

②政府参与定价的方式。

根据 PPP 实践，政府参与收费定价通常可以采取以下几种具体方式：

a. 由政府设定该级政府所辖区域内某一行业的统一价（例如，某市政府对该市所有高速公路收费实行统一定价）。由于该使用费定价无法因具体项目而调整，如果社会资本在提交响应文件时测算出有关使用费定价无法覆盖其成本，则通常允许其要求政府提供一定的补贴。

b. 由政府设定该级政府所辖区域内某一行业的最高价。在具体项目中，项目公司仅能够按照该最高价或者低于该最高价的价格进行财务评估，如果社会资本在提交响应文件时测算出即使采用最高价也无法使其收回成本时，则通常允许其要求政府提供可行性缺口补助。

c. 由双方在合同中约定具体项目收费的价格。

d. 由双方在合同中约定具体项目收费的最高价。

此外，在一些 PPP 项目中，双方还有可能约定具体项目收费的最低价，实际上将 PPP 项目的部分建设和运营成本直接转移给使用者承担。

5.3.2 PPP项目的调价机制

由于PPP项目的合作期很长，一般为10～30年，在漫长的PPP项目生命周期中，市场环境的波动会直接引起项目运营成本的变化，进而影响项目公司的收益情况。设置合理的价格调整机制，可以将政府付费金额维持在合理范围，防止过低或过高付费导致项目公司亏损或获得超额利润，以利于项目物有所值目标的实现。

1. PPP项目调价原则

价格调整的基本原则是保证以合理的价格提供优质的服务，同时要有足够的激励作用，鼓励项目公司提高服务质量。

价格调整应遵循以下原则：

（1）公平合理原则。价格调整必须全面客观评价价格因素变化对价格造成的影响，真实客观反映这些因素变化的影响，对于项目公司无法控制的因素变化引起的价格变化，应当给予合理评估并做出调整，对属于项目公司可控制范围的因素，则应不调整或不完全做出调整。

（2）效率原则。价格调整不能影响项目的生存能力，通过保证合理的投资回报以及风险控制，有利于促进项目公司不断提高质量服务，不断提高服务效率和技术、管理水平，不断降低生产成本，最大限度地满足使用者的需要。提高社会总福利水平。

（3）可持续发展原则。价格调整应当有利于保护项目公司的利益，在保证不增加消费者负担以及不降低项目公司的收益水平的情况下，确保项目公司获得成本补偿和合理的投资收益，实现自我发展、自负盈亏、可持续发展的良性发展机制。

（4）可操作性原则。价格的调整必须遵循一定的调价程序，按双方确定的调价方式和调价原则，进行合理调价。调价程序和方法必须具有可操作性，能够被双方接受并能方便执行。

2. PPP项目价格的调整

影响PPP项目价格的因素主要是成本和收入的变化。成本包含项目建设成本、运营成本；收入一般为项目的运营收入。根据项目的不同阶段可划分为建设期的调价机制和运营期调价机制。其中：建设期的主要调价因素是影响项目建设成本的变动费用，运营期调价因素主要是运营成本以及运营收入中的变动费用。

（1）建设成本的调整。

通过本节定价机制中对项目建设成本的分析可知，在建设期，建设投资以及建设期利息的变化均会对最终形成的建设成本产生影响。

建设投资又包含了工程费用、工程建设其他费用等。影响工程费用的变动因素主要有人、材、机价格的变动以及由于工程量的变化导致相应材料价格的变动，这一部分主要根据PPP项目合同的约定及计价规范进行调整，一般情况下在合同中也会约定允许调整的其他情况，例如：因政府方提出变更、相关政策的变化等。工程建设其他费用一般根据PPP项目合同的约定及计价规范进行调整。

建设期利息的调整分为计算基数（即建设投资）的变动以及利率的变动。计算基数参照建设投资的变动进行调整，利率的调整根据PPP项目合同的约定进行调整，例如：建设期利率不作调整、建设期利率超过约定利率一定比例后调整以及建设期利率据实调整等几种情况。

（2）运营成本的调整。

不同项目运营成本的形成有所不同，对其运营成本的调整因素也有所区别。一般情况下，影响成本变动的因素主要包括两个方面：①可控制性因素。如劳动生产率和固定资产利用率的变化、物资消耗和活劳动消耗、降低或增加服务价值、服务质量的高低等。这部分因素可以通过技术创新、技术改造、管理创新等途径尽可能实现节能降耗，从而降低PPP项目运营技术成本。②不可控因素。如原材料、燃料、动力等价格波动，职工工资福利津贴调整，国家税收政策变化，银行贷款利率变动，运营期间相关行业标准的提高导致运营成本提高等。这些因素的变化直接引起运营成本的变动，是无法预料和控制的。

针对不可控因素可以通过项目当地统计局公布的居民消费价格指数（CPI数值）以及约定的调价周期进行综合调价，也可以根据各具体影响因素的变化进行针对性的调价以及合同的其他相关约定进行价格调整。本节仅对根据CPI进行综合调价作详细说明。

例如：在项目运营期间，项目公司的运营绩效服务费根据项目当地统计局公布的居民消费价格指数（CPI数值）予以调整，根据约定的调价周期进行调整（此处以每三年调整一次为例），进行定期调价，具体的调整公式如下：

$$P_{3n} = P_{3n-3} \times CPI_{3n-3} \times CPI_{3n-2} \times CPI_{3n-1} \times 10^{-6} (n=1,2,3,\cdots,n)$$ （公式5–1）

式中：

n——调整次数，本项目进行第一次调价（即$n=1$）时，$P_{3n-3} = P_0$，P_0为基准年运营维护成本；

P_{3n}——第$3n+1$个财务年度起适用的年度运营绩效服务费（每三年调价一次）；

CPI_{3n-1}——第$3n$个财务年度由某地统计局公布的第$3n-1$个财务年度该地居民消费物价指数；

CPI_{3n-2}——第$3n$个财务年度由某地统计局公布的第$3n-2$个财务年度该地居民消费物价指数；

CPI_{3n-3}——第$3n$个财务年度由某地统计局公布的第$3n-3$个财务年度该地居民消费物价指数。

（3）运营收入的调整。

影响运营收入的主要因素有使用量的变化和项目运营收费价格的变化。通常情况下，使用量的变化需要社会资本在一定范围内承担风险，低于或高于约定的一定比例需要进行补贴或者利润分配，具体情况需根据相关的PPP项目合同约定进行调整；运营收费价格如由于政府定价调整或政策变化等以政府为导向的变化应据实调整，社会投资人不得擅自进行调整，相应的补贴支出数额或超额利润分配也需作相应调整。

3. 调价程序

调价程序是调价机制的重要组成部分，为使调价具有可操作性，应完善调价启动和实际操作程序。

建设期调价程序相对较简单，一般在竣工结算、决算或工程运行的某个时间节点时进行调整，具体视合同相关约定。

运营期调价程序一般分为定期调价和临时调价。定期调价是指项目公司根据调价因子的变动情况，定期（如以 2~3 个运营年）按调价公式或定期启动基准比价机制和市场测试机制，计算出新的价格，向政府提出调价申请。此外，为应对某些调价因子在短期内发生波动引起的运营成本大幅变动风险，导致项目公司运营成本大幅增加时，价格调整机制中还需约定临时调价机制。具体调价步骤为：

（1）当到达项目合同中约定的调价周期，或项目公司、政府方认为影响价格差的因素出现较大幅度变动时，由项目公司或实施机构提出书面申请，并在申请书中对调整理由、调整范围和调整后的价格进行陈述，其中一方在接到另一方书面申请一定工作日内给予回复，如在约定期限内不回复，则视为同意申请；

（2）其中一方收到调价申请后，应对申请材料进行初步审查、核实，组织有关专业人员和物价部门审核价格因素变动的真实性和合理性，并对变动幅度进行确认；

（3）当价格调整因素超出规定幅度时，根据事先确定的原则，对价格进行调整，经双方协商后确认执行调整后的价格；

（4）当价格影响因素没有超过规定的变动幅度时，执行调整前价格，并对价格影响因素在此进行监控，及时了解变动情况。直至再次提出申请，整个合作期内不断循环执行。

5.4　PPP 项目绩效考核机制

2017 年 11 月 10 日，财政部发布了具有重要意义的《关于规范政府和社会资本合作（PPP）综合信息平台项目库管理的通知》（财办金〔2017〕92 号），该通知对 2014 年以来快速推进 PPP 项目的各种不合规乱象予以了坚决的治理和整顿，其中对于绩效考核更是提出了相较于以往更高的要求，文中指出："未建立按效付费机制，包括通过政府付费或可行性缺口补助方式获得回报，但未建立与项目产出绩效相挂钩的付费机制的；政府付费或可行性缺口补助在项目合作期内未连续、平滑支出，导致某一时期内财政支出压力激增的；项目建设成本不参与绩效考核，或实际与绩效考核结果挂钩部分占比不足 30%，固化政府支出责任的"不得入库。

在通知未出台之前，多数 PPP 项目存在绩效考核相关章节和内容的缺失、粗制滥造，或者仅对运营期进行一定比例考核的现象。通知的出台，无疑控制了这一乱象。PPP 项目绩效考核逐步从考核内容和方法的简单粗放且不具有实际操作性发展到考核方法、细则、指标逐步科学、完善、具有可操作性；从大多数参考方对绩效考核的轻视和不关注发展到无论项目合作的双方，还是提供咨询服务的各方，都在积极关注绩效考核这一话题。无疑，这是中国 PPP 良性发展的关键所在。

根据《全国 PPP 综合信息平台项目管理库 2019 年一季度报》显示，截至 2019 年 5 月末，管理库项目累计 9 000 个，投资额 13.6 万亿元，落地项目累计 5 740 个，投资额 8.8 万亿元，落地率 63.8%。越来越多的项目即将进入执行阶段，绩效考核就成了 PPP

项目各参与方所面临的主要问题，那么如何才能科学合理、合法合规的完成绩效考核？首先应该弄清楚以下几个问题：谁来考核？考核谁？如何进行考核？考核内容是什么？考核指标如何设定？只有清楚地理解这些问题，才能顺利地开展 PPP 项目绩效考核工作。

5.4.1 绩效考核概述

根据国务院、财政部、发改委相关文件可知，绩效考核主要是针对项目投入、项目产出、设计效果、实现效益、可持续性、公共满意度等方面，对公共产品或公共服务的数量、质量以及资金使用效率等方面进行综合评估，并最终完成"按效付费"的一种考核方式。

通过 PPP 项目绩效考核，发现项目公司在建设或运营过程中存在的问题，分析问题、解决问题，找出问题发生的源头，并提出专业处理和整改的符合项目实际的解决方案，以此提高公共服务的质量和效率。

5.4.2 绩效考核主体

绩效考核主体作为进行绩效考核的主要单位或部门，是 PPP 项目顺利开展绩效考核工作的推动者、引导者，那么绩效考核的主体应当如何确定？国务院、发改委、财政部对于绩效考核主体的选定由以下文件可知：

（1）《基础设施和公用事业特许经营管理办法》（2015 年第 25 号令）规定，"实施机构应当根据特许经营协议，定期对特许经营项目建设运营情况进行监测分析，会同有关部门进行绩效评价。"

（2）《关于开展政府和社会资本合作的指导意见》（发改投资〔2014〕2724 号）明确："项目实施过程中，加强工程质量、运营标准的全程监督，确保公共产品和服务的质量、效率和延续性。鼓励推进第三方评价，对公共产品和服务的数量、质量以及资金使用效率等方面进行综合评价，评价结果向社会公示。作为价费标准、财政补贴以及合作期限等调整的参考依据。"

（3）《关于印发〈传统基础设施领域实施政府和社会资本合作项目工作指导〉的通知》（发改投资〔2016〕2231 号）明确："项目实施机构应会同行业主管部门，自行组织或委托第三方专业机构对项目进行中期评估，及时发现存在的问题，制定应对措施，推动项目绩效目标顺利完成"，并规定"项目移交完成后，地方政府有关部门可组织开展 PPP 项目后评价。"

（4）《关于印发〈政府和社会资本合作项目财政管理暂行办法〉的通知》（财金〔2016〕92 号）中要求，各级财政部门应当会同行业主管部门开展 PPP 项目绩效运行监控，对绩效目标运行情况进行跟踪管理和定期检查。各级财政部门应当会同行业主管部门在 PPP 项目全生命周期内，按照事先约定的绩效目标，对项目产出、实际效果、成本收益、可持续性等方面进行绩效评价，也可委托第三方专业机构提出评价意见。

（5）《关于印发〈PPP 物有所值评价指引（试行）〉的通知》（财金〔2015〕167

号)第三十七条提出,"在PPP项目合作期内和期满后,项目本级财政部门(或PPP中心)应会同行业主管部门,将物有所值评价报告作为项目绩效评价的重要组成部分,对照进行统计和分析。"

(6)《关于印发〈传统基础设施领域实施政府和社会资本合作项目工作指导〉的通知》(发改投资〔2016〕2231号)中规定,"PPP项目合同中应包含PPP项目运营服务绩效标准。项目实施机构应会同行业主管部门,根据PPP项目合同约定,定期对项目运营服务进行绩效评价,绩效评价结果应作为项目公司或社会资本方取得项目回报的依据。项目实施机构应会同行业主管部门,自行组织或委托第三方专业机构对项目进行中期评估,及时发现存在的问题"。

结合以上政策文件所述,PPP绩效考核主体并非某单一部门,而是包含多个部门,由多部门联合完成的一项工作。通常PPP项目绩效考核主体包含以下部门:项目实施机构、行业主管部门、财政部门等。财政部门、行业主管部门、项目实施机构也可以根据需要委托第三方专业机构开展绩效管理的辅助和技术支撑服务。

对于实施机构,作为绩效考核主体之一,应根据地方政府、财政部门及行业主管部门(预算单位)的要求开展绩效管理工作。项目实施机构应当监督项目的开展、监测项目的阶段性产出和效果、自行开展或委托第三方专业机构开展绩效评价工作。项目实施机构应对所负责PPP项目实施的规范性、财政资金使用的合规性和有效性负责。

对于财政部门,作为绩效考核主体之一,在项目全生命周期内的考核中,各级财政部门会同行业主管部门及实施机构对具体PPP项目开展绩效管理工作,包括绩效目标管理、绩效监测、绩效评价及结果应用等。财政部门要加强对财政资金使用合规性和有效性的监督,根据PPP项目合同约定及绩效评价结果拨付财政资金。

行业主管部门(预算单位)是PPP项目绩效管理的具体责任主体,负责绩效考核工作的推进。行业主管部门(预算单位)应当根据绩效考核管理要求,针对行业特点按照财政部门相关规定制定具体的绩效考核管理制度及实施细则,指导项目实施机构规范开展绩效管理工作。未经绩效考核,不得拨付可行性缺口补助及政府付费项目的财政补贴资金。

通过绩效考核,可以保证PPP项目的健康、良性运转,也可保障合作各方合法权益,建立科学、合理的PPP项目绩效考核机制,确保项目规范实施、高效运行。而PPP项目绩效考核主体正是保证PPP项目规范实施、高效运行的掌控者。所以PPP项目绩效考核主体在项目操作过程中,应当结合项目实际情况设定各考核主体权责,保证PPP项目规范实施。

5.4.3 绩效考核依据

在PPP项目全生命周期内,绩效考核主体单位在对项目公司进行绩效考核时,应当遵照以下依据,合理合规的开展绩效考核工作:

(1)国家、本地区相关法律、法规和规章制度;

(2)国家、本地区各级政府制定的国民经济与社会发展规划和方针政策;

（3）相关行业政策、行业标准及专业技术规范；

（4）预算管理制度、政府采购管理制度、资金及财务管理办法、财务会计资料；

（5）预算部门（单位）的职能职责、中长期发展规划及年度工作计划；

（6）项目前期文件，包括项目可研报告、物有所值评价报告、财政承受能力论证报告、项目实施方案及项目合同；

（7）申请预算时提出的资金申报书、立项评价报告、项目绩效目标、财政部门预算批复、经财政部门批准的预算方案或调整方案、财政部门和预算部门年度预算执行情况及年度决算报告；

（8）预算管理制度、资金及财务管理办法、资金使用概况、财务报表、专项审计报告等财务会计资料；

（9）项目竣工验收报告、竣工财务决算和预算执行报告等有关资料；

（10）项目实施文件、项目运行经营情况、项目管理制度、项目管理数据、项目（部门）年度或季度工作总结；

（11）与项目有关的审计报告、稽查报告和统计资料等；

（12）绩效自评报告、上年度绩效评价报告或相关总结；

（13）其他相关材料。

5.4.4　绩效考核方式及考核重点

根据项目所处时间节点进行划分，分为建设期绩效考核、运营期绩效考核、移交期绩效考核。

1. 建设期绩效考核

项目建设期绩效考核，主要是对项目公司开展项目管理工作的监督和管理，考核重点包括：项目建设内容、进度、成本和质量，项目资金使用情况，项目风险、采购、集成等的管理，确保项目程序合规、财务管理合理，建设期产出能够符合建筑规范、质量、安全及验收的相关规范和标准，达到一次验收合格、尽快交付运营的目标。

2. 运营期绩效考核

项目运营期绩效考核，主要是对项目公司在运营期内的绩效目标实现程度、运营管理成效、资金使用情况、公共服务质量、公众满意度等进行绩效评价，判断项目是否按照项目合同约定实现绩效考核目标，并采取相应措施进行整改。

3. 移交期绩效考核

项目移交期绩效考核，主要是对项目产出、项目成本效益、项目监管成效、项目运营可持续性、项目合规性、物有所值、经济效率、政府和社会资本合作模式应用效果等方面进行绩效评价，汲取PPP项目管理经验，并按相关规定公开评价结果。

5.4.5　绩效考核频次

PPP项目合作周期普遍较长（一般为10~30年），在如此长的合作期内，绩效考核的关注重点并不仅限于绩效目标的实现，更需要在项目全生命周期内实现动态跟踪、动态评价。建议PPP项目考核推行政府部门和社会资本方之外的第三方评审机制，由专业的第三方评审机构在保证项目公益性、公平合作性基础上，对项目进行考核。

综上，按照考核频率、考核目的、考核效力的不同，将PPP项目全生命周期内的考核分为：临时考核、常规考核、中期考核。

1. 临时考核

临时考核可在PPP项目实施方案、PPP项目合同和绩效考核手册中进行约定，明确临时考核的时间、考核主体、考核内容、考核效力、考核过程中发现问题后的处理方法等关键因素。其考核目的就在于：能够及时发现项目公司建设及运营过程中存在的问题，防止出现因小问题不断积累，最终造成不可弥补的后果。

在实际操作过程中，临时考核结果可根据项目实际情况，考虑是否纳入考核当年的年度考核结果。政府方可以随时自行考核项目公司的运营服务绩效，如发现缺陷，则需在24小时内以书面形式通知项目公司，项目公司在接到通知后，应在要求的时间内修复缺陷，期间对于项目公司发生的违约情形，政府方也可提取相应保函金额，作为违约赔偿款。

2. 常规考核

常规考核即在PPP项目实施方案、PPP项目合同或绩效考核手册中约定，按照约定时间对项目公司进行考核，是政府方"按效付费"的基础。

在实际操作过程中，常规考核通常设置为每年考核一次、每半年考核一次或者每季度考核一次，具体考核方式可根据项目实际情况进行选择。设置常规考核的目的是：政府方监督检查项目公司在运营期内是否按照PPP项目合同履行相应合同义务，并根据项目公司实际运营情况，结合绩效考核结果支付相应款项。

3. 中期评估

在项目合作期内，通常每3~5年对项目整体实行一次中期评估，重点分析项目运行状况及PPP项目合同的合规性、适用性、合理性，评估其风险，制定应对措施。

中期考核结果是绩效考核办法调整的重要依据。通过中期考核，对常规绩效考核中的考核指标合理性进行测试，对于不符合项目实际情况的指标予以废除，使得常规绩效考核指标设置更贴合项目实际。

5.4.6 绩效考核工作程序

绩效考核工作通常应当按照以下程序进行：

（1）确定绩效考核对象；

（2）确定绩效考核开展方式（由财政部门会同项目实施机构开展绩效考核，或者委托具有专业资质的第三方评价机构进行考核）；

（3）下达绩效考核通知（通知参与绩效考核的相关机构及人员）；

（4）制定绩效考核方案（包括项目概况、评价思路、绩效评价指标体系、资料收集和分析方法、评价实施时间安排等）；

（5）组织各方开展绩效考核（收集、核实绩效评价相关资料，以实地调研、访谈、问卷调查等方式开展考核）；

（6）综合分析、多方征询意见，形成客观、全面的评价结论；

（7）撰写与报送评价报告；
（8）建立绩效评价档案；
（9）绩效考核结果运用。

5.4.7 绩效考核指标的设定

PPP项目所涉及的行业领域包括：交通运输、水利建设、市政工程、农业、能源、林业、科技、生态建设和环境保护、医疗卫生、教育、养老、文化、体育等，因此，PPP项目绩效考核指标的选定根据项目所属行业的不同，应设定各自相适应的绩效考核指标。其次，PPP项目有三种回报机制，分别为：政府付费模式、可行性缺口补助模式、使用者付费模式，所以PPP项目绩效考核指标也会根据不同的回报机制各有侧重，同一行业项目，由于回报机制不同，考核指标也会不同，故绩效考核指标的设定，要综合考虑回报机制与项目所属行业。

1. 绩效考核指标设定原则

绩效考核指标设定是绩效考核中最重要的工作，如果指标设定不合理，则未来对项目公司的工作将无法客观公正衡量，同时也将存在系统风险。因此，在PPP项目绩效考核过程中，绩效考核指标设定方应秉持以下基本原则，以期合理、有效地开展绩效考核工作：

（1）绩效考核指标应覆盖PPP项目全生命周期；
（2）绩效考核指标应按照行业领域及行业特点制定；
（3）绩效考核指标应包含PPP项目所涉及的所有服务范围；
（4）绩效考核指标应结合项目回报机制的特点制定；
（5）绩效考核指标的选定应尽可能量化；
（6）绩效考核指标分值与考核内容应相符，分数占比合理；
（7）绩效考核指标的选定应具备实际可操作性。

2. 建设期绩效考核指标的选定

建设期绩效考核的结果作为运营期政府付费或可行性缺口补助计算的重要依据，所以，政府支出责任与建设期绩效考核紧密相关。选定建设期绩效考核指标原则如下：

主要依据国家、地方、行业、技术等规范和标准；国家、地区相关法律、法规和规章制度；国家、地区各级政府制定的国民经济与社会发展规划和方针政策；相关行业政策、行业标准及专业技术规范；项目立项相关资料、实施方案、PPP项目合同、项目实施文件、项目运行经营情况以及其他相关资料等。

3. 运营期绩效考核指标的选定

运营期绩效考核指标的选定受行业领域的影响，不同行业领域的项目绩效考核指标选取存在差异。由于运营期绩效考核结果与政府每年向项目公司支付的政府付费或缺口补贴金额挂钩，因此，无论是政府方还是项目公司都比较重视运营期绩效考核指标的选定。

一般情况下，运营期绩效考核指标的选定原则可以概括为"兼顾系统性，结合项目特殊性，统筹主体各方需求的理念"。其中，系统性要求在绩效考核指标设定时应当系统识别具有普适性的考核指标；而特殊性则是指结合不同行业及类型的项目制定符合该行业的考核指标；最后，再统筹主体各方需求进行增删改减，并最终确定绩效考核指标。

PPP项目绩效考核主体在项目前期决策时应当重视运营期绩效考核指标选定。其中，财政部门应当对涉及财政支出的指标进行确定并审核，而行业主管部门应当对涉及本专业的考核指标设置进行确认并审核。由于绩效考核指标大多在实施方案编制阶段确定，此时项目还未采购确认投资人，因此，政府方在该阶段设置的绩效考核指标如果太过严格，会增加后期投资人中标后的合同谈判难度，如果该阶段设置的绩效考核指标太过简单，则无法充分发挥对投资人的监管约束作用。

4. 移交阶段绩效考核指标的选定

项目移交阶段，须确保项目公司移交给政府或政府指定部门的资产处于正常可运转状态，保障政府回收项目时的遗留风险降到最低，减少政府移交后的运营负担。因目前没有PPP项目处于移交阶段，多数项目停留在建设期或部分进入运营期，故参照以往特许经营项目的经验，移交阶段常见的有三种方法：第一种为设定指标法：设定针对具体项目资产的完好性指标，并配合性能测试验证；第二种为参照运维绩效考核法：将移交前三年或者前五年运营期绩效考核结果作为能否完成移交验收的依据；第三种为专家评估法：移交前一年由政府方和项目公司共同组建PPP项目移交小组，移交小组组织相关专家对PPP项目进行全面评估，并根据专家确定的移交绩效标准进行考核。确保政府方在资产移交之后，能得到运营状态良好的公共服务资产。

5.4.8 绩效考核动态调整机制

在PPP项目实际操作过程中，关于绩效考核的时效性及考核信息的真实有效性在不同项目之间存在着个体差异，这就会导致如果不建立绩效考核动态调整机制，那么所谓的绩效考核将会是硬套模板、流于形式、为考核而考核，失去了绩效考核原本应有的意义。PPP项目绩效评价不仅仅要作为政府付费对价的依据，更应发挥绩效评价结果对项目的示范引导作用，以绩效评价机制保障PPP项目建设质量、规范运营，激励政府与社会资本集约高效合作，提高公共服务供给水平。

PPP项目绩效考核是基于政府方与项目公司的契约关系而履行的一项工作，鉴于PPP项目漫长的合作期，以及合作主体的复杂特性，PPP项目合同约定的条款与漫长的合作期存在一定的不契合性，因此，通过增加契约柔性来提高PPP项目合同在合作期内的执行灵活性，从而避免合同刚性带来的执行力度差等问题。

对于PPP项目而言，政府方设置绩效考核的目的在于对项目公司的运营情况进行监管，而形式则在于通过合同明确双方应尽义务和权利。但整个运营期内政府方对项目的定位，以及群众对公共服务的需求会发生改变，如果一直以前期约定的绩效考核标准进行考核，会存在一定的不匹配性。因此，PPP项目绩效考核应当"有进有退"，对于适应发展的考核指标，就保留或更新，对于不适用发展的考核指标，就改进或退出，这也是党的十九大所提出的"不断满足人民日益增长的美好生活需求"在PPP领域的具体落实。

5.4.9 绩效考核结果应用

PPP项目的绩效考核结果是政府支付补贴的依据，同时也是其他项目参与主体关注的重要内容。在2017年11月财政部下发财办金〔2017〕92号文之后，大部分PPP项目参与方开始重视绩效考核，并重视绩效考核结果，尤其以社会投资人和金融机构为主。

对于政府方而言，绩效考核的设置一方面是响应财政支出绩效评价的政策要求，提高财政资金使用的有效性；另一方面则是将绩效考核视为一种监管工具，防止固定回报的情形发生。政府方在决策时应当重点关注绩效考核方案设置的政策风险性（即是否违背当前政策要求），典型的例子如：有的项目在财办金〔2017〕92号文发布之后入库，若没有按照财办金〔2017〕92号文要求将建设成本与绩效考核结果挂钩比例达到30%，则应按照文件要求不予项目入库。同时，政府方应注意绩效考核支付比例的设置是否能真正起到对项目公司的监管作用等。

对于社会投资人而言，只要涉及政府付费或可行性缺口补助的项目，其在运营期获得的政府支付均需要与绩效考核挂钩，绩效考核分数越高就意味着投资人获取的补助越高，因此，92号文发布之后，投资人逐渐加大了对绩效考核内容的重视。通常情况下，投资人在进行决策时基于绩效考核结果最大化会对以下几点内容重点关注：

（1）绩效考核结果与政府付费挂钩比例。92号文要求项目全部建设成本与绩效考核结果挂钩不得低于30%，对政府付费与绩效考核结果挂钩比例设置了下限，为了投资收益最大化，投资人基本都是要求政府能按照最低限设置绩效考核。而对于运营内容较少，运营要求较高的项目，政府方可以通过设置较高的挂钩比例来加强对投资人运营情况的监管。

（2）绩效考核指标设置的可达性。绩效考核指标设置的是否严格，决定了最终绩效考核分数的高低，最终决定着政府方支付金额和投资人的投资收益。目前的情况下，政府方对绩效考核指标及分值设置的关注度不高，但投资人基本上都会在决策时衡量绩效考核指标及分值。另外，由于我国PPP项目发展迅速，基本没有对PPP咨询机构设置门槛，因此，在实践中有很多专业水平参差不齐的咨询机构在设计绩效考核方案时会出现一些绩效考核结果的理解误区。例如，对于可行性缺口补贴类项目，有的咨询机构将绩效考核结果与政府每年的缺口补贴挂钩，这样设置有可能无法满足财政部提出的"实际建设成本与绩效考核结果挂钩不低于30%"的要求，因为，如果该项目使用者付费收入占项目公司总收入比重较高，则实际参与考核的部分并没有达到全部建设成本的30%。

金融机构是除政府方和投资人之外最关心绩效考核结果的一方，甚至其对绩效考核结果的关注度更高于政府方。对于金融机构而言，大部分项目金融机构向项目公司放贷的还本付息需要从运营期政府每年支付的政府付费或可行性缺口补贴获得，而绩效考核结果的高低将直接影响到项目公司获取政府支付金额的高低，进而影响到其是否有能力向金融机构还本付息。如果政府方设置的绩效考核比较严格，金融机构将存在无法足额收回还本付息的风险。因此，金融机构在审核PPP项目贷款时，一般会重点关注绩效考核内容，并分析绩效考核结果。

　　综上，PPP项目绩效考核结果对项目运营期政府方支付、项目公司所得补贴、金融机构回款等均有非常重要的影响，但三方对绩效考核关注的重点可能略有不同，如何在合规合法的前提下，达到三方对绩效考核结果的均衡状态，这是PPP相关从业人员需在以后实践过程中所需考虑的问题。这将不仅有利于政府监管PPP项目，同时也将有助于PPP项目落地。

第 6 章
PPP 项目政府采购

6.1 PPP 项目采购方式

PPP 项目政府采购，是指各级国家机关、事业单位和团体组织为达成权利义务平衡、物有所值的 PPP 项目合同，遵循公开、公平、公正和诚实信用原则，按照相关法规要求，使用财政性资金采购集中采购目录以内的或者采购限额标准以上的货物、工程和服务的行为。

政府采购工程以及与工程建设有关的货物、服务，采用招标方式采购的，使用《中华人民共和国招标投标法》及其实施条例；采用其他方式采购的，使用《中华人民共和国政府采购法》及其实施条例。

根据《政府和社会资本合作项目政府采购管理办法》（财库〔2014〕215 号）的规定，PPP 项目采购方式包括以下五种（见表 6-1）。

表 6-1　　　　　　　　　　　PPP 项目采购方式

采购方式	定义	适用情形
公开招标	《政府和社会资本合作项目政府采购管理办法》第三条指出：公开招标是指采购人依法以招标公告的方式邀请非特定的供应商参加投标的采购方式。	《中华人民共和国政府采购法》第二十六条规定：公开招标应作为政府采购的主要采购方式。第二十七条规定：采购人采购货物或者服务应当采用公开招标方式的，其具体数额标准，属于中央预算的政府采购项目，由国务院规定；属于地方预算的政府采购项目，由省、自治区、直辖市人民政府规定；因特殊情况需要采用公开招标以外的采购方式的，应当在采购活动开始前获得设区的市、自治州以上人民政府采购监督管理部门的批准。《政府和社会资本合作项目政府采购管理办法》第四条规定：公开招标主要适用于采购需求中核心边界条件和技术经济参数明确、完整、符合国家法律法规及政府采购政策，且采购过程中不作更改的项目。

续表

采购方式	定义	适用情形
邀请招标	《政府和社会资本合作项目政府采购管理办法》第三条指出：邀请招标是指采购人依法从符合相应资格条件的供应商中随机抽取3家以上供应商，并以投标邀请书的方式邀请其参加投标的采购方式。	《中华人民共和国政府采购法》第二十九条规定，符合下列情形之一的货物或者服务，可以依照本法采用邀请招标方式采购：①具有特殊性，只能从有限范围的供应商处采购的；②采用公开招标方式的费用占政府采购项目总价值的比例过大的。
竞争性谈判	《政府采购非招标采购方式管理办法》第二条指出：竞争性谈判是指谈判小组与符合资格条件的供应商就采购货物、工程和服务事宜进行谈判，供应商按照谈判文件的要求提交响应文件和最后报价，采购人从谈判小组提出的成交候选人中确定成交供应商的采购方式。	《中华人民共和国政府采购法》第三十条和《政府采购非招标采购方式管理办法》第二十七条规定，竞争性谈判的适用情形包括：①招标后没有磋商投标或者没有合格标的，或者重新招标未能成立的；②技术或者性质特殊，不能确定详细规格或者具体要求的；③非采购人能预见的原因或者非采购人拖延造成采用招标所需时间不能满足紧急需要的；④因艺术品采购、专利、专有技术或者服务的时间、数量事先不能确定等原因不能事先计算出价格总额的。
竞争性磋商	《政府采购竞争性磋商采购方式管理暂行办法》第二条指出：竞争性磋商指采购人、政府采购代理机构通过组建竞争性磋商小组（以下简称"磋商小组"）与符合条件的供应商就采购货物、工程和服务事宜进行磋商，供应商按照磋商文件的要求提交响应文件和报价，采购人从磋商小组评审后提出的候选供应商名单中确定成交供应商的采购方式。	《政府采购竞争性磋商采购方式管理暂行办法》第三条规定，下列情形的项目，可以采用竞争性磋商方式开展采购政府购买服务项目：①政府购买服务项目；②技术复杂或者性质特殊，不能详细规格或者具体要求的；③因艺术品采购、专利、专有技术服务的时间、数量事先不能确定等原因不能事先计算出价格总额的；④市场竞争不充分的科研项目，以及需要扶持的科技成果项目；⑤按照招标投标法及其实施条例必须进行招标的工程建项目以外的工程建设项目。
单一来源采购	《政府采购非招标采购方式管理办法》第二条指出：单一来源采购是指采购人从某一特定供应商处采购货物、工程和服务的采购方式。	《中华人民共和国政府采购法》第三十一条严格规定，符合下列情形之一的货物或者服务，可以依照本法采用单一来源方式采购：①只能从唯一供应商处采购的；②发生了不可预见的紧急情况不能从其他供应商处采购的；③必须保证原有采购项目一致性或者服务配套的要求，需要继续从原供应商处添购，且添购总额不超过原合同采购金额百分之十的。

6.1.1 采购方式选择的原则

1. 公开招标

公开招标是政府采购的主要方式，只要达到公开招标数额标准以上的采购项目，原则上都应采用公开招标。该采购方式对供应商的数量不限制，只要满足一般条件和招标公告中对供应商的特定条件要求，所有供应商都可以参加招投标活动。采用这种方式可以吸引众多的供应商参加投标，为一切有能力的供应商提供一个平等竞争的机会（见图6-1）。

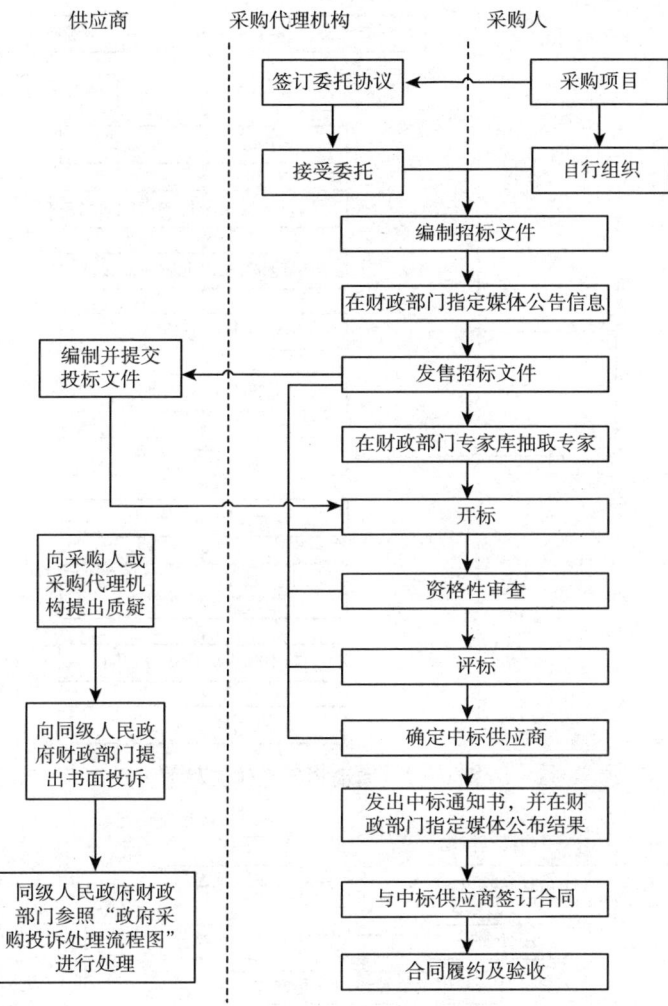

图6-1 公开招标操作流程图

2. 邀请招标

适用于采购项目比较特殊,如保密项目和急需或者因高度专业性等因素使提供产品的潜在供应商数量较少,以及若采用公开招标方式,所需时间和费用与拟采购的项目总金额不成比例,即采购一些价值较低的采购项目,用公开招标方式的费用占政府采购项目总价值比例过大的情况,经批准后,可采用邀请招标(见图6-2)。

3. 竞争性谈判

适用于招标后没有供应商投标、没有合格标的或者重新招标未能成立的;技术复杂或性质特殊,不能规定详细规格或者具体要求的;采用招标所需时间不能满足用户紧急需要的;不能事先计算出价格总额的经报政府采购监督管理部门批准,可以采用竞争性谈判采购方式,通过"最低评标价"法确定最后的中标单位,一般在公开招标失败后进行(见图6-3)。

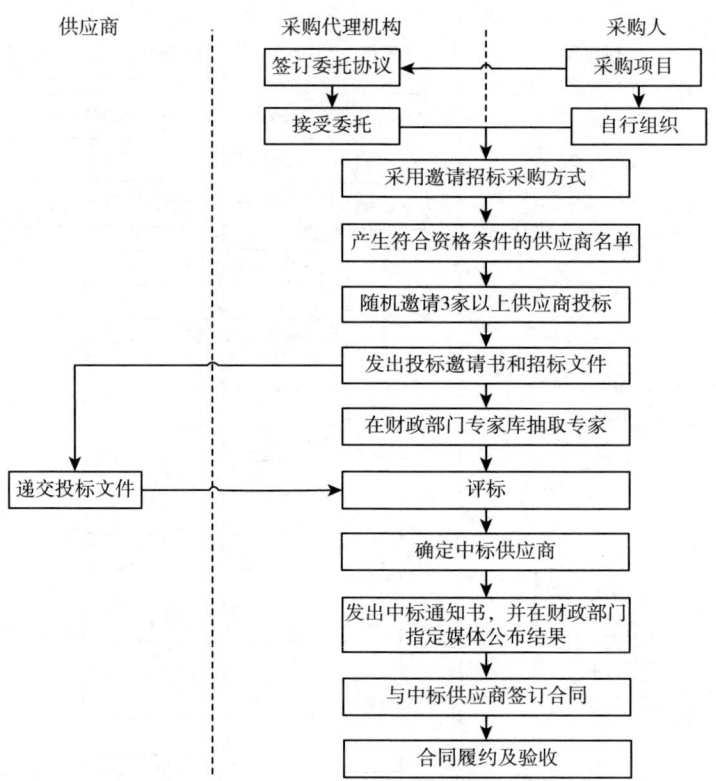

图 6-2 邀请招标操作流程

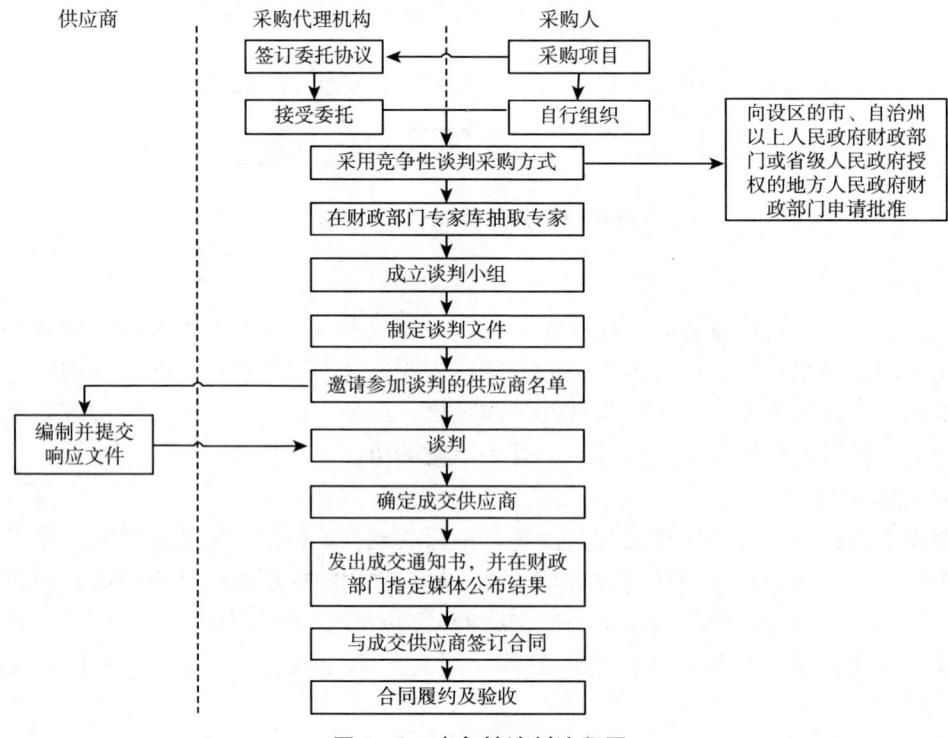

图 6-3 竞争性谈判流程图

4. 竞争性磋商

适用于政府购买服务项目；技术复杂或者性质特殊，不能确定详细规格或者具体要求的；因艺术品采购、专利、专有技术或者服务的时间、数量事先不能确定等原因不能事先计算出价格总额的；市场竞争不充分的科研项目，以及需要扶持的科技成果转化项目；按照招标投标法及其实施条例必须进行招标的工程建设项目以外的工程建设项目，可以采取竞争性磋商采购方式，通过"综合评分法"来确定最后的中标单位（见图6-4）。

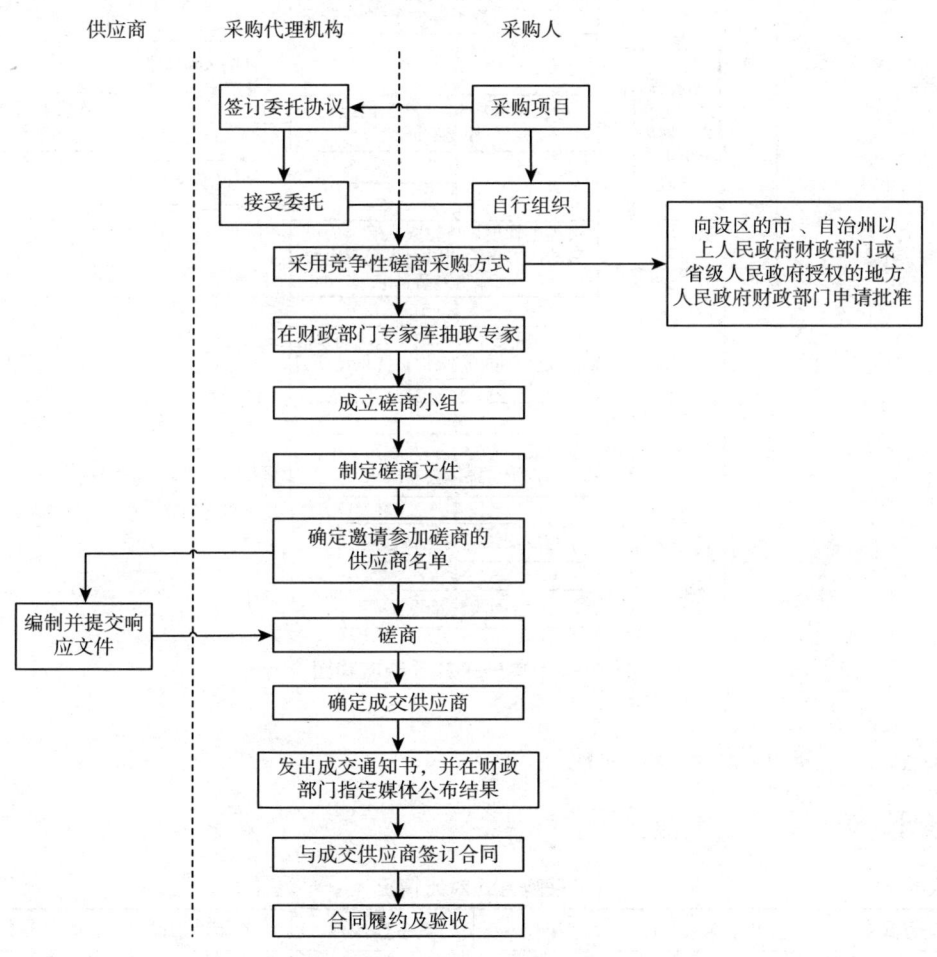

图6-4 竞争性磋商流程图

5. 单一来源采购

适用于只能从唯一供应商处采购的；发生了不可预见的紧急情况不能从其他供应商处采购的；必须保证原有采购项目一致性或者服务配套的要求，需要继续从原供应商处添购，且添购资金总额不超过原合同采购金额百分之十的可以采用单一来源采购（见图6-5）。

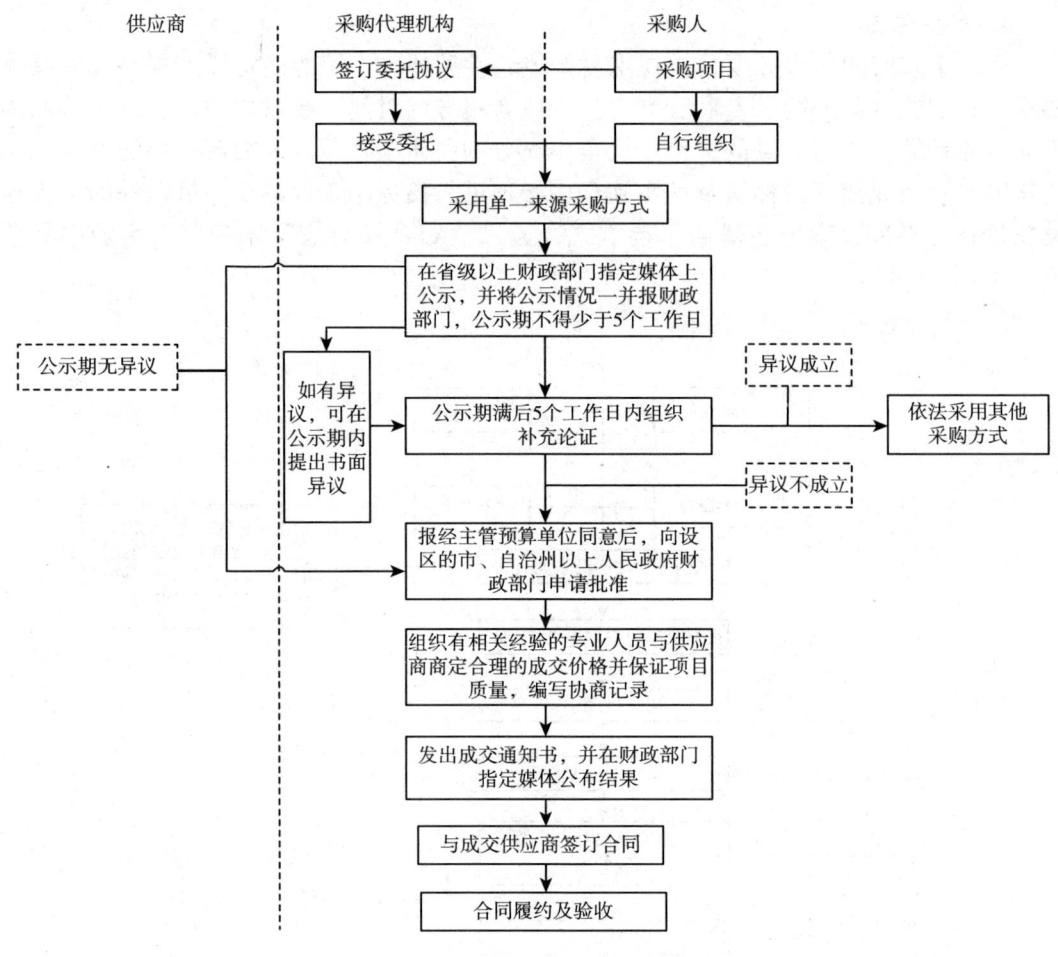

图 6-5 单一来源采购流程图

6.1.2 采购方式的对比

参见表 6-2。

表 6-2 采购方式对比情况

采购方式	公开招标	邀请招标	竞争性谈判	竞争性磋商	单一来源采购
采购程序	(1) 发布招标公告；(2) 发出招标文件；(3) 成立评标委员会；(4) 开标；(5) 成立谈判工作组；(6) 开展谈判；(7) 确定成交商；(8) 签订采购合同	(1) 发出投标邀请书；(2) 发出招标文件；(3) 成立评标委员会；(4) 开标；(5) 成立谈判工作组；(6) 开展谈判；(7) 确定成交商；(8) 签订采购合同	(1) 制定谈判文件；(2) 发布资格公告征集供应商；(3) 向合格供应商提供谈判文件；(4) 报价；(5) 成立谈判工作组；(6) 开展谈判；(7) 确定成交商；(8) 签订采购合同	(1) 发布公告；(2) 发布竞争性磋商文件；(3) 报价；(4) 成立谈判工作组；(5) 开展谈判；(6) 确定成交商；(7) 签订采购合同	(1) 发布单一来源采购公示；(2) 上报财政部门审批；(3) 商定价格并签署备忘录；(4) 公示中标结果，签订合同

续表

采购方式	公开招标	邀请招标	竞争性谈判	竞争性磋商	单一来源采购
参与竞争供应商数量限制	3家以上		最少2家	最少2家	1家
从文件发出之日起至规定的报价截止日期	自招标文件开始发出之日起至投标人提交投标文件截止之日止，不得少于20天		从谈判文件发出之日起至供应商提交首次响应文件截止之日止不得少于3个工作日	从磋商文件发出之日起至供应商提交首次响应文件截止之日止不得少于10天	
评标成员	依法必须进行招标的项目，其评标委员会由招标人的代表和有关技术、经济等方面的专家组成，成员人数为5人以上单数，其中技术、经济等方面的专家不得少于成员总数的2/3		竞争性谈判小组由采购人代表和评审专家共3人以上单数组成，专家人数不得少于总数的2/3。采购人不得以评审专家身份参加评审	竞争性磋商小组由采购人代表和评审专家共3人以上单数组成，专家人数不得少于总数的2/3。采购人不得以评审专家身份参加评审	
货物、服务采购的评定标准	采购招标评标方法分为最低价法和综合评分法。最低价法是指投标文件满足招标文件全部实质性要求且投标报价最低的供应商为中标候选人的评标方法。综合评分法指投标文件满足招标文件全部实质性要求且按照评审因素的量化指标评审得分最高的供应商为中标候选人的评标方法		谈判小组应当从质量和服务均能满足采购文件实质性响应要求的供应商中，按照最后报价由低到高的顺序提出3名以上成交候选人，采购人根据符合采购需求、质量和服务且报价最低的原则确定成交供应商	经磋商确定最终采购需求和提交最后报价的供应商后，由磋商小组采用综合评分法对提交最后报价的供应商的响应文件和最后报价进行综合评分，得分最高的供应商为中标候选供应商	采购小组应与供应商遵循《政府采购法》规定的原则，在保证项目质量和合理价格的基础上商定有关成交事项，就拟定的政府采购合同条款达成一致，并书面通知供应商
项目采购需最短时间（不含资格预审时间）	25个工作日		8个工作日	15个工作日	10个工作日

6.1.3 竞争性磋商和公开招标的特点对比

根据《中华人民共和国政府采购法》第二十六条：政府采购采用的方式包括公开招标、邀请招标、竞争性谈判、单一来源采购、询价等国务院政府采购监督管理部门认定的其他采购方式,公开招标作为政府采购的主要采购方式。为了推广政府和社会资本合作(PPP)模式,规范 PPP 项目政府采购行为,财政部于 2014 年 12 月 31 日制定了《政府和社会资本合作项目政府采购管理办法》(以下简称《办法》)。《办法》中指出:PPP 项目采购方式包括公开招标、邀请招标、竞争性谈判、竞争性磋商和单一来源采购。在传统政府采购方式的基础上,《办法》取消了询价方式,并增加了竞争性磋商这一创造性的方式,并相继推出《政府采购竞争性磋商采购方式管理暂行办法》。

可以看出,竞争性磋商并非原政府五种采购模式之一,它是随 PPP 模式应运而生,该采购方式适用的核心也是政府将逐步"简政放权"移交出的公共服务和职能所需的服务事项,也是政府和投资人之间的双向选择方式。

在 PPP 项目中,政府与社会资本需建立长期合作伙伴关系,涉及各方在全寿命周期内利益共享、风险分担,涉及运营期绩效考核等安排,双方在此过程中不可能一蹴而就,应有一定的谈判空间。而对于公开招标严格的程序设计、商务报价权重的要求,使得部分复杂的 PPP 项目的方案和实施具有一定的局限性。

因此,本书通过对实操过程中运用较频繁、实用性较广的公开招标和竞争性磋商两种采购方式进行如下比对分析。

1. 竞争性磋商采购方式的特点

(1)采购耗时较少。

从磋商文件发出之日起至供应商首次响应文件截止之日止最短只需要 10 日;澄清或者修改的可能影响响应文件内容编制的,在提交首次响应文件截止时间至少 5 日前。

(2)采购时可充分协商。

PPP 项目采购主要是公共服务和基础建设类项目,大部分项目投资金额大、运作时间长、采购对象复杂,在保证合规和重运营能力的前提下想要在短时间内采购完成有一定的困难,而通过建立磋商小组和供应商进行磋商,能让投资者对项目有更好的理解并明确了项目的需求。传统的采购方式的使用范围有限,签订合同时不允许通过谈判改变招投标文件,以至于不能很好地适应 PPP 项目的采购特点。

(3)采购时可两阶段磋商。

财政部《政府和社会资本合作模式操作指南(试行)》中规定:评审小组对响应文件进行两阶段评审:第一阶段:确定最终采购需求方案;第二阶段:综合评分。两阶段磋商的核心内容是"先确定采购需求,后采取竞争报价",该机制更好地把握项目要害,磋商小组与供应商双方能就项目分歧召开磋商,最终站在项目的同意立场,双方合作交流实现项目目标和需求,在此基础上也能更好地体现 PPP 项目的公平合理。

(4)采购结果使用综合评分法。

项目采用竞争性磋商方式时,在"竞争报价"阶段,由磋商小组采用综合评分法对最后报价的供应商的响应文件和最后报价进行综合评分,综合评分最高者成交。此种方式有效控制了恶性低价竞争的局面,在磋商的过程中,更多地考虑供应商的资质、能力是否满足项目要求,能否响应文件,通过综合实力评价选择供应商。

2. 公开招标采购方式的特点

（1）采购时竞争充分。

公开、公平、公正的招标原则可以最大限度地选择投标商，竞争性更强，择优率更高，防止和克服垄断，可在众多的投标人中选择报价合理、工期较短、技术可靠、资信良好的投资人。但由于投标人众多，一般耗时较长，需花费的成本也较大，对于采购标的较小的招标项目来说，不宜采用公开招标的方式。

（2）采购程序严格，易造成废标。

投标过程中，除了需要澄清和说明的内容以外，不得修改招标文件和投标文件，投标文件的某个实质性要求不响应、不满足会导致投标无效。禁止就投标价格、方案等实质性内容进行谈判；投标人（供应商）不足三家的应予废标，出现影响公正、违法违规行为的应负法律责任且废标。

3. 竞争性磋商和公开招标的差异

（1）邀请供应商的方式。

竞争性磋商除发布公告外，还有两种邀请供应商的方式，分别是从省级以上财政部门建立的供应商库中随机抽取，以及采购人、评审专家分别作书面推荐；公开招标是通过发布公告邀请不特定的供应商来参与投标。

（2）提交文件时限不同。

竞争性磋商是从磋商文件发出至供应商提交首次响应文件截止不得少于 10 日；公开招标自投标文件发出至投标人提交投标书不得少于 20 日。

（3）澄清修改时限不同。

竞争性磋商规定应当在提交首次响应文件截止时间至少 5 日前，以书面形式通知所有获取磋商文件的供应商；不足 5 日的，则应当顺延供应商提交首次响应文件的截止时间；公开招标对已经发出的招标文件进行必要的澄清或者修改的，如果澄清或者修改的内容更可能影响供应商响应文件编制的，则应当在投标截止时间至少 15 日前，以书面形式通知所有获取招标文件的潜在投标人，如果不足 15 日的，则应当顺延供应商提交投标文件的截止时间。

（4）评审方法不同。

竞争性磋商是在竞争性磋商小组所有成员与每一家供应商分别进行磋商，明确采购需求之后，要求所有供应商提供最终报价，然后按照磋商文件规定的各项评审因素进行量化指标评审，得分最高的供应商作为中标候选供应商；公开招标的评审方法分为综合评分法和最低价法。

（5）评审侧重不同。

竞争性磋商是看"综合"。在第一阶段的磋商中明确采购需求，使供应商的响应更符合项目实际需求，在第二阶段的最终报价中，采取综合打分，更是对供应商综合能力的考评；公开招标主要是看价格，虽然在综合评分法中，价格只占一定的分数比例，能够对价格的影响做到一定程度的中和，但在实践中，往往低价更容易中标。

6.2 PPP 项目采购标的

随着我国招投标的法律制度不断健全和完善，PPP 项目在完成项目识别和项目准备后，能否顺利实施，关键在于采购环节，而作为与招标内容密不可分的采购标的在其中起到了决定性的作用，且伴随着各个行业的不断深入和细化，采购标的的形式和内容将会变得更加重要、复杂、多样。

6.2.1 常见的采购标的

1. 服务类的采购标的

无形资产和工作成果类项目"标的"指的是服务要保障的内容、范围、质量要求等。服务包括除工程和货物以外的各类社会服务、金融服务、科技服务、商业服务等。

通常 PPP 项目政府采购服务包括有项目立项、项目规划、项目初步设计、可行性研究报告、PPP 项目咨询、PPP 项目招标代理、工程造价等一系列内容。根据不同的采购内容会采用较合适的招标采购方式，例如常见的 PPP 项目咨询招采有公开招标、竞争性谈判、竞争性磋商三种方式，而竞争性谈判是在资格预审合格的投标人中以最低价作为最终的中标方，因此采用竞争性谈判作为招标采购方式的其招标标的则主要是以投标报价作为主导地位，而公开招标和竞争性磋商也因为各自适用的情形不同，最终在招标标的的设置上也会将价格作为标的之一，再通过其他的辅助标的作为评判标准来招标采购合适的服务供应商。例如，PPP 项目咨询的采购若采用竞争性磋商的招标采购方式可以设置其中的一个标的为服务费用的下浮比率（最大值），再通过设置服务内容（PPP 项目全过程咨询）或者服务质量标的作为辅助措施来选择最终得分更高、服务更优秀的供应商。

因此，常见的服务类采购标的包括服务价格、服务价格的下浮率、服务内容、服务期限、服务的质量要求等。

2. 项目类的采购标的

有形资产类项目"标的"指的是项目的工程设计、土建施工、成套设备、安装调试等内容。

对于有形资产类项目采购招标，由于采购对象较为单一、采购内容明确，其招标采购标的也较为单一。在 PPP 项目中由于应用行业广、收益回报机制多样、价格形成机制较为复杂，招标采购标的的设置更加灵活，通过自身的经验和已经采购的 PPP 项目实践的分析，总结出现阶段 PPP 项目招标采购标的主要包括以下几种类型。

（1）年服务费。

年服务费类招标采购标的的设置主要包括年可用性服务费和年运维绩效服务费。年可用性服务费是指政府对由项目公司建设后提供符合项目合同要求和标准的项目设施或者服务进行综合绩效考核后所应支付的费用。年运维绩效服务费是指政府对项目公司为保证 PPP 项目公共设施的可用性所需的运营服务在服务满足运营维护绩效考核要求的前提下所应支付的运营服务费用。年服务费类招标采购标的主要适用于市政道路、城市综合管廊、公园、体育场馆、供水等非经营性和准经营性的 PPP 项目，一般会与其他的招标采购标的组合使用，而投标社会资本方的报价高低体现了其建设能力、运营管理水平、对项目风险的识别程度和所期望的投资回报率。

（2）收益率。

收益率类招标采购标的包括全投资内部收益率、资本金投资回报率、运维收益率、投融资年利率等。收益率类招标采购标的是所有标的中应用最多、组合形式最广的标的之一。其中，全投资内部收益率主要适用于一些非经营性和准经营性 PPP 项目，根据项目估算总投资或实际投资与中标的内部收益率，可计算出政府所需付费数额或服务费单价；资本金投资回报率和投融资年利率也在招标采购标的中应用较广，这两种标的分别考虑了项目社会资本方资本金投入部分的收益率和项目投融资部分的融资成本和适当收益，进而计算出政府付费数额或服务费补贴单价。运营维护综合收益率主要用于非经营类 PPP 项目，政府方在第一年根据可行性研究报告提供的预测运营维护成本和中标的运营维护综合收益率来核算运营维护费用，从第二年起便依据实际运营维护成本和运营维护处理的量以及中标的运营维护综合收益率综合核算运营维护费用，一般与调价公式搭配使用。收益率类的招标采购标的通常与定额下浮率、可用性服务费等组合使用。

（3）投资下浮率。

投资下浮率类招标采购标的也是 PPP 项目常见的招标采购标的之一，其目的在于控制项目的总投资，在各类 PPP 项目中均有运用，尤其是在非经营性和准经营性 PPP 项目中使用广泛，主要包括定额下浮率、建安工程费结算额优惠率、建安工程费下浮率和概算下浮率等。投资下浮率类招标采购标的通常与收益率类招标采购标的搭配使用，即根据中标的投资下浮率来核算实际投资额，然后根据核算的实际投资额和中标收益率来计算政府付费数额或服务费单价。

（4）运营服务费或服务费单价。

运营服务费类招标采购标的主要适用于准经营性项目，在实践中经常用于污水处理服务费和垃圾处理服务费等。直接以服务费单价作为招标采购标的，此种方法将建设成本和运营维护成本均计入服务费中，操作起来较为简单，可有效控制政府补贴支出，适用于市场化程度较高、能较准确测算服务费价格的项目。不足之处是存在项目公司为了节约投资而导致的建设质量风险，可以将总投资作为辅助标的，设定最低总投资数额，或通过设置一定的定价调价机制确保项目建设的足额投资。现实中还有单独将运营维护服务费成本作为招标采购标的，此种方式是在运营期基年根据中标的运营维护服务费成本价格和实际处理的污水或者垃圾的量以及运营绩效考核综合测算后再辅以中标的收益率由政府支付其最终的运营维护成本服务费，之后的年份按照调价公式计算。此种方法适用于污水量或垃圾量有保证且污水的进水水质变化不大的项目，但是对社会资本方要求较高，需要合理评估自身运营管理能力和技术先进性，以及自身对获得投资收益的要求，综合考量后才能合理报价，以保证项目的正常运营。

(5) 工程投资。

工程投资类招标采购标的包括工程总投资和建安工程费等。PPP 项目的投资属于严控的一项内容，因为投资是决定政府付费或补贴数额的主要依据，所以对投资额的控制可以防止社会资本方随意做大投资造成政府一般公共预算支出的增大。一般 PPP 项目中直接采用工程投资作为招标采购标的的情况比较少，这是因为 PPP 项目中政府更关注项目效率的提升和服务质量的提高，对项目投资可通过核算实际投资进行控制，而非提前报价控制。通常是在概算经政府部门批复后才进行招标采购的非经营性 PPP 项目，政府通过控制投资来控制政府实际支出费用；或者在以服务费单价作为招标采购标的时，需要将总投资类招标采购标的作为辅助标的，设定投资下限，间接对公共产品或服务质量进行控制。

(6) 特许经营期。

根据《关于在公共服务领域深入推进政府和社会资本合作工作的通知》（财金〔2016〕90号），对于使用者付费项目，涉及特许经营权的要依法定程序评估价值，合理折价入股或授予转让，切实防止国有资产流失。对于使用者付费完全覆盖成本和收益的项目，要依据合同将超额收益的政府方分成部分及时足额监缴入国库。因此，特许经营期招标采购标的主要适用于采用使用者付费机制的经营性 PPP 项目，一般是将特许经营期限作为招标采购标的来适用，如高速公路项目，其运作方式以 BOT 模式为主，特许经营期限通常包括建设期和运营期，或不包括建设期，以收费期限作为招标采购标的。因为项目收益的高低与项目的特许经营期限长短有关，在同等条件下，特许经营期限越长，项目公司的投资收益越高。此种情况下，社会资本方只有综合考虑项目的建设运营成本、收费价格、回报率、融资计划、风险分配以及政策法律规定等多种因素，合理平衡各方的风险和利益后才能进行特许经营期的最后报价。

6.2.2 采购标的选择原则

1. 均衡各方的需求和意愿

在各类项目中，价格往往是社会资本方或者投资人关注的焦点之一，而通过招标采购标的的设置，社会资本方直接或间接对公共产品或公共服务进行报价，而招标采购标的的不同，决定价格形成机制不同，社会资本方的报价反映了其对自身能力和项目复杂程度的理解以及在全面分析项目后自身对收益的一个追求；而政府方通过招标采购标的反映了其对项目控制程度和对投资、质量等风险的分配意愿。如果政府方对项目控制意愿较强，则会设置一定的辅助标的来达到对项目的控制和对风险的规避。

所以在设置招标采购标的时，应尽量考虑公私双方的利益共享机制，以行业基准收益水平作为标杆，达成双方共识。另外，针对 PPP 项目较长周期的特殊性，招标采购标的的设置应在有行业官方数据指导的前提下，合理考虑后期实施价格调整的可能性，确保项目实施周期的稳定良好运转和风险的把控。

2. 保证社会资本方获利而不暴利

由于 PPP 项目自身的公益及公共服务属性，决定了其从根本上限制并平衡项目的暴利因素。PPP 项目鼓励政府方和社会资本方建立合理的利益共享机制，因此可以在回报机制中设定一些限制超额利润的机制。该限制机制作为招标采购标的由社会资本方综合衡量后合理报价，设置的基本原则既要保证项目公司获得合理的收益，也能够鼓励其提高并优化整个项目的服务和效率。

3. 保证项目的合理竞争

PPP 项目招投标作为经济活动的一部分，其本质意义在于能够通过公平竞争，促进公共产品效率的提升、服务的优化，从而引进优质的企业并使其获得合理的利润。若招标活动中招标采购标的设置的不合理往往会导致低于基准价格的企业最终中标，就形成了所谓低价中标的恶性竞争。一般这类中标的 PPP 项目在较长的合作期限内必将走向失败，即使偶尔有存活下来的也导致其通过降低效率、减少服务的手段来获得所需的利润，这种方式极大地影响了项目的实施质量，同时也损害和违背了 PPP 项目的精髓。

因此，政府在采购时要着重关注社会资本投资动机，合理设置招标采购标的，通过综合评定社会资本方的资格和能力来避免不公平的低价中标，避免不正当的市场竞争以及社会资源的浪费，从而保证 PPP 项目的合理竞争。

4. 保证标的设置的可操作性

采购标的的设置，其最终的目的是作为政府支付补贴或者社会资本方向使用者收费的依据，它的计算一般都与项目的建设成本、运营成本、运营收入（可行性缺口补助项目或者使用者付费项目）和合理收益挂钩。而标的的设置可能与上述因素中的一个或者多个相互关联、相互作用，最终形成一个对项目采购有控制性、引导性的内容。如若标的设置的不合理，对于招标控制价的项目，设置过高可能会导致有限的社会资本方参与竞标，既不利于公平竞争，又可能因门槛过高导致投标人不够造成最终的流标；设置过低可能会导致"低价竞争"，这样即扰乱了行业市场，也将优秀的企业拒之门外不利于 PPP 项目效率的提高。因此，招标采购标的设置的可操作性与否即关系到项目的顺利开展，又与项目的价格形成机制相关联。

5. 保证社会资本方投资而非投机行为

在一部分 PPP 项目招标采购中，一些投机的社会资本方利用招标采购标的设置不合理或者漏洞，通过设计、施工、材料及设备采购等方面获得较高的关联性收入，而这几方面的收入往往超过社会资本对项目的全部自有资金投入，给项目正常运营造成重建设、轻运营的局面。这样的行为违背了政府和社会资本合作的本质，当然也会损坏社会公众利益乃至整个行业的发展。因此，在设置招标采购标的时，应综合考虑 PPP 项目的建设和运营关系，避免出现重建设、轻运营的投机态度，应综合评定社会资本方的信用和资格能力，避免不合适的社会资本方中标，给项目后期的运营埋下隐患。

6.2.3 采购标的选择依据

1. 项目采购时所处阶段

PPP 项目各阶段的界限虽然在财政部发文中划分得较为清晰，但由于各阶段内容涉及后期 10~30 年的顺利合作，势必让政府方和社会资本方更加慎重磋商，但也由于参与人、咨询机构、可研以及设计单位的专业性可能会导致每个阶段所需要的时间长短不一，因此，在项目招标采购时项目可能会处于项目立项、可行性研究等前期阶段，也可能处于初步设计、施工图设计等阶段。因为不同阶段项目的各类数据和投资额的详细程度不一致,所以将会导致招标人在采购时对招标采购标的设置会有不同的变化。

2. 项目采用的运作方式

PPP项目的运作方式主要有O&M(委托运营)、MC(管理合同)、BOT(建设—运营—移交)、BOO(建设—拥有—运营)、TOT(转让—运营—移交)、ROT(改建—运营—移交)等。不同的项目采用不同的运作方式对招标采购标的的设置都将会有着不同的要求,对于BOT模式的项目,除去一般的条件外,由于合作期满后要进行移交,政府采购中对于招标采购标的的设置还需要重点关注项目建设质量与运营维护标准;在采用BOO模式的项目中,由于项目在运营期和结束后的所有权在社会资本方,因此,既要保证PPP项目的公益性又要保持其长期性,政府在设置招标采购标的时要对社会资本方的合理利润进行控制,也会对项目特许经营期加以限定,以此来保障社会公众利益。

3. 项目投资边界的划分

根据全国目前PPP项目的开展形势来看,不同地方的投资环境以及当地政府财政状况、财力能力均对PPP项目的有序平稳展开有着举足轻重的影响,且在不同情形下,会对PPP项目的投资边界有影响,进而对PPP项目的付费机制选择、招标采购标的的设置产生影响。

一般PPP项目的总投资可大致区分为项目主体投资和相关配套投资两部分。项目主体投资包括建安工程费、设备购置与安装费用等;相关配套投资包括征地拆迁、水电暖、通信、红线外道路等。对于地方政府财政状况良好的地区,政企双方的投资边界可能会划分为政府负责全部的配套投资,社会资本方负责剩余的全部投资,在这种情形下招标采购标的的设置一般为投资下浮率+投资内部收益率或者为补贴价格+工程总投资;当地方政府财力一般时,可能采用向社会资本方融资完成配套投资,项目公司负责配套投资部分融资服务+剩余部分全部投资的投资边界划分,在此情形下招标采购标的设置一般为融资利率+补贴价格。

因此,在项目准备阶段便需要政府方根据自身财政状况和未来年份的财力能力合理确定与社会资本方的投资边界划分,社会资本方应综合衡量自身融资能力后报价。避免项目后期出现政府付费不及时或社会资本方融资困难引起项目建设或运营不畅甚至导致项目最终无疾而终。

6.2.4 采购标的联动设置与关联关系

对于PPP项目动辄10~30年合作期限而言,项目招标采购标的的设置既要体现政府的采购需求和风险分配意愿,还需要通过招标采购标的达到限制社会资本方的合理利润、规避部分企业的投机行为、保证项目建设质量、提升项目运营效率的目的。若仅仅参照项目所处的时期、项目的运作模式、项目的投资边界等因素来设置单一的招标采购标的,势必会为项目后期的建设及运营过程埋下隐患。因此,在PPP项目的招标采购阶段,对于采购标的的设置必须进行联动设置,增加必要的附加标的,附加标的的设置根据项目的具体情况可以是一个也可以是多个,以此来切实保证项目各方相关权益,又可以为项目的顺利开展打下坚实的基础。

通过前文对PPP项目招标采购标的设置种类的描述可知，常见的招标采购标的有年服务费、收益率、投资下浮率、运营服务费、工程投资、特许经营期六类，而这六类标的之间也是互有联系、互相搭配使用的。例如，对于年服务费招标采购标的，一般与项目合理利润率组合使用，此种方式通过合理利润率来测算政府的可用性付费额度，再由社会资本方根据自身情况合理报价运营维护费用，而社会资本对于年服务费报价的高低体现了其建设、运营管理水平和期望的投资收益水平；对于收益率类标的，通常与投资下浮率招标采购标的搭配使用，根据中标的投资下浮率核算实际投资，进而根据实际投资和中标收益率来计算政府付费数额，此种方式可以有效控制项目的总投资；服务费单价类招标采购标的通常用于使用量付费的项目中，通常将内部收益率作为辅助标的来组合使用，再通过一定的调价机制确保项目建设即保证公众利益又满足社会资本方的合理利润；工程投资类招标采购标的的设置，通常是在以服务费单价作为招标采购标的的项目中，将总投资类作为辅助标的组合使用；特许经营期类招标采购标的适用于使用者付费机制的经营性PPP项目中，主要是高速公路，一般与投资下浮率组合使用或者与超额分配比例搭配使用，采用投资下浮率是为了控制BOO类项目的总投资，防止项目公司做大总投资额度，增加政府方的财政负担。

此外，通过第四章对投资合理利润率的上下浮动来获取财务内部收益率敏感性结果分析可以发现，投资合理利润率的报价变化与财务内部收益率呈正相关的变化，因而在合理利润率+其他辅助类标的的招标采购标的设置中要考虑不同标的在评分表中经测算分析后合理分配其分值，以免给社会资本的不平衡报价提供可乘之机。

下文着重对污水处理类PPP项目以及城市轨道交通类PPP项目的招标采购标的的联动设置和关联关系进行阐述。

1. 污水处理类PPP项目招标采购标的的联动设置与关联关系

（1）污水处理类PPP项目的付费方式及运作模式。

根据《关于印发政府和社会资本合作模式操作指南（试行）的通知》（财金〔2014〕113号）的规定，项目回报机制包括使用者付费、可行性缺口补助和政府付费等支付方式。一般污水处理类PPP项目具有一定的公益性及使用者付费基础，其中：使用者付费部分来源于污水处理费收入，因此，此类项目大多采用可行性缺口补助的回报方式。但污水处理费收费主体不是社会资本或项目公司，而是政府。政府收取污水处理费后专款用于支付项目公司污水处理服务费用，缺口部分由政府根据绩效考核结果进行补助。

针对不同情况的污水处理类项目可采用不同的方式运作：属于新建类的可采用BOT（建设—运营—移交）、改建类的污水处理项目可采用ROT（改建—运营—移交）、存量类的污水处理项目可采用TOT（转让—运营—移交）以及只承担运营责任类的污水处理项目可采用O&M（委托运营）。

（2）政府缺口补助金额的计算公式。

根据PPP项目所处的地区、运作模式、付费机制的不同，具体的计算方式也会有一定的差别，常见的计算方式有成本水价和综合水价两种计算方式（具体公式见上文）。

①成本水价。

成本水价模式计算方式是建设期成本不与水价挂钩,采用可用性付费,而运营期成本补贴与按照实际处理水量与水价挂钩并按绩效付费。

在采用成本水价的方式计算政府缺口补助时,招标采购标的的设置一般采用水价+合理利润率的方式或者直接采用污水处理服务费+合理利润率的计算方式,这两种招标采购标的组合对于政府方和社会资本方来说风险分配合理,缺点是一般会涉及污水管网的建设与维护,而污水处理与管网维护的拆分处理较为复杂。

②综合水价。

综合水价模式计算方式是建设期成本与运营期成本均折算入污水处理水价之中,仅通过污水处理费用获得利润,政府不再支付其他费用。

在计算综合水价的政府补助金额时,招标采购标的的设置一般采用综合水价+合理利润率的计算方式,这种招标采购标的组合对于政府和社会资本方来说计算较为简便,容易处理。缺点是建设风险和运营风险全部由社会资本方承担,因此,可能出现在社会资本没有获得理想回报的情形下,将会导致其缺乏积极性,影响项目的采购成功率。

③DBO 模式。

DBO 模式计算方式是除了成本单价和综合单价外的一种对社会资本方具有极大吸引力的另一种模式,该种模式是将公共基础设施的设计、建造和长期运营整合在一起委托给社会资本方,其中社会资本不承担融资责任,而由政府负责建设期的成本,项目完工后即可支付,运营期政府只需支付项目公司的运营费用,无须对其进行额外补偿。与 BOT 相比,DBO 模式更加强调公共服务的本质,突出可运营属性,同时也减少了因污水类项目的保底量条款而带来的固定回报的嫌疑。

采用 DBO 模式的原因包括:①地方政府迫切需要改善区域环境质量的需求及严格的环保设施运行要求;②政府方财政资金相对比较充裕,对此类项目没有融资上的冲动;③政府方专业运营能力不足,更偏好市场化运作,提高运营效率。

在 DBO 模式计算政府补助金额时,招标采购标的的设置一般采用污水处理单价+工程造价下浮率的计算方式,这种招标采购标的组合对于社会资本方来说仅承担运营风险,还能获得施工利润,对其有较强的吸引力。缺点是政府方风险较高,不仅需要承担建设风险,在建设完成后需支付全额的建设成本费用,对政府的财政支出有较大压力。

(3) 污水类项目招标采购标的汇总(见表 6-3)。

表 6-3 污水类项目招标采购标的汇总

项目类别	序号	综合单价标的	成本单价标的
BOT	1	污水处理单价(含建设成本和运营成本)	污水处理成本单价(仅包含运营成本)
	2	财务内部收益率	财务内部收益率
	3	工程造价下浮率	工程造价下浮率

续表

项目类别	序号	综合单价标的	成本单价标的
TOT	1	存量价确定，竞争污水处理服务费单价	存量价确定，竞争污水处理服务费成本单价
	2	污水处理服务费单价确定，竞争存量转让价	污水处理服务费成本单价确定，竞争存量转让价

2. 城市轨道交通 PPP 项目招标采购标的的联动设置与关联关系

随着中国城市化进程的不断深化，公众对绿色出行及城市交通的生态环保要求越来越高，城市轨道交通成为人口密集城市解决公共交通出行的主要方式。中国对城市轨道交通建设产生极大的需求，近十多年来发展迅速。按照《"十三五"现代综合交通运输体系发展规划》（国发〔2017〕11号），到"十三五"末，中国城市轨道交通规模将达到 6 000 公里。按照当前发展趋势，未来三年在建线路每年完成建设投资约 4 000 亿元。面对如此巨额的建设投资需求，城市轨道交通多元化融资势在必行，通过引入社会资本方来投资、建设、运营地铁/轨道交通，社会资本获得合理利润，政府减少财政支出压力，多方共赢。

（1）城市轨道交通 PPP 项目中付费方式及运作模式。

城市轨道交通项目属于以政府投资为主、为社会提供公共服务的准经营性项目。由于轨道交通建设投资巨大，运营成本相对较高，而且涉及公众利益的票价一般由政府管制，具有准公共物品性、外部性和规模经济性，其本身的经济属性决定了采用 PPP 模式的项目公司很难实现自负盈亏，财务现金流长期存在缺口，势必需要当地政府采用可行性缺口补助的方式予以补贴，方可保证项目的顺利运营。因此，城市轨道交通的基本经济属性决定了财政补贴的必要性。

从 PPP 付费机制分类看，轨道交通类 PPP 项目投资回报收入主要源于三个方面：①票务收入；②非票收入，包括广告、通信、商业、土地等资源型经营收入；③政府补贴。在公共交通为导向的物业开发模式（TOD）政策受限的条件下，城市轨道交通项目仅仅依靠票务收入和非票务收入，难以收回建设投资和成本费用，更不可能达到社会资本方可接受的基本投资回报率。为了保证 PPP 项目财务可持续性，政府必须给予补贴。

通过对 PPP 项目综合信息平台以及实践中的城市轨道交通 PPP 项目分析、汇总，目前常见的城市轨道交通 PPP 项目运作模式有：融资租赁 + BOT、股权投资 + BOT、A（政府负责建设土建/隧道部分）+ B（项目公司负责机电/车辆部分连同 B 部分的运营和维护）模式、TOD（轨道 + 物业）模式。

（2）城市轨道交通类项目招标采购标的汇总（见表 6-4）。

表 6-4　　城市轨道交通类项目招标采购标的汇总

项目 序号	付费方式	标的 1	标的 2	标的 3
1	协议票价法	影子票价	建筑安装工程及设备费下浮率	超额利润分配比例
2	车公里补贴法	车公里价格	建筑安装工程及设备费下浮率	
3	财政 21 号文补贴公式	年度运营成本	合理利润率	折现率
4	等额年金法	年度运营成本	合理利润率	折现率
5	现金流量法	建筑安装工程及设备费下浮率	年度运营成本	基准回报率

6.3　PPP 项目采购评标

PPP 项目作为一种新型的项目模式，相对于常规项目的评标活动来说，PPP 项目与其存在着一定的差异。

6.3.1　评标专家的选择

PPP 项目在完成物有所值评价、财政承受能力论证和批准项目实施方案后，即可通过竞争的方式来选择合作伙伴，并由其来完成投融资、设计、建设、运营、移交等工作。其主要适用于政府负有提供责任又适宜市场化运作的公共服务、基础设施类项目。包括燃气、供电、供水、供热、污水及垃圾处理等市政设施，公路、铁路、机场、城市轨道交通等交通设施，医疗、旅游、教育培训、健康养老等公共服务项目，以及水利、资源环境和生态保护等项目。

考虑到 PPP 项目招标采购范围较大和涉及面较广，因此对项目评标专家的行业和专业便需要更全面、有深度，同时为了保证 PPP 项目采购的成功率和减少后续争议，《PPP 项目政府采购管理办法》财库〔2014〕215 号文第五条、第七条、第十四条和第十五条中明确了："PPP 项目采购应当实行资格预审""项目实施机构、采购代理机构应当成立评审小组，负责 PPP 项目采购的资格预审和评审工作。评审小组由项目实施机构代表和评审专家共 5 人以上单数组成，其中评审专家人数不得少于评审小组成员总数的 2/3。评审专家可以由项目实施机构自行选定，但评审专家中至少应当包含 1 名财务专家和 1 名法律专家。项目实施机构代表不得以评审专家身份参加项目的评审。""PPP 项目采购评审结束后，项目实施机构应当成立专门的采购结果确认谈判工作组，负责采购结果确认前的谈判和最终的采购结果确认工作。""采购结果确认谈判工作组应当按照评审报告推荐的候选社会资本排名，依次与候选社会资本及其合作的金融机构就项目中可变的细节问题进行项目合同签署前的确认谈判，率先达成一致的候选社会资本即为预中标、成交社会资本。"等规范性要求。在常规施工招标中，首先资格预审并非必经的前置程序，分为资格预审和资格后审；其次评标委员会的确定应当满足招标投标法实施条例第 45 条的规定"除招标投标法第三十七条第三款规定的特殊招标项目外，依法必须进行招标的项目，其评标委员会的专家成员应当从评标专家库内相关专业的专家名单中以随机抽取方式确定。任何单位和个人不得以明示、暗示等任何方式指定或变相指定参加评标委员会的专家成员。"因此，相对于常规施工招标，在 PPP 模式的评审小组的选定过程中，赋予了项目实施机构自行选定评标委员会成员的权利，但是要求评审专家中至少应当包含 1 名财务专家和 1 名法律专家。

6.3.2 评标方法

目前，常用的 PPP 项目采购评标方法主要有两种：①最低价成交法。即投标文件满足招标文件全部实质性要求且投标报价最低的供应商为中标候选人的评标方法。该方法在报价阶段，仅采用最低价成交，导致了价格因素成为项目挑选投标者的重要因素，而投标者的资质和能力不是决定性因素，这让成交后的 PPP 项目能否达到项目"质量、价格、效率"的目标得不到保证。②综合评分法。即综合考虑投标者对标的的响应程度以及在投融资、设计、建设和运营维护项目等方面所提出的方案进行评审。该方法的优势在于适用面广，可以全面综合判断投标者的情况，但不能排除评标过程中的人为因素。

鉴于 PPP 项目投资大、建造和运营周期长、外部社会与环境影响大、合同和融资关系复杂等特点，政府实施项目的目标不是单一的经济目标，而应综合考虑效率、公平、福利、环保、可持续发展等，因此，综合评标法是最适用于 PPP 项目的评标方法。

在对具体项目进行评标时，应重点考虑三个方面，即社会效益指标、投标联合体指标和项目成本指标。社会效益指标主要反映项目的社会效益，在评标时应主要考察投标人基于政府或其代理机构所发布的招标文件而提出的方案优化或改进方案，包括项目的建设、运营、服务、维护水平的提高，对项目影响区域的经济促进作用，项目环境保护措施和项目安全管理措施等。投标联合体指标主要是反映投标企业的情况，考核指标包括项目联合体各方的资信情况、社会声誉和业界声誉、企业组合搭配、财务状况、业绩情况、投标担保等。项目成本指标是对合作期限、建设成本、运营成本、融资成本、投资回报率等进行全面考核。

第 7 章 风险分析

风险意味着不确定性，而不确定性则意味着损失的可能。PPP 项目主体众多、合作周期长的特点决定了其风险因素的复杂性，这一特性使得高效的风险管理成为提高项目管理效率的关键内容。我国工程项目风险管理实践与理论研究起步较晚，对工程项目的风险认识与重视程度不足，尤其是在政府投资类项目中，对风险的管控更是缺乏系统性、全面性和针对性。PPP 模式作为替代传统政府投资，用以解决基础设施与公共服务领域供给不足的市场化模式，虽然在一定程度上解决了政府方的资金来源问题，但不可避免地带来了大量的风险。项目风险造成未来损失的可能性大小以及造成的损失程度直接关系到项目实施的必要性和存在的合理性。因此，在项目决策阶段，各参与方尤其是政府方应当对可能使项目发生损失的不确定因素进行详细分析。PPP 项目风险分析主要包括风险识别、风险评价、风险分配以及风险控制四部分内容。

7.1 风险识别

项目风险的大小和性质随着项目内外部条件的变化而变化，大多数风险不会突然爆发，而是慢慢堆积凸显。因此，规避和应对 PPP 项目风险首先要做好 PPP 项目风险识别工作。所谓 PPP 项目风险识别，即通过搜集分析大量与 PPP 项目相关的资料信息，排查影响项目的各种风险因素，进而确定不同项目、不同阶段、不同参与者的相关风险种类、大小及性质，为后续的风险评价、风险规避和应对提供支持。

PPP 项目的风险识别应注意几个要点：一是不仅要识别项目中已经发生的风险，还要排查项目中各种潜在的风险。要基于经验判断或历史资料，采用多种方法组合，系统、连续地识别项目风险因素来源、特点、性质及其可能产生的影响和后果。二是要结合项目实际情况识别个体风险。由于 PPP 模式应用领域广泛，各项目间差别较大，每个项目都具有独特性，致使不同项目所面临的风险不尽相同。对于不同的项目需要结合所选择的 PPP 模式，剖析个体特有的风险。三是持续动态地进行风险评价。无论采用何种方法，都不可能全面反映具体项目的风险来源和相互关系，因此，PPP 项目风险识别与管理是一个动态的充满智慧的过程，它需要项目参与者积累风险识别与管理经验，形成自己的项目风险管理知识库，才有可能全面而有效地识别项目中的各种显性风险和潜在风险,并对它们做出切实的评价,及时采取合理、有效的规避与应对措施。

7.1.1 PPP项目风险特点

风险是指由于可能发生的事件,造成实际结果与预期的差异,并且这种结果可能伴随着某种损失的产生。PPP项目的风险具备一般工程项目风险的特性,同时也具有PPP模式自身的特点,主要包括如下特点。

1. 风险复杂性

PPP项目运营模式、组织结构、融资渠道的复杂特性决定了其项目风险的复杂性。首先,PPP项目涉及的机构多,包括政府、企业、项目公司、承建方、金融机构、运营商、保险机构等,在合作的过程中,面临复杂的关系和协调工作。只有各方共同努力、密切配合,才能保证PPP项目正常运转。其次,不同的项目需要根据具体情况进行风险识别、评估和管理,也增加了PPP项目风险的复杂性。

2. 风险不确定性

PPP项目在设计、建设、运营过程中,可能出现建设方案不周全、工期拖延、财产损失、人身伤亡、生产运营异常、项目管理不当等风险。各种风险因素对项目各阶段将造成不确定影响,从而导致投资失败。伴随PPP项目风险复杂性及PPP项目的多样性,必然带来PPP项目风险的高不确定性。再加上我国对PPP项目认识较浅且法律法规不健全,没有固定模式可循,新增项目都具有新模式,随着项目的增多、模式的多样化,风险的不确定性也越来越高。

3. 风险阶段性

PPP项目从立项到建设、运营再到最后移交,要经历漫长的时间,而且项目在每个阶段都有明确的界限,有的风险只能出现在一个阶段,有的风险贯穿于整个项目周期。如合同文件的冲突风险只出现在项目采购阶段,完工风险只出现在建设阶段,运营风险只出现在运营阶段,不可抗力风险贯穿于项目的整个生命周期。

4. 风险层次性

由于PPP项目的利益相关者关注的利益层次不同,所以他们对于项目利益的关注点也不同。政府部门看重的是项目的社会效益,而许多运营商则完全相反,相对于给公众带来的便利以及一些社会效益,运营商更为看重项目建成之后的经济效益。由于其利益关注点不同,所以他们对于风险的承担能力与范围也存在区别。

5. 风险边界模糊性

与国外发展多年的PPP模式相比,我国使用PPP模式的时间还比较短,具体的工作经验不足,这一点在风险边界的确定上体现得尤为明显,经验的缺乏使得我国很难确定好风险边界。有些较为明显的风险可以分辨出承担主体,但是一些界限不清楚的风险,往往只能采用共同承担的方式去承担风险,这对其中一方来说并不公平。

7.1.2 PPP项目风险分类

PPP项目的风险识别通常要求全面性与系统性,其目的在于尽量识别全部可能存在的风险,基于风险识别的系统性原则,首先需要对项目全部风险进行分类。通常情况下，PPP 项目风险可以按以下四个方式进行分类。

1. 按风险来源分类

PPP 项目的风险可以来自参与方，如 PPP 项目在全生命周期中各参与方在决策和行为上的不确定性；可以来自项目本身，如设计、资金、人员等因素；也可以来自外部环境，如气候、自然灾害或经济政治环境等。

按照风险来源的分类方式可以使项目参与方明确哪些风险是来自自身的、可以控制的，以提前采取措施避免或减小此类风险，同时了解哪些是由外部环境引起的不可控制的，提醒参与方积极准备做好预案，防止此类风险的发生，并杜绝风险突然出现时难以应对。

2. 按风险类别分类

项目风险种类繁多，就 PPP 项目而言，按照风险类别可以分为政治风险、经济风险、建造风险、财务风险、运营风险等。其中，政治风险可能出现在政策法律的变更、项目审批的延误、政府不作为、税收提高以及其他政治上的不可抗力；经济风险主要包括资金风险、汇率、利率以及通货膨胀所产生的风险等；建造风险表现为项目受各种因素的影响，不能按照约定的时间交工，出现工期延误或者交工以后验收没有通过，质量不满足规范或工程的预定的指标等，还包括拆迁延误、超出预算、承包方违约、项目公司违约及其他环境不可抗力等；财务风险的大小与债务偿还的能力相关，主要表现在基础设施经营的收入不足以支付债务和利息，而造成债权人诉诸法律，甚至导致项目公司破产，影响整个项目的进展；运营风险主要受监管情况、施工质量、财务状况、组织管理等方面的影响。

3. 按项目类别分类

PPP 模式主要应用在基础设施领域，在基础设施领域的众多项目类别中，既有相同的风险，又有不同项目类别面临的特殊风险。例如，电厂项目面临发电量的影响和电力传输的故障；高速公路面临车流量的影响和其他路线的竞争；综合管廊面临管线入廊的协调和综合管理的问题；污水处理厂面临经营收费和环境保护的问题；医养结合项目面临新模式探索和人员合理利用的问题等。针对不同项目应当结合项目类型，对风险进行更加深入和准确地把握。

4. 按项目阶段分类

PPP 项目从决策开始到运营的全生命周期，主要包括决策、融资、建设以及运营等四个阶段。决策阶段是项目能否顺利实施的重要阶段，它需要完成项目建议书、进行项目可行性研究，决定项目是否可以采用 PPP 模式等诸多准备事项，每一件都有一定的风险。融资阶段决定了项目公司是否能获得项目的实施权以及是否具有足够的资金使项目顺利实施，这一阶段的风险多与招标和融资有关，且具有关键性的影响。建设阶段项目开始正式建设，这一阶段的风险多与工程项目本身有关，例如设计变更、质量管理、工程进度等。运营阶段是项目建设成功后进入运营阶段至项目公司成本收回运营期结束，可能面临运营收益、运营成本、维护成本、运营管理的一系列风险。

综上，为系统识别 PPP 项目潜在风险，可按照风险来源、风险类别、项目类别项目阶段等划分，但任何一个 PPP 项目的特殊性及复杂性决定了其项目风险均可分为通用的风险因素以及特有的风险因素两类,下文将对 PPP 项目的通用风险以及部分特殊项目的风险进行介绍。

7.1.3 PPP 项目通用风险识别

按照风险来源进行分类,PPP 项目通用的风险因素主要包括系统性风险和非系统性风险两大类。系统性风险是指由于全局因素引起的、超出项目自身所能控制和避免的风险;非系统性风险是指由于微观因素引起的、在项目实施过程中可以自行控制和避免的风险。PPP 项目实施过程中面临的主要风险如下。

1. 系统性风险

(1) 不可抗力风险。

不可抗力风险是指当事人不能预见、不能避免且不能克服的自然事件和社会事件,造成项目失败或收益大幅度减少的风险。不可抗力风险包含的内容较多,除了为人们熟知的自然灾害风险之外,战争风险、施工设备意外受损风险都属于这类风险。这类风险也是人们平时说的,无法提前预测到的意外风险,这种风险是调查不到的,也是无法预测甚至无法及时做出应对的一种风险。一旦发生较为严重的自然灾害,如地震、海啸、长时间的暴雪天气等都会使得工程无法继续进行下去,导致项目延期甚至最后取消。

(2) 政策风险。

政策风险是指受到国家关系变化,即政策变更、法规制度的改进等使得 PPP 项目规定资产以及资金流动情况产生一定程度的变化,并伴随相应的经济损失。政治风险是每个 PPP 项目都存在的风险,与 PPP 项目的具体内容无关,跟一个国家的整体风气与政治制度有关。政策风险主要来自两个方面:一是国家政策影响区域经济的发展,从而影响项目需求;二是国家由于某种政治或经济政策上的原因,对 PPP 项目建设、运营、管理等方面政策法规的变化,主要包括项目征用(或提前中止)、法律变更、审批变化、税收变更、行业标准调整等。

(3) 经济风险。

经济风险指在项目经营过程中,由于经济形势及市场变动直接或间接地造成项目收益受到损失的风险。导致该风险发生的原因,与金融以及市场环境不稳定有关。具体而言,金融风险主要涉及的内容包括了国家的汇率变化、整个世界金融的发展情况以及国家货币的利率与货币政策等。以外汇为例,一旦外汇的汇率发生变化,那么项目的境外投资人投资的最终金额就会发生变化,很可能会影响整个项目的资金供应问题。而且,除了外汇,货币政策的调整也会极大的影响项目的开展,一旦发生较为严重的通货膨胀现象,国家会对货币政策进行调控,势必会影响到银行利率与国内的物价,相关因素一旦发生变化,整个项目的施工成本就会发生变化。

(4) 法律风险。

法律风险是指由于法律不健全或法律条款发生变化而引发的风险。所有的 PPP 项目都需要在法律规定下进行建设,国家法律体系的改变或者新法律的颁布会极大地影响原有 PPP 项目的实施。PPP 项目涉及的资金数额非常大,工程跨度也比较大,其中涉及多款法律法规,一旦法律更改了相关内容,那么 PPP 项目需要根据最新的法律制定最新的实施计划，这会使得项目的成本增加，造成风险。

2. 非系统性风险

（1）施工风险。

施工风险指在项目施工过程中由于施工工艺不当、安全措施不利、施工方案不合理、应用技术失败等导致工程量增加、投资增加、工期延后，给拟建项目带来损失的风险。其突出风险为施工成本超过了预期值，造成这种风险的因素有很多，如原材料在施工前与施工后发生了极大的变化，在施工之后原材料价格发生了增长，导致最后项目建设完成之后的成本超出预期值。除此之外，根据建设过程中的需要，有时候会对原来的设计图进行部分调整，这会使得项目花费更多的资金，也会造成项目完成后建设成本过高的风险。还有一种可能就是在项目中运用新技术的时候，由于技术掌握的熟练度不够，没有达到预期进而产生一定的成本支出，这些都会造成建设成本超支的风险。

（2）设计风险。

设计风险主要指项目设计方案的可靠性、适用性和经济性方面不能够满足项目建设目标要求的风险。设计是项目开展的基础，合理的设计有助于后期的建设和运营正常开展，技术标准达不到设计的要求，会影响项目的竣工和验收；设计质量不合格可能会增加后期施工和运营的成本；设计是项目的前期环节，其变更对后续的施工和运营有很大的影响，如延误工期等。

（3）投资控制风险。

投资控制风险主要是由于工程方案变动使得工程量增加、工期延长，以及物价上涨、各种费率提高、项目管理不当等导致项目总投资增加的风险。在实操过程中，大部分项目均以最终审定的竣工决算数作为可行性缺口或政府付费数额的计算基数。在此情况下，项目公司的回报风险全部转嫁于政府方，无论最终审定的投资额为多大，都将由政府方承担。而且对于"两标并一标"的情况，社会资本方自行施工，有可能还会存在为赚取施工利润而做大投资的风险。因此，投资控制风险是决定了后期政府支付的重要内容。

（4）管理风险。

管理风险主要指项目组织方案不适于项目的建设或运营、项目管理层不能胜任项目的组织与管理等影响项目的效率、成本与进度的风险。

（5）运营维护风险。

运营维护风险是指在项目运营过程中，由于运营管理失误或社会经济环境变化，出现经营问题，如维护力度不够、运营费用超支、发生重大事故等，致使项目达不到原定的运营指标的风险。

（6）移交风险。

移交风险主要指由于提前终止合同或运营期结束进行项目移交时，双方配合程度、移交资料准备、移交前维护及工程状态保障等原因影响项目交付进度与质量的风险。

（7）合作风险。

PPP项目实施过程中，要求政府通过与社会资本方之间相互合作的方式完成建设。合作期间，政府需为社会资本方提供政策方面的支持，社会资本方则需负责投资、建设以及运营等方面的工作。理论上讲，两者的分工较为明确，但实际建设过程中，如双方沟通不畅，或权利分配不当，合作风险的发生概率将明显提升，对项目经营产生不良影响。

（8）其他一般性风险。

（略）。

7.1.4 PPP项目特殊风险识别

PPP项目特殊风险是针对特定行业、特定时期以及特定的边界条件识别出的风险因素，其发生受到特定环境的影响，发生概率较高，影响程度较大，典型的有如下几类。

1. 流量类项目的流量风险

流量类项目通常指污水处理、垃圾处理、供水、收费公路、轨道交通等受使用量影响的项目，对于该类项目而言，在项目决策阶段，通常是根据经验预测未来运营过程中的流量，并在此基础上预测项目收入来源及构成。但如果前期预测不准确，势必会造成后期运营阶段收入不足的风险，从而导致后期政企双方的再谈判，增加项目成本，甚至导致项目无法运营提前终止。因此，对于该类项目，政府方应当在前期决策阶段重点识别相应的风险，以期降低未来损失。

2. 财政承受能力超限风险

在国家全力推进"补短板"战略下，PPP模式成为地方政府实施基础设施或公共服务补短板的重要手段，加上目前还未出现其他能够替代PPP模式的新途径，地方政府几乎将全部基建任务放在PPP上面，但受制于我国PPP项目财政支出责任不得超出本级财政一般公共预算支出的10%限制，PPP模式的使用将类似于不可再生资源的利用，如果不克制推进项目，财政承受能力10%红线终将突破。在此情况下，极易出现地方政府为了推进项目而"玩财政承受能力10%红线数字游戏"的风险，这类风险在我国PPP推进后期发生概率较高，且影响程度极大，关系到政策风险、政府后期的履约能力，以及项目能否顺利实施等。

财政承受能力超限风险主要发生于PPP推行后期，存在几种典型的表现形式，例如，部分项目支出责任从一般公共预算和政府性基金预算列支，但国家要求对于支出责任从政府性基金预算中列支的项目，应当按照预算法的要求对应到相应支出科目，但目前大部分项目在使用政府性基金预算时未按照要求执行，这将在后期预算安排时出现无法列于预算的风险；另外，部分地区在财政承受能力接近10%时，地方政府为了推进项目，要求咨询机构在项目策划时刻意增大项目收入、降低项目支出成本以降低项目财政支出责任，或将未确定的上级补助资金用于项目支出，这种情形虽然可能会在项目前期财政承受能力论证时满足10%红线控制要求，但在项目后期实际支出责任发生时，极易导致10%红线突破风险，并将最终导致政策风险、支付风险等次生风险的发生。

7.1.5 PPP项目风险识别方法

对项目风险准确识别是实施风险共担的基础，现有关于风险识别的方法很多，每一种方法均有其自身的适用范围与优缺点，常用的风险识别方法主要有专家调查法、核对表法、情境分析法、故障树分析法等。

1. 专家调查法

专家调查法是识别系统风险的常用方法，其以相关领域的专家为信息获取对象，利用专家在理论与实践方面的经验对项目中潜在的风险因素进行识别，并对其后果进行分析与评估。根据专家信息的获取形式，可将专家调查法划分为头脑风暴法与德尔菲法两种。其中，头脑风暴法是一种小组讨论的形式，利用参与专家的经验知识与创造性思维来获取风险识别结果的直观识别方法；德尔菲法采用匿名函询的方式，不需要专家之间的交流与讨论，通过多轮的调查、整理、分析，最终汇总成一致的识别结果。基于上述分析可以看出，专家调查法的优点是对于较难获取相关方面的历史数据与统计信息，或者相关统计信息对所研究问题不具有代表性的情况下，利用该方法可以做出较为合理的估计；但其缺点是结合了大量人为观点，易受主体背景与价值观点的影响，缺乏评价客观性。

2. 核对表法

核对表法是指基于先前类似项目发生过的风险资料或利用长期从事工程项目施工与管理的项目管理专家的实践经验，在结合当前项目的建设背景、施工技术、管理模式等特征分析的基础上，列出项目风险清单，并用于风险识别与核对。相对于专家调查法，核对表法是一种快速识别风险的方法，其实施优点是风险识别过程快速简单，不需要长期的专家讨论与打分；缺点是对项目管理专家的实际经验与能力要求较高，而且识别出的结果对所识别风险性质的描述不够全面。

3. 情境分析法

情境分析法是利用图表、曲线等数学符号来描绘项目发展全过程中不同时点所对应的风险状态，并基于此识别出在各时点可能存在的风险因素，以及引发项目风险发生的关键风险源等问题。该方法注重对项目全过程中风险事件发生的条件与诱导因素进行识别，而且还可以描述某一风险因素的发生对其他风险的影响等问题。其实施优点通常包括三个方面的内容，分别是能够对项目未来可能状态进行确认、能识别各状态特性与发生的可能性、能够描述各状态间的关联特性等；而实施缺点则是难以掌握对项目全过程状态识别的准确性、完整性与时效性等。

4. 故障树分析法

故障树分析法基于图解的形式，对工程项目运作流程进行动态解构，并基于项目实施流程识别出不同阶段的实施风险，然后以分叉树的形式将所识别到的风险逐级分解为更小一级的风险，并对引起风险的各种原因进行分析。该方法通常适用于较少依靠项目管理经验进行风险辨识的项目，通过对所识别到的风险进行逐层分解，可使得项目管理者对项目风险因素有更全面的认识，故该方法的应用优势在于通过对项目风险进行更全面细致地识别来提高风险管理效率；而劣势则在于对项目发展全过程进行分解时，容易产生风险识别遗漏等问题。

上述风险识别方法在应用过程中各有其优缺点，各识别方法的优缺点对比如表 7-1 所示。

表 7-1　　　　　　　　　　　　　　风险识别方法对比

风险识别方法	应用优点	应用缺点
专家调查法	对于较难获取相关方面的历史数据与统计信息，或者相关统计信息对所研究问题不具有代表性的情况，利用该方法可以做出较为合理的估计	结合了大量人为观点，易受主体背景知识与价值观念的影响，缺乏评价客观性
核对表法	风险识别过程快速简单，不需要长期的专家讨论与打分	对项目管理专家的实际经验与能力要求较高，而且识别出的结果对所识别风险性质的描述不够全面
情景分析法	能够对项目未来可能状态进行确认、能识别各状态特性与发生可能性、能够描述各状态间的关联特性等	难以掌握对项目全过程状态识别的准确性、完整性与时效性等
故障树分析法	通过对项目风险进行更全面细致的识别来提高风险管理效率	对项目发展全过程进行分解时，容易产生风险识别遗漏等问题

资料来源：自行整理。

由于 PPP 项目具有周期长、复杂和多样性的特点，并不存在一种最优的风险识别方法来应对所有 PPP 项目的风险管理。任何一次风险识别都不是单纯依靠一种识别方法，而是对几种识别方法进行组合，这样可以发挥多种识别方法各自的优势，弥补单一识别方法的不足和劣势，从而更加全面地识别项目的潜在风险因素，为如何分担风险和采取何种应对措施打下良好基础。

7.2　风险评价

风险评价是风险管理工作中的重要阶段，是指在风险的识别与估测工作做完之后对已识别出的风险因素进行定性或定量的研究分析，也就是对这些风险自身的发生概率、损失影响与对总目标的影响程度进行估计，在此基础上对项目整体风险水平做出综合评估与总结的一系列过程。通过风险评价可以使政府和投资人对项目整体的投资风险水平有所了解，也能为后续有针对性地开展风险应对工作提供可靠依据。

7.2.1　PPP 项目风险评价主要工作

PPP 项目风险评价的内涵决定了其工作内容，通常情况下，项目风险评价与风险识别工作一起开展，但对于大型的或复杂的 PPP 项目，应当单独进行风险评价工作。PPP 项目风险评价的主要工作通常包括以下内容。

1. 评价风险的发生概率

PPP 项目风险管理的原则就在于提前做出预判，尽最大能力降低风险发生概率。因此，评价风险的发生概率的目的是为风险管理决策提供依据。风险发生概率的评价基础是识别出的风险清单，通过定性与定量的方式确定清单风险的发生诱因、发生时点及顺序等，并最终评价风险发生概率。其中，PPP项目风险发生诱因是风险评价需要重点考虑的内容，诱因的不同会导致风险发生概率不同，甚至导致风险发生造成的损失不同。同一类风险发生的诱因可能为一种，也可能为多种，在风险识别阶段只能识别出潜在的风险，但风险评价阶段就需要对已识别到的风险因素进行系统性的诱因分析，以实现对风险诱因发生进行有效控制的目的。

此外，风险发生时点与顺序也是风险概率评价的重点内容，PPP项目可根据项目特征及时间维度分为识别阶段、准备阶段、采购阶段、执行阶段、移交阶段等，而PPP项目风险则包含贯穿于全生命周期和独立存在于某一阶段两大类。因此，在风险评价阶段，应当重点梳理出哪些风险在什么阶段发生，对于某些在不止一个阶段发生的风险，其最大概率发生的阶段是哪一阶段。只有这样，才能对整个项目的风险因素有所把控，并为后期的风险分配提供依据。

2. 评价风险的影响程度

PPP项目风险的发生势必会影响项目的进展、成本，甚至能否继续执行，而哪一类风险会影响到项目的进展，哪一类风险会影响到项目成本，或者哪一类风险的发生会直接导致项目终止，这些问题就是评价风险对项目的影响程度需要重点考虑的内容。

对于PPP项目而言，评价风险的影响程度是后期风险管理等多项工作的基础。例如，在进行风险分配时，政府和社会资本双方应该考虑每项风险发生时对项目造成的影响进行分配。同时，基于风险收益对等原则，承担风险的大小也将决定其获得收益的大小。此外，在采取风险防控措施时，项目管理者也会结合风险的发生概率和影响程度制定风险应对计划，对于影响程度较小的风险，管理者在成本最优的前提下，会考虑是否采取有效的防范措施；而对于影响程度较大的风险，管理者就需要重点关注，并设置多种防控措施，以避免其发生对项目带来的影响。

PPP项目风险影响程度的评价主要包括确定风险发生后的影响范围以及在范围内的影响程度两类。其中，影响范围是指风险发生后对项目的进度或成本的影响，而影响程度则是在确定了影响范围后，评判该风险发生会对进度或成本造成多大的影响，即定性和定量相结合进行评价。管理者应当据此对项目风险清单中的风险因素进行分类，并在每个类别下按照影响程度排序，并最终按照设定的权重进行评价。

3. 评价风险的关联关系

在确定了风险发生概率和影响程度的基础上，对PPP项目风险的评价应当重点关注风险之间的关联关系。事实上，PPP项目风险是一个闭环的系统，在众多风险因素中，有的风险是独立存在、独立发生的，而有的风险则是关联影响、互相作用的。对于独立存在的风险因素，在进行风险评价时，只需要论证其发生的诱因、概率以及影响程度；但对于相互关联的风险而言，除论证发生诱因、概率以及影响程度之外，还需要论证其发生对其他风险因素的诱发或相互作用等，而这类风险因素往往是一个项目风险清单中数量最多的。

PPP项目风险因素之间的关联关系按照作用形式可分为两种，分别为正向耦合性的风险概率与影响程度扩大作用和负向耦合性的风险概率与影响程度的缩小作用。其中，正向耦合性的风险关联关系是指同一项目中的不同风险因素会存在相互作用关系，使得对方的发生概率和影响程度变大的过程；而负向耦合则是不同风险因素间相互作用使得各自发生概率和影响程度降低的过程。目前，在实操过程中还鲜有关于风险的关联关系评价的应用，但在理论层面已经有众多研究成果。事实上，风险因素之间的关联作用确实存在，只是目前的管理水平或能力还无法达到预测评价其关联关系的程度。

4. 评价不同主体的风险偏好

PPP 项目涉及主体众多的特点决定了风险评价过程中对不同主体偏好认知以及分配的重要性。众所周知，PPP 项目主体的复杂关系也是诱发风险发生的一大原因，而 PPP 项目主体中，不同性质的主体对同一类风险的认知也不同，只有针对项目风险进行不同主体的认知评价，才能为后期的合理风险分配奠定基础。例如，PPP 项目中政府方更关注政策风险、公益性不能满足风险等，而社会资本方则更关注项目收益风险、政府方支付风险等，对于金融机构而言，则更关注项目合规性风险、政府支付能力风险等内容。总之，不同主体受其利益关注点的不同对同一类风险的认知承担存在差异，在进行风险评价时，应当在论证项目风险发生概率、影响程度的基础上，以风险因素为单位进行不同主体风险认知的评价，以满足后期风险分配和防控的要求。

5. 综合评价

在完成上述分项评价之后，仍需要综合各分项评价结果进行综合论证，以满足 PPP 项目参与各方对整个项目风险程度的把控，并可以作为政府方进行项目投资决策的重要参考，也可以作为社会资本方进行项目筛选的重要依据。

7.2.2 PPP 项目风险评价方法

根据目前的理论与实践成果，PPP 项目的风险评价方法可分为三类：第一种是单纯的定性分析，虽简单易行，但过于主观，得到的结果较为抽象，例如专家打分法；第二种是在有数据的基础上进行定量分析，结果直观准确，有说服力，但往往数据获取较为困难，如敏感性分析法、蒙特卡洛法；第三种就是将定性和定量相结合，相辅相成，能取得较好的评价效果，如层次分析法、模糊综合评价法等。

常见的风险评价方法及其特点如表 7-2 所示。

表 7-2　　　　　　　　　　　风险评价方法对比

评价方法	优点	缺点
专家打分法	无须原始数据，简单易行	主观性强，依赖于专家水平
敏感性分析法	有助于从中找到重要因素	只体现风险强度，反映不出多因素变化时对目标的总体影响
蒙特卡洛法	结果相对准确，可以处理多个要素同时变化的复杂评价问题	依赖于特定数据与可靠模型，不能反映各因素间的关联
层次分析法	能反映风险的层次关系	定量成分过少，难以令人信服
模糊综合评价法	有利于解决模糊、量化困难的问题	计算复杂；主观性较强

续表

评价方法	优点	缺点
灰色系统评价法	样本量要求不高且不要求服从任何分布,满足复杂系统要求	样本数据需具备时间序列特性,评价结果为"相对评价"
BP神经网络法	自适应、自学习能力高,容错性强,避免大量烦琐计算	输出结果不能反映单个因素重要程度
CIM模型	既适用于处理相对独立的变量,也适用于解决变量具有相关性的问题	计算量大,且需要与其他评价方法配合使用

7.3 风险分配

PPP项目普遍投资大、周期长,PPP运作过程中很可能受到各种风险因素的影响而导致损失,因此,能够在PPP项目合同中合理确定政府方和社会资本方的风险分配机制,是确保PPP项目成功实施的关键。一方面可以减少风险发生的概率,降低风险发生后造成的损失和风险管理成本;另一方面,还有利于培养各方的理性和谨慎的行为,并为项目的成功而有效地工作。

7.3.1 PPP项目风险分配政策依据

发改委及财政部下发的一系列PPP项目指导性文件中均对如何在政府方和社会资本方之间确定风险分配机制有所提及,且随着财政部《PPP项目合同指南》文件的下发,关于PPP项目风险分配机制的指引规定已经日臻完善。PPP项目风险分配机制的指引性规定如表7-3所示。

表7-3　　　　　　　　PPP项目风险分配政策依据汇总

文件名称	风险分配原则	风险分配安排
国务院《关于创新重点领域投融资机制鼓励社会投资的指导意见》(国发〔2014〕60号)	全风险防范和监督机制。政府和投资者应对PPP项目可能产生的政策风险、商业风险、环境风险、法律风险等进行充分论证,完善合同设计,健全纠纷解决和风险防范机制。	
关于推广运用政府和社会资本合作模式有关问题的通知(财金〔2014〕76号)	按照"风险由最适宜的一方来承担"的原则,合理分配项目风险。在明确项目收益与风险分担机制时,要综合考虑政府风险转移意向、支付方式和市场风险管理能力等要素,量力而行,减少政府不必要的财政负担。	项目设计、建设、财务、运营维护等商业风险原则上由社会资本承担,政策、法律和最低需求风险等由政府承担。

续表

文件名称	风险分配原则	风险分配安排
国家发展和改革委员会关于开展政府和社会资本合作的指导意见（发改投资〔2014〕2724号）	构建有效的风险分担机制。按照风险收益对等原则，在政府和社会资本间合理分配项目风险。	项目的建设、运营风险由社会资本承担，法律、政策调整风险由政府承担，自然灾害等不可抗力风险由双方共同承担。
关于印发政府和社会资本合作模式操作指南（试行）的通知（财金〔2014〕113号）	按照风险分配优化、风险收益对等和风险可控等原则，综合考虑政府风险管理能力、项目回报机制和市场风险管理能力等要素，在政府和社会资本间合理分配项目风险。	原则上，项目设计、建造、财务和运营维护等商业风险由社会资本承担，法律、政策和最低需求等风险由政府承担，不可抗力等风险由政府和社会资本合理共担。
PPP项目合同指南（财金〔2014〕156号）	在设置PPP项目合同条款时，要始终遵循上述合同目的，并坚持风险分配的下列基本原则： (1) 承担风险的一方应该对该风险具有控制力； (2) 承担风险的一方能够将该风险合理转移（如通过购买相应保险）； (3) 承担风险的一方对于控制该风险有更大的经济利益或动机； (4) 由该方承担该风险最有效率； (5) 如果风险最终发生，承担风险的一方不应将由此产生的费用和损失转移给合同相对方。	(1) 通常由政府方承担的风险包括：①土地获取风险（在特定情形下也可能由项目公司承担）；②项目审批风险（根据项目具体情形不同，可能由政府方承担，也可能由项目公司承担）；③政治不可抗力（包括非因政府方原因且不在政府方控制下的征收征用和法律变更等）。 (2) 通常由项目公司承担的风险包括：①如期完成项目融资的风险；②项目设计、建设和运营维护相关风险，如完工风险、供应风险、技术风险、运营风险以及移交资产不达标的风险等；③项目审批风险（根据项目具体情形不同，可能由政府方承担，也可能由项目公司承担）；④获得项目相关保险。 (3) 通常由双方共担的风险：自然不可抗力。

7.3.2 PPP 项目风险分配原则

合理的风险分配需要遵循一定的原则，这些原则必须具备两个功能：（1）分配的结果可以减少风险发生的概率、风险发生后造成的损失以及风险管理成本，使PPP项目对各方都具有吸引力，任何一方都不需要为另一方没解决好其应该承担的风险而付出代价；（2）在项目周期内，分配的结果可以培养各方的理性和谨慎的行为，这意味着各方要有能力控制分配给自己的风险，并为项目的成功而有效地工作。因此，PPP项目风险分配应遵循以下原则。

1. 风险有效控制原则

风险参与方的数量往往不是单一的，在众多的参与者中，一定存在一个控制风险能力优于其他参与者的参与主体，该参与主体自身一定存在某些优势使得他们能够更好地控制风险，在同等情况下，付出最小的成本就可以控制风险。而且其他参与者了解到风险可以在某一方身上得到控制，那么会极大地增加参与者的风险管理积极性。这里提到的最优控制力中的控制力指的是参与者是否能够准确地判断风险的诱因，能否在风险发生的第一时间确定风险影响的主要内容，并对其进行控制与压制，能否及时处理风险带来的不利影响。公共部门以及社会资本方就可以按照风险应由最有控制力的一方承担的原则对风险进行分担。政府部门可以在宏观上进行政策的调整，来帮助PPP项目降低风险发生概率，控制宏观风险造成的不利影响，所以政府部门主要负责一些法律规章制度带来的风险以及政治性风险。政府可以通过政策以及人员调整来控制这些风险带来的影响，将风险带来的不利影响降到最低。社会资本方主要负责项目的具体建设工作以及建设完成之后的后期运营工作，所以一些建设技术或者材料成本、运营模式带来的风险就由私人部门来承担。但是在这种规则下，风险分担给最适合最有能力控制风险的一方并不代表其他参与者自身就放任风险不管，在自己的能力范围内，要尽力去降低风险出现的概率，这样才能保证自己获得预期的利益。

2. 风险收益对等原则

责任与利益同等原则是风险收益对等原则的核心理念。也就是说，获取的利益越大理应承担更多的风险，风险的承担比例与自身获取的收益是成正比的，在享受收益的同时，要承担相应风险。

3. 风险承担上限原则

许多参与者在签订合同的时候没有考虑到一些大型的意外造成的风险损失，这种忽略使得风险造成更大的影响。在项目开展之后，一些突发状况会使得风险造成的损失比预测的要高出许多，例如本来预测的是生产设备出现损坏，需要维修等风险，但是由于地震的原因使得众多的机器与生产设备受到损害，这无疑将原来预测的损失扩大了无数倍，这种情况下，如果按照合同签订的要求由单一参与者承担相应的风险是一件不现实的事情。这样做不仅会影响风险承担者的利益，还会打击参与者的风险管理积极性，增加未来发生风险的概率，所以在这种情况下需要采用风险承担上限原则。之所以要实施风险分担，最主要的目的就是要保证参与者之间的合作模式公平合理。我国在最开始运用PPP模式的时候，许多政府部门的官员都抱着尽量将风险转移至私人部门的念头，而我国的一些投资者或者项目参与者则抱着尽量获得更多的利益的念头。也有许多私人部门存有高风险高回报的念头，他们为了获取更多的利益选择承担更多的风险，这些想法都是错误的，不是合理的念头。一旦在项目实施过程中，发生的风险超出了参与者的承担范围，那么会使整个合作体系出现问题，进而发生秩序上的错误，这样不仅会影响风险管理，对于整个项目的建设也会造成极大的影响。国外的一些学者对此进行了研究，他们发现大部分参与者实际遇到的风险影响超过他们预期的50%的时候，他们基本无力承担风险造成的损失，在这种情况下，政府应该主动承担风险来保证项目的顺利进行。

4. 风险承担偏好原则

有承担风险的意愿或偏好往往跟利益挂钩，不同的风险分担参与者可能会有不同的利益目标，有的时候政府为了激励参与者获取利益，经常会选择提供一部分利益，这种利益可能是直接的经济利益也可能是在开发权上提供一定的便利，不同参与者对于这些利益的反应程度不同。反应较为激烈的可能会选择为了这部分利益承担更多的风险。

5. 风险成本最低原则

风险分担的核心目的就是将风险发生时参与者承担风险需要花费的成本降到最低，这个核心思想指的就是风险成本最低原则。风险分担具体应用到项目上会从三个方面来影响总成本。这三个方面对应三种成本效应，分别是生产、交易以及风险承担的成本效益。生产成本效应是针对生产过程来说的，指的是通过风险分担来减少生产中的风险，从而节约成本；交易成本效应则是众多的风险分担参与者在风险分担原则下会根据原则进行风险分担工作，减少了签订合约以及谈判的时间，节省了相应的成本；风险承担成本效应是由于风险成本超出了承担者预测的结果，当成本超出预测结果非常大数额的时候，其他参与者会替风险承担者承担一部分风险，这会降低风险承担成本。

6. 风险分担动态原则

风险分担动态原则是针对在项目进行过程中产生的风险进行分担而产生的原则。PPP项目在实际操作过程中，会根据项目的进程产生一系列风险，除此之外由于意外因素导致原有的风险发生变化，遇到这两种情况的时候，公共部门与私人部门就需要将新出现的风险加入到原来的分配计划中，对原有的计划进行完善。风险分担动态原则也体现出了PPP协议与传统项目协议的区别，二者之间具有完全不同的性质。公共部门与私人部门在进行风险分担谈判的过程中，会考虑项目具体实施过程中新产生的风险，或者原有预测风险发生变化等情况的出现，合同中往往会规定，在出现上述情况的时候，所有参与方有义务重新拟定风险分担合同。这个规定增加了参与者处理风险的灵活性，如果没有上述规定，那么一旦出现了预料之外的风险，会导致整个风险分担机制出现混乱，造成更大的利益损失。

7.3.3 目前PPP项目风险分配存在的问题

鉴于现行规范中所提的分配原则均为原则性指引，对具体适用尚无配套说明，风险分配框架也仅涉及八个主要类别风险，对于风险分配机制亦无系统性规定，由此导致实务操作中存在相关问题和误区，直接影响着风险分配的公平性、合理性。

1. 社会资本方在前期风险分配参与度不足，风险分配的客观性、公平性不足

虽然相关规范中规定了政府在实施方案阶段，应征询、听取社会资本方意见，但在实践中执行有限。通常情况下，政府方作为发起方，开展项目立项、采购等前期工作，并聘请专业的PPP咨询机构、律师、协调财政、审计、法制等部门完成物有所值评估、财政承受能力论证、实施方案及采购文件编制等前期工作，潜在社会资本方少有机会参与到实施方案编制过程，即便有机会参与，相关意见通常难被重视。

而上述整个工作过程中，咨询机构更倾向于服从和保护委托方，尽可能选择有利于政府方的原则编制风险分配方案，降低政府方风险。由此，由政府一方主导的前期风险分配过程，其结果的客观性、公平性有限，为后续合同谈判增加了难度。

2. 有些政府对项目风险分配方案是否属于"实质性内容"存在认识误区

在招投标阶段，有些政府在发布的采购文件中，明确将风险分配方案作为招标文件的实质性条款，未响应该实质性条款将被否决投标；有些政府虽未明示将风险分配方案作为实质性条款，但在合同谈判中将"风险分配方案"视作"实质性内容"而不得谈判。可见，政府方对不可谈判的"实质性内容"存在误区，倾向将任何增加己方负担的条款都纳入"实质性内容"，实则不然。

（1）根据《招标投标法》的规定，招标人和中标人不得订立"背离合同实质性内容的协议"，但并未明确哪些内容属于"合同实质性内容"，仅在条款五十五中列举了"投标价格、投标方案等实质性内容"；全国人大常委会法工委在发布《中华人民共和国招标投标法释义》中明确，上述实质性内容是指投标价格、投标方案等实质性内容。

（2）《招投标法实施条例》规定，"合同的标的、价款、质量、履行期限等主要条款应当与招标文件和中标人的投标文件的内容一致"，与《合同法》中"有关合同标的、数量、质量、价款或者报酬、履行期限、履行地点和方式、违约责任和解决争议方法等的变更"构成"实质性变更"的规定基本保持一致。

由此，对于不可谈判的"实质性内容"的认定，应严格按照现行法律法规明确，不应由任一方进行"扩大解释"或"限缩解释"；在法律法规并未明文规定，且双方未对风险分配内容及结果分析的情形下，政府单方将其作为不可谈判的"实质性内容"，恐有悖于风险分配的公平原则，政府不允许对风险分配方案进行任何调整的做法，也与动态分配风险的原则不符，不利于合理分配目标的实现。

7.4 风险防范与应对措施

7.4.1 PPP项目风险防范方法

风险防范的方法与措施首先应做好风险分担，按照风险有效控制原则、风险分配优化、风险收益对等、风险承担上限和风险可控等原则，综合考虑政府风险管理能力、项目回报机制和市场风险管理能力等要素，一般应在政府和社会资本间做如下项目风险分担：项目设计、建造、财务和运营维护等商业风险由社会资本承担；法律、政策和最低需求等风险由政府承担；不可抗力等风险由政府和社会资本合理共担。

PPP项目风险防范的方式主要有：①项目监督，对工程活动进行监督，保证按照预先确定的各种设计、施工方案履行、实施工程。②项目跟踪，通过整理分析比较工程资料和实际工程资料，获取工程的进展状况。例如：将各种工程进展报告，工程费用收支表等资料与工程计划表等资料进行校对，找出两者的差异之处，差异越大，即反映出偏离目标就越大，反之就越接近于工程目标。③偏差分析，产生了偏差，说明工程的实际与目标之间产生了偏离，必须仔细分析研究找出偏差产生的根本原因，探究出偏差对工程的影响程度。④偏差调整，对项目偏差实施有效的纠正，尽量缩小偏差，否则，偏差可能会进一步扩大，可能导致工程目标无法完成，甚至导致整个工程目标无法实现。

7.4.2 PPP项目的风险应对措施

基于我国PPP项目风险的特点，提出以下相应的风险应对措施，包括风险发生前的风险规避措施以及严重风险发生后的应对措施。

1. 完善 PPP 模式相关的法律体系

（1）加快建立国家层面的 PPP 法律法规。目前，国务院、财政部和国家发改委都出台了一系列法律法规，以规范 PPP 发展。但由于各方职责不同，出台法律法规的出发点和侧重点也不同，因此出现不统一和不协调的情况。PPP 立法不能闭门造车，应当广泛听取地方政府、社会资本、金融机构、咨询机构和学术专家等多方的意见建议。从防控风险角度出发，PPP 立法应当着眼于完善 PPP 合同，使其更具完整性、规范性和长效性，按照风险由最适宜承担者承担、风险承担与回报相匹配、风险合理分配的原则，制定项目唯一性、最低需求承担、政府承诺和合理回报等条款，形成边界条件清晰、风险分担明确的合同体系；明确规定利益主体的财政风险管理责任和义务，从法律源头严格划分在财政风险监督和处置过程中政府、社会资本、金融机构和咨询机构等的义务，以及各自应当履行的责任。

（2）地方政策配套。PPP 项目所在地的政府还应当依据当地的发展现状，出台一系列 PPP 项目实施细则，包括职责细分以及鼓励政策等方面的内容。借此能够使社会资本明确 PPP 项目施行的规则，将市场准入、招标投标、收益分析、风险分担、价格制定、公共产品的质量标准和特许经营权等关键问题纳入法制化、规范化的轨道，以此来保障社会投资方的利益。

（3）规范各部门和地方政府的财政风险政策文件。由国务院牵头，联合各部门和地方政府，统一梳理现有 PPP 法规和政策。对于存在冲突的部门规章和地方政策，进行整合规范。部分现有法律，如《政府采购法》《招投标法》《合同法》《公司法》等，其中部分条款已经不能适应 PPP 发展的需要，政府应当发布相应的司法解释予以解决。

（4）确定政府部门在应对风险的分工、协调和沟通机制。在 PPP 项目中，地方政府、财政部门、发改部门和国资委等部门都按照部门职责，参与 PPP 项目的建设和运营监督。目前，现有法律将部分风险的监管权赋予财政部门，但对于其他部门如何参与风险防控，并无明确规定。当风险发生时，可能出现部门沟通协调不当，导致风险进一步蔓延。政府应该明确划分 PPP 项目中所涉及的各管理部门的职责，界定各政府部门和社会资本的职权范围，以此保障 PPP 项目管理机构的独立性，避免多头领导给项目实施带来的困境。此外，政府部门还应建立起完善的政府协调机制，协调好 PPP 项目不同融资方之间的利益冲突，避免不同区域合作的 PPP 项目管理部门之间出现矛盾。因此，需要从法律上明确各部门职责分工，加强相互配合，避免出现监管真空地带。

（5）简化、规范 PPP 项目的审批流程。政府要逐步规范 PPP 项目的审批流程和管理程序，简化 PPP 项目审批程序，加快项目进程，避免延期。

2. 加强 PPP 管理机构建设

（1）成立专门的 PPP 项目管理机构。成立管理机构应当借鉴国外建立 PPP 管理中心的成功经验，建立各级 PPP 项目管理机构。在职责分工方面，由国家层面的 PPP 中心管理机构指导地方 PPP 管理机构的工作；地方层面的 PPP 机构在国家法律和政策的允许范围内，结合本地实际，对本地 PPP 项目进行管理，进而确保中央和地方工作的一致性，并且能够及时分享经验，也避免 PPP 项目多方领导而寸步难行的境地。此外，设立多级 PPP 项目管理机构，可以减少出现多方管理现象，为项目施行提供有力保障，降低发生风险的可能。

（2）加强 PPP 项目人才培养。解决一切问题都会回到人，PPP 项目也不例外。无论是风险防范还是风险应对，都需要专业人员妥善处置。从 PPP 项目的筹备到后期的正式运营使用等，涉及的内容非常多，工程系统比较复杂，政府主管部门还必须要加大监管力度，与各合作方建立良好的合作关系，优势互补，提高管理人员的专业化水平，为 PPP 项目的有效开展奠定基础。政府可以采取理论和实践相结合、吸取国外经验教训、引进国外专业人才和管理技术等方法。考虑我国实际情况，培养人才包括两方面：一是要对政府相关部门的人员进行专业培训，着重对部门领导、管理人员以及业务人员进行 PPP 模式相关基础知识的培训，提升他们对于 PPP 模式的认知，并结合国内外相关经验，培养出一批专业的高素质管理人才。二是加大专业人员培养。在高校开设相关课程，培养出一批既精通 PPP 模式的理论知识又具备实际操作能力的专业人才，为推进 PPP 模式做好人才储备工作。可以说，PPP 人才建设孕育着我国 PPP 的发展前景。

3. 健全地方政府信用体系

PPP 模式是一个长期合作过程，守合同、重信用是合作的基石。健全地方政府信用体系，有利于吸引社会资本长期参与 PPP 模式。一是健全政府 PPP 信用监督体系。实现内部全面监督，需构建上级政府对下级政府的纵向监督，纪检监察部门对财政部门的横向监督，定期检查 PPP 信用情况，若发现存在失信行为，要根据规定问责追究。二是健全政府失信惩罚机制。对于在 PPP 领域中出现的政府失信行为，应该由上级政府牵头，结合失信行为对项目和社会造成的负面影响程度，要求地方政府书面说明失信原因、过程并制定整改方案。对于失信行为的主要负责人，要依法追究其法律责任。三是健全财政支付追偿机制。对于社会资本已按合同履约，但地方政府拒不支付服务费用的情况，社会资本可以依法向上级财政提出申请，将转移支付资金优先支付 PPP 项目，保证 PPP 项目的正常运营。

4. 建立有效的 PPP 模式信息披露制度

阳光化的 PPP 项目信息公开机制，是最好的防腐剂和制度约束，也是防控 PPP 项目风险的重要措施。强制的信息披露好处在于可以有效预防 PPP 参与主体的各种违规违法操作，本质上它是一种惩罚措施——信息型惩罚。PPP 参与主体一旦出现违规违法行为，如政府的失信违约、私人部门的投机行为等，可以在 PPP 信息披露平台上将涉事的政府和企业信息对社会公布，通过"声誉机制"对违法者形成惩罚、震慑、警示，从而有效预防类似行为的产生。目前，财政部《政府和社会资本合作模式操作指南（试行）》中对 PPP 模式信息披露有相关规定，但是比较笼统，不具实践性，下一步应该在 PPP 法的层次上对 PPP 模式信息披露的平台、时限、流程以及违法的责任追究进行清晰地规定从而形成完整的 PPP 信息披露制度。可以着眼于以下方面：

（1）丰富 PPP 项目中后期的信息公开。目前的公开信息中，采购环节内容多，运营和移交环节内容少。细化 PPP 项目中后期的信息公开披露要求，为解决 PPP 项目的财政支付问题提供有力抓手，让项目实施更有全面性、合理性和科学性。

（2）细化 PPP 项目信息公开的内容。对于占用公共资源较多和财政风险较大的单个项目，需重点单独披露财政支出责任、标准、过程和结果；对于辖区内项目的财政风险，地方政府需定期披露财政支出责任，并分析是否会对财政及社会运行造成影响。

（3）引入第三方监督。第三方监督有利于提高信息管理的质量，避免信息存在"失真"和"失准"现象。引入高校、科研机构和PPP咨询机构等第三方机构，对已纳入项目库的PPP项目进行评价分析，并及时向社会公开评价方法和评价报告。

5. 建立PPP项目的监管体系

财政部和发改委近年来相继出台的一系列制度规范和政策，对PPP规范操作和风险防控发挥了重要作用。面对PPP出现的新情况新问题，需要进一步完善监管框架，建立规范、透明的监督机制，促使项目全过程信息公开，确立明晰的行业运行秩序，引导参与方理性预期，通过监管处罚提高恶意行为的违规成本。加强PPP经验数据储备与分析，提高未来相关风险因素预测的精确性。对于PPP适用领域、项目展开过程中涉及的折现率、收益率等问题，进行详细论证分析，进而实现对相关因素未来变化的有效把握，降低潜在风险。同时，政府要考虑对或有负债相关的支出进行合理预测以及合理的协调安排，降低风险。主要风险应对措施为：

（1）建立绩效管理机制。政府应当建立起项目实施全周期的绩效管理机制，主要包括三个时段：项目实施前绩效目标设定、项目中期绩效进度审核和项目结束后期绩效评价，并将其应用到政府投资、私人资本投资、消费者付费的评价中，并将评价结果作为项目质量评价的重要依据之一。

（2）建立起系统、完善的监督评价体系。PPP项目所涉及的各级政府要建立起由政府和社会公众共同参与的监督评价体系和信息发布机制。政府要及时发布项目相关信息，充分调动社会公众、新闻媒体等社会力量的积极性，让其参与项目进度的监督，由此形成政府、市场和社会3种力量共同参与PPP项目监管的局面。

（3）建立定价监控机制。为降低监管成本，政府需要建立以定价机制为核心的监管机制，这项工作主要由发改委部门或物价局进行审核。监管机制包括市场准入、项目实施、产品或服务定价，其核心部分是定价机制。合理的定价机制有利于提高民间资本的积极性，降低项目运行中的财政风险。

6. 建立应急处置体系

对于PPP项目中不可预知的风险，应保持审慎监管的态度。设立应急处置体系，构建快速响应、分类施策、协同联动、稳妥处置的风险应对机制。

一是制定系统完善的风险管控预案。若在项目运行的过程中，参与项目的各个主体之间能够相互配合，当风险发生时，能够共同承担责任，就能确保项目主体的顺利运行。在项目实施之前，必须要确保各项目主体都可以承担风险，然后再按照各环节工作来划分责任，使项目目标能够顺利实现。承担风险的各责任主体在弄清自身风险之后，制订全面的风险管控工作计划，避免风险的发生，从而确保各方经济利益的最大化。当风险承担方明确风险内容后，管理者必须要对风险计划进行审核，确保风险计划的科学有效性，可以有效防范风险的发生。当然，文件的检查必须要认真仔细，不能只是流于形式，必须要能监督各部门开展工作，在承担风险责任的同时，必须要采取科学有效的措施应对风险，促进企业经济的持续发展。

二是缴纳风险贮备金。要保证 PPP 项目的有效开展，各项目参与主体都必须要按照各方发生风险时要承担的风险比例来缴纳一定的风险贮备金，并由各单位共同商定安排负责人对资金统一进行管理，通过这样的方式来约束各责任方的行为，从而确保各责任主体在面对风险时，能够将自身的优势全面发挥出来，有效防范风险。若在项目风险管理过程中，因某方工作失误，而使另一方遭受经济损失，就必须要从过失方准备资金中扣除，弥补受害方的经济损失。这样，才能使风险管控的力度与作用力得到有效发挥。在风险管控的实际过程中，政府还应该给予相应的补贴，补贴的具体内容是，当建设单位在面对风险的时候，若支出的成本过多，则该部分成本就必须要由政府来承担，通过这样的方式，就能有效缓解各方风险压力，就激发了各方应对风险的积极性，并能积极主动地规避风险。

7. 确保 PPP 项目投融资的合规性

一是聚焦项目融资风险的新关注点。作为 PPP 项目的投资者，需要具备相应的专长，并具备对项目投资运营等商务性风险的控制。若 PPP 项目投资者具备投资运营优势，对于未来稳定现金流就有了较为可靠的保证，以现金流为基础的债务性融资也就有了相应现金流稳定性的担保，而不必局限于实物资产担保或主体性担保。收益权质押是 PPP 项目可行的担保方式，其关键是以收益权为基础的现金流稳定性程度。

二是积极吸引民营社会资本参与。PPP 项目投资会增加社会资本的杠杆度，在央企"去杠杆"和"192 号文"规范下，有利于吸引民营企业参与 PPP 项目投资。近期一系列规范性文件出台，收窄了 PPP 项目投资的合规路径，但并未改变 PPP 项目提质增效的初心，作为市场最有活力的投资主体——民营企业，相对规模较小，更有助于创新。通过引导培育民营企业的行业运营能力，如现代养老服务业等，创新盈利模式，引导社会资本积极参与到 PPP 项目的投资中。

三是项目投资的专业性合作。在项目投资具备财务可行性基础上，通过创新项目分配机制实现投资者合作共赢。项目公司股东对项目资本金投资的前提是"共担风险、共享收益"，股东之间对投资风险具有连带责任，并需要合理分配建设运营等全生命周期的全部收益。

四是项目融资方提前参与拟实施项目。在项目前期准备阶段，提早杜绝合规性隐患，就需要让项目融资方提前参与项目的规划设计。项目融资可行性是项目实施成败的重要条件，股东各方、意向贷款银行等金融机构早期参与项目设计或磋商，可在项目落地前规避各方面临的合规性问题。如从银行角度审查项目资本金，要遵循穿透原则，不仅要确保融资主体资本金来源的合法合规，而且要确定资本金金额、期限能够满足项目建设需求。通过早期磋商，在项目设计阶段解决潜在问题，不但可杜绝合规性隐患，而且可使项目具备更强的市场吸引力。

8. 适当控制地方财政支出责任

当前 PPP 项目数量和投资规模膨胀较快，其中大量累积的地方财政支出责任成为 PPP 中蕴含的财政风险源头之一。首先，要控制 PPP 项目数量增长。借鉴目前地方政府债务监管中债务限额与余额的关系，严格履行一般公共支出 10% 的比例上限，要求地方政府从控制风险的角度压减 PPP 落地项目数量，按照轻重缓急的原则分阶段、分领域统筹安排落地项目。第二，对 PPP 项目中的财政支出责任进行风险监控。将 PPP 项目中的政府财政支出责任统一纳入地方财政风险测试的范围，并对地方财政风险测试实施较统一的指导意见。第三，要降低地方财政投资补助标准，严格控制地方政府资本金投入比例。第四，要积极防范 PPP 起步阶段的不规范项目操作引发的财政"兜底支出责任"风险。建议在地方政府层面按照辖区 PPP 项目总投资的一定比例预算安排落地项目风险金，可以考虑先从小做起，逐年累积，最终形成与兜底性责任相匹配的风险基金。

9. 提高社会资本方的质量

PPP 项目周期长、投入大，在全生命周期可能会面临诸多风险，提高社会资本方的质量是防范财政风险的重要环节。首先，规范央企参与大型 PPP 项目的会计核算。根据股权出资比例、其他出资方的投资性质、与其他出资方关联关系、央企参与程度、风险分担与收益共享机制等多重因素综合衡量央企对项目的控制程度，并量化处理综合评判指标体系，从制度上严格规范央企的 PPP 投资行为。第二，完善配套制度，吸引优质民间资本参与，发挥民间资本的运营管理经验和技术优势。进一步完善地方政府诚信体系建设、加快 PPP 资产交易体系建设，构建规范畅通的社会资本退出机制。第三，优化政府采购招标制度，采购优质社会资本方，强化社会资本方的后期运营责任。

10. 进一步规范 PPP 模式的操作流程

依托财政部《政府和社会资本合作模式操作指南（试行）》规定的 PPP 模式开展流程，对各关键时点的操作程序进一步细化、规范化。

一是关于 PPP 项目的前期论证。前期论证需要做好物有所值评价（VFM）和财政承受能力论证两个主要工作。物有所值评价要从定性评价为主转向定量评价为主并辅以定性评价；财政承受能力论证的重点在于科学理清政府在 PPP 项目全生命周期内的支出责任，严禁固定回报、明股实债和滥用担保等违规行为。

二是要创新 PPP 模式的投融资机制，严禁财政对融资担保。加大金融支持力度，通过金融工具的创新拓宽 PPP 项目的融资渠道，如 PPP 项目资产证券化。

三是完善调价机制。调价机制对于 PPP 项目也非常重要，这一机制是为了应对项目中的不确定因素设计的。在项目实施过程中，由于市场需求的不确定、利率和汇率的不确定、主要原材料价格的波动、通货膨胀等不确定性因素发生变化，预先设定价格调整方式成为最常用的应对方法，可以在一定程度上保护项目收益。因此，在项目运营期内，政府要将观察到的由于风险因素影响而发生的成本或盈利能力的变化转化成价格变化，以启动调价机制。

第8章
PPP项目操作负面清单与规避措施

一般而言,负面清单是指投资领域的"黑名单",即指企业限制或禁止类项目,投资者可以对照清单一目了然。负面清单也是一种管理模式,这种管理模式可以用来列明企业不能投资的领域和产业。除了清单上的禁区,其他行业、领域和经济活动都许可。在此,借用"负面清单"这一说法,用以阐述在PPP领域政府出台的限制或禁止性规定。这些"负面清单"式的限制或禁止规定散见于不同部门不同时期出台的不同文件中。出于对PPP项目规范管理的需要,针对PPP项目实务中的一些乱象,中央政府相关主管部门在2017—2018年以文件形式比较集中地从反面提出规范要求。比较典型的文件是财政部和国资委于2017年11月先后发布的《关于规范政府和社会资本合作(PPP)综合信息平台项目库管理的通知》(财办金〔2017〕92号)和《关于加强中央企业PPP业务风险管控的通知》(国资发财管〔2017〕192号)两份文件。这两份被称为"史上最严"的PPP规范性文件的出台,将对PPP项目的规范实施要求提升到了一个新高度。其中,财办金〔2017〕92号文件明确了新项目"入库原则"和"负面清单",而且明确了已入库项目清退清单,并要求对新项目进行严格把关;国资发财管〔2017〕192号文件从央企管控PPP风险的角度出发,重点提出了央企参与PPP项目的"六大要求"和"八项禁令"。

本章节将对相关文件进行梳理,结合国家各部委此前发布的相关法律法规以及宏观经济、金融调控政策,从PPP项目实施程序、PPP模式适用领域、PPP项目投资和融资、运作模式和合作期限、政府债务和责任、回报机制和土地相关问题等七个方面进行综述,具体的"负面清单"式的限制或禁止规定以清单方式汇总。

8.1 PPP项目实施程序的负面清单

8.1.1 前期准备工作不到位

包括新建、改扩建项目未按规定履行相关立项审批手续的;涉及国有资产权益转移的存量项目未按规定履行相关国有资产审批、评估手续的;未通过物有所值评价和财政承受能力论证的。

8.1.2 社会资本采购方式不规范

社会资本的采购应营造公平竞争的环境、合理设定采购标准和条件，确保采购过程公平、公正、公开，采用适当的采购方式，不得设置无关的资格条件、设定过高的投标保证金或以不合理方式支付投标保证金。

1. 公平竞争环境

营造公平竞争环境是充分发挥竞争机制，择优选择社会资本投资人的前提条件。所谓营造公平竞争环境，就是鼓励国有控股企业、民营企业、混合所有制企业、外商投资企业等各类型企业，按同等标准、同等待遇参与PPP项目，要确保采购过程公平、公正、公开，不得对潜在合作方实行差别待遇或歧视性待遇。一般应关注以下几点：采购程序是否依法公开，项目相关信息是否充分披露，是否平等地向所有潜在合作方披露，是否存在不合理的采购条件，例如设置的资质条件是否必要、是否适当，相关业绩要求是否有排斥潜在合作方，保证金的金额是否适当、提供方式是否合规、提交和退还时间是否适当，是否不合理限制联合体。

其中合理的条件包括：要求具有独立承担民事责任的能力、具有良好的商业信誉和健全的财务会计制度、具有履行合同所必需的设备和专业技术能力、有依法缴纳税收和社会保障资金的良好记录、参加政府采购活动前三年内，在经营活动中没有重大违法记录、法律、行政法规规定的其他条件。

不合理的条件主要包括：以不合理的条件限制或者排斥潜在投标人的；对潜在投标人实行歧视待遇的，如限制或者排斥本地区、本系统以外的法人或者其他组织参加投标；强制要求投标人组成联合体共同投标的；或者限制投标人之间竞争等。

2. "两标并一标"的适用与限制

根据《中华人民共和国招标投标法实施条例》第九条："除招标投标法第六十六条规定的可以不进行招标的特殊情况外，有下列情形之一的，可以不进行招标：……（三）已通过招标方式选定的特许经营项目投资人依法能够自行建设、生产或者提供；"因此，"两标并一标"的前提是特许经营项目的社会投资人系通过招标方式选定且社会投资人具有相应施工资质。

8.1.3 信息公开的禁止性规定

财办金〔2017〕92号文件规定的违反信息公开要求的退库情形包括"不应公开但公开"和"应公开未公开"两类。若在审查过程中发现存在这两类情形的，应及时纠正，拒不纠正的，应予以清退出库。《宪法》《保守国家秘密法》《反不正当竞争法》等法律法规均规定了公民、法人、其他组织在日常经营和活动中负有保守国家秘密、商业秘密和其他公民隐私、保护知识产权的义务。财办金〔2017〕92号文件所指的"违反国家有关法律法规，所公开信息与党的路线方针政策不一致或涉及国家秘密、商业秘密、个人隐私和知识产权，可能危及国家安全、公共安全、经济安全和社会稳定或损害公民、法人或其他组织合法权益"的"负面清单"标准即属于违反上述法律法规的规定，将不应公开的信息进行不恰当公开的情况。

PPP模式作为提供公共产品和公共服务的方式，必须保证公众的知情权，在项目识别、准备、采购、执行、移交各阶段所形成的必要信息、书面文件应按照要求及时、充分披露，以接受社会公众监督，让PPP项目在阳光下运行。财办金〔2017〕92号文件提及的"未准确完整填写项目信息，入库之日起一年内未更新任何信息，或未及时充分披露项目实施方案、物有所值评价、财政承受能力论证、政府采购等关键信息"即属于违反上述法规或文件规定应公开而未公开的违规情形，这些项目将被清理出库。

8.2 PPP模式适用的项目类型负面清单

从大的方面看，适合采用PPP模式的项目包括两大类：公共服务项目和基础设施项目。具体而言，国家鼓励和支持采用PPP模式实施的项目主要包括：燃气、供电、供水、供热、污水、垃圾处理、地下综合管廊等市政设施；公路、铁路、机场、城市轨道交通等交通设施；保障性安居工程、文化、医疗、旅游、教育培训、健康养老等公共服务项目，以及水利资源环境和生态保护等项目。鼓励政府和社会资本合作的目的之一即为改善公共产品和服务供给方式和效率。

如果采用PPP模式与采用政府传统投资运营方式相比，并不能有效提供高质量的公共产品和服务或提供产品和服务不及时、不达标，那么该项目就无法达到物有所值的基本要求，不应该采用PPP模式，已采用的也应该被清退。而对于政府不负有提供义务的项目，如商业地产开发、招商引资项目等，财办金〔2017〕92号文件给予明确否定。财办金〔2017〕92号文件之后，对于目前PPP项目中部分片区综合开发项目将商业与基础设施类子项目打包或铁路、航空等特定领域允许以综合开发收益捆绑平衡基础设施项目收益的操作模式是否仍然可行，仍需要结合财办金〔2017〕92号文件的"负面清单"标准及其他相关文件精神来综合理解。从严格审查角度而言，不同属性项目打包的操作模式存在一定的合规性风险。在确定PPP项目合作范围时，应严守项目公共性、公益性的底线。对于纯商业项目不应盲目列入PPP合作范围打包实施，而应在交易结构设计时考虑通过其他合法合规方式将公益性项目和商业性项目分别安排。

根据财政部相关文件，不适宜采用PPP模式实施的主要包括以下四种情况：

（1）不属于公共服务领域，政府不负有提供义务的，如商业地产开发、招商引资项目等；

（2）因涉及国家安全或重大公共利益等，不适宜由社会资本承担的；

（3）仅涉及工程建设，无运营内容的；

（4）其他不适宜采用PPP模式实施的情形。

其中，前两种情况是从PPP模式适用的领域和项目类型角度提出的规范要求。

8.3 PPP项目投资和融资负面清单

《公司法》《国务院关于固定资产投资项目实行资本金制度》和《国务院关于调整

和完善固定资产投资项目资本金制度的通知》等法律法规及政策对公司注册资本金和项目资本金应满足法定最低比例、及时足额缴纳、不得挪用及抽回出资等均有明确规定。《财政部办公厅关于规范政府和社会资本合作（PPP）综合信息平台项目库管理的通知》（财办金〔2017〕92号）继续从"去杠杆"的角度，对社会资本方自有资金充实性提出了具体的审查标准，要求对"未按时足额缴纳项目资本金、以债务性资金充当资本金或由第三方代持社会资本方股份的"PPP项目进行清理。在实务中，一些PPP项目为实现债务出表、加大自有资金融资杠杆，利用"明股实债""小股大债"、母子公司之间代持股权、不规范使用基金等方式实现目的。本节对"明股实债""小股大债"及PPP基金的使用进行论述。

8.3.1 "明股实债"与"小股大债"的禁止性规定

1. 明股实债的概念

过高的PPP项目资本金比例和央企的出表需求，催生出"明股实债"模式。"明股实债"是指在项目资本金融资过程中，社会资本方引入金融机构，金融机构名义上以股权形式投资于大部分项目资本金，但是投资回报不与项目公司的经营业绩挂钩，而是与资金需求方签署回购协议并获取固定回报，实质是一种结构性的股权融资安排。其中，金融机构以银行、信托公司和资产管理公司为主体，充当财务投资人；以建筑类央企为代表的社会资本方充当战略投资者。

从"明股实债"的供应工具来看，社会资本为最大限度减少自身的出资额，实现出表和资本运作的目的，进而寻求与金融机构合作，共同设立产业基金，目前已经成为PPP"明股实债"的主流。例如，H市公路PPP项目曾成功运用"明股实债"类产业基金进行资本金融资，该项目由X工程局独立中标，项目总投资9.6亿元，其中项目资本金3亿元。根据X工程局的金融方案显示（见图8-1），X工程局与信托公司合作，共同设立产业基金。在产业基金内部，银行将理财资金投资于信托计划，信托公司通过信托计划出资1.4亿元，充当优先级LP（有限合伙人），通过抽屉协议的方式，将持有的股权转让给X工程局；X工程局以自有资金出资0.695亿元，作为劣后级LP，体现出金融资本安全垫的作用；基金管理公司出资50万元，充当GP（一般合伙人）来行使基金的管理权，承担无限连带责任。而回购是明股实债的核心环节，该项目的回购安排由X工程局和信托公司事先约定，项目公司于第2年和第3年分别回购0.7亿元的优先级股份，第4年回购劣后级份额0.695亿元，实现资金的退出。

2. 小股大债的概念

过高的资本金规模和盘活存量资本的需求，又催生出"小股大债"模式。"小股大债"指的是PPP项目资本金与注册资本之间的差额以股东借款的形式予以补足，注册资本比重远小于股东借款。在会计处理上，注册资本作为实收资本核算据此划分股权比例；而股东借款通常计入资本公积科目，也有部分项目将其作为其他应付款核算。股东要求项目公司在规定的期限内偿还借款，实质上属于债务性的融资方式。中国银监会《关于信托公司开展项目融资业务涉及项目资本金有关问题的通知》（银监发〔2009〕84号）曾对股东借款做出明确规定，指出只有股东承诺在项目公司偿还金融机构贷款

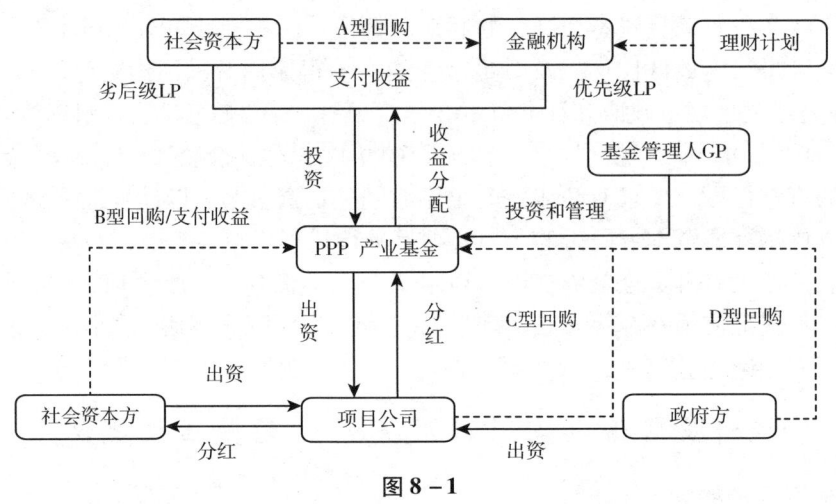

图 8 – 1

前放弃股东借款的受偿权,才能充当项目资本金。H 市公路 PPP 项目中也运用了"小股大债"模式,成功组建项目公司,实现"明股实债"和"小股大债"的结合。3 亿元的项目资本金由 X 工程局、城建公司和产业基金共同出资,包括 1 亿元注册资本和 2 亿元股东借款,股东借款计入资本公积科目,资本金层面的债资比为 2∶1(见图 8 – 2)。伴随着项目公司回购产业基金的份额,股东借款也将被归还,4 年后项目资本金仅为 1 亿元。当"小股大债"模式与该 PPP 公路项目相结合时,能够盘活 X 工程局和金融机构的存量资本,实现项目资本金的提前退出;有利于节约运营期内因股权转让而课征的所得税;也能避免在注册资本过多的情况下,项目公司由于减资而受到债权人的约束。由此,"小股大债"模式已经被广泛地应用于各类 PPP 项目。

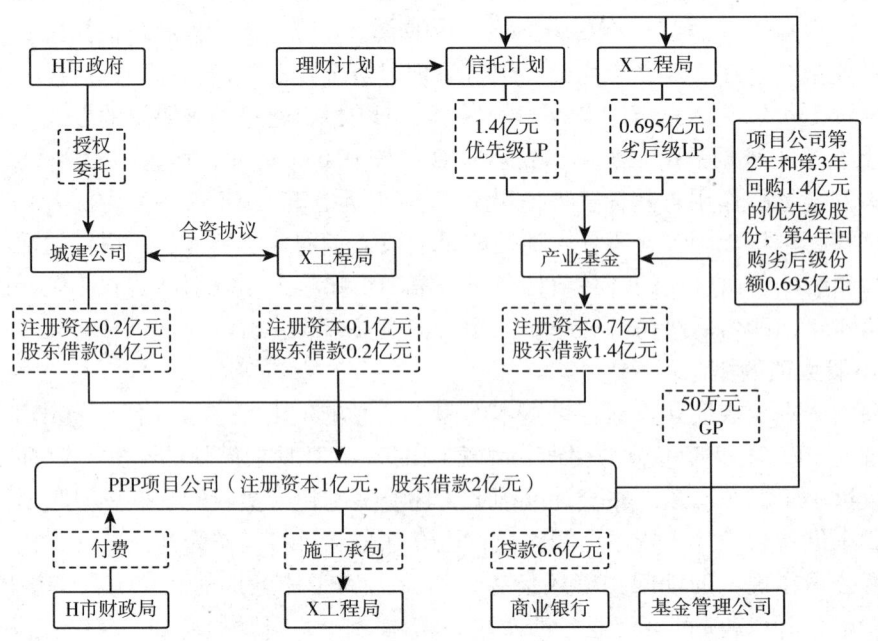

图 8 – 2

"小股大债"模式最早起源于房地产投资项目,中国银监会《关于信托公司开展项目融资业务涉及项目资本金有关问题的通知》(银监发〔2009〕84号)曾规定,只有股东承诺金融机构贷款的受偿权优先于股东借款时,股东借款才能够充当项目资本金。

3. "明股实债+小股大债"的问题

(1) 资本金债务化,项目涉嫌违规。

"明股实债+小股大债"模式存在着固定回报、定期回购和提前退出的特征,从实质重于形式的角度来看,应当被界定为债务性融资方式,这与国发〔1996〕35号文中对项目资本金应属于非债务性资金的规定相违背。PPP模式旨在吸引社会资本投资公共基础设施项目,公私双方开展市场化、透明化和长期化的合作,而项目资本金的债务性融资方式则偏离了PPP模式的本质。在最新的政策文件中,财办金〔2017〕92号文、国资发财管〔2017〕192号文和财金〔2018〕23号文已经禁止"明股实债"和"小股大债"等以债务性资金充当项目资本金的融资方式,并从项目库清退和资本金穿透监管两方面进行PPP的规范工作。由此可见,"明股实债+小股大债"模式存在运作违规的情况,进而涉嫌伪PPP的问题。

(2) 主体增信不足。

项目资本金制度设立的目的在于增加融资主体的信用水平、筹措必要的建设资金并保障债务性资金的安全,是一种防控风险的行政手段。目前,我国PPP仍处于起步阶段,大多数项目采用BOT的运作模式,社会资本方通常需要新设项目公司来负责PPP项目融资、建设和运营工作。但是项目公司成立时间较短,远没有达到企业信用评级的年限要求,融资信用水平低,融资难、融资贵问题凸显。而"明股实债+小股大债"模式又呈现出"注册资本过低""债务性资金充当资本金"的问题,导致PPP项目的融资主体增信不足,进一步降低债权人资金的安全系数,债务筹资难度加大,可能导致项目资金链断裂,进而对PPP项目发展产生质的危害。

(3) 运营责任虚化。

"小股大债"模式下,由于建筑类央企"重建设、轻运营"的传统思维和金融机构对资金安全性流动性的要求,项目公司以股东借款充当资本金,为社会资本和金融资本的提前退出创造了条件,然而这会导致PPP项目资本金空心化。一旦社会资本方和金融机构投入的资本金提前退出,政府将难以绑定社会主体的运营责任,导致PPP项目出现运营责任虚化的问题。此外,"小股大债"模式相当于类BT的助推剂,社会资本方只需要主导项目的建设期,运营期内股东借款随之退出。而政府仍需要逐年将建设成本归还项目公司,类似于普通的工程承包项目,违背了PPP模式"利益共享、风险共担、长期合作"的基本原则。

(4) 错配问题凸显。

PPP项目资本金融资目前存在三方面的错配现象:第一,主体错配。PPP模式的本义在于鼓励民营资本进入基础设施和公共服务领域,缓解政府的财政压力。但是由于PPP项目合作周期长,存在着较多的不确定因素,导致民营资本参与PPP项目的积极性不高,建筑类央企充当PPP项目资本金的牵头方。第二,期限错配。在"明股实债+

小股大债"模式下，PPP项目资本金的融资工具主要是以产业基金为代表的结构化金融产品，其中又包括了理财计划、信托计划和资管计划，这些融资工具的期限一般在3~5年，而PPP项目的合作周期通常在10~30年，存在严重的期限错配。第三，目标错配。政府希望社会资本方长期持股PPP项目，保持公共利益最大化；而社会资本方和金融机构基于自身利益最大化的考虑，在PPP项目中倾向阶段化投资，因此以债务性资金充当资本金，目标错配问题凸显。

8.3.2 引入PPP产业基金的限制性规定

1. PPP产业基金的概念

PPP模式在我国经济进入新常态后实现了大发展，PPP产业基金是实现该模式的一种运作方式。主要是政府通过引进社会资本方，并在其承担有限责任的前提下，采取股权、债权、"股+债"等多种方式，为PPP项目募集资金。

2. PPP产业基金发展的重要意义

（1）减轻地方政府的偿债压力。

传统经济模式下，地方政府承担了社会公益性项目的债务融资，一方面致使地方政府债务高企；另一方面社会资本方作为市场主体参与度不高。新经济模式下，国家大力推进供给侧结构性改革，国家出台了《关于加强提防政府债务管理的意见》（国发〔2014〕43号），并明确提出了"剥离融资平台公司政府融资职能，融资平台公司不得新增政府债务"的指导意见，标志着政府投融资平台的融资职能宣告终结。为此，通过PPP产业基金的模式，引进有实力的社会资本方共同参与到城镇化建设中意义重大。

（2）拓宽新建项目融资渠道，优化债务结构。

PPP产业基金所募集资金不计入发起人的资产负债表，一方面规避了监管机构和金融机构对基金发起人财务杠杆率红线的考量；另一方面增强了发起人持续再融资能力。与一般股权融资相比，产业基金以扶持产业发展为己任，周期较长，具有政府引导、社会参与等特点。通过结构化设计，放大资本投资能力，吸引银行、保险等长线低成本资金进入，充分发挥金融支持实体经济的功能效应。

（3）发挥专业团队特长，实现政府与社会资本共赢。

引进社会资本参与到地方公用事业和基础设施领域的建设和管理，不但可以放大财政资金的资源配置能力，撬动大规模的社会投资，而且社会资本可以以其更为专业的管理能力为社会提供高质量、高效率的公共产品。

3. PPP产业基金项目的基本要求

（1）满足PPP产业基金投资领域的项目须是录入国家级或省级PPP项目库的项目，并争取在项目招投标的前期就开始营销、参与。关于哪些PPP项目适合投资，主要取决于项目收益加上政府补助之后，项目是否具有盈利的空间。

（2）所有PPP项目在PPP实施方案后，应当会同发改委、财政部门等开展必要性、合理性的评估。

（3）PPP产业基金项目必须通过财政承受能力论证以及物有所值评价。需要符合财政部《政府和社会资本合作项目财政承受能力论证指引》（财金〔2015〕21号文）

"每一年度全部 PPP 项目需要从预算中安排的支出责任,占一般公共预算支出比例应当不超过 10%"的要求。另外,《财政部对十二届全国人大五次会议第 2587 号建议的答复》(财金函〔2017〕85 号)中进一步明确,10% 上限控制的仅是需要从一般公共预算中安排的支出责任,并不包括政府从其他基金预算或以土地、无形资产等投入的部分。

4. 金融机构参与 PPP 产业基金的主要模式

(1) PPP 产业基金母子基金模式。

一般来说,此模式由省级政府层面出资成立引导型母基金,出资人一般为省级财政资金全部出资、省级财政资金和地方财政资金共同出资、金融机构出资或其他。母基金通过分散投资多个下级政府发起成立的 PPP 子基金,起到引导产业投资、撬动社会资本投入地区 PPP 项目建设和运营的作用。金融机构在其中既可以参与母基金的融资也可以在子基金层面参与融资。交易结构如图 8-3 所示。

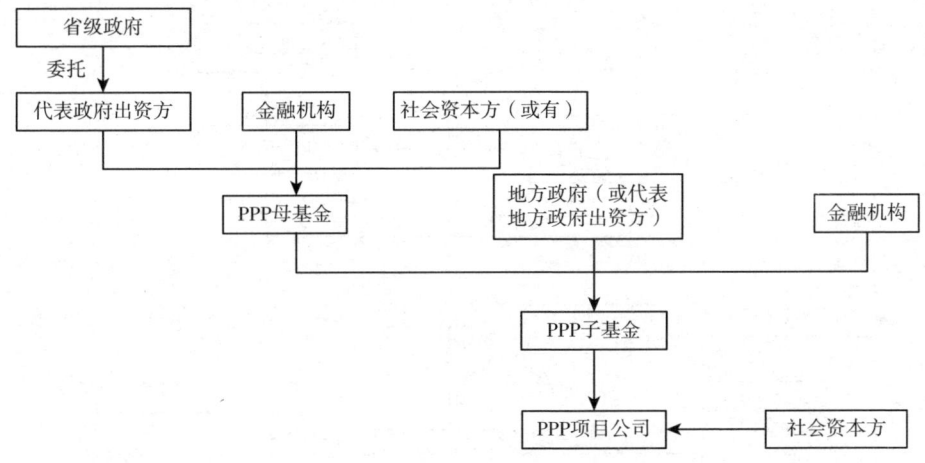

图 8-3 PPP 产业基金母子基金模式交易结构图

(2) 政府主导的 PPP 产业基金。

目前,此模式多用于大型基础设施建设,地方政府通过地方国企、城投公司或平台公司与金融机构联合发起产业基金投资于 PPP 项目。通常金融机构作为优先级有限合伙人;代表政府出资方的企业作为劣后级有限合伙人;金融机构以及代表政府出资方企业分别派出代表作为基金管理人(双 GP)。

政府指定的项目实施机构与项目公司签订《PPP 合同》,并将《PPP 合同》中的政府付费或可行性缺口补助支出责任纳入财政预算。基金成立后通过股权或债权方式将资金投入到项目公司,项目公司按约定对产业基金进行还本付息或股权回购,产业基金将优先级份额及溢价款支付至作为优先级的金融机构(见图 8-4)。

(3) 社会资本主导的 PPP 产业基金。

目前该模式一般由建设运营能力较强的社会资本方发起,该社会资本通过中标政府的 PPP 项目并与政府签订协议,但政府并不在基金层面参与,而是由社会资本联合金融机构成立 PPP 产业基金来投资于项目,由社会资本方企业承担还款责任(见图 8-5)。

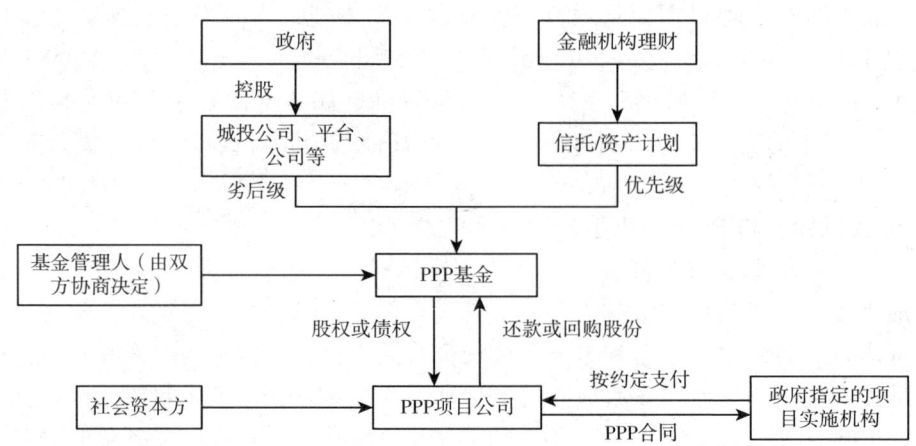

图 8-4 政府主导的 PPP 产业基金交易结构图

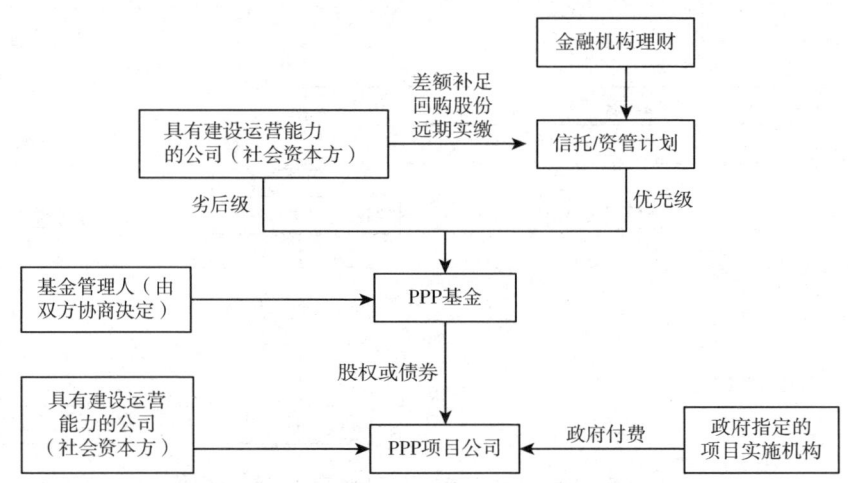

图 8-5 社会资本主导的 PPP 产业基金交易结构图

以上三种模式是目前金融机构参与 PPP 项目的合规模式，从模式运作上可以看出，PPP 的核心在于"政府方"与"社会资本方"的合作，其定位是"投资方"而不是"借款方"，因此，政府方与社会资本方"同股同权"，社会资本方与政府方均遵循"风险共担"的原则。

5. 对市场上几种模式的合规性探讨

（1）武汉市轨道交通 8 号线一期 PPP 项目方案探讨。

今年年初，财政部就武汉市轨道交通 8 号线一期 PPP 项目向湖北省财政厅发函，要求湖北省财政厅核查该项目在运作过程中存在的不规范问题。武汉市轨道交通 8 号线一期 PPP 项目从披露的合同和资料来看，该项目实际上为由存量 BT 项目转化的 PPP 项目。

该项目中劣后级出资人是武汉地铁集团，出资 3.15744 亿元，占基金份额的 10%；作为社会资本方介入的优先级出资人是三家商业银行的联合体，分别为招商银行股份有限公司（牵头方）、中国光大银行股份有限公司和汉口银行股份有限公司，出资28.41696亿元，占基金份额的90%。行业认为，此项目的公共服务提供主体方面不具备相应资格是问题的关键所在。作为社会资本方介入的三家商业银行无法提供公共服务，也无法承担公共服务的责任，不具备社会资本方的职能。因此，此模式并未实现实施PPP项目的目的。

（2）引入"财政支出责任管理中心"的PPP产业基金。

在当前严控地方政府违法违规举债的政策监管下，市场上出现一类变相模式，主要做法是引入第三方机构与地方财政共同成立"管理中心"（合伙企业），管理中心与金融机构共同成立基金，基金在财政预算资金到位前先行投资项目，取得相应的项目投资权益；预算资金到位后，管理中心再受让基金持有的项目投资权益。

此模式中，财政未直接参与基金投资和基金份额受让，金融机构未与财政签署任何协议，但仍存在一些合规性的问题。一是设立的"财政支出责任管理中心"合法性地位有待商榷。管理中心代政府履行出资责任，但其是政府性质还是企业性质并没有明确，涉及的预算资金的管理责任的合法性也没有相关政策支撑。二是按照"实质重于形式"的原则，其方案设计只是通过引入"管理中心"作为过渡；在退出方式上优先级的资金退出不直接与政府预算资金联系，而是以财政预算资金拨付管理中心，再通过管理中心受让基金合伙企业的项目投资权益实现优先级合伙人的资金退出。整个交易过程只是进行概念上的转移但实质并没有发生改变，仍有被认定为政府违规承担还款责任、新增政府债务的风险。

6. 对使用PPP产业基金的建议

（1）PPP后续融资手段的多产品组合运作。

国务院法制办起草的《基础设施和公共服务领域政府和社会资本合作条例（征求意见稿）》中第十六条规定："合作项目期限根据行业特点、项目生命周期、投资回收期等因素确定，一般不低于10年，最长不超过30年。"而未来银行理财资金受到资产严禁错配的要求影响，只能提供5年以下资金，金融机构参与PPP项目将面临较大挑战。针对期限错配问题，一是在融资后期可以进行资产证券化，根据PPP基金与所投PPP项目在融资过程中会形成不同类型的资产，可以针对资产情况选择合适的证券化工具。二是在项目中后期进行债权再融资，在项目公司层面主要是借新还旧；在债权人方面可以通过各类基于项目债权的再融资，如通过信贷资产流转平台转让债权，或者转让持有的债权类非标资产。三是股权再融资，项目投资方可以通过转让PPP项目公司股权收益权或股权实现退出。

（2）PPP产业基金发展方向更加细化、专业化。

当前，PPP产业基金管理相对粗放化，同质化倾向较强。随着《基础设施和公共服务领域政府和社会资本合作条例（征求意见稿）》等系列文件的发布，标志着政府和社会资本合作得到了政府的大力支持并在立法层面取得了实质性的进展。随后，财政部、住建部等四部门发布通知要求"政府参与的新建污水、垃圾处理项目要全面实施PPP，存量项目也要逐步转型为PPP模式"。国家发改委也印发《关于加快运用PPP模式盘活基础设施存量资产有关工作的通知》，并发布了44个重大市政工程领域重点PPP项目。

在政府层面，正在逐步引导PPP产业基金往专业化方向发展，同时提出：一是择优选择存量项目，着力化解政府性债务；二是简化项目审批流程，释放市场主体潜力；三是加大财税扶持力度，引导社会资本方积极介入；四是实行多样化土地政策，保障项目建设用地等更加细化、专业化的措施。

（3）逐步引导PPP产业基金中社会资本方的角色更加适应专业化、市场化的要求。

2017年上半年，财政部出台的《关于进一步规范地方政府举债融资行为的通知》（财预〔2017〕50号）及《关于坚决制止地方以政府购买服务名义违法违规融资的通知》（财预〔2017〕87号）等文件公布的负面清单中，列出了各地方政府所有不合规举债的行为。在大力支持PPP项目的同时也在逐步规范PPP模式，并进一步强调PPP项目中政府与社会资本方"利益共享、风险共担"的原则。本书所探讨的引入"财政支出责任管理中心"的PPP产业基金方案以及"武汉市轨道交通8号线一期PPP项目"，存在政府方为社会资本方承担债务隐形兜底责任以及社会资本不实际承担项目建设运营风险方面的问题。因此，在当下明确政府方不得以任何方式承诺回购社会资本方的投资本金与最低收益的强监管政策下，要求在PPP产业基金项目中，社会资本方需要进一步适应市场化要求，加强风险的识别与防控，才能保障PPP项目的良好运营。

8.4　运作模式和合作期限负面清单

8.4.1　禁止以BT方式实施PPP项目

PPP模式推广过程中始终强调PPP项目必须含有运营环节，不允许以拉长版BT、政府采购工程加服务等方式固化政府支出责任，变相违规举债融资。BT项目只有项目建设但缺少项目运营，未能体现社会资本在项目运营上的能动性，也使PPP项目中绩效考核机制无存身之地。财办金〔2017〕92号文件明确要求将BT模式项目清理出库。

在实践中，PPP项目在实际操作中重施工建设、轻产业运管的现象普遍。很多社会资本过于短视逐利，为了提前获得项目的施工利润，将建设期的施工规模和占比尽量做大，完全不考虑项目的后期运营和维护，有些社会资本甚至直接跟政府签订回购协议。这不仅与PPP模式的推广初衷相悖，双方无法实现长期的风险共担，而且会造成政府或有负债风险的低估。

PPP项目基于其所处行业特性，对实际运营方的选择和委托方式会表现出较大差异。以交通项目为例，交通道路、城市公交运输等项目的运营维护、养护的专业化程度相对较低，市场化程度相对较高，适于采用竞争性方式选择运营方。而某些至今仍处于自然垄断状态（如机场、铁路、城市地铁等）的项目，专业运营商相对较少，甚至是唯一主体，因此导致该类项目的核心运营不得不被指定委托给相应的实际运营方。那么，在财办金〔2017〕92号文件出台后，对于PPP项目是否必须由社会资本或项目公司负责运营？具有运营自然垄断属性的项目该如何安排运营环节以合法合规？应从如何真正实现项目物有所值、提高运营效率的角度来考虑。对于运营环节市场化程度高的项目，应尽量要求合格运营商作为社会资本联合体成员之一参与竞争，或以项目公司为第一运营义务主体，实际运营方由项目公司采用竞争性方式招选和管理，并通过绩效考核及风险传导的方式将运营要求落实到实际运营商。实践中，项目本身商业价值不高、无使用者付费收益来源、难以商业化运营的非经营性设施，最容易陷入缺失运营内容、成为拉长版 BT 项目的合规性风险。

对该类项目，应在结合现有政策的基础上，采用多种手段逐步从资金补助转为资源补助，挖掘项目的可经营、可运营资源，建立和细化更为客观、合理且可执行的绩效考核标准，使之更符合 PPP 模式的要求。

8.4.2 禁止合作期过短项目

根据财政部《关于进一步做好政府和社会资本合作项目示范工作的通知》，政府和社会资本合作期限原则上不低于 10 年。

8.5 财政管理和政府责任管理负面清单

根据《预算法》，地方政府举债只能发行政府债券，不得以其他任何方式举债。PPP 项目中的政府支付应当纳入财政预算。实务有出现了变相违规举债或政府采用担保、保底、回购等方式不合理加重政府责任的现象。从《担保法》《预算法》到财政部的各种文件，从财预〔2012〕463 号文件到财预〔2017〕50 号文件再到现在的财办金〔2017〕92 号文件，在 PPP 模式推广的 5 年中，财政部对政府违法违规举债、违规担保等行为一遍遍地念着"紧箍咒"。在政策制定上，中央一直秉承着"修明渠、堵暗道"的指导精神，规定政府举债只能通过发行债券的方式，对 PPP 项目也设定了不得违规提供担保、不得变相回购、不得固化政府支付责任变相举债等"底线"。为吸引和鼓励社会资本方参与化解地方债，还专门为 PPP 项目资产证券化、项目收益债、应收账款质押等融资工具出台了相应的规范或鼓励政策，以达到扩宽融资渠道、防范和化解地方隐性债务风险的目的。财办金〔2017〕92 号文件在该类"负面清单"中也设定了"其他违规情形"的兜底条款，其内涵应包括政府违法违规举债和政府违法违规担保两种情形。从大方面讲，主要包括财政管理和政府责任管理两大类负面清单。

8.5.1 财政管理的禁止性要求

1. 地方政府举债只能发行政府债券，不得以其他任何方式举债

自新《预算法》于 2014 年实施后，规定了地方政府举债只能发行政府债券，不得以其他任何方式举债。同年 10 月，国务院《关于加强地方政府性债务管理的意见》（国发〔2014〕43 号）进一步强调，地方政府不能通过企业事业单位举债，企事业单位债务也不能推给政府来还。目前，地方政府债券有一般债券（无收益的公益性事业，主要由一般公共预算收入偿还）和专项债券（有收益的公益性事业，由对应的政府性基金或专项收入偿还）两类。除了以上正规融资模式外，当前的地方政府还可以通过PPP模式、政府购买服务以及政府产业基金等渠道来实现政府融资办事的目的。

2. 不得采用政府购买服务实施的项目

财预〔2017〕87号文件规定不得将原材料、燃料、设备、产品等货物，以及建筑物和构筑物的新建、改建、扩建及其相关的装修、拆除、修缮等建设工程作为政府购买服务项目。

3. 禁止形成政府隐性债务

尽管国家先后出台一系列地方政府债务约束政策，但在当前政府融资模式下，地方政府为满足融资需求依然存在违规负债，政府隐性债务风险更是不容忽视。本节以此为背景，简要梳理PPP项目会导致地方政府债务风险存在的情况，深入分析存在的根本原因，并由此提出PPP项目地方政府债务管理和风险防范相关建议。

为避免政府债务风险，需要从多角度对该问题进行研究，需要对PPP项目准备阶段到执行阶段各个文件进行严格的审查，以避免项目被列入政府隐性债务。

4. 政府债务、政府隐性债务、地方政府投资基金相关债务与PPP项目中的项下政府支付责任的界定

虽然对政府的债务和政府隐性债务的具体边界的认识尚未统一，但一般认为规范的PPP项目中的政府支付责任不属于政府债务或政府隐性债务。

（1）地方政府债务主要包括：①经清理甄别认定的截至2014年末非政府债券形式存量政府债务；②地方政府负有偿还责任的国籍金融组织和外国政府贷款转贷债务。

（2）地方政府隐性债务一般是指地方政府在法定政府债务限额之外直接或承诺以财政资金偿还以及违法提供担保等方式举借的债务。包括：

①地方政府（含政府部门和机构）、国有企事业单位等举借，约定由财政资金偿还的债务；

②地方国有企事业单位等举借，由政府提供担保的债务；

③地方政府在设立政府投资基金、开展政府和社会资本合作、政府购买服务等过程中，通过约定回购资本、承诺保底收益等形成的政府中长期支出事项债务；

④其他需要关注的债务，有些债务政府虽然未承诺偿还或提供担保，但当债务人出现债务偿还困难时，为维护社会稳定，防范系统性风险，政府可能会给予一定的鼓励，主要包括：差额拨款事业单位、自收自支事业单位、政府融资平台公司、国有独资或控股企业等，通过借款、融资租赁、集资、回购、垫资施工、延期付款或拖欠等方式形成，用于非市场化方式运营的公益性项目，由非财政资金偿还，且地方政府和全额拨款事业单位未提供担保的债务；

⑤融资平台公司，是指由地方政府及其部门和机构、所属事业单位等通过财政拨款或注入土地、股权等资产设立，具有政府公益性项目投融资功能，并拥有独立法人资格的经济实体（参见《国务院关于加强地方政府融资平台公司管理有关问题的通知》国

发〔2010〕19号、《国务院办公厅转发财政部人民银行银监会关于妥善解决地方政府融资平台公司在建项目后续融资问题意见的通知》国办发〔2015〕40号）包括各类综合性投资公司，如建设投资公司、建设开发公司、国有资产运营公司、国有资本经营管理中心等，以及行业性投资公司，如交通投资公司等。确认融资平台的基本原则是：以2013年全国政府债务审计确认融资平台公司为基础，剔除2013年6月底至2018年6月底期间，地方政府按照规定撤销的融资平台公司，增加在此期间地方政府按照规定撤销的融资平台公司，确认撤销或新成立的融资平台公司必须以地方政府正式文件为准，不能以银监会确定的"退出类平台"或新增平台作为依据。

（3）地方政府投资基金相关债务。

①地方政府出资设立政府投资基金，承诺出资的股本金中未支付部分，形成地方政府承诺以财政资金偿还的隐性债务；

②地方政府部门机构或全额拨款事业单位回购，或其他单位回购但回购资金源于财政资金的，形成地方政府承诺以财政资金偿还的隐性债务；

③地方政府部门机构或全额拨款事业单位提供担保的，形成地方政府提供担保的隐性债务；

④地方政府部门机构或全额拨款事业单位以政府承担投资劣后方，社会资本享受投资优先方式成立政府投资基金，并实质由地方政府承担偿还责任的，形成地方政府承诺以财政资金偿还的隐性债务；

⑤地方政府部门机构或全额拨款事业单位成立政府投资基金时，约定用于没有收益的公益性项目的，形成地方政府承诺以财政资金偿还的隐性债务；

⑥地方政府投资基金债务额以合同约定的回购款总额确定。

（4）PPP项目中的政府支付责任与政府债务的界定。

《国务院关于加强地方政府性债务管理的意见》（国发〔2014〕43号）规定，在政府和社会资本合作模式下，政府对投资者或SPV按约定规则一发承担特许经营权、合理定价、财政补贴等相关责任，不承担投资者或SPV的偿债任务，根据上述文件精神，按照国家政策规范运作的政府和社会资本合作项目不形成政府隐性债务。

违规运作的政府和社会资本合作项目，以下几种情况下会形成地方政府隐性债务：①通过建设-移交（BT）模式进行的所谓"政府和社会资合作模式项目"债务，形成约定以财政资金偿还的隐性债务；②通过承诺回购社会资本方的投资本金，承担社会资本方的投资本金损失，向社会资本方承诺最低收益，对有限合伙制基金等任何股权投资方式额外附加条款举债等方式进行变相融资，形成约定以财政资金偿还的债务。

8.5.2 政府责任管理负面清单

政府责任管理负面清单主要包括政府不得做出保底承诺、向社会资本承诺固定回报、不得为项目融资提供担保、不得承诺回购项目。

1. 禁止保底承诺

PPP项目不允许政府提供保底承诺或固定回报承诺。"保底承诺"是指政府做出保证社会资本方无须承担质量和运营风险而获得稳定收益或虽然未做出保证但回报安排实质上能够实现同样效果。PPP项目的目的是提升公共服务的供给质量和效率，实践公共利益最大化，激发市场主体活力和发展潜力，保底承诺抑制了社会资本方提高质量和效率的积极性，背离了PPP项目的初衷。但何为保底承诺，相关文件没有进一步解释。一般理解，需要关注明确政府付费是否与绩效考核挂钩，政府方支付补助的条件是否考虑项目投资控制、项目质量和运营效果等因素，使用者付费项目的收费标准管理是否合法合规等。

2. 禁止政府担保

PPP项目不允许政府提供担保。PPP项目中所禁止的政府担保主要是指政府为项目公司或社会资本方融资提供担保。一方面政府担保会形成政府的或有债务，一旦债务人未履行债务，这种或有债务就会转化为实际的担保责任，由此可能形成政府负债，导致政府的支付危机。而这显然与政府推广PPP模式、减少政府债务的初衷相违背。另一方面，根据《担保法》第八条的规定："国家机关不得为保证人，但经国务院批准为使用外国政府或者国际经济组织贷款进行转贷的除外。"由此可见，在现行的法律框架下，政府在PPP项目中提供融资保证是法律所禁止的。需要区别考虑的是政府最低使用量保证与政府担保或保底承诺并非同一概念，保底承诺是明确约定一个最低的或固定的回报率。政府最低使用量保证并不是政府担保，其在本质上系属于项目产出最低需求风险责任分担。财政部《关于推广运用政府和社会资本合作模式有关问题的通知》（财金〔2014〕76号）中规定："注重体制机制创新，充分发挥市场在资源配置中的决定性作用，按照'风险由最适宜的一方来承担'的原则，合理分配项目风险，项目设计、建设、财务、运营维护等商业风险原则上由社会资本承担，政策、法律和最低需求风险等由政府承担。"据此，政府根据具体项目实际需要对最低使用量做出保证是政策允许的。

3. 禁止承诺回购项目

回购安排主要是指在PPP合同中约定在合作期满前政府承诺以事先约定的条件回购项目，或者政府安排收购社会资本方在项目公司中的股权。回购安排属于PPP项目的禁止性要求。

8.6 回报机制管理负面清单

8.6.1 审慎开展政府付费类项目

所谓政府付费类PPP项目是指PPP项目公司未来收入主要来源于政府付费，主要特点为：属于无现金流的公益性项目，政府以项目建成为主要目的，只存在最基本的简单养护工作，不需要精细化的运营工作。实操中，政府付费类PPP项目还可根据绩效考核比重分为重考核型和轻考核型。重考核型指，尽管运营比重不大，但政府付费受运营考核分数的影响较大，如某一期考核分数较低，当期政府付费的金额将大打折扣。轻考核型则与之相反。

目前，市场上轻考核型政府付费PPP项目占比较大，即普遍存在重建设轻运营的问题，一定程度上导致很多PPP项目演变为拉长版和复杂版的BT。

对于政府付费类项目，财办金〔2017〕92号文件提出了"审慎开展"的原则，《财政部关于推进政府和社会资本合作规范发展的实施意见》（财金〔2019〕10号）文件对新上政府付费项目的审慎要求进行了明确：

（1）财政支出责任占比超过5%的地区，不得新上政府付费项目。按照"实质重于形式"原则，污水、垃圾处理等依照收支两条线管理，表现为政府付费形式的PPP项目除外；

（2）采用公开招标、邀请招标、竞争性磋商、竞争性谈判等竞争性方式选择社会资本方；

（3）严格控制项目投资、建设、运营成本，加强跟踪审计。

对于规避上述限制条件，将新上政府付费项目打捆、包装为少量使用者付费项目，项目内容无实质关联、使用者付费比例低于10%的，不予入库。

有些地方财政部门也出台相应政策，如江苏省财政厅提出了"从严从紧控制"的类似要求；湖南省财政厅出台了《关于实施PPP和政府购买服务负面清单管理的通知》（湘财债管〔2018〕7号），明确规定仅涉及工程建设而无实际运营内容、无现金流，完全由政府付费的，如市政道路建设、公路建设、广场、绿化（风光）带等工程建设不得运用PPP模式。

8.6.2 禁止未建立规范付费机制的项目

根据财办金〔2017〕92号文件，在回报机制方面的负面清单主要包括：①未建立按效付费机制。通过政府付费或可行性缺口补助方式获得回报，但未建立与项目产出绩效相挂钩的付费机制的；②政府付费或可行性缺口补助在项目合作期内未连续、平滑支付，导致某一时期内财政支出压力激增的；③项目建设成本不参与绩效考核，或实际与绩效考核结果挂钩部分占比不足30%，固化政府支出责任的。

8.7 土地相关负面清单

自2013年PPP项目开展以来，国家部委、各级政府密集出台了一系列PPP部门规章、政策文件，促进和规范PPP运作，支持PPP项目的发展，只有国土资源部没有发布任何与PPP相关的文件。虽然财政部和发展改革委为了促进PPP项目的发展，多次发文提出PPP项目可以配置土地、物业，但由于土地的主管机关国土资源部没有给出相关的实施细则，导致PPP项目在全国各地开展比较困难。直到2016年10月13日，国土资源部与财政部等20家部委在《关于联合公布第三批政府和社会资本合作示范项目加快推动示范项目建设的通知》（财金〔2016〕91号）的文件中首次发声。2019年4月24日，国土资源部又发布《产业用地政策实施工作指引》自然资办发〔2019〕31

号。这两个文件给出了PPP项目用地的政策。

8.7.1 不得直接以PPP项目为单位打包或成片供应土地

财金〔2016〕91号文件指出，PPP项目用地应当符合土地利用总体规划和年度计划，依法办理建设用地审批手续。在实施建设用地供应时，不得直接以PPP项目为单位打包或成片供应土地，应当依据区域控制性详细规划确定的各宗地范围、用途和规划建设条件，分别确定各宗地的供应方式。财金〔2016〕91号文件发布后，各大媒体文章纷纷冠以"20部委严禁PPP项目与土地捆绑"的说法，这个结论是错误的，国家发展改革委《关于开展政府和社会资本合作的指导意见》明确，准经营性、非经营性PPP项目可以配置土地，允许PPP项目与土地进行捆绑。但是财金〔2016〕91号文件禁止PPP项目与配置的土地打包上市供应，尤其是配置根据土地管理法，应该上市招拍挂性质的土地，如住宅用地、商业用地等。商业、住宅等经营性用地应实现完全的市场化竞争，工业、研发用地具有特殊的产业建设发展要求，如两者之间捆绑出让，必然对经营性用地形成充分市场竞争、体现市场价值产生影响。国土资源部住房和城乡建设部《关于进一步加强房地产用地和建设管理调控的通知》明确不得将两宗以上地块捆绑出让。土地出让必须以宗地为单位提供规划条件、建设条件和土地使用标准。"捆绑"出让包括PPP项目用地在内的几宗土地，即几宗土地合并为一宗地，就会混淆土地的规划条件、建设条件和土地使用标准，就无法确保"土地地类清楚、面积准确、权属明确"。"捆绑"出让土地就会突破宗地出让面积标准。土地出让必须坚持公开、公平、公正原则，PPP项目"捆绑"出让土地实际上是设置了特殊条件，提高了出让门槛，变公开出让为定向出让。因此，财金〔2016〕91号文件禁止以PPP项目为单位打包供应土地。

财金〔2016〕91号文件发布后，有学者提出，2016年7月18日《中共中央国务院关于深化投融资体制改革的意见》鼓励通过"连片开发"的形式开展PPP。财金〔2016〕91号文件与国务院文件相矛盾。实则不然，连片开发实际上就是成片开发，《外商投资开发经营成片土地暂行管理办法》第二条对成片开发专门做出了规定，"本法所称的成片开发是指：在取得国有土地使用权后，依照规划对土地进行综合性的开发建设，平整场地、建设供排水、供电、供热、道路交通、通信等公用设施，形成工业用地和其他建设用地条件，然后进行转让土地使用权、经营公用事业；或者进而建设通用工业厂房以及相配套的生产和生活服务设施等地面建筑物，并对这些地面建筑物从事转让或出租的经营活动。"由此可知，财金〔2016〕91号文件禁止土地成片供应，不是成片开发，因此对于新城建设、智慧城市、特色小镇、园区开发等涉及成片开发的，国家在政策上是支持的，但是在土地供应方面需要按照土地管理法规定按照"宗地"为单位予以供应。关于成片供应土地，在2007年国土资源部就已经提出严控土地成片出让，"进一步严格控制土地出让的地块面积。对成片土地，由政府统一规划，统一进行基础设施建设后分块出让，防止企业圈地、囤地。"财金〔2016〕91号文件实际上是重申PPP项目用地严格按照土地管理法的规定，依法办理土地使用手续，政府和社会资本方均不得借PPP项目之名，采取"整体打包""成片供应"的方式供应土地。

8.7.2 明确缩小土地作价出资的范围和用途

财金〔2016〕91号文件指出，不符合《划拨用地目录》的，除公共租赁住房和政府投资建设不以盈利为目的、具有公益性质的农产品批发市场用地可以作价出资方式供应外，其余土地均应以出让或租赁方式供应，及时足额收取土地有偿使用收入。关于土地作价出资，在国务院办公厅转发财政部、发展改革委、人民银行《关于在公共服务领域推广政府和社会资本合作模式指导意见的通知》（国办发〔2015〕42号）中，为了促进PPP项目发展，首次提出土地作价出资或入股方式提供土地，保障PPP项目用地。但在投资主体上要求市、县人民政府作为出资人，程序上要求制定作价出资或者入股方案，并经市、县人民政府批准后实施。其目的是加大了政府方的责任，避免地方政府为了开展PPP项目，违规操作。财金〔2016〕91号文件明确提出作价入股PPP项目用地的用途范围，要求只能是公共租赁住房和政府投资建设不以盈利为目的、具有公益性质的农产品批发市场用地，其他的一律不允许采用作价出资，均应以出让或租赁方式供应。但是随着PPP项目的发展，PPP项目土地作价或入股的范围也在不断地调整，在2016年12月7日国务院办公厅发布的《关于全面放开养老服务市场提升养老服务质量的若干意见》（国办发〔2016〕91号）中就增加了"在养老服务领域采取PPP方式的项目，可以国有建设用地使用权作价出资或者入股建设"这一条。

8.7.3 "PPP+土地"联合公开招标方式

财金〔2016〕91号文件指出，依法需要以招标拍卖挂牌方式供应土地使用权的宗地或地块，在市、县国土资源主管部门编制供地方案、签订宗地出让（出租）合同、开展用地供后监管的前提下，可将通过竞争方式确定项目投资方和用地者的环节合并实施。国土资厅发〔2016〕38号文件也对此再次予以确认，采用政府和社会资本合作方式实施项目建设时，相关用地需要有偿使用的，通过竞争方式确定项目投资主体和用地者的环节合并实施。首先，财金〔2016〕91号文件和国土资厅发〔2016〕38号文件所提到的土地是指PPP项目用地，而不是国家发展改革委在《关于开展政府和社会资本合作的指导意见》（发改投资〔2014〕2724号）提到的准经营性、非经营性PPP项目配置的土地。其次，土地属于有偿使用的出让或租赁土地，而不包括划拨土地。

另外，关于竞争方式的法律问题，如果竞争方式合并实施，根据《招标拍卖挂牌出让国有土地使用权规定》，土地出让有招标、拍卖、挂牌三种方式；PPP项目采购方式包括公开招标、邀请招标、竞争性谈判、竞争性磋商和单一来源采购五种方式，如果合并实施，只有招标方式可以满足土地出让和PPP项目采购两者的合法性。当然，如果土地出让和PPP项目采购分别进行，可以在土地出让和PPP项目设定一定的条件，但设定的条件不能是影响公平、公正竞争的限制条件，就可以采用更多、更灵活的方式选择社会资本。

8.7.4 PPP项目用地四条红线

财金〔2016〕91号文件在明确支持PPP项目开展后，提出四个"不得"，PPP项目主体或其他社会资本，不得违规取得未供应的土地使用权或变相取得土地收益，不得作为项目主体参与土地收储和前期开发等工作，不得借未供应的土地进行融资；PPP项目的资金来源与未来收益及清偿责任，不得与土地出让收入挂钩。财金〔2016〕91号文件要求PPP项目的发展不能够扰乱土地市场秩序。

1. 不得违规取得未供应的土地使用权

财金〔2016〕91号文件要求地方政府严格按照土地管理法规定，依法依规供应土地，不得借PPP的热潮，破坏土地出让制度，未批先建，未征先用，未划拨或出让之前违规使用土地，扰乱土地市场秩序。

2. 不得作为项目主体参与土地收储和前期开发等工作

参与土地收储和前期开发等工作根据《土地储备管理办法》规定，土地储备工作的具体实施，由土地储备机构承担。土地储备机构对储备土地进行的前期开发涉及道路、供水、供电、供气、排水、通讯、照明、绿化、土地平整等基础设施建设的，应该通过公开招标方式选择工程实施单位。《关于规范土地储备和资金管理等相关问题的通知》明确，土地储备机构承担的依法取得土地、进行前期开发、储存以备供应土地等工作主要是为政府部门行使职能提供支持保障，不能或不宜由市场配置资源。地方国土资源主管部门应当积极探索政府购买土地征收、收购、收回涉及的拆迁安置补偿服务。土地储备机构应当积极探索通过政府采购实施储备土地的前期开发，包括与储备宗地相关的道路、供水、供电、供气、排水、通讯、照明、绿化、土地平整等基础设施建设。上述文件明确规定，土地收储和前期开发由土地储备机构承担，不允许采取特许经营的方式，授权其他社会机构承担，但是土地前期开发包括与储备宗地相关的道路、供水供电、供气、排水、通讯、照明、绿化、土地平整等基础设施建设，可以通过政府采购，由社会主体承担，但不允许以特许经营授权的方式准许社会资本参与。

3. 不得借未供应的土地进行融资

PPP项目主体或其他社会资本只有通过规范的土地市场取得合法土地使用权，才能用土地进行融资，PPP项目主体尤其是连片开发的园区、智慧城市、产业新城PPP项目，不能在签订PPP协议之后，利用未供应的土地进行市场化融资。

4. PPP项目的资金来源与未来收益及清偿责任，不得与土地出让收入挂钩

财金〔2016〕91号文件明确提出"PPP项目的资金来源与未来收益及清偿责任，不得与土地出让收入挂钩"。《关于推进政府和社会资本合作规范发展的实施意见》（财金〔2019〕10号）规定，"新签约项目不得从政府性基金预算、国有资本经营预算安排PPP项目运营补贴支出。"土地出让收入纳入地方政府性基金预算，因此按照财金〔2019〕10号文要求，土地出让收入不得用于新签约PPP项目的运营补贴支出，进一步明确了PPP项目的资金来源与未来收益及清偿责任不得与土地出让收入挂钩的要求。

8.8　项目参与主体的合规性问题

未按照规定转型的融资平台公司不得作为社会资本方。

何为按照规定转型？有关转型标准应该按照国发〔2010〕19 号和国办发〔2015〕42 号等文件中的规定来理解，如平台公司已完成"与政府脱钩、进行市场化改制、健全完善公司治理结构""已经建立现代企业制度、实现市场化运营""在其承担的地方政府债务已纳入政府财政预算、得到妥善处置并明确公告今后不再承担地方政府举债融资职能"的，应属于"按照规定转型"情形。自转型完成后，该公司的一切经营活动均应按照《公司法》和市场竞争原则，自主经营、自主决策、独立承担相应的经营风险，成为真正的市场化经营主体。

8.9 PPP 项目操作负面清单综述

"客观来讲，当前 PPP 项目的前期工作专业水平不够，各方面还存在很多缺陷，甚至在某些领域已经面临'过大于功'，但这都只是暂时的，从长远来看，PPP 模式在中国的各方面建设中还将大有作为"。业界普遍认为，随着国家数次发文整治乱象，PPP 项目会愈加规范，PPP 健康发展长效机制正在建立。中央财经大学 PPP 治理研究院院长曹富国指出，国家"清库"工作，实际上是 PPP 在经历了爆发式增长之后的一次回顾和体检工作。"清库"工作表明政策层面致力于规范和可持续发展的决心毫不含糊，即使是示范项目也不能例外。"清库"结果也向 PPP 市场各方发出追求"真 PPP"的强有力的积极信号，表明国家将拧紧"入库"的"发条"。《中国 PPP 蓝皮书：中国 PPP 行业发展报告（2017—2018）》显示，2018 年是 PPP 模式的规范发展、可持续发展关键年，规范将会是关键词。发展增速放缓，质量逐步提升；政策法律层面的顶层设计会加速推进，政策上将鼓励民间资本参与，完善 PPP 金融政策，市场透明化和信息公开化将会加强。国家接下来还将重点推进制度建设，夯实 PPP 法治化基础。另外，PPP 标准化合同、绩效管理、风险管理等制度也在推进过程中，以进一步优化 PPP 发展的制度环境，防范化解 PPP 项目实施过程中因主客观因素带来的相关风险。随着 PPP 的逐渐规范化，国企市场广阔、民企机遇凸显，市政项目会递减、环保领域或将升温，这无疑给务实者带来利好，真正的 PPP 的春天将会到来。

通过对 2010 年以来相关部门出台的四百多份 PPP 相关文件进行梳理，将明文规定的禁止性要求汇总于表 8 - 1，供项目相关方参考。

表 8 - 1　PPP 政策文件禁止性规定分解适用清单（截至 2018 年 12 月 31 日）

适用领域	禁止规定的内容	文号
入库	1. 严格新项目入库标准，对不适宜采用 PPP 模式实施的、前期准备工作不到位的、未建立按效付费机制的项目不得入库。 2. 集中清理已入库项目，对未按规定开展"两个论证"（物有所值评价和财政承受能力论证）的、不宜继续采用 PPP 模式实施的、不符合规范运作要求的、构成违法违规举债担保的、未按规定进行信息公开的项目予以清退。	财办金〔2017〕92 号

续表

适用领域	禁止规定的内容	文号
入库清理	存在下列情形之一的项目，应予以清退： （一）未按规定开展"两个论证"。虽已开展物有所值评价和财政承受能力论证，但评价方法和程序不符合规定的。 （二）不宜继续采用 PPP 模式实施。包括入库之日起一年内无任何实质性进展的；尚未进入采购阶段但所属本级政府当前及以后年度财政承受能力已超过 10% 上限的；项目发起人或实施机构已书面确认不再采用 PPP 模式实施的。 （三）不符合规范运作要求。包括未按规定转型的融资平台公司作为社会资本方的；采用建设—移交（BT）方式实施的；采购文件中设置歧视性条款、影响社会资本平等参与的；未按合同约定落实项目债权融资的；违反相关法律和政策规定，未按时足额缴纳项目资本金、以债务性资金充当资本金或由第三方代持社会资本方股份的。 （四）构成违法违规举债担保。包括由政府或政府指定机构回购社会资本投资本金或兜底本金损失的；政府向社会资本承诺固定收益回报的；政府及其部门为项目债务提供任何形式担保的；存在其他违法违规举债担保行为的。 （五）未按规定进行信息公开。包括违反国家有关法律法规，所公开信息与党的路线方针政策不一致或涉及国家秘密、商业秘密、个人隐私和知识产权，可能危及国家安全、公共安全、经济安全和社会稳定或损害公民、法人或其他组织合法权益的；未准确完整填写项目信息，入库之日起一年内未更新任何信息，或未及时充分披露项目实施方案、物有所值评价、财政承受能力论证、政府采购等关键信息的。	财办金〔2017〕92 号
新项目入库标准	存在下列情形之一的项目，不得入库： （一）不适宜采用 PPP 模式实施。包括不属于公共服务领域，政府不负有提供义务的，如商业地产开发、招商引资项目等；因涉及国家安全或重大公共利益等，不适宜由社会资本承担的；仅涉及工程建设，无运营内容的；其他不适宜采用 PPP 模式实施的情形。 （二）前期准备工作不到位。包括新建、改扩建项目未按规定履行相关立项审批手续的；涉及国有资产权益转移的存量项目未按规定履行相关国有资产审批、评估手续的；未通过物有所值评价和财政承受能力论证的。 （三）未建立按效付费机制。包括通过政府付费或可行性缺口补助方式获得回报，但未建立与项目产出绩效相挂钩的付费机制的；政府付费或可行性缺口补助在项目合作期内未连续、平滑支付，导致某一时期内财政支出压力激增的；项目建设成本不参与绩效考核，或实际与绩效考核结果挂钩部分占比不足 30%，固化政府支出责任的。	财办金〔2017〕92 号
污水、垃圾处理	不得为项目融资提供担保，不得对项目商业风险承担无限责任，不得以任何方式承诺回购社会资本方的投资本金，不得以任何方式承担社会资本方的投资本金损失，不得以任何方式向社会资本方承诺最低收益。	财建〔2017〕455 号

续表

适用领域	禁止规定的内容	文号
财政预算管理	1. 行业主管部门应当根据预算管理要求，将PPP项目合同中约定的政府跨年度财政支出责任纳入中期财政规划，经财政部门审核汇总后，报本级人民政府审核，保障政府在项目全生命周期内的履约能力。 2. 每年一季度前，项目公司（或社会资本方）应向行业主管部门和财政部门报送上一年度经第三方审计的财务报告及项目建设运营成本说明材料。项目成本信息要通过PPP综合信息平台对外公示，接受社会监督。 3. 各级财政部门应当会同行业主管部门开展PPP项目绩效运行监控，对绩效目标运行情况进行跟踪管理和定期检查，确保阶段性目标与资金支付相匹配，开展中期绩效评估，最终促进实现项目绩效目标。监控中发现绩效运行与原定绩效目标偏离时，应及时采取措施予以纠正。 4. 社会资本方违反PPP项目合同约定，导致项目运行状况恶化，危及国家安全和重大公共利益，或严重影响公共产品和服务持续稳定供给的，本级人民政府有权指定项目实施机构或其他机构临时接管项目，直至项目恢复正常经营或提前终止。临时接管项目所产生的一切费用，根据合作协议约定，由违约方单独承担或由各责任方分担。 5. 对于绩效评价达标的项目，财政部门应当按照合同约定，向项目公司或社会资本方及时足额安排相关支出。对于绩效评价不达标的项目，财政部门应当按照合同约定扣减相应费用或补贴支出。 6. 项目期满移交时，项目公司的债务不得移交给政府。 7. 严禁以PPP项目名义举借政府债务。 8. 财政部门应当会同相关部门加强项目合规性审核，确保项目属于公共服务领域，并按法律法规和相关规定履行相关前期论证审查程序。项目实施不得采用建设—移交方式。 9. 财政部门应根据财政承受能力论证结果和PPP项目合同约定，严格管控和执行项目支付责任，不得将当期政府购买服务支出代替PPP项目中长期的支付责任，规避PPP项目相关评价论证程序。 10. 财政部门信息公开内容包括本级PPP项目目录、本级人大批准的政府对PPP项目的财政预算、执行及决算情况等。	财金〔2016〕92号
采购	要会同有关行业部门合理设定采购标准和条件，确保采购过程公平、公正、公开，不得以不合理的采购条件（包括设置过高或无关的资格条件，过高的保证金等）对潜在合作方实行差别待遇或歧视性待遇，着力激发和促进民间投资。对民营资本设置差别条款和歧视性条款的PPP项目，各级财政部门将不再安排资金和政策支持。	财金〔2016〕90号
实施方案	各级财政部门要会同有关部门统筹论证项目合作周期、收费定价机制、投资收益水平、风险分配框架和政府补贴等因素，科学设计PPP项目实施方案，确保充分体现"风险分担、收益共享、激励相容"的内涵特征，防止政府以固定回报承诺、回购安排、明股实债等方式承担过度支出责任，避免将当期政府购买服务支出代替PPP项目中长期的支付责任，规避PPP相关评价论证程序，加剧地方政府财政债务风险隐患。要加强项目全生命周期的合同履约管理，确保政府和社会资本双方权利义务对等，政府支出责任与公共服务绩效挂钩。	财金〔2016〕90号

续表

适用领域	禁止规定的内容	文号
财政部第四批示范项目	对于存在违法违规行为，未按规定履行规划立项、土地管理、国有资产管理等相关审批手续，未能于2018年12月底前完成社会资本采购，未按规定落实项目资本金及债权融资，未严格执行绩效考核机制或绩效考核多次不达标的项目，将调出示范项目名单。	财金〔2016〕90号
合同审核	PPP项目合同审核时，应当对照项目实施方案、物有所值评价报告、财政承受能力论证报告及采购文件，检查合同内容是否发生实质性变更，并重点审核合同是否满足以下要求： （一）合同应当根据实施方案中的风险分配方案，在政府与社会资本双方之间合理分配项目风险，并确保应由社会资本方承担的风险实现了有效转移； （二）合同应当约定项目具体产出标准和绩效考核指标，明确项目付费与绩效评价结果挂钩； （三）合同应当综合考虑项目全生命周期内的成本核算范围和成本变动因素，设定项目基准成本； （四）合同应当根据项目基准成本和项目资本金财务内部收益率，参照工程竣工决算合理测算确定项目的补贴或收费定价基准。项目收入基准以外的运营风险由项目公司承担； （五）合同应当合理约定项目补贴或收费定价的调整周期、条件和程序，作为项目合作期限内行业主管部门和财政部门执行补贴或收费定价调整的依据。	财金〔2016〕92号
财政部第四批示范项目 土地	项目使用土地应当符合土地利用总体规划和年度计划，依法办理建设用地审批手续。不得直接按项目打包成片供应土地，不得直接依据PPP项目合作协议向社会资本方提供土地使用权。	财金〔2018〕8号
第一批示范项目	进一步完善实施方案，必要时可聘请专业机构协助，确保示范项目操作规范，符合《通知》《政府和社会资本合作模式操作指南（试行）》和标准化合同文本等一系列制度要求。	财金〔2014〕112号
保证金	社会资本应以支票、汇票、本票或金融机构、担保机构出具的保函等非现金形式缴纳保证金。参加采购活动的保证金的数额不得超过项目预算金额的2%。履约保证金的数额不得超过政府和社会资本合作项目初始投资总额或资产评估值的10%。无固定资产投资或投资额不大的服务型合作项目，履约保证金的数额不得超过平均6个月的服务收入额。	财金〔2014〕113号
采购 采购文件	采购文件售价，应按照弥补采购文件印制成本费用的原则确定，不得以营利为目的，不得以项目采购金额作为确定采购文件售价依据。采购文件的发售期限自开始之日起不得少于5个工作日。	财金〔2014〕113号
采购 竞争性磋商	项目采用竞争性磋商采购方式开展采购的，提交响应文件的时间自公告发布之日起不得少于10日。	财金〔2014〕113号
平滑支付	为确保财政中长期可持续性，财政部门应根据项目全生命周期内的财政支出、政府债务等因素，对部分政府付费或政府补贴的项目，开展财政承受能力论证，每年政府付费或政府补贴等财政支出不得超出当年财政收入的一定比例。	财金〔2014〕113号

续表

适用领域	禁止规定的内容	文号
确认谈判	按照候选社会资本的排名，依次与候选社会资本及与其合作的金融机构就合同中可变的细节问题进行合同签署前的确认谈判，率先达成一致的即为中选者。确认谈判不得涉及合同中不可谈判的核心条款，不得与排序在前但已终止谈判的社会资本进行再次谈判。	财金〔2014〕113号
确认谈判和签约	确认谈判完成后，项目实施机构应与中选社会资本签署确认谈判备忘录，并将采购结果和根据采购文件、响应文件、补遗文件和确认谈判备忘录拟定的合同文本进行公示，公示期得不少于5个工作日。合同文本应将中选社会资本响应文件中的重要承诺和技术文件等作为附件。合同文本中涉及国家秘密、商业秘密的内容可以不公示。公示期满无异议的项目合同，应在政府审核同意后，由项目实施机构与中选社会资本签署。	财金〔2014〕113号
提前终止	社会资本或项目公司违反项目合同约定，威胁公共产品和服务持续稳定安全供给，或危及国家安全和重大公共利益的，政府有权临时接管项目，直至启动项目提前终止程序。	财金〔2014〕113号
物有所值和财政承受能力验证	财政部门（政府和社会资本合作中心）应对项目实施方案进行物有所值和财政承受能力验证，通过验证的，由项目实施机构报政府审核；未通过验证的，可在实施方案调整后重新验证；经重新验证仍不能通过的，不再采用政府和社会资本合作模式。	财金〔2014〕113号
融资	要坚决杜绝各种非理性担保或承诺、过高补贴或定价，避免通过固定回报承诺、明股实债等方式进行变相融资。	财金〔2016〕32号
第三批示范项目土地	在实施建设用地供应时，不得直接以PPP项目为单位打包或成片供应土地，应当依据区域控制性详细规划确定的各宗地范围、用途和规划建设条件，分别确定各宗地的供应方式： （一）符合《划拨用地目录》的，可以划拨方式供应； （二）不符合《划拨用地目录》的，除公共租赁住房和政府投资建设不以盈利为目的、具有公益性质的农产品批发市场用地可以作价出资方式供应外，其余土地均应以出让或租赁方式供应，及时足额收取土地有偿使用收入； （三）依法需要以招标拍卖挂牌方式供应土地使用权的宗地或地块，在市、县国土资源主管部门编制供地方案、签订宗地出让（出租）合同、开展用地供后监管的前提下，可将通过竞争方式确定项目投资方和用地者的环节合并实施。 PPP项目主体或其他社会资本，除通过规范的土地市场取得合法土地权益外，不得违规取得未供应的土地使用权或变相取得土地收益，不得作为项目主体参与土地收储和前期开发等工作，不得借未供应的土地进行融资；PPP项目的资金来源与未来收益及清偿责任，不得与土地出让收入挂钩。	财金〔2016〕91号
BT	不得采用建设—移交方式。	财金〔2016〕92号
回购	不得在股东协议中约定由政府股东或政府指定的其他机构对社会资本方股东的股权进行回购安排。	财金〔2016〕92号
绩效	对于绩效评价不达标的项目，财政部门应当按照合同约定扣减相应费用或补贴支出。	财金〔2016〕92号

续表

适用领域	禁止规定的内容	文号
债务	项目公司的债务不得移交给政府。	财金〔2016〕92号
政府购买服务	不得将当期政府购买服务支出代替PPP项目中长期的支付责任，规避PPP项目相关评价论证程序。	财金〔2016〕92号
咨询机构	1. 同一项目中同时为政府和社会资本双方提供咨询服务的。 2. 为政府方提供咨询服务期间与潜在社会资本串通的。 3. 无相应能力承揽业务或未尽职履行造成重大失误、项目失败或搁置的。 4. 项目进入运营期后，由于咨询服务原因给公共服务供给带来不利影响的。	财金〔2017〕8号
农业	1. 为保障政府知情权，政府可以参股项目公司，但应保障项目公司的经营独立性和风险隔离功能，不得干预企业日常经营决策，不得兜底项目建设运营风险。 2. 严格政府债务管理，严禁通过政府回购安排、承诺固定回报等方式进行变相举债，严禁项目公司债务向政府转移。	财金〔2017〕50号
资产证券化	1. 切实防范刚性兑付风险。PPP项目所在地财政部门要会同行业主管部门加强项目全生命周期的合同履约管理，以PPP合同约定的支付责任为限，严格按照项目绩效评价结果进行支付（含使用者付费项目），保障社会资本方获得合理回报。 2. 资产证券化产品的偿付责任，由特殊目的载体（SPV）以其持有的基础资产和增信安排承担，不得将资产证券化产品的偿付责任转嫁给政府或公众，并影响公共服务的持续稳定供给。 3. PPP项目公司资产证券化的发行成本应当由项目公司按照合同约定承担，不得将发行成本转嫁给政府和社会资本方。 4. 发起人（原始权益人）要配合中介机构履行基础资产移交、现金流归集、信息披露、提供增信措施等相关义务，不得通过资产证券化改变控股股东对PPP项目公司的实际控制权和项目运营责任，实现变相"退出"，影响公共服务供给的持续性和稳定性。资产证券化产品如出现偿付困难，发起人（原始权益人）应按照资产证券化合同约定与投资人妥善解决，发起人（原始权益人）不承担约定以外的连带偿付责任。 5. 拟作为基础资产的项目收益权、股权和合同债权等权属独立清晰，没有为其他融资提供质押或担保。	财金〔2017〕55号
财政部第四批示范项目	1. 含项目建设期在内的项目合作期限不低于10年。 2. 项目不得采用建设—移交（BT）方式实施，不得以任何方式承诺回购社会资本方的投资本金，不得以任何方式承担社会资本方的投资本金损失，不得以任何方式向社会资本方承诺最低收益。	财金〔2017〕76号
养老服务	合理设置参与条件，消除本地保护主义和隐性门槛。本级政府所属尚未转型的融资平台公司、控股国有企业等不可作为养老服务的社会资本方。	财金〔2017〕86号

续表

适用领域	禁止规定的内容	文号
示范项目	1. 不得突破10%红线新上项目，不得出现"先上车、后补票"、专家意见缺失或造假、测算依据不统一、数据口径不一致、仅测算单个项目支出责任等现象。 2. 不得设置明显不合理的准入门槛或所有制歧视条款，不得未经采购程序直接指定第三方代持社会资本方股份。 3. 国有企业或地方政府融资平台公司不得代表政府方签署PPP项目合同，地方政府融资平台公司不得作为社会资本方。 4. 合同中不得约定由政府方或其指定主体回购社会资本投资本金，不得弱化或免除社会资本的投资建设运营责任，不得向社会资本承诺最低投资回报或提供收益差额补足，不得约定将项目运营责任返包给政府方出资代表承担或另行指定社会资本方以外的第三方承担。 5. 不得以债务性资金充当项目资本金，政府不得为社会资本或项目公司融资提供任何形式的担保。	财金〔2018〕54号
财政部第三批示范项目	1. 合作期限原则上不低于10年。 2. 采用建设—移交（BT）方式的项目，通过保底承诺、回购安排等方式进行变相融资的项目，将不予受理。	财金函〔2016〕47号
采购	1. 采购结果确认谈判工作组成员及数量由项目实施机构确定，但应当至少包括财政预算管理部门、行业主管部门代表，以及财务、法律等方面的专家。涉及价格管理、环境保护的PPP项目，谈判工作组还应当包括价格管理、环境保护行政执法机关代表。评审小组成员可以作为采购结果确认谈判工作组成员参与采购结果确认谈判。 2. 确认谈判不得涉及项目合同中不可谈判的核心条款，不得与排序在前但已终止谈判的社会资本进行重复谈判。 3. 项目实施机构应当在采购文件中要求社会资本交纳参加采购活动的保证金和履约保证金。社会资本应当以支票、汇票、本票或者金融机构、担保机构出具的保函等非现金形式交纳保证金。参加采购活动的保证金数额不得超过项目预算金额的2%。履约保证金的数额不得超过PPP项目初始投资总额或者资产评估值的10%，无固定资产投资或者投资额不大的服务型PPP项目，履约保证金的数额不得超过平均6个月服务收入额。	财库〔2014〕215号
回购	除国务院另有规定外，地方政府及其所属部门参与PPP项目、设立政府出资的各类投资基金时，不得以任何方式承诺回购社会资本方的投资本金，不得以任何方式承担社会资本方的投资本金损失，不得以任何方式向社会资本方承诺最低收益，不得对有限合伙制基金等任何股权投资方式额外附加条款变相举债。	财预〔2017〕50号
政府债	地方政府不得以借贷资金出资设立各类投资基金，严禁地方政府利用PPP、政府出资的各类投资基金等方式违法违规变相举债。	财预〔2017〕50号

续表

适用领域	禁止规定的内容	文号
政府购买服务	1. 不得将原材料、燃料、设备、产品等货物，以及建筑物和构筑物的新建、改建、扩建及其相关的装修、拆除、修缮等建设工程作为政府购买服务项目。严禁将铁路、公路、机场、通讯、水电煤气，以及教育、科技、医疗卫生、文化、体育等领域的基础设施建设，储备土地前期开发，农田水利等建设工程作为政府购买服务项目。严禁将建设工程与服务打包作为政府购买服务项目。严禁将金融机构、融资租赁公司等非金融机构提供的融资行为纳入政府购买服务范围。 2. 政府购买服务要坚持先有预算、后购买服务，所需资金应当在既有年度预算中统筹考虑，不得把政府购买服务作为增加预算单位财政支出的依据。 3. 地方政府及其部门不得利用或虚构政府购买服务合同为建设工程变相举债，不得通过政府购买服务向金融机构、融资租赁公司等非金融机构进行融资，不得以任何方式虚构或超越权限签订应付（收）账款合同帮助融资平台公司等企业融资。	财预〔2017〕87号
公共租赁住房	1. 公共租赁住房运营期限不少于15年。 2. 对于新建公共租赁住房项目，以及使用划拨建设用地的存量公共租赁住房项目，经市县人民政府批准，政府可以土地作价入股方式注入项目公司，支持公共租赁住房政府和社会资本合作项目，不参与公共租赁住房经营期间收益分享，但拥有对资产的处置收益权。 3. 在新建公共租赁住房政府和社会资本合作项目中，可以规划建设一定比例建筑面积的配套商业服务设施用于出租和经营，以实现资金平衡并有合理盈利，但不得用于销售和转让。	财综〔2015〕15号
除他性安排	政府可以在特许经营协议中就防止不必要的同类竞争性项目建设、必要合理的财政补贴、有关配套公共服务和基础设施的提供等内容作出承诺，但不得承诺固定投资回报和其他法律、行政法规禁止的事项。	发改2015第25号
经营	依法保护特许经营者合法权益。任何单位或者个人不得违反法律、行政法规和本办法规定，干涉特许经营者合法经营活动。	发改2015第25号
主体	限制或者禁止失信主体参与基础设施和公用事业特许经营。	发改财金〔2017〕1943号
水利	综合水利枢纽、大城市供排水管网的建设经营需按规定由中方控股。	发改农经〔2015〕488号
水利	1. 项目合作期低于10年及没有现金流，或通过保底承诺、回购安排等方式违法违规融资、变相举债的项目，不纳入PPP项目库。 2. 初审未通过的水利PPP项目，可进一步优化调整实施方案，重新报审。经重新报审仍不能通过的，原则上不再采用PPP模式。 3. 在合作期内，未经项目公司董事会研究并经项目实施机构同意，项目公司不得变更公司股权及经营权，不得自行处置和出让、转让、拍卖、质押项目任何重要资产。为合作项目融资而抵押或担保项目资产的，对外抵押和担保期限不得超出合作期限。 4. 项目公司承诺在合作期内服从政府有关部门的防汛抗旱调度、水资源统一管理，任何情况下均不得出现恶意停止运营服务、中断供水等重大违约和损害公众利益的行为等。	发改农经〔2017〕2119号

续表

适用领域	禁止规定的内容	文号
股权	除PPP项目合同另有约定外，项目公司的股权及经营权未经政府同意不得变更。	发改投资〔2016〕2231号
实施方案审查	通过实施方案审查的PPP项目，可以开展下一步工作；按规定需报当地政府批准的，应报当地政府批准同意后开展下一步工作。未通过审查的，可在调整实施方案后重新审查；经重新审查仍不能通过的，不再采用PPP模式。	发改投资〔2016〕2231号
收费公路项目	1. 实施方案可委托第三方进行编制，承担编制任务的第三方应尽量避免与潜在社会资本方存在关联关系，如存在关联关系，不得利用其关联关系损害社会资本方选择的公正性。 2. 项目实施机构应当根据项目的特点和需要，依据批准的实施方案编制招标文件和PPP合同草案。招标文件和PPP合同草案中各项承诺和保障等相关交易条件不得超出已批准的实施方案规定的范围。 3. 项目实施机构应当接受具备投融资能力的潜在社会资本方参与投标，不得将具备设计或施工资格能力作为参与投标的强制性条件。 4. 谈判确定的合同文本及相关文件不能与实施方案、物有所值评价报告、财政承受能力论证报告及招标文件中已明确不得变动的核心条款发生实质性变更。 5. 各级交通运输主管部门不得为项目公司或社会资本方的融资提供担保。	交办财审〔2017〕173号
旅游公共服务	1. 保障政府知情权，政府可以参股项目公司；保障项目公司的经营独立性和风险隔离功能，政府不得干预企业日常经营决策，不得违规兜底项目建设运营风险。 2. 各地财政部门要认真组织开展项目物有所值评价和财政承受能力论证，加强本辖区内PPP项目财政支出责任统计和超限预警，严格政府债务管理，对政府参股及付费项目，加强建设、运营成本控制，严禁政府或政府指定机构回购社会资本投资本金或兜底本金；政府不得向社会资本承诺固定或最低收益回报；政府部门不得为项目债务提供任何形式担保；严禁存在其他违法违规举债担保行为。 3. 积极鼓励民营资本参与PPP项目建设，不得设置限制条款或任意提高门槛。	文旅旅发〔2018〕3号

资料来源：本清单为张志勤原创，除本书采用外，未经作者允许，不得发表。

第三篇

投资人视角下的PPP项目投资决策要素

第 9 章
前期工作的合规性

PPP 自发展初期以来，参与各界对其争议不断，大多数争议主要源自 PPP 与目前的制度、操作规范之间的不相适，加之 PPP 所涉及行业领域之广，参与部门之多，涵盖内容之纷繁，因此存在诸多争议在所难免。经历了快速发展之后，为引导 PPP 规范化发展，近几年政府各部门几度向社会发布 PPP 政策相关征求意见，出台一系列规范文件，就此 PPP 逐渐走向规范发展之路。PPP 项目前期工作大部分为政府方主导开展，但就现实而言，由于各地政府对 PPP 认识及了解程度不同，因此就存在各地政府开展前期工作水平参差不齐的情况，政府或聘用的第三方咨询机构的能力不足，前期工作偏差大、尽调不充分、不符合规范要求等，都对项目实际运营造成深远影响，最终导致项目落地难，运营难，项目退库、违约等状况层出不穷。因此，项目的合规性成为 PPP 发展的第一道门槛，也是最重要的一道门槛。

本章就 PPP 发起至今出台的一系列规范性文件进行梳理，结合实际案例、分析、总结得出 PPP 项目的规范操作要求，提高投资人对不规范 PPP 项目的辨识度，为 PPP 项目的投资参与者提供参考。

9.1　前期工作范围及内容

PPP 是个包罗万象的大工程，由于其涉及领域、部门之多，至今也未有相关部门对 PPP 前期工作进行清晰界定。目前，普遍认同的 PPP 前期工作范围的界定是根据 2014 年财政部发布的《政府和社会资本和作模式操作指南》中将 PPP 划分为五个阶段中的前三个阶段即项目识别、项目准备、项目采购，以及项目执行阶段的组建项目公司几部分内容作为 PPP 前期工作范围。

前期工作内容包括：

（1）项目识别。发起部门或单位编制项目建议书向财政部门推荐项目，纳入年度开发计划的项目，其中新建、改建项目由发起单位编制项目可行性研究报告，项目产出说明和初步实施方案；存量项目应提交存量公共资产的历史资料、项目产出说明和初步实施方案。财政部门会同行业主管部门开展项目物有所值评价。财政部门开展财政承受能力论证。

（2）项目准备。项目实施机构组织编制实施方案，并对实施方案内容进行物有所值和财政承受能力验证。

（3）项目采购。项目实施机构应根据项目需要准备资格预审文件，发布资格预审公告，资格预审通过后，进行采购程序，最终确定中选社会资本，成立项目公司，签订项目合同。

（4）组建项目公司。社会资本可依法设立项目公司。政府可指定相关机构依法参股项目公司，双方签订股东协议，共同出资成立项目公司。

PPP 项目前期需要通过项目调研、分析、数据测算等一系列理论方法和实践经验为项目实施提供方向性指导，其目的是尽量规避项目在实施过程中潜在的各类风险，提高项目运营效率，保证项目建设和运营质量，并符合规范的运作要求。本章站在投资人的角度，围绕上述工作范围对各个阶段实操过程中有明确规范要求的内容进行详述。

9.2 项目识别阶段的合规性要求

项目识别阶段即项目的发起设立阶段，绝大多数项目都由政府发起项目为主，该阶段是由项目发起人根据发展需要确定目标项目，决定采用 PPP 模式进行投资建设决策并办理相关手续的政府内部审批程序。由于 PPP 项目由社会资本方参与并主导实施，因此，项目决策过程不仅要考虑项目的社会效益，而且还要考虑项目的经济效益。立项阶段是经过分析比较作出项目是否能吸引社会资本方参与，与传统投资方式相比是否物有所值，以及政府财政支出能力能否达到支出要求的论证过程。

投资人在 PPP 项目识别阶段应重点关注三个问题：项目立项程序是否合规、项目审批手续是否齐备、财政支出能力是否符合要求。

9.2.1 项目立项

1. PPP 项目立项审批制度

PPP 项目的立项审批对项目的设立起决定性因素。根据财政部《关于规范政府和社会资本合作（PPP）综合信息平台项目库管理的通知》规定："新建、改扩建项目未按规定履行相关立项审批手续的，属于前期准备工作不到位的项目，不得入库"。

2004 年国务院发布《关于投资体制改革的决定》（下文简称"决定"），对投资项目的审批制度产生的影响延续至今。自《决定》发布以后，投资类项目审批手续根据投资主体及资金来源的不同，分为审批制、核准制、备案制，其中明确指出政府投资项目和使用政府性资金的企业投资项目均应采用审批制对项目进行立项审核。适用于企业投资且在《政府核准的投资项目目录》中的项目属于核准制范畴，除此以外的其他项目应采用备案制。

2019 年国务院发布《政府投资条例》（以下简称"条例"）规定，政府以直接投资方式、资本金注入方式的项目，项目单位应当编制项目建议书、可行性研究报告、初步设计，按照政府投资管理权限和规定的程序，报投资主管部门或者其他有关部门审批。

因此，在PPP项目中涉及政府以资本金注入方式参股项目公司的应按照《条例》要求采用审批制立项。

PPP项目立项应遵循《决定》相关要求，但具体适用于何种立项批复制度众说纷纭，尤其是在核准制和备案制上存在较多争议，因PPP项目一般由政府方发起，涉及财政预算资金的情况较多，因此，本章节只对采用审批制立项的PPP项目合规性进行分析。

采用PPP模式的项目一般是政府投资的基础设施和公共服务领域项目，且实践中PPP项目多采用政府付费或可行性缺口补助模式，涉及使用财政资金的项目，原则上应采取审批制。有的PPP项目前期立项也可采用核准制，采用核准制的项目较少。采用核准制以有文件明确规定为妥。例如，发改委发布的《关于国家高速公路网新建政府和社会资本合作项目批复方式的通知》中规定："一、政府采用投资补助方式参与的国家高速公路网新建PPP项目按照核准制管理。政府采用资本金注入方式参与的国家高速公路网新建PPP项目仍按照审批制管理，直接报批可行性研究报告"。

2. 项目审核程序

PPP项目立项审核程序同政府投资项目的审核程序，即审批制程序。审核一般包括三个环节：项目建议书、项目可行性研究报告、初步设计方案。除此以外，特殊、重大项目需审核开工报告。项目审核时一般还需要相关部门出具规划选址意见、用地预审意见、环境影响评价报告、节能报告、社会稳定风险评估等材料，涉及存量资产的还应出具资产评估报告。

PPP项目前期立项通常情况下所需的主要程序性文件如下。

（1）项目建议书。

项目建议书是建设项目前期工作的第一步，应由项目发起人向发改部门报送项目建议书，提出立项申请，发改部门审查通过后，下达项目建议书批复文件。经批准的项目建议书是编制可行性研究报告和作为拟建项目立项的依据。项目建议书的批复单位为国家或地方发改委。

（2）建设项目选址意见书。

根据《建设项目选址规划管理办法》规定，城市规划行政主管部门应当参加建设项目设计任务书阶段的选址工作，对确定安排在城市规划区内的建设项目从城市规划方面提出选址意见书。建设项目选址意见书，按建设项目计划审批权限实行分级规划管理。

项目建设单位依据发改部门出具的项目建议书批复文件，向建设规划行政主管部门申请办理项目规划选址手续，建设规划行政主管部门审查通过后，下达建设项目选址意见书。建设项目选址意见书的作用是明确项目建设的地理位置。建设项目选址意见书颁布单位为地方规划行政主管部门。

（3）建设项目用地预审文件。

根据《建设项目用地预审管理办法》《国土资源部关于改进和优化建设项目用地预审和用地审查的通知》规定，建设项目用地预审实行分级管理，县级以上土地行政主管部门受理同级机关批准建设项目用地预审申请，着重审查以下内容：

①建设项目用地选址是否符合土地利用总体规划；
②单独选址的建设项目是否符合法定条件；
③用地规模是否合理。

需审批的建设项目在可行性研究阶段，由建设用地单位提出预审申请。需核准的建设项目在项目申请报告核准前，由建设单位提出用地预审申请。

用地预审意见是有关部门审批项目可行性研究报告、核准项目申请报告的必备文件。不涉及新增建设用地，在土地利用总体规划确定的城镇建设用地范围内使用已批准建设用地进行建设的项目，可不进行建设项目用地预审。

未经预审或者预审未通过的，不得批复可行性研究报告、核准项目申请报告；不得批准农用地转用、土地征收，不得办理供地手续。预审审查的相关内容在建设用地报批时，未发生重大变化的，不再重复审查。

（4）项目环境影响报告书（表）。

根据《建设项目环境保护管理条例》规定，国家根据建设项目对环境的影响程度，按照下列规定对建设项目的环境保护实行分类管理：

①建设项目对环境可能造成重大影响的，应当编制环境影响报告书，对建设项目产生的污染和对环境的影响进行全面、详细的评价；
②建设项目对环境可能造成轻度影响的，应当编制环境影响报告表，对建设项目产生的污染和对环境的影响进行分析或者专项评价；
③建设项目对环境影响很小，不需要进行环境影响评价的，应当填报环境影响登记表。

建设项目依法应当编制环境影响报告书、环境影响报告表，建设单位应当在开工建设前将环境影响报告书、环境影响报告表报有审批权的环境保护行政主管部门审批；建设项目的环境影响评价文件未依法经审批部门审查或者审查后未予批准的，建设单位不得开工建设。

因此，项目环境影响报告书、环境影响报告表的审批作用是项目建设和日常运行管理的环境保护依据，同时对项目建设的合法性具有充分肯定的作用。项目环境影响报告书的批复单位为环境保护行政主管部门。

（5）项目节能审查意见。

根据《固定资产投资项目节能审查办法》规定，节能审查是指根据节能法律法规、政策标准等，对项目节能情况进行审查并形成审查意见的行为。

建设单位应编制固定资产投资项目节能报告。节能审查机关受理节能报告后，应委托有关机构进行评审，形成评审意见，作为节能审查的重要依据。固定资产投资项目节能审查意见是项目开工建设、竣工验收和运营管理的重要依据。固定资产投资项目节能审查由地方节能审查机关负责。

政府投资项目，建设单位在报送项目可行性研究报告前，需取得节能审查机关出具的节能审查意见。企业投资项目，建设单位需在开工建设前取得节能审查机关出具的节能审查意见。未按规定进行节能审查，或节能审查未通过的项目，建设单位不得开工建设，已经建成的不得投入生产、使用。

(6) 项目可行性研究报告。

项目立项后，项目建设单位向发改部门报送可行性研究报告，根据项目性质、规模和具体情况附规划选址、用地预审、环境影响评价、节能审查审批文件，提出审查批准申请，发改部门审查通过后，下达项目可行性研究报告批复文件。项目可行性研究报告评价标准为建设项目的必要性、建设条件、建筑工程的方案和标准、投资估算、建设资金来源和项目实施计划等。项目可行性研究报告的批复单位为国家或地方发改委。

并非所有审批制项目都需要提交以上材料，为简化审批程序，根据政策要求"对于政府投资项目，采用直接投资和资本金注入方式的，从投资决策角度只审批项目建议书和可行性研究报告，除特殊情况外不再审批开工报告，同时应严格政府投资项目的初步设计、概算审批工作"。但项目可行性研究报告、环境影响评价报告、用地预审意见是PPP项目立项必须审核的材料。

2017年发改委印发《不单独进行节能审查的行业目录》的通知，通知明确，对于水利、铁路（含独立铁路桥梁、隧道）等目录中的项目，建设单位可不编制单独的节能报告，可在项目可行性研究报告或项目申请报告中对项目能源利用情况、节能措施情况和能效水平进行分析。除易发生社会不稳定问题的重点领域建设项目外，建设单位可不编制单独的社会稳定风险评估报告，可在项目可行性研究报告中对该部分内容进行专章分析。

PPP项目涉及存量的，根据《国务院办公厅转发财政部 发展改革委 人民银行关于在公共服务领域推广政府和社会资本合作模式指导意见的通知》要求，存量公共服务项目转型为政府和社会资本合作项目过程中，应依法进行资产评估，合理确定价值，防止公共资产流失和贱卖。涉及国有资产权益转移的存量项目，按照《关于规范政府和社会资本合作（PPP）综合信息平台项目库管理的通知》要求，按规定履行相关国有资产审批、评估手续。

3. 实际案例

（1）嘉峪关市第一人民医院南市区迁建项目，属于医疗卫生行业，总投资5.9亿元，合作期限12年，运作模式为"TOT+BOT"，回报机制为可行性缺口补助。此项目完成立项审批，规范开展"两个论证"，适宜采用PPP模式实施，实施方案获得批复，建立了按效付费机制，符合规范性要求。但因项目涉及国有资产存量转移，未按规定履行国有资产审批、评估手续。经财政部门审核后给出，退出管理库，调至准备库，并按要求进行整改的意见。

（2）新疆维吾尔自治区的喀什5A级景区立体停车库建设项目，为财政部第三批示范项目，项目投资总额1.08亿元，属于市政工程项目。该项目经审核后，因项目建设手续（可研、环评、土地等项目合规性审批手续）不完备问题，导致项目退出第三批示范项目名单，并退出项目库。

9.2.2 政府财政支出情况

在有政府财政支出的PPP项目中，需要充分考虑政府财政支付能力。政府在进行PPP项目内部决策时，需要进行财政承受能力论证，论证工作由项目所属行政区域的财政部门负责，论证程序应符合财政部发布的《政府和社会资本合作项目财政承受能力论证指引》（以下简称《财政承受能力论证指引》）规定。未组织开展财政承受能力论证及论证结果未通过的项目，不得纳入政府财政预算。

《财政承受能力论证指引》要求，地方政府每一年度全部PPP项目需要从预算中安排的支出责任，占一般公共预算支出比例应当不超过10%。一般公共预算支出的10%作为PPP项目财政支出的红线，不得超越。

除此以外，2019年财政部发布的《关于推进政府和社会资本和做规范发展的实施意见》（财金〔2019〕10号）对PPP项目政府财政支出条件进行了细化，并做了更为严格的规定。一是对新上政府付费项目做出明确要求，原则上财政支出责任占比超过5%的地区，不得新上政府付费项目。按照"实质重于形式"原则，污水、垃圾处理项目不受该限制。二是加强财政支出责任的监管，确保每一年度本级全部PPP项目从一般公共预算列支的财政支出责任，不超过当年本级一般公共预算支出的10%。对财政支出责任占比超过7%的地区进行风险提示，对超过10%的地区严禁新项目入库。

社会投资人应充分了解当地政府一般公共预算支出情况，根据当地政府往年的一般公共预算支出数据和可预测的未来年度财政收入情况合理推算未来年度政府一般公共预算水平，从而判断政府财政支出能力是否能够满足PPP项目的政府付费需要。如果财政承受能力数据不合理或存在高估财政支出增长率等情况，导致年度财政实际承受能力已超过10%上限的，按照《关于规范政府和社会资本合作（PPP）综合信息平台项目库管理的通知》属于不规范项目的范畴，应引起社会投资人的注意。

9.3　项目准备阶段的合规性要求

项目进入准备阶段的主要工作为确定项目实施机构，由实施机构开展后续的方案编制、项目采购、合同签订、项目监管、项目移交等工作。社会投资人在准备阶段应关注项目实施主体资格、项目内容、运作模式、批复程序是否符合规范。

9.3.1　实施主体资格

PPP项目发起人即项目实施机构承担了大部分项目前期工作，项目实施机构的组织能力、专业度、领导力对项目前期工作开展质量有重大影响。在调查实施机构的资格时应注意两点：第一，实施机构是否有政府授权文件；第二，授权的实施机构是否符合政策要求。

1. 实施机构的授权

《政府和社会资本合作模式操作指南（试行）》要求，项目前期工作由政府或政府授权的职能部门或事业单位作为项目实施机构负责。据此，政府可以直接作为实施机构，也可以授权职能部门或事业单位。在项目实践中需要注意，项目的行政主管部门或事业单位作为项目发起人，并不当然成为PPP项目实施机构。由于行政主管部门、事业单位不具备PPP项目政府采购当事人主体资格，所以行政主管部门、事业单位应获得政府的书面授权,赋予上述主体有权代表政府实施 PPP 项目的准备、采购、监管、考核、移交等工作,项目发起人具备实施项目的资格后,才能成为合规的实施机构。

2. 对实施机构主体的资格要求

项目实施机构的选择应符合财政部印发《政府和社会资本合作模式操作指南(试行)》和发改委印发《关于开展政府和社会资本合作的指导意见》的规定。两部委文件中对实施机构主体的授权要求基本相似,但也存在差异。其中,财政部发布《政府和社会资本合作模式操作指南(试行)》中明确,政府或其指定的有关职能部门或事业单位可作为项目实施机构,负责项目准备、采购、监管和移交等工作。发改委发布的《关于开展政府和社会资本合作的指导意见》中更为明确地指出,行业管理部门、事业单位、行业运营公司或其他相关机构,作为政府授权的项目实施机构,在授权范围内负责 PPP 项目的前期评估论证、实施方案编制、合作伙伴选择、项目合同签订、项目组织实施以及合作期满移交等工作。

从财政部文件可以看出,PPP 项目实施机构只能是政府、政府指定的有关职能部门和事业单位中的一方,国有企业和融资平台未纳入被选择范围;二是要有政府直接授权。从发改委文件可知,除事业单位、行业管理部门以外,还将行业运营公司纳入实施机构的选择范围。但文件未对行业运营公司做解释,部分地方政府根据发改委的规定,授权政府平台公司作为实施机构,混淆了平台公司和行业运营公司的概念。由于此种行为不符合当前推进政府平台公司与财政脱钩的政策要求,与政策导向不一致,于是 2018 年财政部发布的《关于进一步加强政府和社会资本合作(PPP)示范项目规范管理的通知》进一步明确,坚持政企分开原则,加强 PPP 项目合同签约主体合规性审查,国有企业或地方政府融资平台公司不得代表政府方签署 PPP 项目合同。

因此,政府授权的实施机构主体不合政策要求的,即使开展了前期工作,后续依然会存在很大的合规性风险,这一点社会投资人应关注。

3. 实际案例

根据甘肃省财政厅《关于 PPP 综合信息平台项目库清查情况的通报》披露的信息,陇南市 G316 线长乐至同仁公路两当县杨店(甘陕界)至徽县公路 PPP 项目,总投资 75.3 亿元,BOT 方式合作期限 34 年,回报机制为使用者付费,目前处于执行阶段。经财政部门审核得出结果为:项目完成立项审批,规范开展"两个论证",适宜采用 PPP 模式实施,实施方案获得批复,建立了按效付费机制,符合规范性要求。但甘肃省交通建设集团作为项目实施机构不符合规定。甘肃省交通建设集团属于地方政府平台公司,不符合实施机构授予要求。

9.3.2 项目内容的规范性

2014—2017 年,PPP 项目经历爆发式的增长,在快速发展的过程中也集中出现了 PPP 运作不规范的问题。2017 年 11 月财政部发布的《关于规范政府和社会资本合作(PPP)综合信息平台项目库管理的通知》,对 PPP 项目的不规范行为进行了负面清单列示,对不适宜采用 PPP 模式的项目进行了大规模的整改、清退工作,在今后的 PPP 项目开展过程中应予以重视。

1. 项目规范性要求

2014年财政部发布的《关于推广运用政府和社会资本合作模式有关问题的通知》和《政府和社会资本和作模式操作指南（试行）》规定，PPP模式适用于投资规模较大、需求长期稳定、价格调整机制灵活、市场化程度较高的基础设施及公共服务类项目。发改委随后发布《国家发展改革委关于开展政府和社会资本合作的指导意见》，在"三、合理确定政府和社会资本合作的项目范围及模式"中明确指出，"PPP模式主要适用于政府负有提供责任又适宜市场化运作的公共服务、基础设施类项目。燃气、供电、供水、供热、污水及垃圾处理等市政设施，公路、铁路、机场、城市轨道交通等交通设施，医疗、旅游、教育培训、健康养老等公共服务项目，以及水利、资源环境和生态保护等项目均可推行PPP模式"。

根据两部委的文件可得知，适用于PPP模式的项目应符合两个条件：一是政府负有提供责任的，在服务过程中具有非排他性的公共产品，这类产品的特点是在市场机制调节下无法实现资源的有效配置，只有政府提供才能提高资源配置效果。政府不负有提供义务的，不属于公共服务领域的项目，不得采用PPP模式；二是适宜市场化运作，不涉及国防安全、国家机密，能够提高公共产品供给效率，降低供给成本，适合社会资本长期稳定持续供给的项目。

2. 不适宜PPP模式的项目认定

2017年财政部发布《关于规范政府和社会资本合作（PPP）综合信息平台项目库管理的通知》严格规范新项目入库标准，采取负面清单的方式，对哪类项目不适宜采用PPP模式进行了表述："不适宜采用PPP模式实施。包括不属于公共服务领域，政府不负有提供义务的，如商业地产开发、招商引资项目等；因涉及国家安全或重大公共利益等，不适宜由社会资本承担的；仅涉及工程建设，无运营内容的；其他不适宜采用PPP模式实施的情形"。

（1）捆绑商业内容PPP项目的合规性。

目前，许多公共服务类项目与商业项目进行捆绑包装成PPP项目，对社会投资人来说是有益的，但也应注意对此类项目的合规性进行审查。

财政部开展PPP项目整改工作以来，因某些地方政府未能真正理解PPP模式的含义，过度解读政策文件，导致谈"商"色变，对于涉及商业的PPP项目一律停止实施，给合作多方带来巨大损失。PPP的实施者应清楚地认识到并非所有包含商业内容的PPP项目都被认为不合规范，是否捆绑商业内容不是否定PPP项目的准则。PPP项目以提供公共服务为主要目的，将商业开发作为提供公共服务产品的资源补偿，是转变公共服务类项目向市场化方向发展的重要途径，也是当前政策所鼓励提倡的政府和社会资本合作项目的发展方式。

将商业内容纳入PPP项目中，应注意以下几点：

①商业部分与公共服务部分的关联性。PPP项目应以提供公共服务为主，商业服务为辅，商业开发与公共服务的捆绑应在规划上具有统一性，功能上有承接关系。在确保公共服务持续稳定供给为前提，进行商业属性的开发，既要保证系统性功能完整，又要

满足规划发展要求，不能盲目地为了减少政府付费而捆绑商业。

②政府对商业部分不负担支付和风险分担义务。为了降低政府支出责任，提高市场化运作，适当增加部分商业内容是被允许的，但要明确商业部分是为了弥补财政支出的不足，当项目本身收支不能自我平衡时，为增加项目"造血"功能而设立的，且在方案中应明确政府不承担商业部分的风险，对商业部分不承担任何支出责任。

③开发建设程序应符合法律法规要求。商业部分的规划、建设手续依照法定程序办理。所建设的商业内容应符合城市发展规划、产业规划、用地规划等政策要求，商业部分用地的获取方式必须按照法律要求依法取得，一般商业性、经营性质的项目用地依有偿方式获得。实践中某些项目捆绑商业为了吸引社会投资人投资建设，违规将项目周边与项目建设性质不相符的土地纳入PPP项目范围，并与投资人约定后期为项目公司转变该部分用地性质，像这种不合规范的操作方式，为项目后期实施带来了重大风险隐患。

（2）仅涉及工程的PPP项目合规性。

在《政府和社会资本合作模式操作指南（试行）》中，指出PPP项目运作方式主要包括O&M（委托运营）、MC（管理合同）、BOT（建设—运营—移交）、BOO（建设—拥有—运营）、TOT（转让—运营—移交）和ROT（改建—运营—移交）等。无论哪种模式，PPP项目的核心是项目要有实质性的运营，不能缺少实质性运营环节，仅涉及工程，无运营内容的项目本质上属于BT（建设—移交）模式。在《关于规范政府和社会资本合作（PPP）综合信息平台项目库管理的通知》中明确指出仅涉及工程，无运营内容的不适宜采用PPP模式，应做退库处理。

PPP项目的一定要有运营，运营责任必须由项目公司承担。这一点体现在财政部《关于进一步加强政府和社会资本合作（PPP）示范项目规范管理的通知》中，文件指出"不得约定将项目运营责任返包给政府方出资代表承担或另行指定社会资本方以外的第三方承担"。进行此约定是为了防止项目公司在PPP项目实施过程中，将运营责任转嫁给政府或其他单位，造成重建设轻运营的局面。政府方采购社会资本方的目的是社会投资人有能力将项目长久的运营下去，因此，会在采购时重点关注社会投资人的运营能力，如果政府选中的社会资本方将运营责任转移给第三方，则违背了政府采购社会资本方的初衷。实践中，并非所有项目都不允许项目公司将运营事务委托给第三方，例如：市政道路建设等政府付费模式的项目，由于技术简单或较为成熟，项目公司可能会将大部分运营事务交由专业运营商负责。使用者付费模式的项目由于存在较大风险需求，项目公司可能仅将部分非核心的日常运营管理事物交由专业运营商负责。但需要在PPP项目合同中约定"项目公司的运营和维护义务并不因项目公司将全部或部分运营维护事务分包给其他运营商实施而豁免或解除"。

3. 绩效挂钩机制的规范性

2015年《国务院办公厅转发财政部发展改革委人民银行关于在公共服务领域推广政府和社会资本合作模式指导意见的通知》中对PPP绩效评价机制进行明确，"政府以运营补贴等作为社会资本提供公共服务的对价，以绩效评价结果作为对价支付依据，并纳入预算管理"。

2016年财政部《关于进一步共同做好政府和社会资本合作（PPP）有关工作的通知》中指出，"要建立动态可调整的投资回报机制，根据条件、环境等变化及时调整完善，防范政府过度让利。要坚决杜绝各种非理性担保或承诺、过高补贴或定价，避免通过固定回报承诺、明股实债等方式进行变相融资"。

2017年财政部发布的《关于规范政府和社会资本合作（PPP）综合信息平台项目库管理的通知》指出，"未建立按效付费机制。包括通过政府付费或可行性缺口补助方式获得回报，但未建立与项目产出绩效相挂钩的付费机制的；政府付费或可行性缺口补助在项目合作期内未连续、平滑支付，导致某一时期内财政支出压力激增的；项目建设成本不参与绩效考核，或实际与绩效考核结果挂钩部分占比不足30%，固化政府支出责任的"。

从以上政策文件中可以看出，绩效考核机制已成为PPP项目的核心内容之一，PPP项目绩效考核要求也越来越严格，考核机制的规范要求也越来越明晰。对于涉及政府付费、可行性缺口补助的项目，为防止项目公司"重建设轻运营"，防止PPP项目异化为拉长版的BT，避免固化政府支出责任，建立按效付费机制显得尤为重要。因此，在符合规范的PPP项目中应明确政府付费应建立长期的绩效评价机制，运营维护补贴不能不考虑绩效按照固定金额支付，而应与项目公司提供运维服务的绩效评价结果挂钩，而且要将项目建设内容的可用性一同纳入考核范围，保证项目建设成本与绩效评价结果挂钩的比例不低于30%。

4. 实际案例

吉林市国电江北热源项目因不规范操作被列入限期整改项目清单。通过查询财政部PPP综合信息平台，该项目"运作不规范"行为包括：一、项目实施方案要求项目竣工后由项目公司委托第三方国电吉林电厂运营。而且其后签订的PPP协议也明确指出，经甲方书面同意，乙方可以委托第三方进行生产运行。该约定违反"不得约定将项目运营责任返包给政府方出资代表承担或另行指定社会资本方以外的第三方承担"政策规定；二、项目PPP协议明确，项目采取"特许经营+可行性缺口补助"付费机制，特许经营期内项目公司获取热能销售收入以补偿经营成本、还本付息、收回投资并获取投资回报，不足部分由财政进行可行性缺口补助。项目可行性缺口补助未与绩效考核挂钩，且该约定存在固定回报的嫌疑，违反"不得向社会资本承诺最低投资回报或提供收益差额补足"政策规定。

9.3.3 两评一方案批复的合规性

1. 两个评价报告的批复

根据《政府和社会资本合作模式操作指南（试行）》中规定，项目实施机构应组织编制项目实施方案，财政部门应对项目实施方案组织开展物有所值评价和财政承受能力论证，通过验证的，由项目实施机构报政府审核。财政承受能力应按照财政部发文《政府和社会资本合作项目财政承受能力论证指引》进行论证，物有所值评价论证过程应符合《PPP物有所值评价指引（试行）》相关要求。

物有所值评价的作用是论证实施PPP模式的"必要性"，即项目是否适合采用PPP

模式，经过专家评审"通过论证"后还需论证其"可行性"，即财政是否负担得起，也就是财政承受能力论证，根据《政府和社会资本合作项目财政承受能力论证指引》，每一年度全部PPP项目需要从预算中安排的支出责任占一般公共预算支出比例应当不超过10%。

通过两个论证的项目，由财政部门出具"适宜采用政府和社会资本合作（PPP）模式实施"的批复文件。各级财政部门应当在编制年度预算和中期财政规划时，将项目财政支出责任纳入预算统筹安排，"未通过论证"的项目不宜采用PPP模式。

2. 实施方案批复

目前，政策文件未指定PPP项目的特定审查部门，但根据国家发改委《传统基础设施领域实施政府和社会资本合作项目工作导则》规定，鼓励地方政府建立PPP项目实施方案联审机制，按照"多评合一、统一评审"的要求，由发展改革部门和有关行业主管部门牵头，会同项目涉及的财政、规划、国土、价格、公共资源交易管理、审计、法制等政府部门，对PPP项目实施方案进行联合评审。必要时，可先组织相关专家进行评议，或委托第三方专业机构出具评估意见，再进行联合评审。

按财政部文件要求，项目实施方案一般为实施机构组织编制的独立文件。按国家发改委文件要求，为提高工作效率，对于一般性政府投资项目，可在可行性研究报告中编写PPP项目实施专章，内容可以适当简化，不再单独编写PPP项目实施方案。审核时可结合可行性研究报告审批一并审查，在各部门联审项目实施方案，并提出相关意见后，最终由政府出具项目实施方案的批复，获得政府批复且通过两个评价论证后，项目才可以进入采购阶段。

9.3.4 财政支付批复程序

政府付费模式和可行性缺口补助模式的PPP项目需要规范的财政承受能力论证文件作为政府支付的基础。2016年，财政部发布《关于在公共服务领域深入推进政府和社会资本合作工作的通知》规定，对于政府性基金预算，可在符合政策方向和相关规定的前提下，统筹用于支持PPP项目。由于该约定比较模糊，在实际操作中，大部分项目财政支出并未使用政府性基金预算。在2019年财政部最新发布的《关于推进政府和社会资本合作规范发展的实施意见》中，对政府性基金的使用做出了明确要求，"新签约项目不得从政府性基金预算、国有资本经营预算安排PPP项目运营补贴支出"。

政府财政支付程序应保证合法有据，社会投资人应注意项目在完成两评一案的编制且得到批复的前提下，须进一步要求政府完善财政支付的审批手续。

1. 政府常务会的批复

政府常务会议同意拟实施项目以PPP模式建设的政府批文或政府会议纪要确认。该文件是政府方同意拟实施项目，以PPP模式建设的依据，亦是PPP项目将政府支出责任纳入政府支付程序的前提。

2. 纳入财政预算决议的批复

同级人大或人大常委会审议并通过将政府支出责任纳入财政预算的决议。预算作为一种具有法律效力的文件，必须遵照特定的程序，用法律加以保障。未经人大审查批准的预算只是预算草案，不具备法律效力，亦不是严格意义上的政府收支计划。我国地方各级政府有预算提案权，地方预算的批准权力属于地方各级人大。

根据《中华人民共和国预算法》的规定，人大对政府预算审查批准的法定程序主要为：各级政府在本级人大开会时，向大会作关于预算草案的报告，各级人代会对政府预算草案进行审议，各级人大财政经济委员会或者有关专门委员会应当在本级人大召开期间向大会提交政府预算草案的审查报告，各级人代会可以批准政府预算草案，亦可以作出修改的决议。由于PPP项目合作期较长，一般是10~30年，而地方预算是经法定程序批准的地方各级政府的年度财政收支计划。因此，社会投资人需要注意，在项目运营期内，每年的政府支出责任均应纳入地方政府年度财政支付预算的计划编制内。

3. 政府财政对项目的投资评审

财政投资评审是财政部门对财政性投资项目的工程概、预算和竣工决（结）算以及一些财政性专项资金进行评估与审核的活动。财政投资评审的法律依据主要为《预算法》和财政部印发的《财政投资评审管理规定》，其中《预算法》规定，"各级政府财政部门负责监督检查本级各部门及其所属各单位预算的执行；并向本级政府和上一级政府财政部门报告预算执行情况"。

根据《财政投资评审管理规定》要求，财政部门对评审意见的批复和处理决定作为调整项目预算、掌握项目建设资金拨付进度、办理工程价款结算、竣工财务决算等事项的依据之一。因此，社会资本方在作PPP项目尽职调查时，应关注PPP项目概算是否通过财政投资评审。

9.4 项目采购阶段的合规性要求

进入采购阶段之前项目要符合程序和手续上的规定，尤其是完成项目立项、两评一案得到相关部门和政府批复后才能进入采购程序。实践中存在为了赶工期，项目立项未完成，或没有得到相关批复的情况下，直接进入采购程序的项目，像这种程序上的违规行为，或审批程序倒置的行为都可能因不合规而导致项目退库。

采购阶段包括社会资本方的资格审查、采购方式的选择、项目采购、项目谈判、签订投资协议/合同草案等内容。本书按采购阶段包含的内容逐一说明该阶段所涉及内容的合规性要求。

9.4.1 社会资本方资格的合规性

根据《政府和社会资本合作模式操作指南（试行）》《关于规范政府和社会资本合作合同管理工作的通知》《国务院办公厅转发财政部发展改革委人民银行关于在公共服务领域推广政府和社会资本合作模式指导意见的通知》《关于组织开展第三批政府和社会资本合作示范项目申报筛选工作的通知》《关于规范政府和社会资本合作（PPP）综合信息平台项目库管理的通知》等文件要求，对各类潜在的社会资本逐一分析其作为社会资本方可以参与 PPP 项目的合规性。

1. 政府融资平台公司

财政部印发的《关于在公共服务领域推广政府和社会资本合作模式的指导意见》中提出，"大力推动融资平台公司与政府脱钩，进行市场化改制，健全完善公司治理结构，对已经建立现代企业制度、实现市场化运营的，在其承担的地方政府债务已纳入政府财政预算、得到妥善处置并明确公告今后不再承担地方政府举债融资职能的前提下，可作为社会资本参与当地政府和社会资本合作项目，通过与政府签订合同方式，明确责权利关系"。因此，只要剥离政府性债务，并承诺不再承担融资平台职能的本地融资平台公司均可以作为社会资本参与全国范围内的 PPP 项目。但是，《关于进一步加强政府和社会资本合作（PPP）示范项目规范管理的通知》要求加强 PPP 项目合同签约主体合规性审查，国有企业或地方政府融资平台公司不得代表政府方签署 PPP 项目合同，地方政府融资平台公司不得作为社会资本方。

政府融资平台公司若想成为 PPP 项目的社会资本方，必须同时符合以下两个条件：

（1）退出类融资平台。

退出类平台，是指按银监会发布的《关于加强 2013 年地方政府融资平台贷款风险监管的指导意见》要求，经核查评估和整改后，具备商业化贷款条件，自身具有充足稳定的经营性现金流，能够全额偿还贷款本息，整体转化为一般公司类客户管理的融资平台。

（2）不再承担融资平台职能。

符合国办发《关于在公共服务领域推广政府和社会资本合作模式指导意见》规定，对已经建立现代企业制度、实现市场化运营的，在其承担的地方政府债务已纳入政府财政预算，得到妥善处置并明确公告今后不再承担地方政府举债融资职能的前提下，可作为社会资本参与当地政府和社会资本合作项目。

2. 境内外企业作为社会资本方

社会资本即建立现代企业管理制度的境内外企业法人，因此，境外企业投资国内 PPP 项目不受限制。过去，由于我国外资安全审查制度、市场准入制度和 PPP 项目价格制度不完善等问题，限制了外商对我国 PPP 项目的投资意愿。随着外商投资市场准入的放宽和外资企业运营环境的改善，给境外企业投资国内 PPP 项目带来很多机会。PPP 项目属于基础设施和公共服务领域，涉及公用事业、公众利益和国家安全等行业领域仍然通过市场准入政策，如外商投资产业指导目录、备案制度等对外商投资进行限制。《外商投资产业指导目录（2017 年修订）》的发布，进一步扩大了对外开放领域，但仍有部分 PPP 项目涉及的行业领域被纳入限制和禁止类，其中限制类的行业领域包括燃气、电力、供排水管网、铁路、水运、航空等交通运输、学前、普通高中和高等教育等，禁止类的行业领域包括义务教育、医疗机构等。

PPP 项目的社会资本方可以是已建立现代企业制度的境内外企业法人，包括国有控股企业、民营企业、混合所有制企业等，也可以是银监会大名单内的退出类融资平台公司，但银监会大名单内的监管类融资平台不得作为社会资本方。

3. 实际案例

根据甘肃省《关于 PPP 综合信息平台项目库清查情况的通报》公开披露的信息，

张掖市甘州区思源实验学校建设项目，总投资2.4亿元，运作方式为BOT，回报机制为可行性缺口补助，项目处于执行阶段。该项目审核结果为：完成立项审批，规范开展"两个论证"，适宜采用PPP模式实施，实施方案获得批复，建立了按效付费机制，符合规范性要求。存在问题：中标人为甘肃兴鼎建筑安装工程有限责任公司，但项目公司的股东是两位自然人，应严格按规定运作。

9.4.2 采购方式选择

根据财政部印发的《政府和社会资本合作模式操作指南（试行）》和《政府和社会资本合作项目政府采购管理办法》规定，适用于PPP项目的采购方式包括公开招标、邀请招标、竞争性谈判、竞争性磋商和单一来源采购五种方式。一般采购流程包括资格预审、采购文件的准备和发布、提交采购响应文件、采购评审、采购结果确认谈判、签署确认谈判备忘录、成交结果及拟定项目合同文本公示、项目合同审核、签署项目合同、项目合同的公告和备案等若干基本环节。

1. PPP项目适用的采购方式分类

不同PPP项目适用的采购方式也有所不同，选择合适的采购方式既是项目合规性要求，也是项目达到产出目标，实现物有所值的重要保障。以下是对五种采购模式的适用性分析，让社会投资人详细了解每种采购模式的适用条件。

（1）公开招标：该方式对一般项目普遍适用，但存在例外情况，即公开招标主要适用于采购需求中核心边界条件和技术经济参数明确、完整、符合国家法律法规及政府采购政策，且采购过程中不作更改的项目。

（2）邀请招标：该方式适用技术复杂、有特殊要求或者受自然环境限制，只有少量潜在投标人可供选择，以及采用公开招标方式的费用占项目合同金额的比例过大的项目。

（3）竞争性谈判：适用于招标后没有供应商投标或者没有合格标的或者重新招标未能成立的；技术复杂或者性质特殊，不能确定详细规格或者具体要求的；采用招标所需时间不能满足用户紧急需要的；不能事先计算出价格总额的项目。

（4）竞争性磋商：适用政府购买服务项目；技术复杂或者性质特殊，不能确定详细规格或者具体要求的；因艺术品采购、专利、专有技术或者服务的时间、数量事先不能确定等原因不能事先计算出价格总额的；市场竞争不充分的科研项目，以及需要扶持的科技成果转化项目；按照招标投标法及其实施条例必须进行招标的工程建设项目以外的工程建设项目。

（5）单一来源：适用只能从唯一供应商处采购的；发生了不可预见的紧急情况不能从其他供应商处采购的；必须保证原有采购项目一致性或者服务配套的要求，需要继续从原供应商处添购，且添购资金总额不超过原合同采购金额10%的项目。

2. 项目采购的要素

（1）项目边界是否清晰可辨。一般公开招标的采购方式普遍适用于包括PPP项目采购在内的所有政府采购项目。但依据《政府和社会资本合作项目政府采购管理办法》中规定的例外情形，PPP项目采购中，除了达到公开招标数额以上，还应考察PPP项目双方合作范围是否确定、合作双方的权利义务是否清晰，包括运作方式、回报机制、股权与出资比例等交易条件是否明确，经济技术条件是否完备，履约保障和调整衔接是否约定等。在实践中，针对污水处理、垃圾填埋、高速公路等运作成熟的PPP项目，在上述边界条件清晰的前提下，可选择采用公开招标的采购方式，要求投标社会资本方报出不可更改的竞争性方案及价格。如前述条件未能明确，则可选择竞争性磋商的方式，通过一轮或多轮磋商逐步明确项目边界条件，最后由社会资本方进行竞争性报价。

（2）项目采购时间是否充裕。在多数PPP项目采购过程中都存在这样的问题，某些地方政府因对项目的实施进度有严格的刚性考核指标，亟须社会资本尽快参与PPP项目的投资建设。在这类项目中，需结合不同采购方式的法定期限预估选择最能满足项目开发进度要求的采购方式。

通过对PPP项目采购流程进行梳理可以看出，在项目的资格预审阶段后，以公开招标或邀请招标方式采购PPP项目，最低时间限制的环节的时限为20日；以竞争性磋商方式采购PPP项目，最低时间限制的环节的时限为10日；以竞争性谈判、单一来源方式采购PPP项目，最低时间限制的环节的时限为7日。

（3）潜在社会资本方的数量。在项目初步实施方案编制完成后，可以通过公开和邀请的方式对潜在社会资本方的投资意向进行市场测试。如果潜在社会资本方的数量不足3家，则建议项目的实施机构及时调整实施方案，或依据《财政部关于政府采购竞争性磋商采购方式管理暂行办法有关问题的补充通知》及政府采购相关管理规定，选择竞争性磋商、单一来源等采购方式。避免资格预审后，符合资格预审条件的社会资本数量不足3家，申请批准变更采购方式，延误项目采购时间。

PPP项目采购的环节和条件较为复杂，实践中有些政府急于推进项目压缩时间或一些社资本投资人为了拿到项目故意绕过必要采购程序，导致采购环节不合规。不合规就会被要求整改，整改势必给投资人造成损失。因此，无论政府还是社会投资人均应严格执行《政府和社会资本合作项目政府采购管理办法》《政府和社会资本合作模式操作指南（试行）》《政府采购法》等政策规定。

3. 实际案例

某中部地级市政府为支持所属融资平台公司转型为城市水务行业运营商，运营管理该地区所有的自来水及污水处理项目（计划打造类似于重庆水务集团水务上市目的），同时通过存量资产转为PPP模式为地方政府融得一笔资金，计划将现有自来水项目采取PPP模式交由该融资平台运营管理。在社会资本采购中，地方政府采取单一来源采购方式直接选定该融资平台公司为PPP项目社会资本方，经营期限30年，合同金额20亿元。经多方协调后政府认识到相关合规性问题，最后放弃PPP模式，直接将该自来水股权划转至该融资平台公司。

9.4.3 招标采购程序的合规性

1. 资格预审的合规性

（1）开展资格预审。

根据《政府和社会资本合作项目政府采购管理办法》第五条规定"PPP项目采购

应当实行资格预审。项目实施机构应当根据项目需要准备资格预审文件，发布资格预审公告，邀请社会资本和与其合作的金融机构参与资格预审，验证项目能否获得社会资本响应和实现充分竞争"。因此，PPP项目采购按照文件规定，需要全部强制性实施资格预审，但是在实际操作中，有些PPP项目并未实施资格预审，有些项目为了缩短采购时间，招标代理机构采用资格后审或以"资格审查"笼统而又模糊的方式对社会投资人进行资格审查。

项目实施单位应及时认识财政部规定PPP项目必须使用资格预审的用意。PPP项目一般投资规模较大，建设内容较为复杂，合作期限长，对社会资本有一定的技术及投资能力上的要求，采取资格预审主要是为了提高项目采购的质量和采购效率，在公平、公开、公正的原则下，对需要合作的社会资本方进行精准定位，寻找优质的合作伙伴，确保项目健康平稳落地。

（2）设置资格预审条件。

除了项目采购未进行资格预审以外，大多数项目还存在资格预审条件设置不合理的问题，主要是存在歧视性条款，投资条件设置与项目无关联，投标保障金额过高等问题居多。在《关于在公共服务领域深入推进政府和社会资本合作工作的通知》中要求，"要会同有关行业部门合理设定采购标准和条件，确保采购过程公平、公正、公开，不得以不合理的采购条件（包括设置过高或无关的资格条件，过高的保证金等）对潜在合作方实行差别待遇或歧视性待遇，着力激发和促进民间投资"。而《政府采购法实施条例》第二十条明确规定了以不合理的条件对供应商实行差别待遇或者歧视待遇的情形包括：

①就同一采购项目向供应商提供有差别的项目信息；

②设定的资格、技术、商务条件与采购项目的具体特点和实际需要不相适应或者与合同履行无关；

③采购需求中的技术、服务等要求指向特定供应商、特定产品；

④以特定行政区域或者特定行业的业绩、奖项作为加分条件或者中标、成交条件；

⑤对供应商采取不同的资格审查或者评审标准；限定或者指定特定的专利、商标、品牌或者供应商；

⑥非法限定供应商的所有制形式、组织形式或者所在地；

⑦以其他不合理条件限制或者排斥潜在供应商。

在实践中，如遇到资格预审文件中要求申请人在本地有分支机构，或者要求申请人具有连续5年承接过在某工程领域达到多少规模以上的工程，显然属于以不合理条件对供应商实行差别待遇和歧视待遇。

需要提醒PPP项目社会投资人的是，根据政策规定采购人、采购代理机构不得将投标人的注册资本、资产总额、营业收入、从业人员、利润、纳税额等规模条件作为资格要求或者评审因素，也不得通过将除进口货物以外的生产厂家授权、承诺、证明、背书等作为资格要求，对投标人实行差别待遇或者歧视待遇。因此，如遇到设置上述资格条件明显不公平的，可参照上述规定予以质疑。

2. 设置评审标准

根据《政府采购法实施条例》第二十一条规定，"已进行资格预审的，评审阶段可以不再对供应商资格进行审查"。而资格预审文件中通常会约定"未参与资格预审的不得参与投标",意味着PPP项目一般不允许资格后审。既然如此,在招标时,评审标准中就不应再设置超出资格预审文件中设置的资格条件范围。当然同一资格条件可以提出更高的标准作为加分内容,但如果加分比例过高,例如资格预审文件中要求申请人某个时间起点以来承担过单项工程建筑面积大于或等于5万平方米的房屋建筑项目,那么如招标文件中要求满足上述资格得一分,如承担过单项工程建筑面积10万平方米得五分,就会导致未达到此要求的投标人很难在其他评审项目中拉回四分差距,存在明显的不公平。

9.5 组建项目公司阶段合规性要求

进入项目公司组建阶段,项目前期工作基本接近尾声,通常情况下,项目完成采购后,由中选社会资本方与政府方基于谈判结果签订初步的PPP项目投资协议或PPP项目草签合同,约定社会资本方在几日内完成项目公司的组建,届时由新成立的项目公司与政府签订正式的PPP项目合同,或由项目公司承继原社会资本方签订的PPP合同。在项目公司组建阶段,应注意股东是否按约定出资,资金来源是否符合要求,签订的合同中是否有违法、违规等问题。

9.5.1 股东出资的合规性

在《关于推广运用政府和社会资本合作模式有关问题的通知》中规定了关于PPP合作不应作狭义理解,并非所有项目必须合资设立项目公司。同时《国务院关于加强地方政府性债务管理的意见》关于推广使用PPP合作模式的条文也明确独资或合资均可,取决于合作双方的约定。一般认为政府方出资可以减轻社会资本方资金压力,提高项目公司的资信条件,降低项目公司融资难度。

在PPP项目中,政府股权出资不是法定责任,政府方持有项目股权也不是必不可少的监管方式,政府方可选委托政府出资代表进行股权出资,或者直接以财政补贴、补助等方式支持项目。政府委托出资代表进行出资的目的主要不是获得投资回报,而是以股东身份和权利对项目公司运营实施监管。

政府方出资代表仅存在政府有出资意愿的项目中。事实上,绝大多数PPP项目,政府方都授权出资代表以股权方式出资。

1. 政府方出资代表的确定

早在2004年《国务院关于投资体制改革的决定》中就有对政府方出资代表的描述。该文件指出,"政府投资资金按项目安排,根据资金来源、项目性质和调控需要,可分别采取直接投资、资本金注入、投资补助、转贷和贷款贴息等方式。以资本金注入方式投入的,要确定出资人代表"。因此,PPP项目政府方出资代表是政府指定的具体代表政府按PPP合同履行股权出资义务和享有股东权利的主体。

发改委发布的《传统基础设施领域实施政府和社会资本合作项目工作导则》对政

府出资代表的确定做出了如下规定，"对于列入年度实施计划的PPP项目，应根据项目性质和行业特点，由当地政府行业主管部门或其委托的相关单位作为PPP项目实施机构，负责项目准备及实施等工作。鼓励地方政府采用资本金注入方式投资传统基础设施PPP项目，并明确政府出资人代表，参与项目准备及实施工作"。

从政府出资代表的代表身份性质角度以及发挥的功能来讲，政府出资代表是政府委托的履行政府出资义务的代理人，其出资行为及由此引发的法律后果和责任仍归政府，与政府授权的项目实施机构一样，均应属于政府一方，而不能归入社会资本一方，不能成为挂政府方名义的"实际社会资本"。也正是因为出资企业是代表政府出资，才可以由政府直接指定，而不必通过竞争性采购程序获得PPP项目投资资格。因此，政府出资代表的身份应当明确地体现政府方的性质。政府出资代表不能通过任何投资机构的出资，而将社会资本方本应在PPP项目中承担的融资、建设、运营、管理的义务进行剥离，甚至变相转移至政府一方。

2. 政府方出资代表的出资

从政府出资代表本身性质角度来讲，在国有企业分类改革完成的情况下，政府出资代表由公益性国有企业担任，才能保证与政府出资的公益性质相匹配，才能统一按公益性质国有资产进行监管、定责和考核。

如果尚没有已完成分类改革的公益类国有企业作为载体，则在过渡期可由其他非公益类国有企业专设公益性账户独立管理政府委托出资的财政资金，与其管理的经营性资产区别管理和考核。待有合适的公益类国有企业后，再将股东权利转移给公益类国有企业持有。在政府出资代表的出资角度方面，政府出资代表使用的须是政府财政资金，故其出资为政府投资行为。

根据《政府和社会资本合作项目财政承受能力论证指引》的第九条规定，"PPP项目全生命周期过程的财政支出责任，主要包括股权投资、运营补贴、风险承担、配套投入等"。从财务角度，PPP项目中的政府股权出资支出与政府直接付费的运营补贴支出、风险承担支出及配套投入支出是并列关系，即政府股权出资与政府付费是政府投资PPP项目的两种并列途径。对于PPP项目中的政府股权出资而言，可将之理解为政府采购项目的"预付款"，随着社会资本方的建设、运营、维护等行为，逐渐物化为项目资产或公共服务或产品，最终由政府方收回，政府在向社会资本方支付采购价款时不包含政府股权出资对应的资产或公共产品及服务，政府股权出资既不能作为PPP项目成本，也与社会资本方获得的投资收益无关。

9.5.2　PPP项目合同

财政部和国家发改委是当前PPP模式的两个主要推广部门，两部委曾就PPP项目颁发过一系列政策文件，一些项目按财政部文件要求进行编制，拟定PPP项目合同，一些项目按国家发改委要求，编制了特许经营协议。两个文件在符合国家部委政策规定，符合项目要求的前提下都可作为政府方和项目公司签订的合作要件。本书仅对PPP项目合同的合规性要求分别进行讨论。

政府与项目公司正式签署PPP项目合同标志着PPP项目的落地。在方式上可以是政府与项目公司直接签订 PPP 合同，或者签订补充合同，对原来由政府与中标社会资本方草签的 PPP 合同中的权利义务予以承接。但并不能因此免除社会资本作为项目公司股东应承担的部分义务，例如出资、增资、项目公司融资不成功时的股东筹资、股权锁定期条款等。

PPP 项目合同内容应符合财政部印发的《PPP 项目合同指南（试行）》有关要求。PPP 项目合同是具有法律效力的文件，属于双务合同范畴，其中明确了政府和项目公司之间的权利义务关系和项目的边界条件。合同内容应以前期谈判结果为准，双方不得对谈判的实质内容进行更改，即便更改也要遵循法定程序，一定要保持项目合同前后的一致性。项目公司不得通过与政府方签订阴阳合同的方式进行牟利，以上行为均涉及违反法律、法规，最终导致 PPP 项目合同内容全部或部分无效，相关责任人应承担相应的法律责任。

9.6　其他合规要求

9.6.1　项目法人变更

国家发展改革委关于印发《传统基础设施领域实施政府和社会资本合作项目工作导则》的通知中明确规定"纳入 PPP 项目库的投资项目，应在批复可行性研究报告或核准项目申请报告时，明确规定可以根据社会资本方选择结果依法变更项目法人"。这是国家发改委的 PPP 项目流程要求，提示项目公司要做项目的"法人变更"。

实践中很多项目都忽视了此项规定。为何要进行项目法人变更？因为一个 PPP 项目在正式招到社会资本之前，已经进行了可行性研究和可行性研究报告批复的步骤，而可行性研究报告批复隐含了很多的建设方面的手续，该些手续通常是由政府实施机构办理的。PPP 项目招到社会资本方后，后期实际实施者是项目公司，为了充分授权项目公司实施权力，便于项目操作，所以在项目公司设立后有必要去做一次项目法人的变更，并取得项目法人变更的批复文件。

9.6.2　第三方股权代持

为了防止地方泛化滥用 PPP，加大地方政府隐性债务风险，在财政部发布的《关于规范政府和社会资本合作（PPP）综合信息平台项目库管理的通知》中对借 PPP 变相举债融资的行为予以严禁。文件中指出，"违反相关法律和政策规定，未按时足额缴纳项目资本金、以债务性资金充当资本金或由第三方代持社会资本方股份的"属于不符合规范运作要求的项目，待审核的项目不得入库，已入库的做退库处理。

财政部要求 PPP 项目中社会资本方的股份不得由第三方代持，遏制当前部分社会资本中选后自行指定其关联企业、子公司、基金等第三方代为履行出资义务，以及部分联合体参与方只承揽项目施工或设计任务、不实际出资入股等不规范操作现象，确保社会资本选择程序的严肃性、公正性，夯实社会资本的投资建设运营责任。

实践中，某些项目中标单位为集团公司，而出资方为其下属子公司；或者某一项目联合体中标，实际只有投资人出资，而联合体中的建筑公司、运营公司应承担的出资义务也由投资人承担。这种行为已严重违反了法律法规：一是不符合《招标投标法》及《政府采购法》等法律法规的规定；二是也不符合 PPP 项目政策的要求。如上述主体作为社会资本方签订 PPP 项目合同或股东协议等属于违法违规操作，应予以取消其签约主体资格，仅由中选的社会资本作为主体予以签订。如以联合体形式中选，那么建议联合体成员都入股项目公司，以防止因联合体中的出资方不是股东、涉嫌第三方代持社会资本方股份而违规的现象发生。

9.6.3 项目资本金的合规性

1. 项目资本金不得为债务资金

项目资本金制度是根据国家 1996 年发布的《国务院关于固定资产投资项目试行资本金制度的通知》（以下简称《资本金制度》）而设置并沿用至今。该文件对项目资本金的定义为："投资项目资本金，是指在投资项目总投资中，由投资者认缴的出资额，对投资项目来说是非债务性资金，项目法人不承担这部分资金的任何利息和债务；投资者可按其出资的比例依法享有所有者权益，也可转让其出资，但不得以任何方式抽回"。由此，项目资本金的核心特征是该笔资金是项目法人的财产而不是债务。

一般情况下，多数 PPP 项目方案设置，项目资本金由政府方和社会资本方按约定比例共同出资。因此，项目资本为非债务性资金的要求不仅限制社会资本方，同样限制政府方。之所以设置项目资本金制度，其根本目的是降低项目融资风险，保证资金安全，从宏观来看也是为了控制某些领域投资规模，防止某领域投资过剩导致资源浪费。自 PPP 项目督查开始至今，发现不少项目存在项目资本金不合规的问题，尤其是以债务资金充当项目资本金的情形不在少数，于是财政部发文将项目资本金的合规性审查作为项目督查重点内容之一。

根据 2017 年财政部发布的《关于规范政府和社会资本合作（PPP）综合信息平台项目库管理的通知》，在应从项目管理库予以清退的情形中，有一条与项目资本金有关，即"违反相关法律和政策规定，未按时足额缴纳项目资本金、以债务性资金充当资本金或由第三方代持社会资本方股份的"。该文件是从项目库管理的角度出发作出的规定，如果项目资本金不符合该文件的要求，导致的后果是"不得入库"或"清理出库"。

在 PPP 实践过程中，通常社会资本都有"小股大债""资本金提前退出"的考虑，某些政府方为了吸引社会资本，对该问题不以为然，在编制 PPP 项目实施方案时也会安排更容易被社会资本接受的资本金结构，从而出现了"小马拉大车"的情况。除此以外，项目资本金中的政府方应出资同样存在不合规问题，如某些项目中，政府方要求社会资本方先垫付项目资本金，或要求社会资本方缴纳履约保证金，政府方将其作为项目资本金等问题屡见不鲜。按照《资本金制度》规定，政府方可以用于项目资本金的资金来源包括投资者以货币方式认缴的资本金，其资金来源有：各级人民政府的财政预算内资金、国家批准的各种专项建设基金、"拨改贷"和经营性基本建设基金回收的本息、土地批租收入、地方人民政府按国家有关规定收取的各种规费及其他预算外资金"。

政府方的项目资本金资金来源需遵守上述规定，不能将违规融资资金作为项目资本金，也不能利用 PPP 项目违规举债。

2. 项目资本金出资比例

《资本金制度》文件中还对项目资本金比例提出要求，文件指出，"投资项目资本金占总投资的比例，根据不同行业和项目的经济效益等因素确定"。投资项目资本金的具体比例，由项目审批单位根据投资项目的经济效益以及银行贷款意愿和评估意见等情况，在审批可行性研究报告时核定。经国务院批准，对个别情况特殊的国家重点建设项目，可以适当降低资本金比例。

2015 年发布的《国务院关于调整和完善固定资产投资项目资本金制度的通知》对项目资本金比例要求进行了调整。文件指出，"为进一步解决当前重大民生和公共领域投资项目融资难、融资贵问题，增加公共产品和公共服务供给，补短板、增后劲、扩大有效投资需求，促进投资结构调整，保持经济平稳健康发展，国务院决定对固定资产投资项目资本金制度进行调整和完善"。自此，对于城市和交通基础设施项目、农产品加工项目、城市地下综合管廊、城市停车场项目的项目资本金占总投资比例要求有所降低。

实践中，一些项目在前期方案设置时，未充分考虑项目投资建设领域和项目资本金相关政策，导致设置项目资本金占项目总投资比例低于最低比例要求，待项目实施时，因不符合政策规定，项目审批及银行贷款审批无法通过，严重影响了项目实施进度。

第10章
财务评价的可行性

10.1 现金流的稳定性

能否产生稳定的现金流是PPP项目社会投资人进行投资决策的首要前提,如何挑选出优质的PPP项目成为投资者面临的一大难题。通常情况下,项目现金流是否稳定的判别依据主要在于地区、行业及项目三个层面,本书将基于此系统梳理PPP项目筛选逻辑,以期为投资人选择优质的PPP项目提供决策依据。

10.1.1 地区选择

PPP项目的参与方包括政府、企业和金融机构。理论上讲,PPP不是单纯的政府项目,政府是承担有限责任的小股东,各方利益共享、风险共担才是PPP的本质。但从调研的反馈来看,大部分项目仍然被定位为政府项目,很多纠纷争议最终可能还是要依靠政府的协调和支持来解决,所以不管什么项目,第一准则都是选地方政府合作方。筛选优质的地方政府合作方可以从以下两个方面入手:地方市场需求和地方政府财力。

1. 地方市场需求

有需求的地方才有市场,PPP项目投资也不例外。在进行地区选择时应重点关注该地区的市场需求,具体体现在项目投资建设的必要性,当地群众的接受程度以及同类项目的数量等。其中,项目投资建设是否必要的关键在于能否按照预期形成稳定的现金流,尤其是对于有使用者付费的部分,还得考虑该部分是否有足够的依据。例如,一个县城的污水处理类项目,设计污水处理量为20万吨/天,但全县人口总数较低,且居民分布散乱,污水收集率较低,实际处理规模远低于设计处理量,从而导致了资源的浪费,投资人的运营收入也无法满足。

另外,当地群众的接受程度也是影响项目现金流,进而影响投资人决策的重要内容。多数地方政府为了推进项目,未充分的结合地区居民接受程度或消费水平进行综合考量,项目建成后,实际运营未达到预期水平,投资人承担收益风险。典型的如许多旅游开发类项目或特色小镇类项目,该类项目的现金流入主要来源于后期使用者付费,如果建成后地方居民的消费水平与该项目预期不匹配,外来人口数量也较低,则对于投资人而言存在着较大的运营风险。

最后，投资人在投资决策时还需要结合地区同类项目的数量进行综合考量，其原因也主要体现在需要量方面。例如，在一个30万人口的县城用PPP模式建一所医院，该地区已经有两个同类型医院，如果再新建医院，该地区的就医人数是否能满足医院正常运作，而由此带来的投资收益风险也是投资人在地区选择时应当重点考虑的内容。

2. 地方政府财力

政府是PPP模式的重要参与者，在项目运作的全生命周期内，财政支出责任主要包括股权投资、运营补贴、风险承担、配套投入等。

为规范财政支出管理、防范和控制财政风险，需识别、测算PPP项目的各项财政支出责任，科学评估项目实施对当前及今后年度财政支出的影响，只有通过财政承受能力论证的项目才可进入到下一阶段。具体的标准为每一年度全部PPP项目需要从预算中安排的支出责任，占一般公共预算支出比例应当不超过10%，并在编制年度预算和中期财政规划时，将项目财政支出责任纳入预算统筹安排。大部分PPP项目的现金流入受地方财力影响。因此，地方财力能否满足PPP项目的需求，进而能否实现PPP项目的现金流稳定，是投资人需要关注的重点。

一般情况下，投资人在选择项目对地区进行评估时，通常会选择行政级别高的地区，例如省本级政府和县级政府开展同类且收益相同的项目，考虑到政府财力及融资可获得性等因素，投资人更倾向于选择省级项目。另外，根据财政部《关于规范政府和社会资本合作（PPP）综合信息平台运行的通知》（财金〔2015〕166号）规定，纳入财政部PPP综合信息平台的项目，每一年度全部PPP项目的支出责任需要从预算中安排，但对于一个国家级贫困县，其一般公共预算支出主要靠上级政府转移支付，如果该县策划投资额较大的PPP项目，虽然支出责任已经纳入预算，但到运营时政府能否按期足额支付，对于投资人而言，仍然是需要重点考虑的问题。

10.1.2 行业选择

根据财政部的分类，入库项目涵盖能源、交通运输、水利建设、生态建设和环境保护、市政工程、片区开发、农业、林业、科技、保障性安居工程、旅游、医疗卫生、养老、教育、文化、体育、社会保障、政府基础设施和其他19个一级行业，每个行业各具特色，风格迥异，社会资本应结合自身实际和项目特点择优参与。

1. 财政支持：生态环保、地下管廊、海绵城市、黑臭水体治理

在进行PPP项目行业选择，最好的是财政专项支出的民生领域，财政专项资金单独核算，专款专用，不能挪作他用，项目投资更有保障。有此保障的项目可分为以下四类。

（1）生态环保。

财政部财监〔2009〕74号文中确定17类中央政府公共投资资金可纳入中央政府公共投资预算支出，分别为：污水管网建设补助资金、重点病险小型水库治理资金、三河三湖及松花江污染防治资金、商贸流通服务业发展资金、汽车下乡补助资金、农村环保资金、节能技术改造资金、现代农业生产发展资金、小农水补助资金、扶贫资金、土地治理项目资金、产业化项目资金、中央车购税专项资金、灾后恢复重建资金、中央廉租住房保障专项补助资金、全国中小学校舍安全资金、农村危房改造补助资金等。

本轮PPP兴起初期，得益于纳入中央政府公共投资预算支出的污水管网建设补助资金支持，生态环保类项目的投资回报更有保障，加速落地，实现跨越式发展。而且据环保部规划院预计，"十三五"期间全国环保投入将增加到每年2万亿元左右，社会环保总投资有望超过17万亿元，PPP模式存在巨大的发展空间。

（2）地下综合管廊。

我国正处在城镇化快速发展时期，地下基础设施建设滞后。为保障城市安全、完善城市功能、美化城市景观、促进城市集约高效和转型发展，提高城市综合承载能力和城镇化发展质量，地下综合管廊建设势在必行，成为增加公共产品有效投资、拉动社会资本投入、打造经济发展新动力的重要抓手。为推进城市地下综合管廊建设，2014年12月，财政部出台了《关于开展中央财政支持地下综合管廊试点工作的通知》，明确中央财政对地下综合管廊试点城市给予专项资金补助，其中，直辖市每年5亿元，省会城市每年4亿元，其他城市每年3亿元。对采用PPP模式达到一定比例的，将按上述补助基数奖励10%，社会资本的投资热情大幅提升。

（3）海绵城市。

海绵城市建设是积极贯彻新型城镇化和水安全战略的重要内容，可有效防治城市内涝、保障城市生态安全，进而实现公共产品有效投资，提高新型城镇化质量，促进人与自然和谐发展。为促进海绵城市建设，2014年12月，财政部印发《关于开展中央财政支持海绵城市建设试点工作的通知》，规定中央财政对海绵城市建设试点给予专项资金补助，一定三年，具体补助数额按城市规模分档确定，直辖市每年6亿元，省会城市每年5亿元，其他城市每年4亿元。对采用PPP模式达到一定比例的，将按上述补助基数奖励10%，在政策的催化下，海绵城市建设站上风口。

（4）黑臭水体治理。

2018年9月19日，财政部印发《关于组织申报2018年城市黑臭水体治理示范城市的通知》，规定在2018—2020年，中央财政分批支持部分治理任务较重的地级及以上城市开展城市黑臭水体治理，推动这些城市全面达到党中央、国务院关于黑臭水体治理的目标要求，并带动地级及以上城市建成区实现黑臭水体消除比例达到90%以上的目标。对2018年入围的城市，中央财政每个支持6亿元。入围城市要结合实际创新投融资模式，视情况规范采取政府和社会资本合作（PPP）等模式，带动社会资本参与城市黑臭水体治理。在此政策的推动下，黑臭水体治理的建设又将成为重点关注领域。

2. 项目工程利润丰厚：交通运输、片区开发

PPP项目大多为微利项目，根据国家税务总局企业所得税税源报表统计数据测算，各行业平均利润率测算结果如下：工业：7%；运输业：9%；商品流通业（包括批发和零售）：3%；施工房地产开发业：6%；旅游饮食服务业：9%；其他行业：8%，总体收益不算太高。但是有两类项目的利润较为丰厚，投资有利可图。

（1）交通运输。

从上面的各行业平均利润率分布可以看出，运输业的平均利润为9%，超过其他行业,收益相对可观,而且在"两标并一标"的背景下,政府在进行社会资本的公开招标环节中,施工报价不再是唯一的考虑因素,会更看重社会资本的融资能力,希望社会资本能以财务投资人身份参与投资,给施工企业留下了较大利润空间。而且交通运输类行业施工利润高,将是社会投资人重点关注的领域。

(2) 片区开发。

在利用 PPP 模式进行产业新城建设时,社会资本全程深入参与,不仅包括前期的规划设计、咨询、土地整理、公共设施,中期的产业发展服务,还有后期的物业管理公共项目维护及公共事业服务,盈利空间巨大。

3. 现金流充足:市政、养老、能源、水利等

未来现金流充足稳定的经营性项目是 PPP 模式的理想标的,尤其是那些缺口巨大、满足公众需求且符合政府投资导向的领域,一方面,项目未来产生的现金流可覆盖社会资本前期的投入,投资收益有保障;另一方面,能切实满足公众需求。投资这类兼具经济效益和社会效益的领域可实现多方共赢。

纵观全国已落地的 PPP 项目,结合项目数量和规模,使用者付费项目主要集中在交通运输、市政工程、片区开发、养老、能源、水利建设、生态建设和环境保护和医疗卫生等领域,除去上述两点涉及的领域外,市政工程、养老、能源、水利建设、医疗卫生等行业值得关注。

(1) 市政工程。

市政工程行业涉及面广,包括轨道交通、市政道路、垃圾处理、供水、供气、供电、供热、排水、公园、管网、景观绿化、停车场、管网、广场等,其中轨道交通作为供给侧改革的重要内容,已成为我国新一轮基础设施建设的重要拉动力,市场前景巨大。2015 年全国城市轨道交通完成投资 3 863 亿元,2016 年我国在建的城市轨道交通线路总长 4 448 公里,同比增长 27%。随着交通拥堵等问题的加剧,轨道交通成为居民出行的首选,客运量急剧增加。收益也随之增加。另外,通过引入"地铁+物业"的开发模式,投资收益更有保障。如京港地铁参与的北京地铁四号线,从 2009 年 9 月 28 日开通试运营,日客运量早起已突破百万人次,并于 2011 年突破 4 亿人次,提早一年于 2011 年上半年开始盈利。

(2) 养老。

随着我国老龄化问题日趋严峻,养老需求大幅提升,养老服务供应明显匮乏,缺口逐渐扩大,养老服务设施短缺待解。2013 年 9 月,《国务院关于加快发展养老服务业的若干意见》公布,要求政府支持社会力量参与办理养老服务,加大扶持力度,通过政策措施,促进养老服务业的快速发展。2015 年 11 月,《国务院办公厅转发卫生计生委等部门关于推进医疗卫生与养老服务相结合的指导意见》特别强调,在制定医疗卫生和养老相关规划时,要给社会力量举办医养结合机构留出空间。按照"非禁即入"原则,凡符合规划条件和准入资质的,不得以任何理由加以限制。整合审批环节,明确并缩短审批时限,鼓励有条件的地方提供一站式便捷服务。通过特许经营、公建民营、民办公助等模式,支持社会力量举办非营利性医养结合机构,以最大限度地吸纳社会资本参与医疗、养老事业的发展,至此,养老业向社会资本开启大门。

(3) 能源。

2016年4月，国家能源局发布《关于在能源领域积极推广政府和社会资本合作模式的通知》，明确在能源领域积极推广PPP模式，鼓励和引导社会资本投资能源领域，有效提高能源领域公共服务水平。同时提供相应的配套政策，包括：建立绿色审批通道，缩短办理时限，尽快全面理顺天然气价格，加快放开天然气气源和销售价格，有序放开上网电价和公益性以外的销售电价。此外，对可再生能源及分布式光伏发电、天然气分布式能源及供热、农村电网改造升级、光伏扶贫、页岩气开发、煤层气抽采利用等PPP项目，符合财政投资补贴条件的，各级能源主管部门应积极探索机制创新和政策创新，鼓励财政补贴向上述PPP项目倾斜。

能源领域推广PPP的范围至少有3大类：一是电力及新能源类项目，包括供电或城市配电网建设改造、农村电网改造升级、充电基础设施建设运营、分布式能源发电项目、微电网建设改造、智能电网项目、储能项目、光伏扶贫项目、水电站项目、电能替代项目、核电设备研制与服务领域等；二是石油和天然气类项目，包括油气管网主干或支线、城市配气管网和城市储气设施、液化天然气（LNG）接收站、石油和天然气储备设施等；三是煤炭类项目，包括煤层气输气管网、储气库、瓦斯发电等。这三类项目均可产生相对稳定的现金流，有利润空间。

(4) 水利建设。

2015年3月，发改委、财政部、水利部等三部门联合出台了《关于鼓励和引导社会资本参与重大水利工程建设运营的实施意见》，通过政府投资引导、财政补贴、价格机制、金融支持等政策措施，鼓励和引导社会资本投入参与重大水利工程建设运营。

2015年5月，发改委、财政部、水利部等三部门印发《国家层面联系的社会资本参与重大水利工程建设运营第一批试点工作方案》，筛选出12个试点项目，确保加快推进项目前期工作、加大项目投资支持力度、创新项目产品定价机制等试点支持政策，推进PPP模式在水利工程中的应用。

现行的水利建设项目通常包括没有盈利的灌渠、水库等基础设施与盈利能力较强的水厂，可通过打包组合实现收益覆盖，破解经营性短板，宁阳县引汶工程项目就是一个很好的实例。

(5) 医疗。

随着经济社会的发展，居民对于健康护理更加重视。同时，我国的人口老龄化趋势不可逆转，催生了大量的医疗保健需求。

2015年3月，国务院印发《全国医疗卫生服务体系规划纲要（2015—2020年）》，首次明确提出在县级医院的层面上，原则上只设立1个县办综合性医院和1个中医类医院，鼓励公立医院与社会力量以合资合作的方式共同举办新的非营利性医疗机构。据测算，2020年全国将仅保留3 470家县级医院，剩下的8 130家县级医院的属性将会发生变化，部分县级医院会迎来社会资本的进入，部分则转变为社区卫生服务中心。

2016年3月，国务院同意发改委发布的《关于2016年深化经济体制改革重点工作的意见》，就公共服务领域的医疗服务的定价问题提出了市场化的解决方案：积极稳妥推进医疗服务价格改革，逐步建立分类管理、动态调整、多方参与的价格形成机制。市场化的定价模式将更有助于社会资本以服务品质优化和品牌效应获得超额收益，提升社会资本的参与热情。

可以预见，未来医疗行业市场景气度提升，市场规模持续增加，有望迎来快速发展的机遇期，为社会资本提供了巨大的投资空间。

10.1.3 项目选择

项目资质是项目选择时的重要考量因素，稳定的合作关系、合理的回报机制、完善的风险分担和有效的争议解决是 PPP 项目成功的有力保障。如何在确定了地区和行业的基础上，在项目层面判断是否能产生稳定的现金流是决定投资人投资质量的最终落脚点。

1. 财政部示范 PPP 项目

财政部示范项目是由各省财政部门推荐，财政部组织专家评审选出的，项目质量最有保障，操作最为规范。示范项目的评审标准十分严格，分为定性评审和定量评审两部分：定性评审主要审查项目的合规性，包括主体合规、客体合规、程序合规三部分；定量评审是通过设定指标和权重综合评估项目的示范性。

投资财政部示范项目的一大优势是可享受"以奖代补"政策。为支持和推动中央财政 PPP 示范项目加快实施进度，提高项目操作的规范性，保障项目实施质量，对中央财政 PPP 示范项目中的新建项目，财政部将在项目完成采购，确定社会资本合作方后，按照项目投资规模给予一定奖励。其中，投资规模 3 亿元以下的项目奖励 300 万元，3 亿（含 3 亿）~10 亿元的项目奖励 500 万元，10 亿元以上（含 10 亿元）的项目奖励 800 万元。奖励资金由财政部门统筹用于项目全生命周期过程中的各项财政支出，主要包括项目前期费用补助、运营补贴等。

2. 发改委推介 PPP 项目

发改委作为 PPP 模式的一大主导方，在 PPP 项目的推广上也是不遗余力，在其门户网站上建立了首个国家部委层面 PPP 项目库，先后推出两批推介 PPP 项目，第一批 1 043 个项目，总投资 1.97 万亿元，第二批公开推介了 1 488 个项目，总投资 2.26 万亿元。发改委推介的 PPP 项目一般都具有稳定的合作关系、合理的回报机制、完善的风险分担和有效的争议解决机制，是 PPP 项目社会资本投资决策的有力保障。

3. 使用者付费占项目公司收入比例

自财政部 2017 年发布《关于规范政府和社会资本合作（PPP）综合信息平台项目库管理的通知》（财办金〔2017〕92 号）以来，可行性缺口补助类项目成为 PPP 项目回报机制的主要方式。由于可行性缺口补助类项目的现金流入包含使用者付费收入和政府补贴收入两部分，上述两部分收入的构成比例，决定着投资人项目选择偏好与投资收益高低。对于使用者付费收入占比较高的项目，投资人应当衡量使用者付费收入是否能达到预期水平，否则将面临收入不足风险。这类项目一般对运营型投资人的吸引力较强，该类投资人具有较强的运营能力，能够拓展项目收益点，从而获得更高的收益；另一方面，由于使用者付费收入占比较高的项目收入受政府财政支付能力的影响较小，因此，该类项目对于财政支付能力较弱的地区更有助于吸引投资人。但对于部分运营能力较差的施工型投资人或财务型投资人，其更乐意选择使用者付费收入占比较低（即运营内容较少）的项目，从而避免了运营收入不足风险，但过度依赖政府财政缺口补贴还需结合地方政府支付能力来进行决策。

综上，虽然不同类型的投资人对项目现金流入的构成关注点不同，但项目现金流入的构成比例是投资人决策的重要依据，应当结合自身实际进行选择。

10.2 财务指标的合理性

10.2.1 财务指标框架体系

项目的财务评估参数包括计算项目财务收入费用的各类计算参数和判断项目财务合理性的判据参数。

计算参数通常主要包括项目合作期、合理利润率、年度折现率、贷款期限及贷款利率、折旧年限、有关费率等。其中，合理利润率、年度折现率用于计算项目公司的收入（见财金〔2015〕21号文），在政府采购文件中常常被用作竞/报价指标。

判据参数，也就是通常所说的财务评估指标，主要包括判断项目盈利能力的参数和判断项目偿债能力的参数。

（1）判断项目盈利能力的参数主要包括财务内部收益率、总投资收益率（ROI）、项目资本金净利润（ROE）率等指标；

（2）判断项目偿债能力的参数主要包括利息备付率、偿债备付率、资产负债率、流动比率、速动比率等指标。

其中，财务内部收益率是项目财务可行性和方案比选的主要判据，是目前PPP投资最主要的财务评估指标，根据分析范围和对象的不同，可分为项目全投资财务内部收益率、资本金财务内部收益率和投资者各方财务内部收益率（即投资人内部收益率）。

10.2.2 投资人财务评价常见误区

PPP项目财务评价是衡量项目盈利能力和财务生存能力的关键环节，无论是政府还是投资人，在项目决策阶段都需要进行财务评价。但由于我国PPP发展还不成熟，投资人在进行投资决策财务评价时常常会出现各种误区，这对于投资人来讲，会增大投资风险，下文通过对实操过程中经常遇到的投资人财务评价误区进行整理并分析，以期对投资人的科学投资决策提供参考。

误区一：对投资决策财务指标选取理解片面。

项目的财务评价指标包括计算项目财务收入费用的各类计算指标和判断项目财务合理性的判据指标。计算指标主要包括项目合作期、合理利润率、年度折现率、贷款期限及贷款利率、折旧年限、有关费率等，判据指标主要包括财务内部收益率、总投资收益率（ROI）、项目资本金净利润（ROE）率等指标。计算指标往往用于计算判据指标，或作为项目投资决策的附加指标。

实践中，部分投资人在项目决策时对财务指标的理解与选择较为片面，所选取的投资决策指标并没有真正起到衡量投资效益的作用。例如，有的投资人在选取项目时，仅提出项目融资利率最低需达到某一标准，否则不予考虑；有的投资人在选取涉及政府付费和可行性缺口补贴的项目时，提出项目合理利润率或（和）折现率必须达到某一标准，否则不予考虑；还有的投资人选择项目只考虑项目施工利润，如果项目总投资中的工程费用占比达不到其设定的标准，不予考虑。下面将针对上述决策指标选择的三种情形展开具体分析。

（1）融资利率决定了项目融资成本的高低，而项目融资成本与项目公司投资回报有密切关系。对于政府付费或可行性缺口补贴的项目，一般是通过设置基准内部收益率（不同的投资人关注的内部收益率不同）来倒推政府付费或可行性缺口补助金额。通俗来讲，项目的现金流入与流出达到的均衡状态可以理解为一个等式，融资成本作为现金流出的主要内容是自变量，而政府付费或缺口补助金额作为现金流入的核心部分是因变量，如果融资成本越高，则相应的政府付费或缺口补助的金额也越高，在此情形下，投资人设置融资利率的最低标准作为决策指标从提高自身收益的角度来讲是相对合理的。但如果在并没有了解项目内部收益率的条件下，即使融资利率能够达到投资人要求的标准，如果内部收益率设置特别低，则项目公司每年获得的政府付费或缺口补助金额也并不高，项目的投资收益水平也较低。因此，投资人仅提出项目融资利率作为决策标准是不合理的，应当结合内部收益率统筹考虑。

另外，由于融资环境的不确定性，投资人通常会要求项目融资利率以和银行签订的实际利率为准，这种约定方式虽然在名义上是规避了投资人的融资成本风险，但实际上投资人还得根据PPP项目合同的约定来具体分析。例如，对于约定了融资利率据实结算的项目，在PPP项目实施方案编制阶段，一般会假定一个融资利率，并据此计算项目合作期内的还本付息额，然后根据一定的内部收益率计算出折现率或（和）合理利润率，在采购阶段，通常会将计算出的折现率或（和）合理利润率作为社会投资人的采购标的，中标投资人的报价将作为后期政府每年支付运营补贴的计算依据。如果PPP项目合同中没有约定政府运营补贴依据融资利率变动的调整机制，则即使投资人要求了融资利率据实结算，也并没有实现风险转移。因为政府每年的支付金额是根据实施方案假定的融资利率计算得来的，如果到运营期实际融资利率高于假定值，则项目现金流出就会增加，而现金流入部分依然按照采购确定的折现率或（和）合理利润率计算得出，未发生实际变化，这就导致项目内部收益率降低，实际上还是投资人承担了融资成本风险。因此，投资人在约定了融资利率据实时，还应当关注PPP项目合同中是否设置了政府付费或可行性缺口补助按照实际融资利率的调整机制。

（2）对于政府付费或可行性缺口补助的项目，折现率和合理利润率是计算政府付费金额的重要指标。根据财政部《关于印发政府和社会资本合作项目财政承受能力论证指引的通知》（财金〔2015〕21号），折现率和合理利润率对政府付费或可行性缺口补贴金额的影响较为敏感，因此，投资人在投资决策时比较重视这两个指标的取值。事实上，折现率和合理利润率的取值并没有严格的标准或依据，通常是为了满足项目内部收益率达到行业均衡水平而设置的，如果投资人在选择项目时不结合项目内部收益率指标综合衡量折现率或合理利润率的取值，那结果与上述只要求融资利率类似。即使折现率和合理利润率按照投资人的要求达到了某一标准，但如果项目现金流出较大导致项目内部收益率较低，项目投资收益仍然很低。因此，投资人仅提出折现率和合理利润率作为决策标准是不合理的，还应当结合内部收益率统筹考虑。

（3）PPP项目的投资人按其对项目关注点的差异可分为三种类型，分别为财务型投资人、施工型投资人、运营型投资人，其中施工型投资人占大多数。施工型投资人在PPP项目中往往只关注项目总投资中的工程费用占比，并未考虑项目整体的投资收益。事实上，PPP项目是一种投资行为，项目施工利润对于投资人来讲固然是越高越好，但如果不站在投资的角度去整体看待项目的现金流、盈利能力以及偿债能力，即使有再高的施工利润，在完成项目建设后也会面临较大的投资风险。

误区二：对投资财务基准收益率设置机械。

财务基准收益率是用来衡量财务内部收益率是否合理的基准值，同时也是计算项目投资净现值的折现率，它既是计算参数也是判据参数。财务基准收益率是项目在财务上可行的最低要求，这就表明，在对财务基准收益率进行取值时应主要依据项目资金的"机会成本"和"资金成本"，并充分考虑项目可能面临的风险。由于目前国家行政主管部门尚未发布相关行业基准收益率，通常的做法是参考本行业一定时期的平均收益水平并考虑项目的风险因素来确定。

实践中，部分投资人在项目决策时所选取的基准收益率并没有结合项目实际，对任何类型、任何体量的项目都设置同等的基准收益率标准，这种做法是不切合实际的，而且也存在一定的风险。例如，对于不同行业的项目，其行业基准收益率差别很大，如果设定较高的基准收益率，对于一些基准收益率较低的行业来讲，投资人将失去竞争力；再如，对于不同级别政府，投资人在选择项目设定投资基准收益率时也应当区别对待，以省级层次项目的收益率标准来对比县级项目，对于投资人来讲可能还存在一定的风险。因此，在设定项目投资基准收益率指标时，应当量体裁衣，最好能根据项目实际情况进行财务测算，以降低投资风险。

误区三：对财务内部收益率概念及关系界定模糊。

财务内部收益率是项目财务可行性和方案比选的主要判据，是目前PPP市场上最主要使用的财务评估指标，根据分析范围和对象的不同，可分为项目全投资财务内部收益率、资本金财务内部收益率和投资者各方财务内部收益率（即股东投资内部收益率）。

实践中，几乎所有投资人会关注项目的财务内部收益率指标，但部分投资人对项目全投资财务内部收益率、资本金财务内部收益率和投资者各方财务内部收益率三个指标的内涵及关系模棱两可，甚至在问及投资人关注内部收益率指标时，投资人不太清楚。下面将对三个内部收益率指标的内涵和关系展开分析。

（1）项目全投资内部收益率（又称"项目内部收益率"）是考察项目确定融资方案前整个项目的盈利能力，反映项目自身的获利能力，供决策者进行项目方案比选和银行金融机构进行信贷决策时参考。由于项目各融资方案、融资利率不同，所得税税率与享受的优惠政策也不尽相同,为了保持项目方案的可比性,计算项目全投资收益率可以剔除融资方案、融资利率和所得税的影响(或使用调整所得税,即不考虑利息支出的所得税)。通常,项目全投资内部收益率大于银行基准贷款利率时,项目使用财务杠杆能提高权益投资方的收益率,项目财务上基本可行,进而做进一步的分析判断。

(2) 资本金内部收益率是从项目权益投资者整体(并非其中某个投资者)的角度,以项目资本金为计算基础,考察项目权益投资者可能获得的收益水平,是融资后分析。相比全投资内部收益率,资本金内部收益率是在融资方案确定的基础上进行盈利情况考察,这也意味着它比全投资内部收益率更接近投资者的真实收益水平,也可用于对比不同融资方案下的收益水平。

值得一提的是,衡量资本金内部收益率的现金流是流入项目公司的净现金流,但实际上流入股东手中的利润分配是计提折旧摊销和法定盈余公积之后的现金,根据我国的财务管理制度规范,这两部分累计资金留在项目公司内直到项目结束后进行项目清算时才能按出资比例分配到各股东。因此,投资方如果不能合理合法地利用上述闲置在项目公司内部的资金,其真实收益率水平则会小于测算所得的资本金内部收益率。

(3) 投资各方现金流量表是从投资者层面出发考虑投资者各方的收益水平,现金流入主要为各年度(或各期)的实分利润和项目清算后的资产处置收益分配收入,现金流出主要是实缴资本。

综上可以看出,从不同主体的立场分析,所选取的评价指标也应有所区别:一般而言评价 PPP 项目盈利能力的,可以选取全投资内部收益率;衡量项目公司盈利能力的,可以选取资本金内部收益率;针对项目公司股东盈利能力的,可以选取投资各方内部收益率指标。而三种收益率指标之间还存在着一定的关联关系,具体分析如下。

(1) 项目投资现金流量表与项目资本金现金流量表。

通过观察项目投资现金流量表与项目资本金现金流量表,收支科目基本相似,主要区别在于:①现金流出中项目投资现金流量表不含利息流出。②项目投资现金流量表中的"建设投资"现金流出与项目资本金现金流量表中的"资本金"和"偿还贷款本金"现金流出的总金额数大致相同(只相差一个建设期利息),但流出时间有很大差异:项目投资现金流量表的流出全部在建设期,而项目资本金现金流量表的还本部分流出发生在运营期。在项目全投资财务内部收益率大于融资成本的前提下,现金流出发生的时间点越晚,通过折现现金流法得出的净现值(NPV)和内部收益率(IRR)则越高,所以资本金内部收益率会高于项目投资内部收益率。这是比较直观的解释。

可以得出结论:当项目投资内部收益率大于融资利率时,由于资金的杠杆效应,资本金内部收益率大于项目投资内部收益率,杠杆率越高,资本金内部收益率越高;当项目投资内部收益率小于融资利率时,资本金内部收益率小于项目投资内部收益率。

下面通过对两种内部收益率关系的计算来更详细的证明财务杠杆的作用。

设某 PPP 项目的全部投资为 P,自有资金为 P_0,银行贷款为 P_1,全部投资内部收益率为 IRR,自有资金内部收益率为 IRR_0,银行贷款利率为 i。

可得:

$P = P_0 + P_1$

$P \times \text{IRR} = P_0 \times \text{IRR}_0 + P_1 \times i$

（因为计息方式的不同，上式只可近似表示两者之间的相关性）

另 $K = P_0/P$，则 $P_1 = 1 - K$

则 $\text{IRR} = K \times \text{IRR}_0 + (1 - K) \times i$

这个公式表明，全部投资内部收益率是资本金内部收益率和贷款利率的加权平均数，权数为资本金比例和贷款比例。

由上式得到：

$\text{IRR} - i = K(\text{IRR}_0 - i)$

则 $K = (\text{IRR} - i)/(\text{IRR}_0 - i)$

已知 $K < 1$，所以当 $\text{IRR} > i$ 时，$\text{IRR}_0 > \text{IRR}$；当 $\text{IRR} < i$ 时，$\text{IRR}_0 < \text{IRR}$。全部投资内部收益率与资本金内部收益率的差别被系数 K 放大，而 K 的意义是自有资金与总投资的比值，即资本结构。这种放大效应即为财务杠杆效应。

对一个既定的 PPP 项目来说，全投资内部收益率完全由项目的净现金流决定，与资本结构无关，可视为定值。而资本金内部收益率取决于贷款比例和利率，贷款比例越大，利率越低，则资本金内部收益率越高。同时，资本金承担的风险也就越高。

（2）项目资本金现金流量表与投资各方现金流量表。

通过观察法分析，虽然投资各方现金流量表中没有偿还本金、利息、经营成本、税务这些现金流出，但在投资各方现金流量表的现金流入即实分利润里早已将这些支出项扣除掉了，所以造成投资各方现金流量表与资本金现金流量表根本差异的并非是这些支出项。

投资各方现金流量表科目与资本金现金流量表看似不同，但如果能把项目公司每年的净收益不考虑计提折旧摊销和盈余公积而全部按出资比例及时分配给各资本金出资方，则股东内部收益率和资本金内部收益率无异。

因为投资各方现金流量表中的收入项是可供分配利润，需要计提折旧摊销和法定盈余公积，甚至任意盈余公积金。计提的折旧中包含投资人未来要收回的资本金，还有累积的法定盈余公积等都来源于公司每年的流入，而这些资金实际上在项目公司累计盈余资金里，对于投资者来说只有在项目公司清算时才能以资产处置收益分配的方式流入账面，股东现金流入时间点发生得比资本金现金流量表晚，因此如果不存在溢价提前回购社会资本方股权的情况，股东内部收益率会小于资本金内部收益率。

在普遍按照投资比例分配利润和分担风险的原则下，投资各方的利益一般是均等的。只有投资者中的各方有股权之外的不对等的利益分配时，投资各方的收益率才会有差异。例如，某些社会资本方由于其技术水平远超社会平均技术水平或成本低于社会平均成本或具备现成的或特有的资产资源的优势，使其获得如技术转让收益、施工利润和租赁费收入等其他收入，其股东内部收益率就会高于其他权益投资人。

实践中，在部分纯公益性项目或准经营性项目中，政府方为了投资支持或是降低运营期财政补贴，会放弃分红甚至放弃全部分配收益的权利，此时，社会资本方测算所得的股东内部收益率有可能大于项目资本金内部收益率。

10.3 风险的可控性

PPP 项目的创新之处在于转变政府职能，实现政企双方的风险共担，而 PPP 项目较长的合作周期以及复杂的主体关系决定了大量不确定性风险的存在，如何有效地控制风险，是影响投资人合理投资收益的关键。我国引入项目风险管理理念的时间不长，大部分基建类投资人的风险意识较低，对项目风险管理重视不足，但往往项目成败的关键就在于达到风险的有效控制，因此，对于 PPP 项目复杂的主体关系及较长的合作期限而言，如何实现项目风险的精细化控制，是决定投资人能否获取高投资收益的关键。本部分内容主要从风险因素识别和分配两方面出发，对实践过程中与投资人投资收益密切相关，且常常被投资人忽视的一些风险进行介绍，以期为投资人决策提供借鉴。

10.3.1 风险识别

PPP 项目风险识别应当采用系统论的观点对项目全面考察、综合分析，影响 PPP 投资人项目实现预期经济目标的风险因素来源于法律法规及政策、市场供需、资源开发与利用、技术的可靠性、工程方案、融资方案、组织管理、环境与社会等方面。通常在 PPP 实施方案中会识别到通用的风险因素，但对于一些特殊项目，投资人还应当考虑的其他风险因素。

1. 收益不足风险

PPP 项目收益不足是影响投资人投资收益的直接因素。一般情况下，社会投资人投资 PPP 项目的收益一般来源于政府财政支付和第三方使用者付费两个方面，但受到政府可用于 PPP 项目的财政支出占一般公共预算支出 10% 红线的约束，多数地方政府为了推进项目，想尽办法增大使用者付费占比，但项目落地后，使用者付费部分是否能达到预期标准，是值得投资人在投资决策时重点考虑的问题。例如，对于生活污水或生活垃圾处理等流量类项目，如果预估的使用量高于实际使用量，则投资人的投资回报将受到影响；此外，有的实施方案为了降低政府支出责任，还设置了一些无法实现的收益点，到运营期项目公司根本无法从预期的收益点中获取收益，这些都会影响到投资人的回报。因此，投资人在项目投资决策前，应当重点结合项目所在地实际情况，衡量项目收益点是否存在，以及项目收益来源和收益可实现比例能否满足自身投资要求。

2. 政府履约风险

PPP 项目的公益性决定了政府参与的必要性，政府在 PPP 项目中不仅作为项目参与主体、监管主体，而且更重要的是为投资人提供的公共服务支付对价。相反，投资人作为 PPP 项目的主要参与主体，其代替政府为社会公众提供公共服务的目的是获取投资收益。因此，政府方与社会投资人围绕 PPP 项目存在一种契约关系，在这种契约框架下，双方自然面临着履约风险。

对于投资人而言，大部分 PPP 项目需要通过政府财政支付来获取投资回报，如果政府方未能按照合同约定按时足额向投资人支付政府付费或可行性缺口补贴，则投资人将会面临政府履约不足风险。PPP项目涉及的合同体系较为复杂，政府方对项目公司的财政支付可能是项目公司履行其他合同义务的费用，如果政府方未能按期足额支付，将直接导致项目公司违约，并最终影响投资人的回报。此外，政府方作为PPP项目的重要参与方，应当按照合同规定严格履行承担的义务，如果政府方未能履约，则投资人将会承担较大的风险损失。因此，对于投资人来讲，在投资决策时应当结合项目实际，识别政府方可能的履约风险，并在PPP项目合同谈判时与政府方明确风险承担责任，以保证自身的投资收益不受损失。

3. 配套设施不完善风险

PPP项目能否正常建设运营的关键不仅在于自身资金到位情况及建设运营能力，还有来自外部的影响，即政府方支持项目建设运营提供的配套设施，如城市供水、排水、燃气、供电、通信、消防等依附于本项目的各种管线、杆线等设施的建设计划。以园区开发类PPP项目为例，虽然园区已经建成并进入运营期，但由于通信、供电、供水还没有接入市政管网，导致PPP项目难以正常进入运营，进而导致投资人违约或影响投资人收益。目前，大部分PPP项目在实施方案中很少约定上述风险，而且很多投资人在投资决策前对此类风险的关注较少，因此，为了避免后期实施过程中面临的风险隐患，投资人应当在决策前加强对此类风险的重视。

4. 债务偿付风险

PPP项目的核心在于能否获得融资，在实施方案阶段，通常会约定项目公司或社会资本方承担项目全部融资义务，并相应承担项目融资风险。但实际操作过程中，项目公司或投资人根据已签订的PPP项目合同进行融资，还面临着银行提出的融资要求与PPP项目合同约定的内容衔接不足风险。例如，对于政府付费或可行性缺口补贴类的PPP项目，项目公司在运营期的银行本息主要通过政府付费偿还，但大多数PPP项目的财务测算是按年付费测算的，而银行利息需要按季偿还，这就出现项目收入到账的时间点与还款日不匹配的情形，政府付费延误到账会导致项目公司还款违约，而提前到账则又会浪费利息成本，对于项目公司或投资人而言，均会影响到投资收益。因此，投资人在与金融机构签订融资合同时，或与政府协商付费时间点的时候，应当考虑此风险，以降低不必要的损失。

另外，对于政府付费和可行性缺口补贴类项目，由于涉及财政支出，应当严格按照绩效付费，根据财政部《关于规范政府和社会资本合作（PPP）综合信息平台项目库管理的通知》（财办金〔2017〕92号）文要求，项目全部建设成本至少有30%的比例要挂钩绩效考核。如果绩效指标设定的不科学、不合理，政府绩效考核扣款比例过大，造成当期政府付费额难以偿还融资本息，就会造成还款逾期或违约。而这部分风险通常在实施方案中没有约定分配原则，因此，投资人在决策时还应当重点关注绩效考核的付费机制、绩效指标设定是否合理等内容，以免影响投资收益。

5. 社会资本合作方之间的风险

社会资本合作方之间也会存在因合作各方在一些重大事项上难以达成一致意见，而使得一些社会资本参与方中途退出，影响到PPP项目正常运作的风险。一是施工型社会资本合作方可能发生资金周转困难，很难满足SPV资本金出资需求；征拆费超概算所带来的费用无法弥补风险；工程成本严重超支、工程施工中发生重大技术问题很难解决、施工工程质量出现重大缺陷等可能导致工程建设很难继续下去的施工风险。二是作为合作方的设计单位因PPP项目设计达不到规定设计标准，可能发生项目中途暂停的风险；因设计发生重大变更，增加建设投资成本，政府不同意所带来的设计风险。三是银行、保险、信托等金融机构或信用合作社等非金融机构，往往因资金优势，也作为社会资本合作方参与PPP项目，但有时因国家紧缩银根等宏观政策调整的变化，出现资金短缺，可能造成中途退出的风险。

10.3.2 风险分配

鉴于现行规范中所提的分配原则均为原则性指引，对具体适用尚无配套说明，风险分配框架也仅涉及八个主要类别风险，对于风险分配机制亦无系统性规定，由此导致实务操作中存在相关问题和误区，直接影响着风险分配的公平性、合理性。目前，我国PPP项目风险管理主要存在以下几个方面的问题。

1. 风险分配无差异

财政部颁布的《PPP项目合同指南（试行）》规定了PPP项目的风险分配基本框架和原则。但是其对于PPP项目涉及的19个具体行业未进行差别化对待，对于自然地理环境、经济发展水平差异巨大的各省市也暂未出台配套的风险分配补充规定。

目前，PPP项目风险分配原则在适用的行业以及区域上缺乏差异化划分，在已经识别出的风险大类基础上同样缺少进一步的差异化分类。较为笼统的PPP项目风险分配原则不仅弱化了其适用性，还可能会造成一定程度的风险分配偏差，进而增加未来PPP项目当事人之间产生争议的可能性。

2. 风险分配客观性不足

虽然相关规范中规定了政府在实施方案阶段，应征询、听取社会资本方意见，但在实践中执行有限。通常政府方作为发起方，开展项目立项、采购等前期工作，并聘请专业的PPP咨询机构、律师，协调财政、审计法制等部门完成物有所值评估、财政承受能力论证、实施方案及采购文件编制等前期工作，潜在社会资本方少有机会参与到实施方案编制过程，即便有机会参与，相关意见通常难被重视。而上述整个工作过程中，咨询机构更倾向于服从和保护委托方，尽可能选择有利于政府方的原则编制风险分配方案，降低政府方风险。由此，由政府一方主导的前期风险分配过程，其结果的客观性、公平性有限，为后续合同谈判增加了难度。

3. 风险分配执行难

PPP项目风险分配的方式包括一方承担，或者双方共担，而风险承担的主体包括政府、项目公司单方或双方。其中由项目公司承担的风险以商业性风险为主，该类风险在项目公司的控制范围之内，同时又以"项目公司义务"的形式在PPP项目合同中予以明确。政府承担的PPP项目风险，如法律政策变更风险等，在具体的PPP项目合同中，一般会将"发生在政府方可控的法律变更"视为"政府违约事件"，同时约定"如果因发生政府方可控的法律变更导致项目发生额外费用或工期延误，项目公司有权向政府方索赔额外费用或要求延长合作期"。

但是对于以不可抗力为代表的由双方共担的PPP项目风险而言，在实践中往往出现风险承担形式不明确的现象，使得风险共担的分配方式难以执行。针对不可抗力的风险分担，PPP项目合同一般仅约定"发生不可抗力时，双方应各自承担由于不可抗力对其造成的损失"，而项目公司作为承接公共服务的主体，不可抗力所造成的影响也多体现在项目公司的损失层面。在没有额外条款约定的情况下，项目公司往往只能从已经投保的保险赔偿金中获得补偿。另外，当政府在项目公司中的持股比例较低或者不持股时，政府对于PPP项目风险的间接责任也将进一步弱化。

4. 风险分配认识存在误区

在招投标阶段，有些政府在发布的采购文件中，明确将风险分配方案作为招标文件的实质性条款，未响应该实质性条款将被否决投标；有些政府虽未明示将风险分配方案作为实质性条款，但在合同谈判中将"风险分配方案"视作"实质性内容"而不得谈判。

可见，政府方对不可谈判的"实质性内容"存在误区，倾向将任何增加己方负担的条款都纳入"实质性内容"，实则不然。

（1）根据《招标投标法》的规定，招标人和中标人不得订立"背离合同实质性内容的协议"，但并未明确哪些内容属于"合同实质性内容"，仅在第五十五条列举了"投标价格、投标方案等实质性内容"；全国人大常委会法工委在发布《中华人民共和国招标投标法释义》中明确，上述实质性内容"是指投标价格、投标方案等实质性内容"；

（2）《招投标法实施条例》规定，"合同的标的、价款、质量、履行期限等主要条款应当与招标文件和中标人的投标文件内容一致"，此与《合同法》中"有关合同标的、数量、质量、价款或者报酬、履行期限、履行地点和方式、违约责任和解决争议方法等的变更"构成"实质性变更"的规定基本保持一致。

由此，对于不可谈判的"实质性内容"的认定，应严格按照现行法律法规明确，不应由任一方进行"扩大解释"或"限缩解释"；在法律法规并未明文规定，且双方未对风险分配内容及结果分析的情形下，政府单方将其作为不可谈判的"实质性内容"，恐有悖于风险分配的公平原则，政府不允许对风险分配方案进行任何调整的做法，也与动态分配风险的原则不符，不利于合理分配目标的实现。

10.3.3 投资人视角下的风险控制

加强风险识别和控制是降低投资人投资损失的重要内容，对于PPP项目投资人而言，其风险控制的着力点不仅要考虑项目本身存在的风险，而且还需要关注由于项目风险分配不合理导致的次生风险。

在项目前期决策阶段，投资人应当提高风险管理意识，通过风险清单的形式识别出PPP项目潜在的风险因素，尤其是影响到投资人实际投资收益的风险；其次，投资人应当对每一项风险的发生概率、风险事件破坏程度等进行评估，并最终提出针对性的风险应对方案。

对于由项目风险分配不合理导致的次生风险，现阶段无论是政府方还是投资人都很少重视这一点。实践中存在很多风险分配不合理的现象，只有到最后风险真正发生时，风险承担者才意识得到。例如，按照风险最优分配原则，合同双方谁更有能力控制该风险就应当让谁来承担,但很多项目投资人只关注项目投资收益或者施工利润,并没有关注分配给自身承担的风险是否有能力化解,到风险发生时已经无法缓解该项风险造成的损失,甚至会带来更大的损失;此外,很多项目风险会设置政府方和投资人共同承担,但并没有定量分析政府方和投资人各自承担多少,虽然政府和投资人之间的承担比例受风险诱因和破坏程度等因素的影响,但仅仅从定性层面约定由谁来承担,并不能真正化解风险,甚至会出现"踢足球"的现象,而这样最终还是会增加政府和投资人之间的沟通成本,影响到投资人的合理回报。

针对上述问题,建议投资人与政府协商建立风险共担的动态调整机制。在初始分配阶段,投资人与政府方在风险识别的基础上,考虑主体偏好、有效控制等风险共担原则,通过风险谈判以契约的形式确立初始风险共担方案。在风险再分配阶段,投资人与政府方按照初始共担方案分配风险,但由于风险共担过程中主体利益诉求的变化及风险因素的改变可能会使得原有风险共担方案无法满足双方利益要求。在此情况下,投资人与政府方通过再谈判的形式对双方风险共担方案进行调整,直到共担双方对新方案达成共识,并对各自所承担的风险进行有效控制,到此风险共担结束。风险分配的具体操作流程如图 10-1 所示。

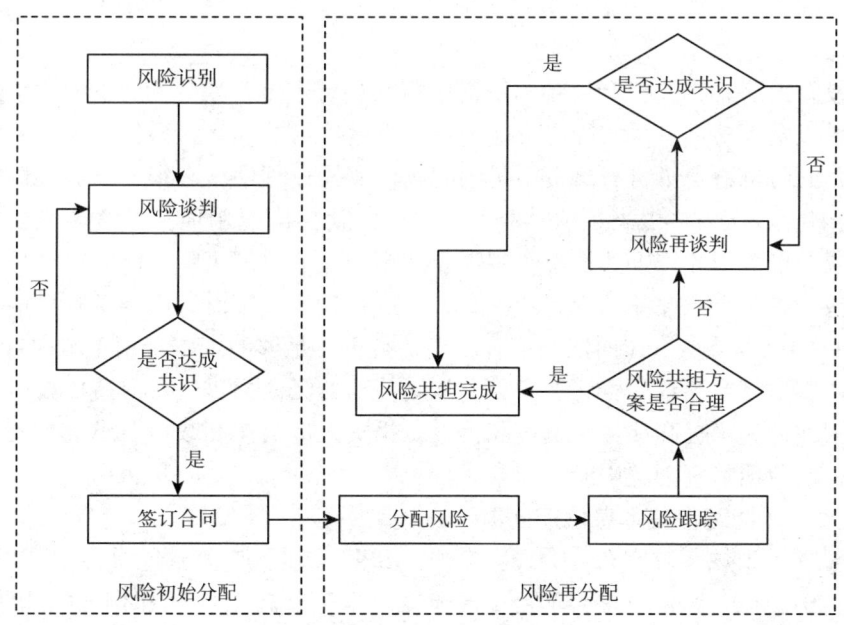

图 10-1 风险分担流程

10.4 项目融资可获得性

PPP 模式的核心是项目融资,目的是提高公共服务供给效率。投资人作为 PPP 项目融资的直接主体,在投资前应当先站在金融机构的角度衡量项目融资的可获得性。本节主要从金融机构的角度来对 PPP 模式中的融资可获得性提出建议，以期为投资人进行项目投资决策提供借鉴。

10.4.1 融资问题分析

PPP 项目成功落地的前提是能否实现融资交割，而非 PPP 项目合同签约。要成功实现项目融资，PPP 项目必须符合金融机构的风险偏好，通常情况下，金融机构认定一个项目是否为优质，主要从以下三个条件认定：一是该项目合法合规；二是项目现金流能够覆盖融资本息；三是能提供可靠的增信。因此，根据金融机构关注的上述三个条件，投资人在 PPP 项目投资决策前应关注以下几个关键问题。

1. 项目资本金落实问题

从资金结构角度分析，PPP 项目的建设资金主要来源于资本金和项目贷款两部分，按照《国务院关于固定资产投资项目试行资本金制度的通知》（国发〔1996〕35 号）的要求，资本金未落实的项目，金融机构不得给予贷款。因此，资本金的落实问题是项目融资的主要问题。按照现行政策，PPP 项目的资本金比例最低是 20%，不过在实际中，银行通常会要求 30% 左右。随着财办金 92 号文、国资发财管 192 号文、财政部 23 号文、资管新规 106 号文的发布实施，项目资本金筹集常用的"明股实债""小股大债"等手段基本被封杀。

对于投资人而言，投资 PPP 项目既面临巨大的资本金筹集压力，同时也承担着政策风险，如果投资人根据自身实际筹资能力选择合适体量的项目，不仅能为项目正常运作提供保障，同时也避免了自身融资不足的问题。实操过程中，有很多投资人盲目"抢项目"，但自身资金实力难以满足项目资本金要求，就会出现用债务性资金充当资本金的做法，如果金融机构允许上述情形，则需要承担相应的政策风险，所以这种情形是金融机构在审核贷款时重点关注的内容。投资人在进行投资决策时，应当了解目前金融机构对 PPP 项目的审查重点，在前期决策阶段确认是否有足够的资本金用于本项目，如果不注意这些内容，将会导致融资无法完成，从而使项目无法推进，甚至造成投资人投资收益受损。因此，为了提高项目融资可获得性，投资人应当按照政策要求规范履行项目资本金制度，避免项目资金链中断。

2. 绩效付款能否覆盖本息偿还问题

财政部《关于规范政府和社会资本合作（PPP）综合信息平台项目库管理的通知》（财办金〔2017〕92 号）要求，项目全部建设成本至少有 30% 的比例要挂钩绩效考核。如果绩效指标设定的不科学、不合理，政府绩效考核扣款比例过大，造成当期政府付费额难以偿还融资本息，就会造成向金融机构还款逾期或违约，而这一问题也正是金融机构在项目贷款审批时会重点关注的内容，如果项目绩效付款难以覆盖项目公司还本付息的金额，则银行就会面临项目公司无法足额偿付的风险，自然会在审贷时限制项目公司融资。而项目公司此时已经签订 PPP 项目合同，绩效考核指标、考核方法以及考核结果挂钩内容都已经确定，如果为了满足金融机构的要求而与政府方协商修改绩效考核约定，不仅会遇到很大的协调阻力，而且还存在政策风险。实践过程中，很多投资人虽然意识到绩效考核会与自身获取的政府付费挂钩，而且也都在极力降低考核挂钩比例，或与政府协商降低考核标准，但鲜少有投资人关注绩效考核后获得的回报能否覆盖还本付息。因此，投资人在选择项目进行投资决策时，应当站在金融机构的角度，考虑绩效付款能否覆盖本息偿还，以提高项目融资的可获得性。

3. PPP 项目合同和其他合同的衔接问题

PPP 项目的合同体系一般包括 PPP 项目合同、股东协议、融资协议、担保合同等。其中，PPP 项目合同是整个 PPP 项目合同体系的基础和核心。比较关键的有两个问题：一是融资协议和项目合同的协调；二是融资协议与合资协议的协调。

根据《财政部 PPP 合同指南》和《世界银行 2017 年版 PPP 合同条款指南》，介入权是指在发生项目公司违约事件且项目公司无法在约定期限内补救时，金融机构可以自行或委托第三方接管项目并对项目进行补救。通常是通过签署直接介入协议的方式来保障融资方的这一权利。在贷款方与政府方签署的直接协议中明确约定贷款方的介入权，也能够加强贷款方对于项目可融资性的信心。

在实务操作中，实施方案是总则，项目合同是细则。金融机构介入项目时，项目合同均已敲定，而融资协议又是金融机构的格式文本，对于项目公司在两个合同项下义务可能发生冲突的环节，要做好应对措施。鉴于此，建议投资人在进行 PPP 项目合同谈判前，认真研究 PPP 项目合同，特别是风险分配条款和提前终止补偿条款，并在可能的情形下，先与金融机构对接融资要求，在 PPP 项目合同谈判时与政府方协商增加金融机构介入权的相关约定，或是在融资协议中做好应对的安排，以保证融资可获得性。

另外一点就是合资协议中要明确社会资本方股东对项目公司的责任边界，哪些是监督责任，哪些是连带责任，哪些是补充责任，这些在金融机构和社会资本方股东签订的担保合同中（如有）要做好衔接。

4. 项目收益权质押问题

根据央行《应收账款质押登记办法》（中国人民银行令〔2017〕第 3 号）明确的"能源、交通运输、水利、环境保护、市政工程等基础设施和公用事业项目收益权可质押"，并将登记期限从"1~5 年"扩展为"0.5~30 年"，与 PPP 项目合作期限相匹配。

（1）按照《政府和社会资本合作项目财政管理暂行办法》（财金〔2016〕92 号）第三十二条规定，"对于归属项目公司的资产及权益的所有权和收益权，经行业主管部门和财政部门同意，可以依法设置抵押、质押等担保权益，或进行结构化融资，但应及时在财政部 PPP 综合信息平台上公示"。因此，在 PPP 项目办妥质押登记手续后，为满足金融机构融资要求，投资人应当积极配合实施机构或财政部门及时在财政部 PPP 综合信息平台上进行信息公示。

（2）争取多种担保方式结合使用。根据最高人民法院指导案例第 53 号的精神，"特许经营权的收益权依其性质不宜折价、拍卖或变卖，质权人主张优先受偿权的，人民法院可以判令出质债权的债务人将收益权的应收账款优先支付质权人"，也就是说质权的实现只能是金融机构代替项目公司收取项目收益的方式来实现，一旦项目公司恶意降低服务水平，那政府方依据考核结果必然进行扣款处罚，有可能会导致当期付费不足以偿还融资本息。为应对此项风险，金融机构在设置收益权质押的同时，一般会再增加其他保证担保、抵押担保等担保措施，同时利用介入权来对项目进行补救。

（3）PPP项目借款的本息偿付一般来源于政府方提供的运营补贴，考虑到项目合作期较长导致的不确定性，金融机构为控制风险，一般会要求借款人或出质人为收费权所依附的项目财产办理保险，并要求贷款人为保险赔偿权益的第一受益人。

5. 项目融资增信问题

由于种种原因，合格增信主体的缺失是目前PPP项目融资的主要难点，在PPP项目融资中，金融机构会分阶段、多方式、不违规地来建立增信措施，为促进项目融资的可获得性，投资人应当关注PPP项目的增信问题，并探索必要的PPP项目融资增信手段。

（1）建设期由于风险较大，金融机构一般会要求项目公司实际控制人（社会投资人）提供连带责任担保，进入运营期后，可以撤销股东担保转为项目收益权质押或资产抵押等方式。在担保主体的选择上，如果社会资本方股东在建设期无法提供担保，一方面可以考虑引入由当地财政出资设立的担保公司提供担保，财政部《关于进一步规范地方政府举债融资行为的通知》（财预〔2017〕50号）明确指出，"允许地方政府结合财力可能设立或参股担保公司（含各类融资担保基金公司），构建市场化运作的融资担保体系，鼓励政府出资的担保公司依法依规提供融资担保服务，地方政府依法在出资范围内对担保公司承担责任。"另一方面，考虑引入政府出资设立的PPP引导基金来提供担保。

（2）实践过程中，不少金融机构或投资人要求项目融资时利用项目资产进行抵押，但项目资产是否能做抵押跟项目的土地权属有关。如果项目公司以招拍挂方式获得土地使用权，那项目公司拥有项目资产权属，可以设定固定资产抵押。在实务中，大多数是政府付费或可行性缺口补贴类项目，土地使用权是以划拨的方式由项目实施机构获取，项目公司不拥有项目资产所有权，就无法设定资产抵押。实践中，不少项目的土地性质及用途满足招拍挂条件，但由于项目公司的拿地资质问题，以及社会资本方拿地风险问题，一般采用由政府出资代表先摘牌拿地，然后作价入资到项目公司，这样虽然可以实现资产抵押的目的，但这会带来政府持股比例大幅上升以及交易税费较高的问题。

财政部等《关于联合公布第三批政府和社会资本合作示范项目加快推动示范项目建设的通知》（财金〔2016〕91号）明确指出，"依法需要以招标拍卖挂牌方式供应土地使用权的宗地或地块，在市、县国土资源主管部门编制供地方案、签订宗地出让（出租）合同、开展用地供后监管的前提下，可将通过竞争方式确定项目投资方和用地者的环节合并实施"，但通过社会投资人与项目用地合并采购需要注意以下几个问题：一是要注意采购方式的选择问题，避免与上位法冲突；二是要注意采购主体的问题，社会投资人采购主体为项目实施机构，而项目用地者的采购主体是地方土地管理部门，如果采取合并采购，需要在采购主体上及采购结果的评审方面注意合规性操作；三是要注意采购标的的问题，以公开招标为例，投资人的采购标的与土地标的不一致，如果设置合并实施，在采购标的的设施方面还需注意。

（3）根据《政府和社会资本合作项目财政管理暂行办法》（财金〔2016〕92号）第十八条"行业主管部门应当根据预算管理要求，将PPP项目合同中约定的政府跨年度财政支出责任纳入中期财政规划，经财政部门审核汇总后，报本级人民政府审核"、第十九条"本级人民政府同意纳入中期财政规划的 PPP 项目，由行业主管部门按照预算编制程序和要求，将合同中符合预算管理要求的下一年度财政资金收支纳入预算管理"。金融机构在审贷过程中，会明确要求 PPP 项目政府在支出责任纳入政府中期财政规划，并分年纳入预算管理。因此，为满足项目融资的可获得性，投资人应当在签订合同后明确政府是否已将该项目纳入中期财政规划，并利用政府信息公开手段来对项目支出纳入预算进行确认。在人大批复预算后，由项目公司向财政局申请信息公开，以确认当年的项目支出已纳入预算。

10.4.2 融资方式选择

合理选择 PPP 项目融资方式是促进融资可获得性，提高投资人投资收益的重要内容，目前常见的 PPP 项目融资方式主要包括股权融资与债权融资两大类，从资金供给方来看，银行、保险公司、信托公司等金融机构都是 PPP 项目重要的资金来源。下文将对常见的几种融资模式进行分析。

1. 股权投资基金

除去政府和社会资本在 PPP 项目中的资本金投入外，PPP 项目的股权融资主要通过引入股权投资基金的方式实现。股权投资基金是指以非公开方式向投资者募集资金对未上市企业进行股权投资的基金。从组织形式上进行分类，股权投资基金可分为公司制、契约制和有限合伙制三种形式。从发起主体上进行分类，又可分为政府引导基金和社会化股权投资基金。

其中，政府引导基金在我国最早出现在 2005 年国家发改委等十部委联合颁布的《创业投资企业管理暂行办法》中的第二十二条，"国家与地方政府可以设立创业投资引导基金，通过参股和提供融资担保等方式扶持创业投资企业的设立和发展"。2008 年，国家发改委、财政部、商务部联合发布《关于创业投资引导基金规范设立与运作的指导意见》其中第一条规定："引导基金是由政府设立并按市场化方式运作的政策性基金，主要通过扶持创业投资企业发展，引导社会资金进入创业投资领域"。

本轮大力推进 PPP 模式后，为了创新财政金融支持方式、发挥财政资金的杠杆和引领作用、优化 PPP 模式融资环境等，中央及地方两级政府都在积极探索成立 PPP 引导基金。目前，财政部、山东、山西、河南、江苏、四川及新疆等地都已经成立了不同规模的 PPP 引导基金，这些 PPP 引导基金主要通过以股权方式投入 PPP 项目、给予 PPP 项目一定的前期费用补贴及为 PPP 项目提供融资担保等方式对 PPP 项目提供融资支持、提高 PPP 模式融资的可获得性。

2. 银行贷款

贷款是商业银行传统资产业务之一，也是最基本和最简单的债务融资形式。按照贷款用途的不同，可分为固定资产贷款、流动资产贷款、法人账户透支、并购贷款，其中，贷款银行有两家或两家以上的又可分为银团贷款和双边贷款。

固定资产贷款，是指融资方向企（事）业法人或国家规定可以作为借款人的其他组织机构发放的，用于借款人固定资产投资的本外币贷款。固定资产贷款要求用途明确、合法，主要用于满足扩大生产能力、对原有设施进行技术改造或配套辅助性生产、生活福利设施工程建设等所产生的资金需求。

银团贷款由多家银行共同承担，能够满足大型PPP项目的贷款额度要求，并可根据实际需要，制订多币种、结构化的融资方案，灵活化贷款期限和还款方式。PPP项目一般融资金额较大，融资期限较长，适合采用银团贷款方式进行项目融资。投资人可选择具有丰富PPP模式融资经验、牵头银团数量和金额排名领先的银行作为牵头行，并与牵头银行一起制订适合的融资方案和银团筹组方案，积极配合牵头行完成银团的筹组以保证融资到位。

3. 债券融资

随着资本市场的快速发展，金融产品不断推陈出新，直接债务融资产品日趋多样化，我国已初步形成了以银行间债券市场为主体、交易所市场为补充，两者分工合作、相互促进的债券市场格局。债券市场融资也将会是PPP项目一种重要的融资方式。目前我国的债券市场融资产品按照不同的管理部门，可以分为以下几类：①中国证监会：公司债、专项资产管理计划；②发改委：企业债、项目收益债；③银行间市场交易商协会：短期融资券、超短期融资券、中期票据、定向债务融资工具、项目收益票据、资产支持票据。

结合PPP项目实际情况来看，大多数项目公司都是在社会资本中标后为了单个PPP项目组建成立的，因此没有经营及财务数据作为参考，更不会有企业信用评级，通常规模也比较小，但无论是使用者付费、政府付费，还是政府可行性缺口补贴的PPP项目，一般都会有比较稳定的现金流，这是PPP模式融资最吸引投资者的地方。另外，PPP项目周期一般都比较长，最短不少于10年，结合PPP项目的一般生命周期，应分阶段发行不同类型债券，满足PPP项目在不同阶段的融资需求。

4. 融资租赁

融资租赁是指出租人根据承租人对租赁物件的特定要求和对供货人的选择，出资向供货人购买租赁物件，并租给承租人使用，承租人则分期向出租人支付租金，在租赁期内租赁物件的所有权属于出租人所有，承租人拥有租赁物件的使用权。租赁期满，租金支付完毕并且承租人根据融资租赁合同的规定履行全部义务后，对租赁物的归属没有约定或者约定不明的，可以协议补充；不能达成补充协议的，按照合同有关条款或者交易习惯确定，仍然不能确定的，租赁物件所有权归出租人所有。

对于需要大型设备的PPP项目，投资人在符合国家政策和规定的要求下，可以通过融资租赁的方式拓宽融资渠道。由于融资租赁对租赁享有物权，因此，对客户的要求就可以比银行更低、更灵活。对负债比例高、前三年经营效益差的SPV公司而言，银行信贷往往难以获得，而融资租赁就能有效化解SPV公司资金缺口。

5. 资产证券化

资产证券化是PPP项目融资结构中可以考虑的一种方式，一般是对于有稳定可测现金流的"使用者付费"类项目，在进入运营期后，根据合理推算的未来年化现金流，由证券公司等机构将其证券化，并在交易所上市交易的一种融资模式。资产证券化可以成为PPP项目投资机构（尤其是施工企业和财务投资人）退出的载体。由于PPP项目期限长，施工企业和财务投资人完成了自己的投资使命后，在到期前需要合理通道退出，资产证券化可以是一种融资替代模式。

10.5　基于投资收益最大化的投资策略选择

PPP项目漫长的合作期是投资人获取投资收益的最大优势，我国目前的PPP项目投资仍存在粗放式管理的特点，投资人要么关注施工利润，要么关注运营收益，几乎很少能站在投资的角度审视PPP，面临当前"后92号文"的PPP规范推进与严控金融风险的发展形势，投资人是否能转变观念，将决定其投资收益是否最大的关键。本部分内容在合法合规的前提下，为PPP项目投资人获取最大化的投资收益提出建议，以期推动我国PPP项目的精细化管理。

（1）整合资源，联合开发。PPP项目涉及投融资、设计、建设、运营等内容，目前大多数投资人仅仅关注PPP项目过程中的部分业务，如有的投资人只关注施工，有的则只关注运营。但PPP项目全过程中的各项业务都有收益，如果投资人能够整合资源，将PPP项目全过程中的各项业务统筹开发，则相应的投资收益势必高于只关注部分业务的投资人。而结合我国PPP投资行业或固定资产投资行业的现状，几乎没有同时具备统筹投融资、设计、建设、运营等全过程业务能力的投资人。因此，整合资源是未来投资人在PPP项目投资过程中提高收益的重要着力点。随着我国大力推广EPC模式的进程，会出现一批集设计、采购、施工于一体的投资型企业，但PPP模式需要更广的业务范围，只有具备全过程各个业务环节中最有实力的投资人，才能够最大化的开发出PPP项目投资收益。

现阶段有不少投资人意识到了全过程业务覆盖的投资理念，通常通过组建各专业联合体的形式进行PPP项目投资，但从目前操作的实际情况来看，大部分联合体投资的项目，其联合体成员内部的利益协调关系是阻碍投资顺利推进的重要阻力。例如，一个施工型企业牵头，要求财务投资人、设计单位、运营单位组建联合体投资，但各单位根据自身业务在PPP项目发生的阶段及重要性，会考虑提前退出或不实际出资等问题，因此，往往在联合体内部利益关系协调时会存在较大的风险，这也是上文提到的投资人内部合作方的风险。

（2）重心后移，关注运营。PPP项目运营期是投资人创造投资收益并获取投资收益的关键时期，投资人是否重视运营决定了其后期投资收益的高低。对于投资人不重视运营的情形，按照PPP项目按效付费的原则，政府方支付给投资在建设期投入的资本及回报与运营绩效考核结果挂钩，如果投资人只关注施工利润而放弃或不重视运营，则推广PPP模式的初衷将不复存在，甚至会存在政策风险，同时投资人还有可能无法按照预期收益获取回报的可能。投资人在前期测算的投资收益仅仅只是预计值，到运营期才会有投资回报，而且投资回报还受到很多因素的影响。即使投资人自己承担施工，也仅仅只是获取了施工利润，还需要通过运营期政府付费来偿还银行贷款本息。

对于投资人重视运营的情形，PPP项目漫长的运营期不仅是投资人获取投资回报的时期，同时也是创造收益的时期。通过前期采购，政府方将未来十几年甚至二十几年的运营权交予投资人，谁能够充分利用资源创造价值，谁就能获取更高的投资收益。当前，我国 PPP 项目大多数还处于建设期，鲜有进入运营期的，而且从投资人的实际情况来看，大多数是将 PPP 视为承接施工的平台，这类型投资人对后期运营关注较少，且运营能力也较差。而随着 PPP 项目竣工到后期运营，必将会出现运营效率低下甚至无法运营导致的提前终止，这种情形势必会让专业运营商引来 PPP 项目的第二次春天。

目前，在一些较为发达的地区，政府方在采购投资人的时候更关注投资人的运营能力，因为 PPP 项目不仅仅是建成作为摆设，更重要的是建成后发挥其公益效益，为地方百姓提供便利。

（3）加强内控，规避风险。PPP 项目的推行是我国深化改革的一大创举，对于投资人而言也是一个巨大的转变。传统的 EPC 模式下的投资人主要是受业主的委托进行设计、施工等内容，投资人的身份还是作为被委托方；而 PPP 模式下，投资人是作为业主方的角色对整个项目的投资、建设以及运营进行控制。两种模式下，投资人的身份发生了改变，自然其承担的风险也有很大的差异，而且可以肯定的是，PPP 模式下投资人承担的风险更多，且影响更大。

我国目前推行的 PPP 模式实际上并不成熟，其原因是：一方面我国还没有摆脱过去粗放式的项目管理理念；另一方面是我国在风险管理方面，尤其是工程项目风险管理方面还基本处于起步阶段，这两方面的原因足以给 PPP 带来巨大的风险。因此，谁能根据 PPP 项目所需，完善自身实力，加强内控，谁就会在 PPP 浪潮推进过程中脱颖而出，更重要的是能获取较高的投资收益。

第11章
财政支出的可行性

《政府和社会资本合作项目财政承受能力论证指引》(财金〔2015〕21号)第五条规定,PPP项目财政承受能力论证的结论为"通过论证"的,各级财政部门应当在编制年度预算和中期财政规划时,将项目财政支出责任纳入预算统筹安排;第九条规定,PPP项目全生命周期过程的财政支出责任主要包括股权投资、运营补贴、风险承担、配套投入等;第二十五条规定,每一年度全部PPP项目需要从预算中安排的支出责任占一般公共预算支出比例应当不超过10%。省级财政部门可根据本地实际情况,因地制宜确定具体比例,并报财政部备案,同时对外公布。同时,《关于规范政府和社会资本合作(PPP)综合信息平台项目库管理的通知》(财办金〔2017〕92号)要求严控"10%红线",尚未进入采购阶段但所属本级政府当前及以后年度财政承受能力已超过10%上限的项目,坚决清理出PPP库。由此可见,PPP项目的政府财政责任支出纳入到地方财政预算。同时,地方的财政能力以及财政收入与支出的结构又紧紧制约着PPP项目的顺利落地。财政能力成为PPP项目立项、顺利开展以及建设的先决条件。

11.1 PPP项目财政支出可行性的评判标准

11.1.1 我国财政体制体系概况

财政体制是规定中央财政与地方财政、地方财政之间以及国家与部门、企业之间在财政管理方面的职责权限和相应的利益的制度,是经济管理体制的重要组成部分。其核心是正确处理中央和地方、国家与企业之间财权财力的划分问题,也就是解决集权与分权的关系问题。

《国务院关于实行分税制财政管理体制的决定》(国发〔1993〕85号)确定了我国分税财政体制的预算管理制度。这使中央与地方各级政府之间,根据各自的职权范围划分了税源,并以此为基础确定了各自的税收权限、税务机构和协调财政收支关系。分税制财政体制的主要内容包括:

(1) 划分中央、地方的财政支出范围。中央财政主要承担国家安全、外交和中央国家机关运转所需经费、调整国民经济结构、协调地区发展、实施宏观调控所必需的支出以及由中央直接管理的事业发展支出。具体包括：国防费，武警经费，外交和援外支出，中央级行政管理费，中央统管的基本建设投资等支出。地方财政主要承担本地区政权机关运转所需支出以及本地区经济、事业发展所需支出。具体包括：地方行政管理费，公检法支出，地方统筹的基本建设投资，城市维护和建设经费，地方文化、教育、卫生等各项事业费等支出。

（2）按税种划分中央收入与地方收入。将维护国家权益、实施宏观调控所必需的税种划为中央税，主要有关税、消费税、进口产品消费税和增值税、中央企业所得税等；将同经济发展直接相关的主要税种划为中央与地方共享税，主要有增值税、资源税、证券交易税等；将适合地方征管的税种划为地方税，主要有地方企业所得税、个人所得税等，并充实地方税税种，增加地方税收收入。

（3）政府间财政转移支付制度。中央和地方收支划分后，为解决财力分布纵向和横向不均衡问题，中央对地方实施转移支付。具体办法是，中央税收上缴完成后，通过中央财政支出，将一部分收入返还给地方使用。

（4）预算编制与资金调度。实行分税制后，中央和地方都要按照新口径编报预算。同时将中央税收返还数和地方的原上解数抵扣，按抵扣后的净额占当年预计中央消费税和增值税收入数的比重，核定一个"资金调度比例"，由金库按此比例划拨消费税和中央分享增值税给地方。

11.1.2 我国现行财政预算体系

1. 一般公共预算

我国实行一级政府一级预算，国务院编制中央预算草案，地方政府编制本级预算草案，并由各级人民代表大会批准后执行。在PPP项目中，各级政府对于PPP项目的财政支出由财政部门逐年编入预算草案，经本级人大批准后执行。一般公共预算是对以税收为主体的财政收入安排用于保障和改善民生、推动经济社会发展、维护国家安全、维持国家机构正常运转等方面的收支预算。

（1）一般公共预算收入。

我国的一般公共预算收入总量由两部分构成，即一般公共预算收入和结转结余以及调入资金。一般公共预算收入又可分为中央一般公共预算收入和地方一般公共预算收入。结转结余及调入资金主要来源于调入预算稳定调节基金、从政府性基金预算和国有资本经营预算调入资金、动用结转结余资金等因素三部分。其中，地方一般公共预算收入一部分为税收收入，另一部分为非税收入，包括专项收入、行政事业性收费收入、罚没收入、国有资本经营收入等。地方一般公共预算收入总量等于地方一般公共预算收入与地方财政使用结转结余及调入资金两者之和。地方一般公共预算收入等于地方一般公共预算本级收入与中央对地方税收返还和转移支付收入两者之和。

（2）一般公共预算支出。

全国一般公共预算支出总量由三部分构成：全国一般公共预算支出、补充预算稳定调节基金和结转下年支出的资金。全国一般公共预算支出由中央一般公共预算支出和地方一般公共预算支出两部分构成。其中，中央一般公共预算支出包括中央本级支出，中央对地方税收返还和转移支付及中央预备费三部分。中央对地方税收返还和转移支付是中央一般公共预算支出的大头，每年的比重都在60%以上。

2. 政府性基金预算

政府性基金预算是国家通过向社会征收以及出让土地、发行彩票等方式取得收入，专项用于支持特定基础设施建设和社会事业发展而发生的收支预算。政府性基金预算根据基金项目收入情况和实际支出需要，按基金项目编制，以收定支，具有专款专用性。

（1）政府性基金收入。

我国政府性基金收入相关收入总量由三部分构成：全国政府性基金收入，上年结转收入和地方政府专项债务收入。

（2）政府性基金支出。

我国政府性基金相关支出由两部分构成：中央政府性基金支出和地方政府性基金相关支出。《预算法》规定："一般公共预算、政府性基金预算、国有资本经营预算、社会保险基金预算应当保持完整、独立。政府性基金预算、国有资本经营预算、社会保险基金预算应当与一般公共预算相衔接。"近年来我国加大了政府性基金预算与一般公共预算的统筹力度，从2015年1月1日起，将政府性基金预算中用于提高基本公共服务以及主要用于人员和机构运转等方面的项目收支转列一般公共预算。地方政府专项债券列入政府性基金预算，不影响一般公共预算赤字。

3. 国有资本经营预算与社会保险基金预算

国有资本经营预算是国家以所有者身份对国有资本实行存量调整和增量分配而发生的各项收支预算，是政府预算的重要组成部分。社会保险基金预算是对社会保险缴款、一般公共预算安排和其他方式募集的资金，专项用于社会保险的收支预算，即根据国家社会保险和预算管理法律法规建立的反映各项社会保险基金收支的年度计划。

11.1.3 PPP模式的财政支出能力约束

1. 政府财政支出能力与财政承受能力的关系

《政府和社会资本合作项目财政承受能力论证指引》（财金〔2015〕21号）中指出，开展PPP项目财政承受能力论证是政府履行合同义务的重要保障，有利于规范PPP项目财政支出管理，有序推进项目实施，有效防范和控制财政风险，实现PPP可持续发展。财政承受能力论证是指对PPP项目财政支出责任的识别与测算，科学的评估PPP项目的实施对当年及今后项目合作期内财政支出的影响。为PPP项目在财政约束条件下健康运行提供依据。从实质上讲，政府对于财政承受能力的论证实际上就是对PPP项目财政支出的可行性的论证。

2. 财政承受能力论证的意义

（1）强调了政府财政责任担当。

任何的PPP回报机制形式都会涉及政府的财政支出责任。政府对于PPP项目来说，既是购买者，也是建设者，同时更是负责者。因此，政府公共财政的支出能力，也被认为是PPP项目中最重要的限制条件以及核心基础内容。

"21号文"指出，财政承受能力论证的结论分为"通过论证"和"未通过论证"。"通过论证"的项目，各级财政部门应当在编制年度预算和中期财政规划时，将项目财政支出责任纳入预算统筹安排。"未通过论证"的项目，则不宜采用PPP模式。政府将依据"通过论证"来将政府对于项目的财政支出安排进预算进而支付。以上内容充分体现了政府对于PPP项目建设具备的科学的态度以及责任。公私双方在进行合作时，必须对项目的建设运营成本、使用者付费收入及需要的财政资金和财政支付能力进行科学的估算，以确保项目长期平稳运行。

对于"未通过论证"的项目，政府不给予财政支持，不适用PPP模式进行建设。但论证结果也反映了项目采用PPP模式的缺陷。这是对整个社会、投资方负责的表现。PPP项目中一个最重要的特征就是公益性、长期性和稳定需求性，如果项目得不到政府的财政支持，势必说明项目内存在一定的不合理性或不必要性。政府对于"未通过论证项目"不给予财政支持，实际上是为了避免投资者和运营方在项目的经营过程中遭受巨大的损失风险，是在维护多方的利益。

（2）明确了各行业领域之间的分工协调性。

PPP项目的本质之一便是提供公益性的公共产品服务。政府在项目建设中对地区行业、领域进行了重新平衡。例如，交通、文化、旅游、轨道、供水等项目不可集中出现在某一地区。PPP项目一般由政府发起，具有非竞争性与非排他性，它需要为社会提供长期、稳定和安全的产品和服务。在某一领域或某一个产品上，需要全面、公平、公正地满足社会公众多方面的需求。

11.1.4 PPP项目财政支出责任

根据2015年财政部印发的《政府和社会资本合作项目财政承受能力论证指引》（财金〔2015〕21号），PPP项目全生命周期过程的政府方面财政支出责任，主要包括股权投资、运营补贴、风险承担、配套投入等。

PPP项目财政支出可行性的评判标准由多方面指标组成，包括物有所值评价、财政承受能力论证等是否通过；地方政府财政实力；项目进展情况等。

1. 股权投资支出

股权投资支出责任是指在政府与社会资本共同组建项目公司的情况下，政府承担的股权投资支出责任。如果社会资本单独出资组建项目公司，政府不承担股权投资支出责任。

一般情况下，为了增加对社会资本的吸引力，同时增加实施机构对项目的监管与把控，政府会指定当地的公司作为政府方出资代表，代表政府参加到项目公司的组建当中，但根据《关于规范政府和社会资本合作合同管理工作的通知》（财金〔2015〕156号）的规定，政府在项目公司中的持股比例应当低于50%，且不具有实际控制力及管理权。

（1）PPP项目公司及股东构成。

PPP项目公司是为使PPP项目顺利实施而依法成立的一类自主运营、自负盈亏的有限责任公司，作为PPP项目设计合同的签约主体，负责项目的具体实施。由社会资本单独出资设立或与政府指定单位即政府方出资代表共同出资成立,但是并非必须成立。

PPP项目的参与者由多方组成,全过程通常由政府方、社会资本方、融资方、项目建设承包商、运营商、保险公司以及各类专业公司组成。在项目前期采购阶段中,许多投资人在投标竞争中作为潜在的社会资本方为了增加竞争力,会与各类公司形成联合体,在财政部办公厅《关于规范政府和社会资本合作(PPP)综合信息平台项目库管理的通知》(财办金〔2017〕92号)及其官方解读中规定,要求社会资本的股份不得由第三方代持,遏制当前部分社会资本中选后自行指定其关联企业、子公司、基金等第三方代为履行出资义务,以及部分联合体参与方只承揽项目施工或设计任务、不实际出资入股等不规范操作现象,确保社会资本选择程序的严肃性、公正性,夯实社会资本的投资建设运营责任。

在项目进入采购阶段,项目公司尚未正式成立时,政府方会先与社会资本方签订项目意向书、备忘录或项目框架协议,以明确双方的合作意向,详细约定双方有关项目开发的关键权利义务。待项目公司成立后,由项目公司与政府方重新签署正式PPP项目合同,或者签署关于承继上述协议的补充合同。

政府在PPP项目中同时扮演了PPP项目的管理者与公共产品服务的购买者。这决定了政府有义务向公共提供优质的服务,并对PPP项目中的规划、采购、建设、运营等环节行使行政管理职能。此外,政府在PPP项目采购过程中基于与社会资本方签订的项目合同后而形成的项目公司,有权履行PPP合同所规定的权利与义务。

在PPP项目实施的实践中,政府不能对项目公司进行直接股权投资,国家发展改革委《关于印发传统基础设施领域实施政府和社会资本合作项目工作导则的通知》(发改投资〔2016〕2231号)中第八条规定,鼓励地方政府采用资本金注入方式投资传统基础设施PPP项目,并明确政府出资人代表,参与项目准备及实施工作。地方政府往往让当地的政府平台(城投)公司或其他国有控股企业以"政府出资代表"的身份参与到PPP项目公司的组建之中。这些出资代表公司本身是独立的国有企业法人,拥有独立且健全的法人、财务、经营机制。

(2) PPP项目公司股权变更限制。

PPP项目中,虽然是包括政府方、资本方以及项目有关其他各方联合设立的项目公司,但项目公司中对于项目的实施仍旧以社会资本方为主体。股权变更涉及各方重大利益,是各方关注的焦点之一。项目公司的股权结构如果发生变化,可能会导致项目实施进度、项目质量的变化,进而影响PPP项目的顺利实施。因此,为了保证项目的顺利进行,在PPP项目合同中,一般会对项目公司的股权变更进行限制与约定。

目前,我国尚未出台相关的强制性法规条款对PPP项目公司股权变更进行限制,对于股权变更的限制性方式来自于双方的约定。根据项目合同指南限制股权变更的方式通常为设定股权锁定期。

锁定期是指限制社会资本方转让其所持有的项目公司的股权的一个时间区间,是最常见的股权变更限制方式。政府方与社会资本方签订PPP项目合同时通常会约定项目公司的股权锁定期,即"在一定期限内,未经政府方批准,项目公司及其母公司不得发生本合同定义的任何股权变更的情形。"

根据 PPP 项目规模、行业等情况的不同，锁定期期限、约定方式也不同。设置锁定期限采用的方式通常为固定锁定期期限，例如 2 年、4 年等，这段期限至少会至项目缺陷责任期满。

（3）股权投资财政支出责任。

①项目资本金制度。

投资项目资本金是指在投资项目总投资中，由投资者认缴的出资额。对投资项目来说是非债务性资金，项目法人不承担这部分资金的任何利息。国家为了从宏观上调控固定资产投资，根据不同行业和项目的经济效益等，于 1996 年 8 月 23 日发布了《关于固定资产投资项目试行资本金制度的通知》（国发〔1996〕35 号），该通知规定，从 1996 年开始，对各种经营性投资项目，包括国有单位的基本建设、技术改造、房地产开发项目和集体投资项目试行资本金制度，投资的项目必须首先落实资本金才能进行建设。《通知》经过了 20 多年的实践，对于资本金的要求、比例经过了多次调整，但仍在投资领域产生了深刻的影响。

②项目资本金的理解。

根据《通知》的定义，项目资本金是指在投资项目的总投资中，除项目法人（依托现有企业的扩建及技术改造项目，现有企业法人即为项目法人）从银行或资金市场筹措的债务性资金外，还必须拥有一定比例的资本金。投资项目资本金，是指在投资项目总投资中，由投资者认缴的出资额，对投资项目来说是非债务性资金，项目法人不承担这部分资金的任何利息和债务；投资者可按其出资的比例依法享有所有者权益，也可转让其出资，但不得以任何方式抽回。

③股权投资财政支出责任的确定

2015 年，财政部印发的《政府和社会资本合作项目财政承受能力论证指引》（财金〔2015〕21 号）中第十五条规定：政府股权投资支出应当依据项目资本金要求以及项目公司股权结构合理确定。股权投资支出责任中的土地等实物投入或无形资产投入，应依法进行评估，合理确定价值。计算公式为：

项目股权投资支出 = 项目资本金 × 政府占项目公司股权比例

2. 运营补贴

PPP 项目根据是否有项目收益以及项目收益是否能够实现投资成本的全覆盖，可划分为以下三类：

（1）使用者付费项目。使用者付费是指由最终消费用户直接付费购买公共产品和服务。使用者付费项目中，项目拥有明确的收费基础，项目公司在项目运营期直接从服务用户中收取费用，且经营收费完全能收覆盖投资成本。这类项目一般拥有政府授予的特许经营权，典型的有高速公路、收费公路等。在使用者付费模式的 PPP 项目中，政府不承担运营补贴的财政支出责任。

（2）可行性缺口补助项目。可行性缺口补助是指使用者付费不足，不能使项目公司收回 PPP 项目成本并获得一定合理回报率时，由政府给予项目公司一定的经济补助。

根据财金〔2015〕21 号文件相关规定，可行性缺口补助项目中，政府财政支出中运营补贴常见的计算公式为：

$$当年运营补贴支出数额 = [项目全部建设成本 \times (1 + 合理利润率)$$
$$\times (1 + 年度折现率)^n / 财政运营补贴周期(年)]$$
$$+ 年度运营成本 \times (1 + 合理利润) - 当年使用者付费数额$$

其中：n 为折现年数。财政运营补贴周期为财政提供运营补贴的年数。

（3）政府付费项目。是指政府直接付费购买公共产品和服务在政府付费机制下，政府可以依据项目设施的可用性、产品或服务的使用量以及质量向项目公司付费。政府付费是指由政府直接付费购买公共产品或服务，其与使用者付费的最大区别在于付费主体是政府而非项目的最终使用者。在政府付费机制下，政府可以依据项目设施的可用性、运营绩效两个要素的组合之和向项目公司付费。付费内容包括：

①可用性付费。是指政府依据项目公司所提供的项目设施或服务是否符合合同约定的标准和要求来付费。

②运营绩效服务费。指政府购买项目公司为维持项目可用性所从事的运营维护服务而支付的费用。

在财政对项目公司支付运营补贴时，除合理确定补贴数值外，还需要考虑项目的建设、运营质量。《关于规范政府和社会资本合作（PPP）综合信息平台项目库管理的通知》（财办金〔2017〕92 号）规定，PPP 项目需建立按绩效付费机制，政府付费或可行性缺口补助在项目合作期内需连续、平滑支付；项目建设成本参与绩效考核且挂钩比例不得低于 30%。

3. 风险承担

PPP 项目政府财政支出责任中的风险承担支出为或有支出，当风险发生并且应由政府承担该项风险时，才会发生实际支出。准确识别出政府方承担的风险以及可能承担的支出责任，是顺利开展 PPP 项目财政承受能力论证的一个重要部分。财金〔2015〕21 号文件规定，风险承担支出应充分考虑各类风险出现的概率和带来的支出责任，可采用比例法、情景分析法及概率法进行测算。

（1）比例法。

在各类风险支出数额和概率难以进行准确测算的情况下，可以按照项目的全部建设成本和一定时期内的运营成本的一定比例确定风险承担支出。

（2）情景分析法。

在各类风险支出数额可以进行测算，但出现概率难以确定的情况下，可针对影响风险的各类事件和变量进行"基本""不利"及"最坏"等情景假设，测算各类风险发生带来的风险承担支出。

（3）概率法。

在各类风险支出数额和发生概率均可进行测算的情况下，可将所有可变风险参数作为变量，根据概率分布函数，计算各种风险发生带来的风险承担支出。

4. 配套投入

根据实际情况，不同项目的政府支出额配套投入也不尽相同，主要是指政府提供的项目配套工程等其他投入责任，通常包括土地征收和整理、建设部分项目配套措施、完成项目与现有相关基础设施和公用事业的对接、投资补助、贷款贴息等。配套投入支出应依据不同项目的项目实施方案合理确定。

11.1.5 PPP项目财政支出可行性分析

1. 宏观指标分析

PPP项目的建设开展，受到地区宏观条件的制约。PPP适用于因政府财政支出空间有限而无力建设的公共基础设施。在PPP模式下公共部门与社会资本方可以发挥各自优势，充分利用有限资源并通过建立长期互利的合作目标来实现共赢。从政府部门角度说，采用PPP模式的主要目的在于减轻政府财政负担和提高项目的管理和服务水平。PPP模式的成功与否，取决于多方面。因此，建立PPP项目宏观可行性指标包括以下几方面。

（1）社会环境。

社会资本方对于PPP模式基础设施建设的积极性很大程度上取决于项目所在地的社会环境。完善的法律法规体系和恪守信用的社会环境，会打消或降低社会资本方对于相关风险的评估。同时，社会公众对于项目建设的接受程度，也很大程度上影响了项目的实施。因此，社会环境会对PPP项目的实施产生正向影响。

（2）经济环境。

PPP项目合作期长达10~30年。因此，项目地市场对于相关公共服务的长期需求直接影响到了项目的运营收入。在项目选择论证过程中，应考虑到有活力的经济环境对于社会资本方的吸引程度。另外，对于某些涉及特许经营的项目，政府可以通过在限定时间内限制其他社会资本方进入而保证该项目的合理的利润。因此，经济环境对PPP项目的实施产生正向影响。

（3）项目实施主体。

在PPP项目中，政府方的主要责任是营造有力的项目环境、监督管理项目保质保量的顺利进行。而社会资本方、建设方、运营方以及专业机构等主要承担项目的实施。PPP模式的实施者比传统的工程承包商承担的任务更广泛。因此，项目招标时应选择在项目领域有足够技术能力和管理经验的企业。因此，项目实施主体的实力对PPP项目的实施产生正向影响。

2. 公共财政绩效指标分析

在《政府和社会资本合作项目财政承受能力论证指引》（财金〔2015〕21号）中，财政部规定了PPP项目通过论证的若干标准，包括通过物有所值评价、每一年度全部PPP项目需要从预算中安排的支出责任占一般公共预算支出比例不超过10%等。在我国财政体系中，存在着若干绩效评价指标，包括税收收入占一般公共预算收入比例、财政总支出变动率、财政赤字率等。这些指标虽然对PPP项目的落地没有直接影响，但他们反映了政府财政资金的来源、使用效率和管理质量，反映了公共财政的运行水平，更反映了一个地区的财政实力。这些指标从另一个角度体现了该地PPP项目的可行性与财政支出的可行性。

（1）质量指标。

这类指标主要评定地方公共财政收入、地方公共财政支出的规模与质量。

①一般公共预算收入值。在财政承受能力论证中，虽然未阐明地方一般公共收入规模对 PPP 项目实施的限制。但一般公共预算收入反映了一个地区的财政实力与经济实力，也表明政府有更多的财政支出预算空间。一般公共预算越大的地区，越适宜开展建设 PPP 项目。

②税收收入占比 = 税收收入/公共财政预算收入 × 100%。经济决定税收，而税收收入占财政预算收入比表明一个地区经济的发展程度。税收收入占比越高，表明该地区经济发展良好，各企业实体运转健康，利润丰厚，纳税额较大，也从侧面展现了该地区良好的商业经营环境。税收收入占比越大的地区，越适宜开展 PPP 项目。

③经济建设类支出所占一般公共预算支出比重 = 经济建设支出/一般公共预算支出 × 100%

行政管理类支出所占一般公共预算支出比重 = 行政管理支出/一般公共预算支出 × 100%

科教文卫类支出所占一般公共预算支出比重 = 科教文卫支出/一般公共预算支出 × 100%

社会保障类支出所占一般公共预算支出比重 = 社会保障支出/一般公共预算支出 × 100%

该类指标体现了一个地区一般公共预算支出的支出领域倾斜方向，不同类目支出比率与全国平均支出比例的差值也从反映了地区不同领域的发展差距。这有助于遴选不同基础设施领域建设的优先程度。对于 PPP 项目的建设决策有一定的帮助。

④财政赤字率 = (财政支出 − 财政收入)/GDP × 100%。该指标是指财政支出超过财政收入的部分所占的比例，意味着"花"的钱超过了"挣"到的钱。财政赤字率越大的地区，表明该地财政支出大量依靠中央上级转移支付等财政来源，经济水平较为落后，税收来源较为单一，财政资金较为紧张。当出现这种情况时，地方政府应削减财政赤字，调整经济结构、提高经济效率，加快经济增长。

（2）变动率指标。

这类指标主要评定地方公共财政收入、地方公共财政支出的变动与发展。

①一般公共预算收入变动率 = (当年一般公共预算收入 − 上年一般公共预算收入)/上年一般公共预算收入 × 100%。一般公共预算收入的变动表明了该地区政府收入的变化，也从侧面反映了地区经济的变化。若干年的数据可以反映地区经济发展的趋势。一般公共预算收入变动率越高的地区，越适宜开展 PPP 项目。

②税收收入占比变动率 = (当年税收收入占公共预算收入比例 − 上年税收收入占公共预算收入比例)/上年税收收入占公共预算收入比例 × 100%。税收收入占比越高，表明了该地区经济发展良好，各企业实体运转健康，利润丰厚，纳税额较大，而税收收入占比变动率进一步反映了地区经济发展、纳税状况的趋势。在公共预算收入稳步上升的同时，税收收入占比越高，越适宜开展 PPP 项目。

③一般公共预算支出变动率 = (当年一般公共预算支出 − 上年一般公共预算支出)/上年一般公共预算收入 × 100%。在财政承受能力论证指引中规定，地方政府每一年度全部 PPP 项目需要从预算中安排的支出责任占一般公共预算支出比例应当不超过 10%。

因此，一般公共预算支出制约着地区可用于 PPP 项目支出的财政空间。在 PPP 项目进行财政承受能力论证时，通过汇总、测算过往年度一般公共预算支出变动率，来预测未来年度一般公共预算支出变动率，进而预测未来年度地区一般公共预算支出数值，以此来确定地区政府可用于 PPP 项目的财政预算。一般公共预算支出变动率越高的地区，越适宜开展 PPP 项目。

11.1.6 PPP 项目政府性基金支出分析

财政部《关于规范政府和社会资本合作（PPP）综合信息平台项目库管理的通知》（财办金〔2017〕92 号）、《关于进一步加强政府和社会资本合作（PPP）示范项目规范管理的通知》（财金〔2018〕54 号）中均明确"财政承受能力论证 10% 红线"的安全阀作用。"财政承受能力论证 10% 红线"限制决定了 PPP 项目类似于一种不可再生资源的开发。在地方政府可用于 PPP 项目的资金十分有限的条件下又亟待开展新的 PPP 项目的同时，不少项目开始在财政承受能力论证报告中玩数字游戏，规避"10% 红线"新上项目。这样的结果只会是到项目执行阶段政府方实际支出责任高于"10% 红线"，或者是项目都没有进入执行阶段的机会。

事实上，PPP 项目参与主体多、合作周期长、边界条件复杂等特点决定了全生命周期内政府支出责任并非一成不变，而是呈现动态变化的特征，这也使得实践中存在项目前期利用预测数据开展的财政承受能力论证结果与实际不符的情形，且所得结果难以满足政府开展财政承受能力 10% 红线监测的要求。开展 PPP 项目全生命周期财政承受能力动态调整研究，有助于分析政府在 PPP 项目全生命周期不同阶段的真实财政承受情况，对于推进 PPP 项目全生命周期精细化管理，加强政府对财政承受能力 10% 红线监测，严控地方政府债务风险具有重要意义。

1. PPP 项目财政承受能力动态调整触发因素

对 PPP 项目财政承受能力调整触发因素进行识别，是探讨 PPP 项目财政承受能力动态调整机理的基础。PPP 项目财政承受能力不仅受项目自身边界条件的影响，还应当依据外部环境变化进行动态化调整，据此，可将 PPP 项目财政承受能力动态调整的触发因素分为内部因素与外部因素两类。

（1）内部触发因素。

PPP 项目自身核心边界条件改变导致的项目支出责任发生变化，是 PPP 项目财政承受能力动态调整的内部触发因素。常见的内部触发因素主要包括以下几类。

①投融资结构改变。PPP 项目资本金比例或项目公司股权结构改变会引起政府支出责任变化，进而导致财政承受能力相应调整。PPP 项目进入执行阶段，项目公司进行融资时受制于银行对资本金比例的要求，实际的资本金比例可能与前期财政承受能力论证的预测值存在差异，相应的政府股权支出责任也需要进行调整。另外，部分项目在合同签订时约定的项目公司股权比例与前期财政承受能力论证中的不一致，这也会导致政府方支出责任发生改变，应当按照实际股比对政府股权支出责任进行调整。

②项目建设运营成本发生改变。对于政府付费或可行性缺口补贴的项目，前期财政承受能力论证在计算运营补贴时采用的项目建设成本一般为可研批复或概算批复的总投

资，运营成本也是根据经验数据取得预估值，当项目进入运营期，政府支出责任测算数据应根据竣工决算总投资或合同中约定的建设运营成本取值办法进行调整更新。

③采购中标价与财承数据不一致。PPP项目采购社会投资人时一般会将影响政府运营补贴的关键指标作为社会资本竞争的投标报价项，如合理利润率、折现率、建安工程下浮率等。采购结束后，政府方与项目公司根据采购成交结果签订PPP项目。此时，PPP项目合同中约定的关键指标与前期财政承受能力论证中的不一致，政府支出责任应根据PPP项目合同明确的数据进行调整更新。

④运营期风险支出改变。PPP项目风险支出责任为政府承担相应风险的或有支出，在项目前期财政承受能力论证时一般考虑各类风险出现的概率和破坏程度进行测算，但项目进入运营期后，若政府方实际承担的风险发生概率或风险发生造成的损失与预测值有较大差异时，政府支出责任应根据实际情况进行调整更新。

⑤财政承受能力论证不规范整改。实践中，部分PPP项目由于存在财政承受能力论证不规范、财政支出责任计算不合理的问题需要对其进行整改，在整改的过程中应当根据正确的计算方法，并依据项目实际所处阶段数据对财政承受能力进行调整。同时，若被整改项目发起时间之后还有其他新项目，还应当根据整改后的项目支出责任调整其他项目财政承受能力，即对本级政府全部PPP项目财政承受能力进行调整更新。

⑥合作期内合同再谈判。运营期内通过PPP项目合同再谈判或签订补充协议等方式修改原合同约定的核心边界条件，导致未来年度政府支出责任调整时，应当相应调整财政承受能力。

此外，由于PPP项目绩效考核和超额收益分享等机制的存在，使得政府每年实际的支出责任与前期财政承受能力论证结果不完全一致，但绩效考核与超额收益分配机制仅会对政府付费当年的支出责任与财政承受能力造成影响，不会触发未来年度财政承受能力调整。

（2）外部触发因素。

在项目支出责任不变的条件下，若由于外界环境变化导致财政承受能力动态调整的，则视为PPP项目财政承受能力动态调整的外部触发因素，外部触发因素主要包括以下几类。

①上级补助实际值与预测值偏差。在PPP项目合作期内，获取的上级政府投资补助与贷款贴息等专项支持补贴，应当根据上级补助资金适用要求，用于冲抵政府支出责任，并相应调整财政财政承受能力；若在项目前期财政承受能力论证时，将未下达的补助资金用于冲抵政府支出责任，而项目落地后实际获得的补助资金未能足额按时到位，此时应当调增该项目从一般公共预算中安排的支出责任并及时调整财政承受能力。若在项目前期财政承受能力论证时未考虑上级补助，但在项目落地后获取了上级补助，此时应当调减该项目从一般公共预算中安排的支出责任，并及时调整财政承受能力。

②政府支出责任起止时间发生改变。在项目前期财政承受能力论证阶段，一般仅能确定项目的合作期限，难以明确具体的政府支出责任起止时间，因而在财政承受能力论证报告中测算的单个项目或全部PPP项目政府支出责任占一般公共预算支出比例及所在年份仅仅只是理论数据，与实际存在较大差异。在实际工程中，由于大部分地方政府倾

向于一次性开发多个 PPP 项目，相应的本级政府全部 PPP 项目支出责任占一般公共预算支出比例的最高值也会集中在某一年，多个项目的支出责任峰值集中在一起很容易导致财政承受能力临近或超出 10% 红线，从而限制了当地政府开展其他 PPP 项目。事实上，PPP 项目前期准备工作与建设工期控制的复杂性导致了政府支出责任开始时间的不确定性，政府支出责任开始时间的不确定性又直接影响到财政承受能力最高年份的确定，只有根据项目推进的实际进度及时调整财政承受能力，本级政府全部 PPP 项目财政承受能力论证结果才更加贴合实际，同时也会在一定程度上为地方政府节省更多的财政承受空间。

③一般公共预算支出增长率实际值与预测值存在较大偏差。财金 21 号文明确了地方政府未来年度一般公共预算支出可参照前 5 年相关数额的平均值及平均增长率计算，并根据实际情况进行适当调整。然而根据国家统计局相关数据，我国地方财政 2012—2015 年一般预算支出增长率的算术平均值为 12.89%，明显高于同期国民总收入平均 9.1% 的名义增速和国内生产总值平均 8.94% 的名义增速，这样的增长速度是难以持续的，且以这样的增速预测未来年度一般公共预算支出也是与实际不吻合的。因此，在 PPP 项目合作期内，应当每 5 年测算一次一般公共预算增长率，若出现预测值与实际值存在较大偏差的，可按照实际增长率调整未来年度一般公共预算支出预测值，并相应调整财政承受能力。

2. PPP 项目财政承受能力动态调整模式

准确识别触发因素是探讨财政承受能力动态调整的基础，合理确定调整模式则是研究财政承受能力动态调整的关键。根据不同触发因素对财政承受能力动态调整的作用时点及发生概率，PPP 项目财政承受能力动态调整可分为定期调整与不定期调整两种模式。

（1）定期调整。

定期调整是指在 PPP 项目全生命周期内某一时间节点，由于项目核心边界条件发生相对稳定的变化而导致财政承受能力改变的模式。定期调整具有触发因素发生概率较高且发生时点相对固定的特性，项目实施机构可会同财政部门根据项目进展情况，在固定的时间节点对财政承受能力进行调整。定期调整在 PPP 项目全生命周期内主要发生在 PPP 项目合同签订、项目公司组建融资、运营期开始等三个节点，相对应的每个节点触发因素包括采购中标价与财承数据不一致、投融资比例改变、项目建设运营成本改变、政府支出责任起止时间发生改变等。如在采购结束后签订 PPP 项目合同时，项目实施机构会同财政部门应当根据合同签订的核心边界条件，重新调整财政承受能力论证结果。

（2）不定期调整。

不定期调整是在 PPP 项目全生命周期的某一阶段，由于项目自身或外部触发因素作用而导致财政承受能力变化的模式。与定期调整相比，不定期调整具有发生概率低、发生时点不确定等特征，其通常会在社会资本采购结束后到合作期结束这一区间内发生，没有固定的时间节点，且触发因素通常也为或然事件，发生概率较低。因此，在整个不定期调整范围内，项目实施机构会同财政部门应当根据调整触发因素的发生情况相应调整财政承受能力论证结果。不定期调整的触发因素通常包括运营期风险支出改变、财政承受能力论证不规范整改、合作期内合同再谈判、上级补助实际值与预测值偏差、一般公共预算支出增长率实际值与预测值存在较大偏差等情况。

11.1.7　PPP 项目财政支出纳入政府性基金预算的发展与现状

政府性基金预算统筹支持 PPP 项目财政支出责任经历了从可行到不可行的发展阶段。财政部《关于在公共服务领域深入推进政府和社会资本合作工作的通知》（财金〔2016〕90 号）规定，"切实有效履行财政管理职能。各级财政部门要会同行业主管部门合理确定公共服务成本，统筹安排公共资金、资产和资源，平衡好公众负担和社会资本回报诉求，构建 PPP 项目合理回报机制。对于政府性基金预算，可在符合政策方向和相关规定的前提下，统筹用于支持 PPP 项目。"《国务院关于印发推进财政资金统筹使用方案的通知》中规定，"加大政府性基金预算调入一般公共预算的力度。暂时保留在政府性基金预算管理的资金，与一般公共预算投向类似的，应调入一般公共预算统筹使用，或制定统一的资金管理办法，实行统一的资金分配方式。对政府性基金预算结转资金规模超过该项基金当年收入 30% 的部分，应补充预算稳定调节基金统筹使用。"此外，在财政部对十二届全国人大五次会议第 2587 号建议的答复（财金函〔2017〕85 号）中，财政部官员进一步强调，"明确政府性基金预算在符合政策的前提下可用于 PPP 项目"。但财政部《关于推进政府和社会资本合作规范发展的实施意见》（财金〔2019〕10 号）中明确，"新签约项目不得从政府性基金预算、国有资本经营预算安排 PPP 项目运营补贴支出"。

11.1.8　转移支付用于 PPP 财政支出的分析

财政转移支付也称财政转移支出，本意是财政资金转移或转让，主要是指上下级预算主体之间按照法定的标准进行的财政资金的相互转移。主要形式有：

（1）一般性转移支付，是在支付过程中按规范和均等化的原则进行，这是国际上通常称为的均衡性转移支付。在我国，中央为了弥补财政实力薄弱的地区，如中西部地区，而统筹安排给地方财政的补助支出。主要包括均衡性转移支付、老少边穷地区转移支付等。它是财政转移支付的主要组成部分，主要用于解决地方政府公共服务不平衡的问题。

（2）专项转移支付，是中央财政为实现特定的宏观政策及事业发展战略目标而设立的补助资金，重点用于各类事关民生的公共服务领域。地方财政需按中央规定的用途安排预算资金。

（3）税收返还是地方财政收入的重要来源。目前主要包括增值税返还、所得税基数返还等。

财政部　中国人民银行关于印发《财政国库管理制度改革试点方案》的通知（财库〔2001〕24 号）规定，转移支出，即拨付给预算单位或下级财政部门，未指明具体用途的支出，包括中央对地方的一般性转移支付中的税收返还、原体制补助、过渡期转移支付、结算补助等支出，对企业的补贴和未指明购买内容的某些专项支出等，支付到用款单位。

关于印发《中央对地方专项转移支付管理办法》的通知（财预〔2015〕230号）规定，立专项转移支付应当同时符合以下条件：有明确的法律、行政法规或者国务院规定作为依据；有明确的绩效目标、资金需求、资金用途、主管部门和职责分工；有明确的实施期限，且实施期限一般不超过5年，拟长期实施的委托类和共担类专项除外；不属于市场竞争机制能够有效调节的事项。

综上所述，财政转移支付的款项原则上是可以用于PPP项目的财政支出的。如果是专项转移支付资金，则在PPP项目是国家规定的，用于民生、公共领域设施建设的前提下方可使用；如果是一般性转移支付资金，则该资金一般由下级政府自行决定使用。根据《预算法》的规定，任何财政收入、支出均需纳入财政预算；在PPP项目中，如果确实需要使用转移支付资金的，需按照PPP项目支出责任纳入预算的流程对资金进行管理与支付。

11.2 地方政府对PPP项目财政支出的法律责任

由于我国尚未针对政府与社会资本合作（PPP）模式正式出台专门法律，且有关PPP的法规基本由各部委与各省部门制定，法律效力不高。但因PPP项目财政支出责任纳入地方预算，故相关法律问题多从《中华人民共和国预算法》《中华人民共和国刑法》等法律条文中寻求解析。

11.2.1 财政预算的法律效力

财政预算是政府活动计划的一个反映，它体现了政府及其财政活动的范围、政府在特定时期所要实现的政策目标和政策手段。预算是对未来一定时期内收支安排的预测、计划。它作为一种管理工具，在日常生活乃至国家行政管理中被广泛采用。就财政而言，财政预算就是由政府编制、经立法机关审批、反映政府一个财政年度内的收支状况的计划。

根据《中华人民共和国预算法》《中华人民共和国审计法》，我国财政预算由各级政府、各单位、各部门编制草案；我国各级人民代表大会及常务委员会对我国的政府预算体系进行监督与批准；监督方式有事前监督、日常监督与事后监督。

人大及常务委员会对财政预算的事前监督主要针对预算的编制行为及过程。根据《预算法》第四十四条的规定，"国务院财政部门应当在每年全国人民代表大会会议举行的四十五日前；其他政府财政部门应当在本级人民代表大会会议举行的三十日前，将中央（本级）预算草案的初步方案提交本级人民代表大会有关专门委员会进行初步审查。"这有利于保证预算在以后的审批、决算、执行过程中的良好运转，也能够规范政府各部门在预算编制、执行中的行为。

人大及常务委员会对财政预算的事中监督主要针对预算的调整。根据《预算法》第六十七条，限制了各级预算调整的范围，第六十九条规定必须进行财政预算调整时，需通过人民代表大会批准通过。

人大及常务委员会对财政预算的事后监督主要针对预算决算的批准与审查。《预算法》第五十七条、六十二条、六十五条、六十九条都反复强调了"各级政府财政部门必须依照法律、行政法规和国务院财政部门的规定，及时、足额地拨付预算支出资金，加强对预算支出的管理和监督。各级政府、各部门、各单位的支出必须按照预算执行，不得虚假列支。各级政府、各部门、各单位应当对预算支出情况开展绩效评价。"

各级人大对于政府预算决算的事前、事中、事后的监督，以及《中华人民共和国预算法》的规定，为政府预算赋予强大的法律效力。非常明晰地体现了中国财政预算所具有的强制性特征。因此，从我国宪法和法律所确立的权力体制来看，财政预算之兼具"授权性规范"与"强制性规范"的双重特征。被纳入政府预算的财政支出是可以得到保障的。

11.2.2 地方政府不按预算支出的法律责任

1. 行政责任

根据《中华人民共和国预算法》第九十二条的规定，各级政府及有关部门有下列行为之一的，责令改正，对负有直接责任的主管人员和其他直接责任人员追究行政责任：

（1）未依照本法规定，编制、报送预算草案、预算调整方案、决算草案和部门预算、决算以及批复预算、决算的；

（2）违反本法规定，进行预算调整的；

（3）未依照本法规定对有关预算事项进行公开和说明的；

（4）违反规定设立政府性基金项目和其他财政收入项目的；

（5）违反法律、法规规定使用预算预备费、预算周转金、预算稳定调节基金、超收收入的；

（6）违反本法规定开设财政专户的。

第九十三条规定，各级政府及有关部门、单位有下列行为之一的，责令改正，对负有直接责任的主管人员和其他直接责任人员依法给予降级、撤职、开除的处分：

（1）未将所有政府收入和支出列入预算或者虚列收入和支出的；

（2）违反法律、行政法规的规定，多征、提前征收或者减征、免征、缓征应征预算收入的；

（3）截留、占用、挪用或者拖欠应当上缴国库的预算收入的；

（4）违反本法规定，改变预算支出用途的；

（5）擅自改变上级政府专项转移支付资金用途的；

（6）违反本法规定拨付预算支出资金，办理预算收入收纳、划分、留解、退付，或者违反本法规定冻结、动用国库库款或者以其他方式支配已入国库库款的。

根据《财政违法行为处罚处分条例》第五条规定，财政部门、国库机构及其工作人员有下列违反国家有关上解、下拨财政资金规定的行为之一的，责令改正，限期退还违法所得。对单位给予警告或者通报批评。对直接负责的主管人员和其他直接责任人员给予记过或者记大过处分；情节较重的，给予降级或者撤职处分；情节严重的，给予开除处分：

(1) 延解、占压应当上解的财政收入；
(2) 不依照预算或者用款计划核拨财政资金；
(3) 违反规定收纳、划分、留解、退付国库库款或者财政专户资金；
(4) 将应当纳入国库核算的财政收入放在财政专户核算；
(5) 擅自动用国库库款或者财政专户资金；
(6) 其他违反国家有关上解、下拨财政资金规定的行为。

第七条规定，财政预决算的编制部门和预算执行部门及其工作人员有下列违反国家有关预算管理规定的行为之一的，责令改正，追回有关款项，限期调整有关预算科目和预算级次。对单位给予警告或者通报批评。对直接负责的主管人员和其他直接责任人员给予警告、记过或者记大过处分；情节较重的，给予降级处分；情节严重的，给予撤职处分：

(1) 虚增、虚减财政收入或者财政支出；
(2) 违反规定编制、批复预算或者决算；
(3) 违反规定调整预算；
(4) 违反规定调整预算级次或者预算收支种类；
(5) 违反规定动用预算预备费或者挪用预算周转金；
(6) 违反国家关于转移支付管理规定的行为；
(7) 其他违反国家有关预算管理规定的行为。

2. 刑事责任

《中华人民共和国预算法》第九十六条规定，除《预算法》中九十二条、九十三条、九十四条、九十五条所列违法行为，其他法律对其处理处罚另有规定的，依照其法律进行。

违反《预算法》规定构成犯罪的，依法追究刑事责任。而与预算相关的犯罪行为在《中华人民共和国刑法》中多有体现，主要是渎职犯罪，侵吞、挪用预算资金等。

3. 民事责任

前述提到，因包括财政预算的周期与 PPP 项目期限不相匹配的问题、政府换届问题与政策改变等问题的存在，政府方有一定的违反 PPP 合同约定的风险。若风险发生，政府方应向社会资本方赔偿。PPP 合同的性质是属于民事合同还是行政合同或是混合合同，尚无明确的政策条例进行解释，但目前业界更倾向于 PPP 合同属于民事合同，若在政府违约的情况下，PPP 社会资本方将起诉政府，则政府存在一定的承担民事责任的可能。

11.2.3　地方政府不得在 PPP 项目中违约的相关政策

2015 年 4 月，发改委等六部委联合下发了《基础设施和公用事业特许经营管理办法》，其目的是为鼓励和引导社会资本参与基础设施和公用事业建设运营，提高公共服务质量和效率，保护特许经营者合法权益，保障社会公共利益和公共安全，促进经济社会持续健康发展。其中第三十四条明确规定，实施机构应当按照特许经营协议严格履行有关义务，为特许经营者建设运营特许经营项目提供便利和支持，提高公共服务水平。行政区划调整，政府换届、部门调整和负责人变更，不得影响特许经营协议履行。特许经营项目与 PPP 项目虽然不同，但是两者在项目期限、合作模式方面却有着许多的相似之处。同理，PPP 项目中政府也不得因为行政区域、政府部门领导人等的变更而随意停止或受到影响。

2016 年 11 月，国务院颁布《中共中央　国务院关于完善产权保护制度依法保护产权的意见》，意见意在解决各种所有制经济产权和合法权益平等保护等问题。其中第七条要求完善政府守信践诺机制，大力推进法治政府和政务诚信建设，地方各级政府及有关部门要严格兑现向社会及行政相对人依法作出的政策承诺，认真履行在招商引资、政府与社会资本合作等活动中与投资主体依法签订的各类合同，不得以政府换届、领导人员更替等理由违约毁约，因违约毁约侵犯合法权益的，要承担法律和经济责任。因国家利益、公共利益或者其他法定事由需要改变政府承诺和合同约定的，要严格依照法定权限和程序进行，并对企业和投资人因此而受到的财产损失依法予以补偿。对因政府违约等导致企业和公民财产权受到损害等情形，进一步完善赔偿、投诉和救济机制，畅通投诉和救济渠道。将政务履约和守诺服务纳入政府绩效评价体系，建立政务失信记录，建立健全政府失信责任追究制度及责任倒查机制，加大对政务失信行为惩戒力度。

在 2016 年 6 月发布的《中华人民共和国政府和社会资本合作法（征求意见稿）》中对相关条款进行了进一步说明。第二十三条规定，除法律法规另有规定或合作协议另有约定外，合作各方在合作期限内不得单方解除合作协议；第三十四条规定合作协议各方应当遵循诚实信用原则，按照合作协议的约定全面履行义务。除法律法规另有规定外，实施单位和社会资本任何一方不履行合作协议约定义务或者履行义务不符合约定要求的，应当承担继续履行、采取补救措施或者赔偿损失等违约责任。政府换届、负责人变更、实施单位职能调整、合并分立或撤销不得影响合作协议履行。

虽然缺乏更多的政策条款、法律法规明确约束地方政府不得在 PPP 项目支出责任中违约，但我国领导人、各部委高官均在各个场合表达了对这一问题的态度。2018 年 3 月 5 日，李克强总理在十三届全国人大一次会议的政府工作报告中明确指出，"全面推进依宪施政、依法行政。严格遵守宪法法律，加快建设法治政府，把政府活动全面纳入法治轨道。坚持严格规范公正文明执法，有权不可任性，用权必受监督。政府要信守承诺，决不能'新官不理旧账'。"

11.2.4　PPP 项目中的财政风险

财政风险的的内容可以解析为以下两点：第一，政府由于参与与批准不合理的项目所造成的政府与社会资本方的经济损失；第二，在财政系统范围内，受到的多方不确定的因素影响所产生的经济损失。

由此，PPP 项目的财政风险可以分为两大类：第一，由于 PPP 项目本身存在问题、测算失误或不具备所设计的盈利，需要政府超额补贴，导致项目无法继续运营所发生的损失风险；第二，由于 PPP 项目中不确定的因素导致的财政资金的受损的状况。

从 PPP 模式风险的分类来看，会影响地方政府财政的风险主要有：

(1) 政策及法律的变更。政策与法律的修改变更会影响到 PPP 项目的进展流程与项目的成本收益，项目规划及具体实施也需要进行相应额的修改甚至暂停与重新执行。

(2) PPP 项目合同之中存在的缺陷。项目合同在草拟时容易产生缺陷与矛盾，进而使得社会资本方在与政府进行合作时产生问题，甚至出现项目提前终止的情况。

(3) 市场对于服务需求的变化。该方面风险多表现为产品或服务供大于求，项目使用者付费收入减少，项目可行性研究测算的最低消费量达不到，导致收益无法收回，使得地方财政承担更多的支付责任。

(4) 移交风险。在项目合作期结束，社会资本方向政府进行项目移交后，项目标的出现无法使用等质量问题。

(5) 招标竞争不足。在项目采购阶段，投标人数量较少，质量参差不齐会导致中标价格不合理、项目收费不合理或中标人建设运营能力不足，给实施机构带来多方面的损失风险。

(6) 财政政策调整。如税收政策调整会影响政府与社会资本方双方的利益。

(7) 项目监管的缺失。政府对于项目公司财务、工程、运营等多方面的监管必不可少；监管的缺失容易导致各方状况的恶化进而损失各方利益。

11.3 PPP 项目财政支出纳入预算的流程与条件

11.3.1 地方政府财政支出列入预算的流程

财政预算就是由政府编制，经立法机关审批、反映了政府的各项活动计划、年度收支状况的工作文件。它按照一定的标准将财政收入和财政支出分门别类地列入特定的收支表格中，以清楚的反映政府各部门、各单位的财政收支状况。通过财政预算，人们可以了解政府活动的范围和方向，也可以掌握政府的政策导向及目标。

根据《中华人民共和国预算法》，政府的全部收入和支出都应当纳入预算。我国的预算由各级政府预算组成，而各级政府的预算又由所辖的公共部门预算组成，一级政府设立一级预算。我国政府分为中央、省（自治区和直辖市）、市（设区的市、自治州）、县（自治县、不设区的市）、乡（民族乡、镇）五个级次。

我国各级政府、各部门、各单位在每年年中前就会启动下一年度的预算草案编制工作。县级以上地方各级政府财政部门部署编制草案的具体事项，规定有关报表格式、编报方法、报送期限等。最终，地方各级政府的预算草案应当于当年人民代表大会召开三十日前，报人大专门委员会审核。而经人民代表大会批准后的预算方案，财政部门应当在二十日内向各部门批复预算。

各级政府部门的支出需要进行合理的规划，这便形成了支出预算。根据《预算法》，地方政府将财政支出列入预算的流程为：预算编制、预算审查、预算批准、预算执行、预算的调整与监督。

(1) 预算编制：国务院在每年及时下达关于编制下一年预算草案的通知。由各级财政部门牵头、部署；各级政府、各部门、各单位按照相关要求编制本部门、本单位预算。

（2）预算审查：地方各级预算审查工作由本级人民代表大会或人大专门委员会完成。主要审查预算的合理性、合法性以及可行性。

（3）预算审批：由人大批准预算。

（4）预算执行：各级预算由本级政府组织执行，具体工作由本级政府财政部门负责。各部门、各单位是本部门、本单位的预算执行主体，负责本部门、本单位的预算执行，并对执行结果负责。

（5）预算的调整与监督：当在财政预算执行中出现需要增加或者减少预算总支出的、需要调入预算稳定调节基金的、需要调减预算安排的重点支出数额的、需要增加举借债务数额的情况时，应当对预算进行调整。此外，各级人民代表大会及其常务委员会对本级及下级政府的预算执行、调整以及决算进行监督。

党的十八大以来，我国的预算制度改革开启了新的篇章。党的十八大报告中首次提出"加强对政府全口径预算决算的审查和监督"，要求人大对政府的全部收支进行监督，以代表人民行使管理国家的权利。党的十九大报告为财政预算制度改革赋予了新的内涵，指出要建立全面规范透明、标准科学、约束有力的预算制度，全面实施绩效管理。其间，国务院及中央各部门相继印发了各项文件。

2014年2月，财政部印发了《财政部关于政府购买服务有关预算管理问题的通知》（财预〔2014〕13号），明确了政府购买服务的资金来源、预算管理办法、执行监控、信息公开、绩效评价等具体要求。

2014年9月，国务院印发了《关于深化预算管理制度改革的决定》（国发〔2014〕45号），明确了预算管理制度改革的重点任务和工作要求。

2015年1月，国务院印发《国务院关于实行中期财政规划管理的意见》（国发〔2015〕3号），《意见》规定省、自治区、直辖市政府实行中期财政规划管理，由财政部门会同各部门研究编制三年滚动财政规划，对未来三年重大财政收支情况进行分析预测，对规划期内一些重大改革、重要政策和重大项目，研究政策目标、运行机制和评价办法，通过逐年更新滚动管理，强化财政规划对年度预算的约束性。

2015年6月，财政部印发《财政部关于加强和改进中央部门项目支出预算管理的意见》（财预〔2015〕82号），中央部门预算项目实行分级管理，分为一级项目和二级项目两个层次，加强项目库建设和管理，积极推进预算评审和绩效管理。从2016年预算起，开始编制中央部门项目支出经济分类预算，具体到款级科目。

11.3.2 地方政府进行财政预算调整的流程

1. 预算调整的情形

《预算法》第七章规定，经全国人民代表大会批准的中央及地方各级预算，在执行过程中，一般不制定新的增加财政收入或者支出的政策和措施，也不制定减少财政收入的政策和措施；在执行过程中出现以下情况之一的，进行预算调整：

（1）需要增加或者减少预算总支出的；

（2）需要调入预算稳定调节基金的；
（3）需要调减预算安排的重点支出数额的；
（4）需要增加举借债务数额的。

2. 预算调整基本流程

如果满足上述情形，则地方政府财政预算调整的基本流程为：

（1）启动预算调整。当发生需要调整预算安排的重点支出数额、预算总支出情形时，政府启动预算调整流程。

（2）编制调整方案。各级政府协调财政局与需要进行预算调整的相关部门、单位编制预算调整方案。主要内容包括：申请预算调整的必要性、有关政策依据、所需调整资金数额、明细项目预算、预计使用效果等详细情况及附件。预算调整申请坚持"一事一报"原则。

（3）方案的初步审查。财政部门应在本级人民代表大会常务委员会举行会议审查和批准预算调整方案的三十日前，将预算调整初步方案送交人民代表大会（财政经济）专门委员会进行初步审查，并征求其意见。

（4）方案的批准。预算的调整方案应当提请本级人民代表大会常务委员会审查和批准，未经批准不得调整预算。

（5）调整方案的执行。

11.3.3　财政预算的周期与 PPP 项目期限不相匹配的问题

在 PPP 项目中，政府与社会资本的合作，原则上不低于 10 年，不超过 30 年。而根据《预算法》的规定，各级政府的预算年度为自公历一月一日起，至十二月三十一日止，每年一编。近年来的预算制度改革也在各级政府逐步展开，《国务院关于实行中期财政规划管理的意见》使得政府对需要编制三年滚动财政规划；财政部在《关于印发〈政府和社会资本合作项目财政管理暂行办〉的通知》（财金〔2016〕92 号）中规定，行业主管部门为 PPP 项目预算的编制主体，各地政府应将 PPP 项目合同中约定的政府跨年度财政支出责任纳入中期财政规划。但即使是中期规划，长达十数年的 PPP 项目合作期限仍旧与政府的财政预算周期存在严重的不匹配问题。

在上述的财政政策背景下，政府无法将 PPP 项目合作期内每一年的财政支出责任一次性纳入到当年的财政预算当中。即存在一定的政府违约风险，进入执行阶段的 PPP 项目，因政府或实施机构未合理编制财政预算，导致政府无法支付应承担的支出责任。

在国家相关政策、法规未出台或修改之前，PPP 项目的财政支出责任纳入预算仍旧只能逐年或将 PPP 项目财政支出责任纳入中期规划进行。为了避免相关问题的出现，在编写实施方案时，应当明确由政府方承担相关风险；项目公司在与政府签订 PPP 项目合同时，应当将政府方承担 PPP 项目支出的责任、明确实施机构保障财政支出责任纳入政府预算的工作，明确约定相应的违约责任。此外，社会资本方应派遣专人在每年度及时了解、跟进政府下一年的财政预算与中期财政规划的编制，保证政府承担的 PPP 项目支出责任能够及时、足额的写入政府财政预算。

11.3.4 PPP 项目财政支出纳入预算的条件

2016 年 9 月 24 日，财政部印发的《政府和社会资本合作项目财政管理暂行办法》（财金〔2016〕92 号）中第十八条规定，"行业主管部门应当根据预算管理要求，将 PPP 项目合同中约定的政府跨年度财政支出责任纳入中期财政规划，经财政部门审核汇总后，报本级人民政府审核，保障政府在项目全生命周期内的履约能力"，第十九条要求，"本级人民政府同意纳入中期财政规划的 PPP 项目，由行业主管部门按照预算编制程序和要求，将合同中符合预算管理要求的下一年度财政资金收支纳入预算管理，报请财政部门审核后纳入预算草案，经本级政府同意后报本级人民代表大会审议"。

PPP 财政支出责任包含股权投资、运营补贴、风险承担、配套投入。这几种财政支出责任的发生时间、发生条件以及支出流程各有不同。总的来说，股权投资发生在项目前期，通常发生在项目执行阶段；投资期限较短，若项目该项投资支出来自于一般公共预算，可直接纳入当地年度财政预算与中长期财政规划中。配套投入为政府为了保证 PPP 项目建设顺利进行而建设的一些配套设施所花费的费用，属于直接支出，可直接纳入当地年度财政预算与中长期财政规划中。风险承担支出属于或有支出责任，当风险发生时政府会通过一般公共预算中的预备费或预算稳定调节基金予以安排。在使用者付费较为薄弱的项目中，运营补贴作为可行性缺口补助，也应纳入政府财政预算。

推广运用政府和社会资本合作模式是深化财税体制改革、构建现代财政制度的重要内容。根据财税体制改革要求，现代财政制度的重要内容之一是建立跨年度预算平衡机制、实行中期财政规划管理、编制完整体现政府资产负债状况的综合财务报告等。政府和社会资本合作模式的实质是政府购买服务，要求从以往单一年度的预算收支管理，逐步转向中长期财政规划，这与深化财税体制改革的方向和目标高度一致。

2015 年 4 月，财政部印发的《政府和社会资本合作项目财政承受能力论证指引》（财金〔2015〕21 号）中第九条规定，PPP 项目全生命周期过程的财政支出责任，主要包括股权投资、运营补贴、风险承担、配套投入等。其中，股权投资、配套投入等需要在前期投资建设阶段支出，属于政府的直接支出责任；风险承担责任支出则取决于风险事项的发生与否属于或有支出责任；而整个 PPP 项目全生命周期中，时间最长的财政支出责任事项是运营补贴。同时，该《指引》第五条规定，财政承受能力论证的结论分为"通过论证"和"未通过论证"。"通过论证"的项目，各级财政部门应当在编制年度预算和中期财政规划时，将项目财政支出责任纳入预算统筹安排。"未通过论证"的项目，则不宜采用 PPP 模式。

《指引》第二十五条规定，每一年度全部 PPP 项目需要从预算中安排的支出责任占一般公共预算支出比例应当不超过 10%。省级财政部门可根据本地实际情况，因地制宜地确定具体比例，并报财政部备案，同时对外公布。

《指引》第二十八条规定，"通过论证"且经同级人民政府审核同意实施的 PPP 项目，各级财政部门应当将其列入 PPP 项目目录，并在编制中期财政规划时，将项目财政支出责任纳入预算统筹安排。

2015 年 12 月，财政部印发的《关于规范政府和社会资本合作（PPP）综合信息平台运行的通知》（财金〔2015〕166号）中明确规定，国家级和省级示范项目、各地PPP年度规划和中期规划项目均需从PPP综合信息平台的项目库中筛选和识别。未纳入PPP综合信息平台项目库的项目，不得列入各地PPP项目目录，原则上不得通过预算安排支出责任。2017年9月，财政部在全国PPP综合信息平台项目库内构建储备库和管理库。储备库是指识别阶段项目，是地方政府部门有意愿采用PPP模式的备选项目，但尚未完成物有所值评价和财政承受能力论证的审核。管理库是指准备、采购、执行和移交阶段项目。只有进入管理库的项目才能将政府PPP支出责任纳入财政预算。

综上，若将PPP项目财政支出责任纳入预算统筹安排的，需要满足以下全部条件：

（1）通过财政承受能力论证。对政府在单个项目全生命周期中的支出进行责任识别，对于股权投资、运营补贴、风险承担与配套投入进行测算。在测算出单个项目的财政支出责任后，汇总年度全部已实施和拟实施的PPP项目，进行财政承受能力评估。即每一年度全部PPP项目需要从预算中安排的支出责任占一般公共预算支出比例应当不超过10%。此外，该论证还需注意行业和领域平衡性的问题。完成财政承受能力论证后，需经统计人民政府的审批后方通过实施。

（2）纳入PPP项目库。由各级政府的财政部门将其列入政府PPP项目目录，并纳入政府和社会资本合作（PPP）综合信息平台。

（3）项目财政支出纳入预算。地方政府按照《预算法》的规定，实施机构编制预算，报至财政部门审核，并由财政报至本级政府审批，后提请人大决议将PPP项目相关财政支出依法纳入年度预算草案的编制中。

11.3.5 地方政府将财政支出列入预算的性质

根据宪法，全国人民代表大会制定了《中华人民共和国预算法》。《预算法》第四条规定，政府的所有收入与支出都要纳入预算。因此，地方政府编制预算草案，将财政支出列入预算的这一举措是地方各级政府、财政部门依法开展工作的行为，体现了我国政府依法治国的基本原则。将财政支出列入预算的行为属于国家机关的内部行为，该行为只针对国家机关产生效力，不对个人、法人、民间组织产生任何约束。

《预算法》第五章规定，财政预算需经人民代表大会（财政经济）专门委员会对预算草案的合理性、合法性以及可行性进行审查；经本级人民代表大会审批后，方可通过执行。第九章规定，全国人民代表大会及其常务委员会对中央和地方的预算、决算进行监督。这体现了人民代表大会对政府工作的监督。明确了预算违法的行政责任的种类，强化预算法律责任追究，包括依法追究刑事责任。

在人大的监督下，推动了政府的工作。社会公众也可以通过人民代表大会对财政预算进行监督。通过国家权力机关、上级行政机关、社会公众等三方对于预算的监督，保证预算的法律效力。

11.3.6 国家级开发区PPP项目预算列入的问题

国家级开发区是指由国务院批准在城市规划区内设立的国家级经济技术开发区、国家级高新技术产业开发区、国家级旅游度假区、国家级保税区等实行国家特定优惠政策的各类开发区。经过30余年的实践摸索，开发区的管理体制形式分为三种：派出机构（管委会）模式、区政统筹模式、企业管理模式（较少采用）。

在普遍采用的派出机构（管委会）模式、区政统筹模式中，国家级开发区的管理机关一般由所在市（设区的市、自治州）级以上人民政府直接派出机构进行管理，该管理机构内部设立若干机构、单位。

国务院办公厅印发的《国务院办公厅关于促进开发区改革和创新发展的若干意见》（国办发〔2017〕7号）中指出，各地要加强对开发区与行政区的统筹协调，完善开发区财政预算管理和独立核算机制，充分依托所在地各级人民政府开展社会管理、公共服务和市场监管。即国家级开发区设立独立财政职能部门，上报和执行预算；但开发区不设立人大机构，故财政预决算需报经相应市级或以上人大批准。

根据《预算法》，我国实行中央、省、市、县、乡的五级、"一级政府、一级预算"的财政预算管理体系。开发区这一级无权建立人民代表大会，也就表示开发区即使有相应的职能部门，可以上报、执行相应的财政预算，但该区不能自行建立、审批自己的预算，应由相应市级或以上人大进行批准。故在开发区实施PPP项目时，相关单位的PPP财政预算，由开发区上报，并由相应一级人大进行审批，需安排在相应一级政府的预算中予以处理。

11.3.7 加强PPP预算管理的建议

1. 进一步完善PPP项目政府预算信息披露机制

第十二届全国人民代表大会常务委员会第十次会议在2014年8月31日表决通过了《全国人大常委会关于修改〈预算法〉的决定》，并决议于2015年1月1日起施行。新《预算法》第一条规定，为了规范政府收支行为，强化预算约束，加强对预算的管理和监督，建立健全全面规范、公开透明的预算制度，保障经济社会的健康发展，根据宪法，制定本法。政府应积极响应公开透明预算制度的政策，进一步完善PPP项目政府预算信息披露机制，在政府预算中明确当年PPP项目承诺的财政支出责任、付费额、政府补贴额。是PPP项目中所有的财政支出责任纳入至预算管理，接受人民代表大会及常务委员会的审查、批准与监督。

2. 发挥各项基金的扶持作用，畅通融资渠道

当今PPP项目建设中，项目融资成为重点也成为难点，一个项目融资的顺利程度与可获得性直接决定了项目的质量与成败。究其根本原因是因为PPP项目设计利益主体众多、建设运营期长达数年至数十年，风险较大。除了中央设置的PPP引导基金外，各地应积极协助、鼓励设立PPP基金，支持PPP项目的建设，促进项目保质保量保时的顺利落地，充分发挥PPP在公共领域的优势，为社会提供更好的公共服务。此外，各地政府应主动开办项目推介会，主动吸引全国资本进行投资。

3. 加强预算管理，履行政府承诺

实施机构应当按照特许经营协议严格履行有关义务，为特许经营者建设运营特许经营项目提供便利和支持，提高公共服务水平。行政区划调整，政府换届、部门调整和负责人变更，不得影响特许经营协议履行。进一步规范政府行为，将实施机构承诺的PPP

项目投资、补贴、配套投入纳入至预算管理，实现政府对于社会资本方项目作出的政策优惠等承诺。一方面保证 PPP 项目的正常建设运营，为社会提供优质的公共服务；另一方面加强政府各级的服务意识，防止政府违约，维护政府声誉，为 PPP 项目建设与整个社会提供更好的营商发展环境。

4. 运用政府预算，合规 PPP 项目流程，防止隐性债务的产生

与传统的建设方式相比，PPP 模式在融资、优化供给侧结构、提高公共服务供给效率方面有着得天独厚的优势。同时，这种模式风险也较大，政府需要对未来合作期内的付费进行承诺，因而政府应该对 PPP 建设规模进行控制。坚决执行"21 号文"对于财政支出规模的限制，建设政府"财政承受能力论证"的动态调整。坚决执行财政部、发改委等五部门联合印发的《关于进一步规范地方政府举债融资行为的通知》（财预〔2017〕50 号）规定的"不得以任何方式承诺回购社会资本方的投资本金；不得以任何方式承担社会资本方的投资本金损失；不得以任何方式向社会资本方承诺最低收益；不得以借贷资金出资设立各类投资基金；不得对有限合伙制基金等任何股权投资方式额外附加条款变相举债"的要求。

5. 进一步建设独立的 PPP 项目绩效评价机制

各地应在针对 PPP 项目建设运营的差异，在财政部现有 PPP 绩效评价体系制度的基础上，会同相关行业主管部门及科研机构开展不同行业 PPP 项目绩效考核管理办法，将绩效考核评级程序规范化，设立专门的机构对 PPP 项目的实施情况进行跟踪评价。此外，进一步探索 PPP 项目全过程跟踪审计管理办法。对于评价结果进行全面的公开，接受社会监督，切实提高项目的实施水平与收益。将各项目的绩效结果作为 PPP 项目财政补贴、使用者付费标准、合作期限、项目建设技术调整的直接依据。通过合同约定的调整方式与方法，保证公共利益的最大化。

11.4　PPP 项目财政支出支付流程

《国务院办公厅关于财政国库管理制度改革方案有关问题的通知》（国办函〔2001〕18 号）规定，我国建立了以国库单一账户为基础、资金缴拨国库集中收付为主要形式的国库管理制度；在《财政部　中国人民银行关于印发财政国库管理制度改革试点方案的通知》（财库〔2001〕24 号）中，相关条款也表明按照财政国库管理制度的基本发展要求，建立国库单一账户体系，所有财政性资金都纳入国库单一账户体系管理，收入直接缴入国库或财政专户，支出通过国库单一账户体系支付到商品和劳务供应者或用款单位。即政府部门的所有预算收入、预算支出统一纳入国库进行管理。

11.4.1　财政支出的类别

根据支出对象来分，财政支出总体上分为购买性支付和转移支付。具体可分为：

（1）工资支出。即预算单位的工资性支出。

（2）零星支出。即预算单位购买日常小额部分，除《政府采购品目分类表》所列品目以外的支出，或列入《政府采购品目分类表》所列品目，但未达到规定数额的支出。

（3）购买支出。即预算单位除工资支出、零星支出之外购买服务、货物、工程项目等支出。

（4）转移支出。即拨付给预算单位或下级财政部门，未指明具体用途的支出，包括拨付企业补贴和未指明具体用途的资金、中央对地方的一般性转移支付等。

综上，PPP 项目的财政支出责任属于预算单位的购买支出。

11.4.2 PPP 财政支出支付流程

根据不同的支付主体，对不同类型的支出分别实行财政直接支付和财政授权支付。

（1）财政直接支付。由财政部门开具支付令，通过国库单一账户体系直接将财政资金支付到收款人（即商品和劳务供应者，下同）或用款单位账户。

（2）财政授权支付。预算单位根据财政授权，自行开具支付令，通过国库单一账户体系将资金支付到收款人账户。

综上，PPP 项目的财政支出方式广泛使用财政直接支付方式；财政授权支付方式使用较少。财政直接支付支出的流程为：

（1）预算单位（项目实施机构）按照上级批复的部门预算、资金使用计划以及 PPP 项目绩效考核确定当年对于项目公司的财政支出责任数额。

（2）向财政国库支付执行单位提出支付申请，财政国库支付机构根据批复的部门预算和资金使用计划以及相关要求对支付申请进行审核。

（3）相关申请审核无误，则通知人行国库部门，通过代理银行将财政资金从国库单一账户划拨到收款人的银行账户（财政国库支付执行机构也可根据预算单位的要求，以"国库支票"的方式支付，即由国库开具支票，将签发给收款人的支票交给预算单位，由预算单位转给收款人。收款人持支票到其开户银行入账，收款人开户银行再与代理银行进行清算）。

第四篇
案例分析

第12章 案例分析

案例一：某高速公路政府与社会资本合作（PPP）项目

一、项目概况

（一）项目背景

本案例是某地区高速公路网规划的重要组成部分，也是国家高速公路网的补充与完善，为地区的经济建设、交通运输提供方便、快捷的运输通道。同时，交通网络是发展旅游业的基础，项目的建设可促进区域旅游业的发展，进而带动地方经济社会的发展，缩小区域性经济差异。

（二）基本信息

项目名称	某高速公路工程政府与社会资本合作（PPP）项目
项目类型	新建
所属行业	交通运输
建设内容	项目主线拟按双向四车道高速公路标准建设，设计速度80公里/小时，路基宽度为25.50米，路线全长136.27公里。桥涵设计汽车荷载等级采用公路—I级，其他技术指标按《公路工程技术标准》（JTG B01—2014）执行。连接线采用二级路标准建设，设计时速40公里/小时，路基宽8.5米，全长5.34公里。
项目投资	项目概算投资总额为208.5978亿元。

续表

合作范围	项目采用PPP模式中的BOT（建设、运营、移交）模式实施，政府与社会资本出资组建项目公司，政府授予项目公司特许经营权，由项目公司负责投融资、建设、运营及维护，并在PPP项目合同约定的特许经营期满后，按照合同约定将公路（含土地使用权，如若涉及）、公路附属设施及相关资料等按合同规定无偿移交给政府。
合作期限	33年，其中：建设期3年，运营期30年。
运作方式	建设—运营—移交（Build–Operate–Transfer，BOT）
回报机制	可行性缺口补助
实施机构	某交通运输局
采购方式	公开招标
中选社会资本	某集团有限公司
签约日期	2017年4月21日
项目公司设立概况	某集团有限公司与某高速公路开发投资有限责任公司（政府方出资代表）根据中国法律于2016年4月15日在某地区正式成立了某高速公路投资建设开发有限公司（SPV）。

二、运作模式设计

在模式设计阶段，考虑到项目投资规模较大，如由政府方直接投资建设，势必导致地方政府方当期财政压力激增，且不利于项目后期高效的运营。经过技术路线分析（见图12-1），采用PPP模式具备实施的技术条件，符合国家投融资体制改革政策导向，也有利于促进"简政放权"的制度推进。同时，能够通过特许经营方式引进专业的管理运营团队，让专业的人做专业的事，既提高公共服务效率又增加了项目的社会效益。

（一）合作模式

根据《关于印发政府和社会资本合作模式操作指南（试行）的通知》（财金〔2014〕113号），项目的运作模式主要有委托运营、管理合同、建设—运营—移交、建设—拥有—运营、转让—运营—移交和改建—运营—移交等。通过对该项目的交易结构、定价调价机制、项目投资收益控制、风险分配、融资需求和期满处置等因素综合分析，本项目属于新建项目且项目所有权从始至终均属于政府方，项目合作期结束后项目的所有设施及权益需无偿移交给政府方，利用决策树分析工具，项目的运作模式最终确定为BOT（建设—运营—移交）模式。

（二）资金结构

根据国务院《关于调整和完善固定资产投资项目资本金制度的通知》（国发〔2015〕51号），本项目资本金比例不应低于项目总投资的20%。考虑到上级补助资金

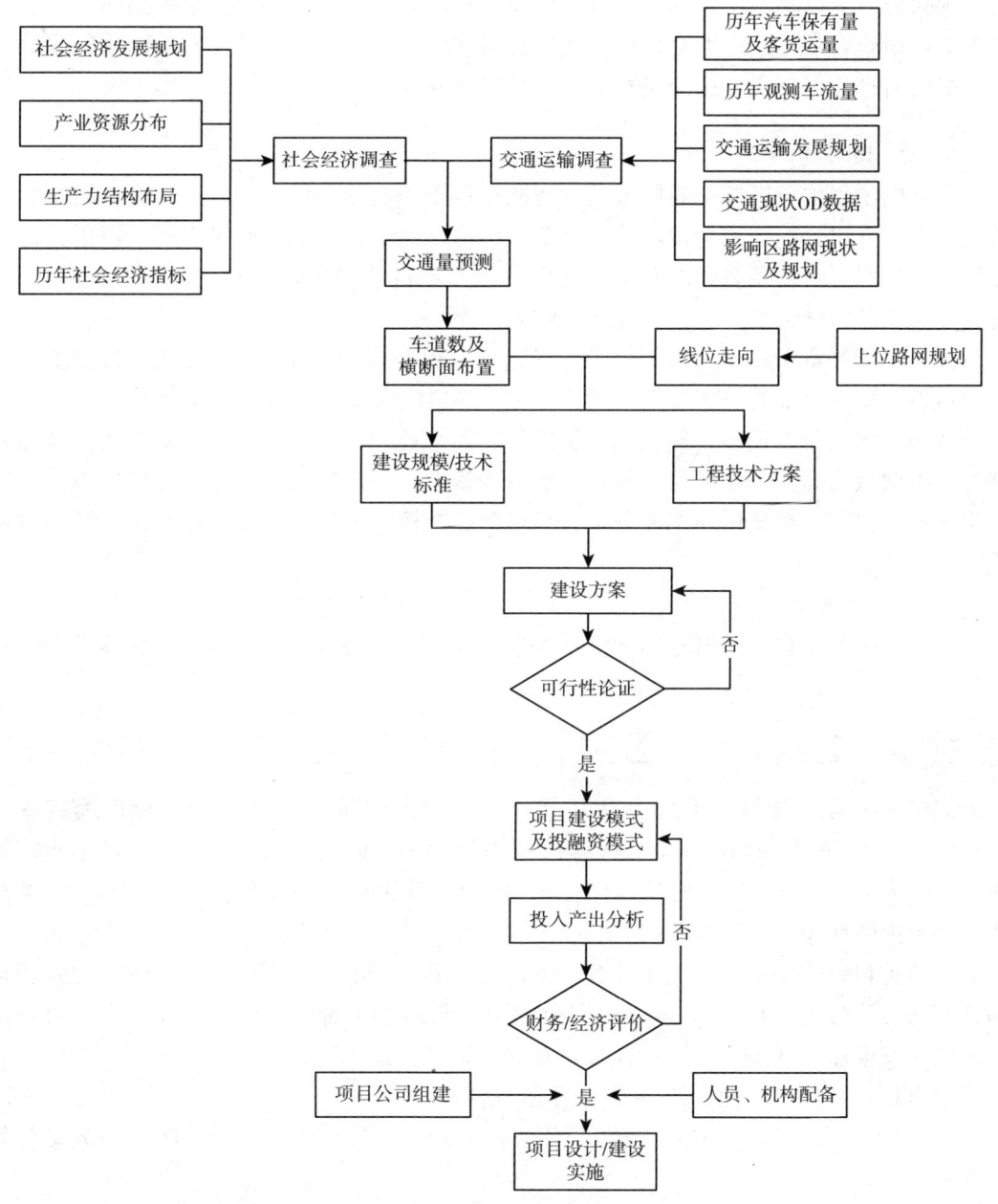

图 12-1 技术路线

及项目融资要求,项目资本金比例设定为 40%,社会资本方应按实际项目总投资金额来确定最终实际的项目资本金金额,并按建设进度足额到位。

除项目资本金以外部分由项目公司通过银行贷款等方式筹集。影子价格计算时,融资利率按中国人民银行同期中长期贷款基准利率 4.9% 控制,实际融资成本增加导致的投资人实际收益减少不纳入政府补贴范围。

考虑到项目融资额度较大,以及金融机构可能提出的增信要求,在项目权益保障中设置项目公司可以将其享有的本项目特许经营权益为本项目融资提供质押担保，但是质押方案需报政府备案。政府有权根据项目公司的融资方案，通过过程审计以及其他适当方式加强监管，保证资金按期足额到位，并实现专款专用。

（三）回报机制

本案例项目位于区域交通网末梢，初期流量无法支撑项目还本付息、投资回收、运营成本费用支出，经车流量预测分析决定采用可行性缺口补助的回报方式。使用者付费包括项目公司可对使用者收取车辆通行费，以及项目公司在合同允许范围内经营广告、配套商业所获得收益的分成，即非通行收入。

如本书第二章所述，国内 PPP 项目主流付费模型分为两大类，分别为：以投资为基础的付费模型，例如等额本金法、等额本息法和财金〔2015〕21 号文付费公式等；以使用量为基础的付费模型，例如流量类项目，污水处理、垃圾处理、轨道交通、高速公路等。本项目为高速公路项目，具有以量付费基础，设计时采用了使用量付费模型，同时引入按效付费、最低最高车流分担分享机制，在模式上实现风险收益对等。详细付费模型如下所述：

1. 影子价格

影子价格是根据项目财务净现值（NPV）达到一定水平（NPV≥0）计算出来的收费价格。

$$\text{NPV} = -\sum_{i=0}^{m} \frac{l_i}{(1+r_0)^i} + \sum_{i=m+1}^{n} \frac{P_s \times Q_i - C_i}{(1+r)^i} \geq 0 \qquad (公式12-1)$$

式中：m 为建设期（年），n 为包含建设期的合作期（年）；r_0 为财务内部收益率（一般为社会资本方预期的基准回报率）；l_i 为第 i 年的建设投资；C_i 为第 i 年的运营维护成本；Q_i 为第 i 年的预测车流量（OD 法，统一折算为标准小客车，单位：车·公里）；P_s 为影子价格（单位：元/车·公里）。

在这种付费模型下，首先需计算一个理论上满足其最低投资回报率（r）的收费价格，即为影子价格（P_s），在实际付费过程中，则以影子价格为基础，通过实际收费价格和实际交通流量计算政府可行性缺口补贴，计算公式如下：

$$\text{政府可行性缺口补助} = P_e + Q_e - 非通行收益 \times f \qquad (公式12-2)$$

式中：f 为政府方对非通行收益的分成比例；P_e 为价格差额补助；Q_e 为车流量差额补助。

这种付费模式浅显易懂，便于操作，在国内城市轨道交通 PPP 项目的应用较早，给社会资本提供了充分的激励机制。为了合理分担车流量不足的风险，一般根据各年预期车流量（Q_i）通过盈亏平衡分析（或简单直接按一定比例取值）设置一个基础车流量，保证项目公司正常运营的同时，也使部分车流量风险转移至社会资本。根据中远期流量预测，还会约定超额收益分成机制，如当实际车流量超过预期车流量时，政府可以按照约定比例分享客流剧增带来的超额收益。

2. 实际平均车公里价格

实际平均车公里价格（P_i）是指项目在正常持续经营前提下，项目公司第 i 年实际通行费收入与当年实际车流量（QS_i）相除所得的平均车公里价格。计算公式为：
$$P_i = R_i \div QS_i \qquad （公式12-3）$$

式中：P_i 为实际平均车公里价格；R_i 为当年项目公司实际应得的所有通行费收入；QS_i 为在一定时期内将所有收费车辆折算为标准小客车的数量与平均通行距离的乘积（单位：车·公里）。

3. 价格差额的补助与超额价格分成

（1）价格差额的补助。

在合作期内的各运营年度，当实际平均车公里价格低于影子价格时，其差额计入政府可行性缺口补助，计算公式如下：
$$P_e = (P_s - P_i) \times QS_i \qquad （公式12-4）$$

（2）超额价格分成。

在合作期内的各运营年度，当实际平均车公里价格高于影子价格时，超额价格收入部分由政府和项目公司进行分成，超额价格收入总额计算公式如下：
$$P_T = (P_i - P_s) \times QS_i \qquad （公式12-5）$$

式中：

P_T 为超额价格收入；

当 $P_s < P_i \leq P_s \cdot (1+10\%)$ 时，超额客运收入分成比例为：甲方50%，乙方50%；

当 $P_i > P_s \cdot (1+10\%)$ 时，超额客运收入分成比例为：甲方80%，乙方20%。

4. 车流量调整机制

在项目开始正式运营后，每个运营年末对项目实际车流量与预测车流量进行对比，政府方对车流量差额在 ±5%（含5%）的范围内不分成不补助，对车流量差额超过 ±5%（不含5%）产生的收入差额或超额收入进行补助或分成。

（1）车流量差额补助。

实际车流量低于预测车流量的95%以下部分，此车流量差额产生的收入不足部分，由政府方按差额的80%予以补助，计算公式如下：
$$Q_e = (Q_i \times 95\% - QS_i) \times P_s \times 80\% \qquad （公式12-6）$$

（2）车流量超额收入分成。

实际车流量高于预测车流量的105%以上部分，车流量差额产生的超额收入由政府方与项目公司按8：2分成，政府方超额收益可用于抵扣可行性缺口补助金额。

政府方车流量超额收入分成额 $= (QS_i - Q_i \times 105\%) \times P_s \times 80\%$ （公式12-7）

5. 非客运服务业务收入

为鼓励项目公司积极创造多项经营收入，非通行收益中项目公司分成部分不纳入项目收入，不参与政府可行性缺口补助的计算。政府方分配的非通行收益可冲减当期政府可行性缺口补助额，超出部分则返还政府方。其中：

政府方非通行收益 = （当期实际到账非通行业务收入总额 − 非通行业务成本）× f

（公式12-8）

回报机制设计总体思路为：在满足政策精神"风险共担，利益共享"的基础上，采用激励相容等理论，例如非通行收入奖励、车流量波动风险分担与收益共享机制等，以期社会资本方对项目的长期可持续性运营，激励开源节流，最终实现共赢局面。

（四）采购方案

由于交通运输行业在我国经过长时间发展，项目的施工技术相对成熟且各项经济数据容易确定，而本项目属交通运输行业中的高速公路类项目，合作边界清晰，潜在投资人众多，因此按照相关法律法规的要求采用公开招标的方式选择社会资本投资人。

本案例付费模型采用影子价格法，在此模式下最为关键的指标为协议价格，故以影子价格为竞标标的。本项目在采购阶段时初步设计和概算已编制完成，为有效控制项目投资支出规模，建设成本采用了概算包干模式，同时对于高速公路项目而言，管养、大修等成本有大量经验数据参考，考虑到充分发挥社会资本的主观能动性，运营成本也采用包干制，最终采购标的控制价根据经批复的概算总投资、预测车流量、既定运营成本等数据综合测得。

项目总投资采用概算包干情况下，概算执行时仅政府方提出变更、法律变更、不可抗力等因素导致的总投资变化可依法调整概算并可据此调整影子价格，其他无论何种情况产生的项目总投资调整均不与影子价格发生直接联系，此类风险由项目公司承担。

采用影子价格模型报价时，如建设投资、运营成本等采用审计据实方式确定时，社会资本投报的影子价格在实际执行过程中必然会发生变化，此时，投资差额可以通过调整影子价格解决，运营成本变化可通过"打补丁"方式，即设置额外补助或抵扣补贴来解决。

三、案例价值

（一）PPP模式下项目的总投资控制探索

一般而言，PPP项目总投资控制包括两种方式：一是前锁定，即付费基数以概算批复数或其他包干数额为准；二是后锁定，即以结算审计或竣工决算作为付费计算的依据。在这两种方式下，政府控制的关键点也有所不同，采用前锁定是政府方应重视对初步设计和概算编制的监管，若采用后锁定时，则可引入全过程造价跟踪审计等方式加强过程控制。

本案例约定以初步设计概算批复的总投资额作为本项目的总投资控制数，并作为本项目合同下双方竣工决算的金额，项目总投资控制数一经确定，除合同另有约定外不予调整。项目总投资控制数可能与经审计确认的实际总投资金额不同，无论实际总投资金额增加或者减少，项目公司均应承担投资控制责任。

项目概算批复后，无论何种情况产生的工程变更、概算调整均按照正常建设项目管理程序履行。但项目总投资调整与计算影子价格的项目总投资控制数的调整不发生直接联系。在总投资调整后需要对项目总投资控制数进行调整仅限于以下情况：

(1) 政府方提出变更导致的项目总投资变化；
(2) 法律变更导致的项目总投资变化；
(3) 征地拆迁费用以实际发生的金额为准对项目总投资控制数进行调整；
(4) 不可抗力导致的项目总投资变化。

当概算批复及根据上述约定调整总投资控制数后，可按约定的计算方法相应调整影子价格。

社会资本参与 PPP 项目可视为一种投资行为，前锁定方式符合投资风险共担机制，也有利于政府从微观事务管控中解脱出来，促进政府职能转变，从实施者向监管者转变，也能充分激励社会资本发挥自身优势在政府可控范围内节约成本、提高效率。

（二）基于影子价格法的补助模式

影子价格法又称协议票价法。这种补助计算方式是基于车流量为计量基础的"票价补贴模式"，也是国内应用较多的补贴模式。

本案例便是采用影子票价法的可行性缺口补助方式，在这种模式下，政府在满足社会资本方最低投资回报率的基础上，计算出一个理论上的影子价格，实际价格与影子价格的差价需要政府进行补贴，从而形成项目公司或社会资本方的补贴收入。

（三）基于使用量实现风险共担，利益共享

使用量付费常通过约定最低使用量、最高使用量，分担最低需求风险、分享超额收益。

最低使用量即政府与项目公司约定一个项目的最低使用量，在项目实际使用量低于最低使用量时，政府方需给予适当额外补助使项目正常持续运行，最低使用量的付费安排可在一定程度上降低项目公司承担的实际需求风险程度，提高项目的可融资性。

最高使用量即政府与项目公司约定一个项目的最高使用量，在实际使用量高于最高使用量时，政府对于超过最高使用量的部分不承担付款义务。最高使用量的付费安排为政府的支付义务设置了一个上限，可以有效防止政府因项目使用量持续增加而承担过度的财政风险，并控制项目公司的超额收益。

本案例采用车流量调整机制，以实际客流和预测客流差额的 ±5%（含5%）作为使用量上下限值，范围内政府方不分成不补助，对车流量差额超过 ±5%（不含5%）产生的收入差额或超额收入进行补助与分成。

（四）创新模式探索

一般而言，特许经营项目收益总水平与特许经营期限长短呈正相关关系。在同等条件下，特许经营期限越长，项目公司的投资收益越高。目前，市场上有部分交通类项目以特许经营期作为竞标标的，当项目建设投资、运营成本、营运收入、融资成本等因素发生变化或其他风险发生产生成本时，全部转化为调整特许经营期限。此模式下，政府方不需进行额外补助，从而有效控制了政府财政支出规模及或有债务。

案例二：某市"一水两污"政府与社会资本合作（PPP）项目

一、项目概况

（一）项目背景

某市所辖多个镇乡中仅一个镇镇域范围内的"一水两污"系统完善，其余乡镇辖区仅有部分供水设施以及少量垃圾收集设备，无垃圾处理设施，污水收集系统均为雨污合流，就近直排河道，环保问题突出。

为改善生态环境、提升人居环境，加快政府职能转变，深化城市基础设施建设投融资体制改革，提高城市基础设施投资、建设和运营效益，综合考虑多方面因素，某市政府方决定采用PPP模式实施市域辖区内乡镇"一水两污"项目。

在项目识别阶段，经实地调研、分析同类项目，发现乡镇"两污"普遍存在运营成本高、收费难等问题，综合考虑未来项目运营现金流平衡后，决定将市域内供水、污水、垃圾项目打包实施，以实现"供水补两污，供污水捆绑收费"，同时，考虑到污水厂、管网分割不利于项目公司统一管理，决定采用"厂网一体"模式，由项目公司统一投资、建设及运营维护。

（二）基本信息

项目名称	某市"一水两污"政府与社会资本合作（PPP）项目
项目类型	存量+改扩建+新建
所属行业	市政工程
建设内容	（1）自来水厂及输配水管网存量、新建及改扩建项目11个，供水能力1.97万吨/天，输配水管网408.66千米（含存量管网145.18千米）。 （2）污水处理厂及排水管网和中水利用新建及改扩建项目14个，设计污水处理能力5.05万吨/天，配套排水管网287.8千米（含存量管网118.2千米）。 （3）生活垃圾收集转运和处理存量、新建、改扩建项目13个，设计垃圾处理能力530吨/天。
项目投资	项目概算投资总额为5.67亿元。

续表

合作范围	本项目涵盖某市及其下辖12个镇乡的供水、污水处理、生活垃圾处理项目。由社会资本与政府方出资代表合资组建项目公司，某市政府授予项目公司本项目所有子项目的特许经营权，由项目公司具体负责项目的投融资、设计、建设（改扩建）、运营、维护及向用户提供服务。项目合作期满后，项目公司将项目无偿移交给某市人民政府指定机构，并保证所移交资产通过性能验收，处于正常使用、正常磨损状态。
合作期限	30年，其中建设期3年，运营期27年。由于生活垃圾处理项目设计使用年限为14年，其运营期设定为14年。
运作方式	本项目涉及存量资产、在建项目和增量项目。存量项目采用转让—运营—移交 TOT（Transfer-Operate-Transfer）、改扩建项目采用 ROT（Renovate-Operate-Transfer）、新建项目采用 BOT（Build-Operate-Transfer）运作模式。
回报机制	可行性缺口补助
实施机构	某市住房和城乡建设局
采购方式	竞争性磋商
中选社会资本	某股份有限公司与某建设投资集团有限公司联合体
签约日期	2017年3月19日
项目公司设立概况	中标社会资本与某市市政公用设施管理有限公司（政府方出资代表）根据中国法律于2017年3月18日在某市正式成立了某环保科技有限公司（SPV公司）。

二、运作模式设计

在模式设计阶段，某市政府组织相关政府部门、行业内专家共同参与的研讨会议，结合类似地区同类项目实施经验，"一水两污"项目仅依靠政府投资，单项目运作，不但资金筹措难，建设和运营成本高，而且实施效率低。因此采用PPP模式运作，引进社会投资人解决融资问题，提高建设、运营效率具有可行性和必要性。同时，将市域内运营条件较好的"一水两污"项目与缺乏市场吸引力的镇乡"一水两污"项目，打包设计、整体建设运营，不但扩大项目体量，提高了对社会投资人的吸引力；而且具有良好的规模效应，降低了项目实施成本。

考虑到项目的社会效益和生态环境效益显著，与当地民生息息相关，因此，政府方授权出资人代表参与组建项目公司，在重大决策和关系公共利益的公司决策中具有一票否决权。技术路线见图12-2。

（一）合作模式

根据前期调研分析，本项目涉及存量资产、在建项目和增量项目；建设完成后运营年限较长，运营维护期间需要投入一定的运营成本费用；项目是某市民生事业，与民众饮水安全、人居环境提升息息相关。项目采用PPP模式，参照《国家发展改革委关于

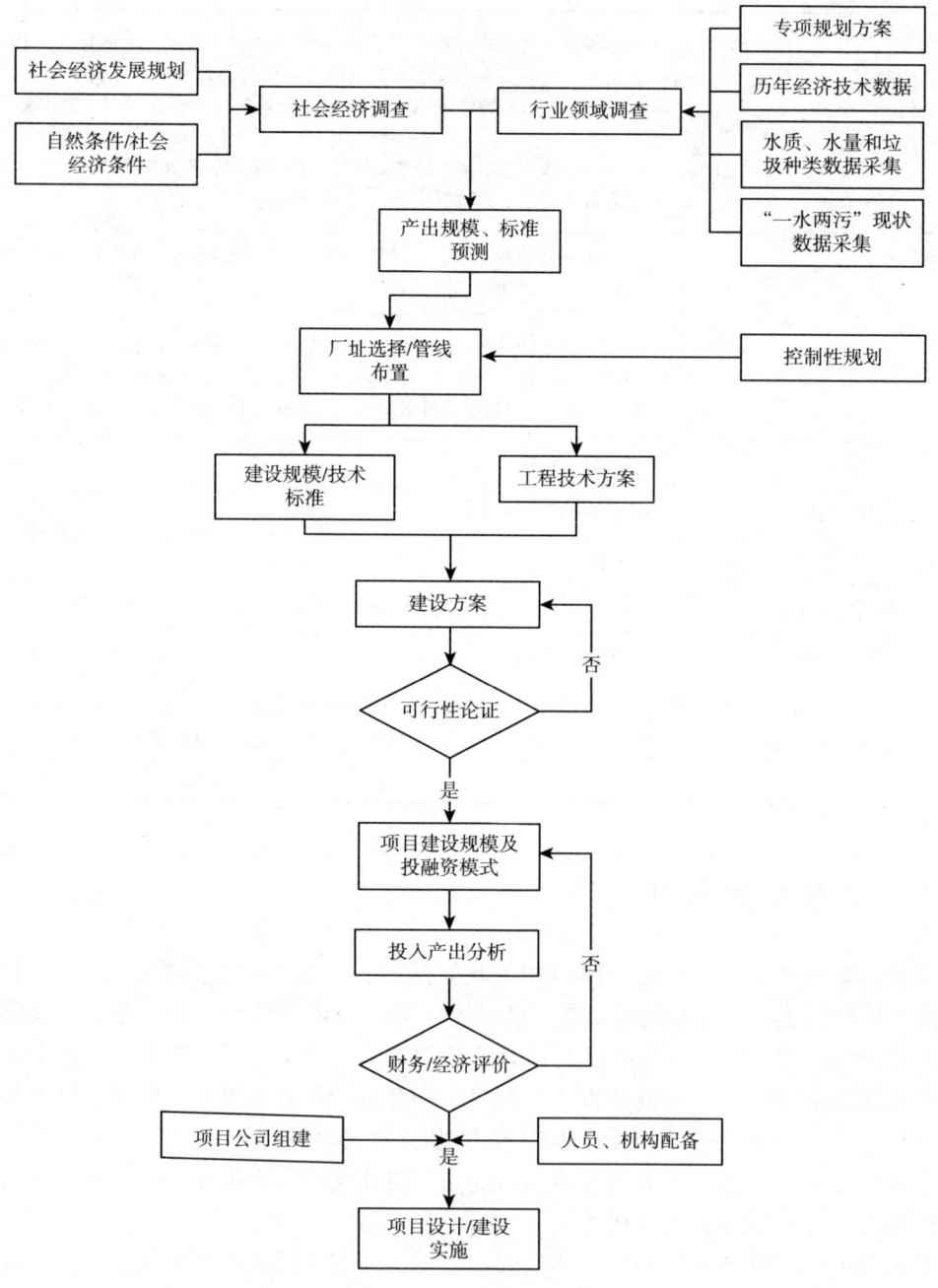

图 12-2 技术路线图

开展政府和社会资本合作的指导意见》（发改投资〔2014〕2724号），结合决策树分析，对比项目特点以及不同PPP模式的适用范围后，建议存量项目采用TOT、改扩建项目采用ROT、新建项目采用BOT运作模式。

(二) 资金结构

根据国务院《关于调整和完善固定资产投资项目资本金制度的通知》（国发〔2015〕51号），本项目资本金比例不应低于项目总投资的20%。考虑到上级补助资金及项目融资要求，项目资本金比例设定为35%，社会资本方应按实际项目总投资金额来确定最终实际的项目资本金金额，并按建设进度足额到位。

为了减轻资金筹措压力，某市政府在项目前期准备阶段，筹划申请上级补助资金支持，在项目采购前已争取建设基金共计1.30亿元。该建设基金除用于政府方出资代表的自有资金外，剩余金额作为政府配套资金用于项目建设过程以减少项目公司融资金额。

除项目权益资金以外部分由项目公司通过银行贷款等方式筹集。测算供水、污水处理和垃圾处理成本单价时，融资利率按中国人民银行同期中长期贷款基准利率4.9%控制，实际融资成本增加导致的投资人实际收益减少不纳入政府补贴范围。

项目公司可通过本项目收益权质押、保险受益权质押等以获得项目建设、运营及维护目的的融资。政府有义务提供项目融资必要的政府支持性文件，且有权根据项目公司的融资方案，通过过程审计以及其他适当方式加强监管，保证资金来源的合规性，并满足进度要求，实现专款专用。

(三) 回报机制

目前，某市城市供水、污水和生活垃圾处理收费制度已建立，但镇乡大部分居民基本未形成付费的观念，加之经济发展等因素，除极少部分征收了自来水费（含污水处理费）和生活垃圾处理费外，大部分镇乡"一水两污"设施收费机制未实施，无法确保建成项目的正常运营。由于供水、污水和垃圾处理收费偏低，不能覆盖项目建设运营成本，本项目采用可行性缺口补助的回报机制。向居民收取的费用不能覆盖项目建设运营成本并使项目公司获取合理收益的资金缺口，由政府支付运营补贴。

如本书第二章所述，本项目适用以使用量为基础的付费模型。为保证项目投资人在特许经营期内获取合理收益，本项目资本金内部收益率设定为8%。通过对特许经营期的供水量、污水处理量、垃圾处理量预测，估算项目全生命周期的建设运营成本和保证项目资本金内部收益率8%的水平时项目公司应获得合理收入。最终把合理收入折算入供水、污水处理和垃圾处理的服务单价中。

综合服务单价计算公式为：

$$P_C = \frac{I_P + C_A + R_i}{Q_t} \qquad (公式12-9)$$

其中：P_C是正常达产年供水、污水处理或垃圾处理的综合单价；I_P是供水、污水处理或垃圾处理工程资产价值的摊销额；C_A是正常达产年供水、污水处理或垃圾处理的运营成本，包括固定运营成本和可变运营成本；R_i是根据资本金内部收益率8%核算的年度项目公司合理收益；Q_t是正常达产年公司、污水处理或垃圾处理的数量。

1. 供水部分项目付费计算方式

政府负责按照批准的收费标准向项目公司服务范围内的用水户收取水费，并按照约定的综合水价及水价调整机制计算项目公司供水收入。综合水价测算方式如公式12-9所示。

（1）用户用水量的确定。

用户用水量以甲方抄表数为准。双方根据某市及周边地区供水实际情况，约定18%的供水产销差，并按照以下计算公式确立当期用户用水量基准值。当抄表数低于基准值时，抄表数低于基准值的差额水费由双方按照1∶1比例共担；当抄表数高于基准值时，抄表数高于基准值的结余水费由双方按1∶1比例共享。

当期用户用水量基准值 = 当期水厂出水量 × (1 - 供水产销差) （公式12-10）

（2）结算方式。

水费结算方式按照适用法律，实行周期抄验水表，并根据当期综合成本水价、用户用水量、当期用户用水量基准值、基本水量及绩效考核结果向项目公司支付供水服务费。

①进入供水工程的水量≤基本水量，项目公司全部处理。

水费 = 综合水价 × 基本水量 × 绩效考核支付比例

②运营期前三年，进入供水工程的水量＞基本水量时，项目公司全部处理：

当用户用水量≤当期用户用水量基准值时，

水费 = 综合水价 × [用户用水量 + (当期用户用水量基准值 - 用户用水量) × 50%]
　　　× 绩效考核支付比例

当用户用水量＞当期用户用水量基准值时，

水费 = 综合水价 × [用户用水量 + (用户用水量 - 当期用户用水量基准值) × 50%]
　　　× 绩效考核支付比例

③运营期第四年至合作期届满，当供水工程的水量≥基本水量时，对超出基本量部分，政府方按照综合水价的50%支付供水服务费。

④各期基本水量根据当期盈亏平衡分析测算。

2. 污水处理部分项目付费计算方式

在运营期内设置价格调整机制和运维绩效考核机制，政府方每半个年度按项目公司当期半年度处理污水的出水水量，并结合其提供的运维服务是否达到绩效考核标准向项目公司支付污水处理服务费。污水处理单价测算方式如公式12-9所示。

（1）污水处理服务费的计算。

①当政府提供进入污水处理厂的污水量≤基本水量时，项目公司全部处理。

污水处理服务费 = 污水处理单价 × 基本水量 × 绩效考核支付比例

②运营期前三年，当政府提供进入污水处理厂的污水量＞基本水量，项目公司全部处理。触发超额收益分配机制，对污水量超过基本水量的部分，作为超额收益，政府与项目公司按7∶3进行分成。

③运营期第四年至合作期届满，当政府方提供进入污水处理厂的污水量＞基本量，且＜基本量×130%，对超出基本量的污水量，政府方按照污水处理单价的50%支付服务费。

④若某正常运营日政府方提供进入污水处理厂的污水量＞设计处理规模×130%，

未经政府方同意，项目公司无权对超出设计处理规模的超进水量进行处理。

⑤各期基本水量根据当期盈亏平衡分析测算。

(2) 出水水质超标的违约赔偿计算。

①项目公司运营维护的任何一个污水处理厂在进水水质符合约定标准时，如将基本未处理且严重不达标的污水直接排入厂外水体，则支付违约赔偿金：

违约金额＝可认定的不达标污水直接排放量×污水处理服务单价×10

②运营期某一运营日项目公司的出水不符合出水质量标准，则项目公司就当日出水不达标支付出水水质不合格违约金。违约金按以下方法计算：

出水水质不合格违约金＝各项污染物的污染当量数之和×污水处理服务费单价×2

某一污染物当量数计算：

污染物当量数＝该污染物排放量（千克）÷该污染物的污染当量值（千克）

其中：污染物的排放量＝污染物实际浓度×出水水量

(3) 处理水量不足的违约赔偿计算。

①计划内暂停服务期间，如果项目公司日平均实际处理水量＜基本水量的50%（但因政府方当日向污水处理厂提供的进水水量＜基本水量的50%，导致项目公司实际处理水量＜基本水量的50%除外），则项目公司支付处理水量不足违约金，计算方法如下：

处理水量不足违约金＝（日基本水量×50%－当日的出水量）×污水处理服务费单价

②因项目公司自身过错导致计划外暂停服务期间，如果某一运营日进水量≤设计处理能力，而项目公司因计划外暂停导致部分或全部污水未得到处理，项目公司支付处理水量不足违约金，计算方法如下：

处理水量不足违约金＝（日基本水量－当日的出水量）×污水处理服务费单价

3. 生活垃圾处理部分项目付费计算方式

在运营期内设置价格调整机制和运维绩效考核机制，政府方每半个年度按项目公司当期半年度处理的生活垃圾量，并结合其提供的运维服务是否达到绩效考核标准向项目公司支付生活垃圾处理服务费。生活垃圾处理单价测算方式如公式12－9所示。

(1) 当项目公司在规定区域内收集运输至垃圾处理厂的生活垃圾量≤基本量时，项目公司全部处理。

生活垃圾处理服务费＝生活垃圾处理单价×基本量×绩效考核支付比例

(2) 运营期前三年，项目公司在规定区域内收集运输至垃圾处理厂的生活垃圾量＞基本量时，项目公司全部处理。超额部分＝实际处理量－基本量，超额部分收益政府与项目公司按7∶3分成。

生活垃圾处理服务费＝生活垃圾处理单价×实际处理量×绩效考核支付比例

(3) 运营期第四年至合作期届满，项目公司在规定区域内收集运输至垃圾处理厂的生活垃圾量＞基本量时，对超出基本量部分，政府按处理单价的50%支付服务费。

(4) 各年基本垃圾量根据当期盈亏平衡分析测算。

4. 价格调制机制

（1）供水综合单价、污水处理服务费单价与生活垃圾处理服务费单价每三年调整一次。

（2）价格调整办法为计算成本因素浮动系数，运营期内每三年，或当一种或几种成本因素的变化导致项目年运营成本浮动超过3%时，根据以下公式对供水综合单价、污水处理服务费单价或生活垃圾处理服务费单价进行调价系数的计算。

$$K = a(E_n/E_{n-3}) + b(L_{n-1}/L_{n-4}) + c(CPI_{n-1}/CPI_{n-4})$$
$$+ d(Tax_n/Tax_{n-3}) + e(R_n/R_{n-3}) + f \quad \text{（公式12-11）}$$

式中：

$a + b + c + d + e + f = 1$

K 为调价系数；a 为上三年年均电费成本占上次供水、污水处理或生活垃圾处理服务费单价的比例；E_n 为第 n 年时项目公司的电力费用指数（项目公司所付的每度用电电价）；b 上三年年均人工费用占上次供水、污水处理或生活垃圾处理服务费单价的比例；L_{n-1} 为第 $n-1$ 年××市公布的水利、环境和公共设施管理业对应的平均工资；c 为上三年年均项目经营成本中扣除电费和人工费以外的部分和上三年年均重置设备的折旧占上次三项服务费单价的比例；CPI_{n-1} 为××市公布的第 $n-1$ 年当地居民消费价格指数，当 CPI>120% 时，按120%计；d 为上三年年均企业所得税占上次三项服务费单价的比例；Tax_n 为第 n 年时项目公司适用的所得税税率，该税率是项目公司一般适用的企业所得税正常税率，不考虑适用法律规定的减免或其他优惠情况；e 为上三年年均财务费用和利润占上次三项服务费单价的比例；R_n 为第 n 年中国人民银行公布的人民币一年期存款利率；f 为项目初始投资的折旧和摊销等不随着时间变化的因素占上次三项服务费单价的比例，此部分不参与调价。

新的供水、污水处理或生活垃圾处理服务费单价按以下公式计算：

$$P_n = P_{n-1} K \quad \text{（公式12-12）}$$

其中：P_n 为第 n 年调整后的服务费单价；P_{n-1} 为第 $n-1$ 年的服务费单价；K 为调价系数。

回报机制设计总体思路为在满足政策精神"风险共担，利益共享"的基础上，采用激励相容等理论，例如需求量不足风险分担与超额收益共享机制等，以期社会资本方对项目的长期可持续性运营，激励开源节流，最终实现共赢局面。

（四）采购方案

本项目覆盖的区域多、所涉及的领域广，包含10镇2乡的30余个供水、污水处理和生活垃圾处理子项目，各子项目在采购阶段包括存量、在建、新建等类型，难以确定详细规格及具体要求，故采用竞争性磋商的采购方式。

1. 采购流程

（1）市场测试：前期进行1轮市场测试，多家社会资本参与。

（2）资格预审：有限数量制，3家通过资格预审。

（3）采购文件发售及响应：通过资格预审后1家社会资本递交响应文件，本次采购失败。

(4) 二次市场测试：为了解潜在投资人诉求，在二次采购前组织二次市场测试，多家社会资本参与。

(5) 二次竞争性磋商报名：为推进项目进度，二次采购采用资格后审方式，有4家社会资本报名参与。

(6) 首轮响应及竞争性磋商：4家通过资格审查的社会资本递交了首轮响应文件，与7人磋商小组进行技术方案的竞争性磋商。

(7) 二次响应及综合评审：确定最终的技术边界条件后，首轮响应中的技术方案得分直接计入综合评审总分，供应商提出最后报价。

(8) 确认谈判：按综合评审得分高低排序进行确认谈判，限定确认谈判时间。

(9) 采购结果：2017年3月18日，预成交结果公示无异议，发出成交通知书，某股份有限公司与某建设投资集团有限公司联合体为成交社会资本方。

2. 竞争性磋商报价标的

包括社会资本自有资本金财务内部收益率（税后）、自来水单位经营成本、污水处理单位经营成本、生活垃圾处理单位经营成本共四项，同时明确价低者满分，但最后报价超过最高限价或低于成本价的，为无效报价。

本案例付费模型采用使用量付费计算方式。根据公式12-9，在供水量、污水处理量和生活垃圾处理量基础数据确定的条件下，社会投资人建设运营本项目最为关键的收益指标为折算到每单位使用量的建设、运营成本及资本金内部收益率水平。对于政府方而言，设定每单位使用量的建设、运营成本上限值有利于控制投资人为单方面追逐政府运营补贴，故意做大成本；而设定社会资本自有资本金财务内部收益率的上限值，能够控制投资人未来的盈利水平保持在盈利不暴利的合理范围内。

三、案例价值

(1) 多渠道筹措资金，减轻项目融资压力；城乡项目打包运作、连片开发，做大项目体量，增强了项目市场吸引力。

本案例在实施中借力省级政府大力推进全省城镇和建制镇供水、污水和生活垃圾处理设施项目建设的鼓励政策，积极争取上级补助资金支持，在项目采购前已获得建设基金补助共计1.30亿元，全部用于项目建设投资，极大地减少了项目公司融资压力。

同时，本项目试行"城乡打包、连片开发、捆绑运作"模式，即将一个县域内运营条件较好的城市"一水两污"项目与难以吸引社会投资的镇乡"一水两污"项目，一并打包设计、整体建设运营。扩大了项目体量，提高了对社会投资人的吸引力；而且具有良好的规模效应，降低了项目实施成本。

(2) 规划先行，技术方案严格审查，确保方案的可行性、合理性和经济性，提高投资资金的使用效率。

在项目前期论证阶段，某市政府安排专项经费，编制了市域镇（乡）供水、污水和生活垃圾处理设施建设体系规划，明确了"一水两污"设施的建设目标和计划，将规划落到实处，作为本项目实施的指导。

在项目可行性研究阶段，某市政府委托设计机构编制了市域镇（乡）供水、污水和生活垃圾处理设施工程技术方案。方案由专家委员会进行省级技术审查，地级住房城乡建设局会同发展改革委联合批复，确保技术方案的可行性、合理性、科学性和经济性。

在项目采购阶段，考虑到覆盖的区域多、所涉及的领域广，包含10镇2乡的30余个供水、污水处理和生活垃圾处理子项目，各子项目即有存量、在建又有新建，难以确定详细规格及具体要求，故采用竞争性磋商的采购方式。根据竞争性磋商的评审步骤，首轮磋商中响应人与磋商小组进行技术方案的磋商，提供满足采购需求的最终设计方案和解决方案。二次磋商中响应人提出最后报价，评审小组计算综合评审总分。

根据发改部门批复的可研报告，本项目中供水、污水处理、垃圾处理项目投资额共计9.28亿元。2016年3月，某市政府聘请设计机构对本项目进行技术方案的优化，其提供的供水、污水处理、垃圾处理建设PPP项目工程技术方案投资估算共计7.69亿元（不含建设期利息），核减1.59亿元。

基于优化后的投资额进行测算，本项目编制了采用PPP模式的实施方案、财承报告、物有所值报告，进而进行采购。在磋商谈判阶段，经过多轮讨论，项目公司和政府方就工程建设方案和运营方案达成一致意见，投资额核减了2.42亿元，本项目总投资额约为5.67亿元（含建设期利息）。

综上，本项目在方案设计过程中，根据当地具体情况，适当降低建设标准；剔除不利于统筹实施的单个子项目，在保证技术方案合理、科学、可行性的前提下，达到了严格控制建设投资，提高资金使用效率的目的。

（3）妥善处理人员安置问题，避免引起社会问题。

在项目实施阶段，本项目核定了在职员工清单，征询在职员工意见，制定了人员安置方案。按照"以人为本、明确责任、依法办事"的安置原则，安置方案分类对事业在编人员、合同制职员、临时工人制定安置补偿政策，并明确了岗位保障、薪酬保障、社会保障、权益保障四项保障措施。

安置方案纳入了采购文件中的实质性响应条件，并要求项目公司在PPP项目合同条款中进一步做出承诺安置的约定。

本项目妥善处理在职员工安置问题，充分考虑其诉求，同时要求项目公司承诺按照安置方案实施安置，避免因项目实施引起社会稳定性风险，具有借鉴意义。

参 考 文 献

[1] 安文玲,赵明珠,付莉悦.探索新政策下的PPP产业基金业务运作模式及未来发展方向[J].农村金融研究,2017,(10):22-25.

[2] 陈传德,张明远.基于风险分析的公路项目投资决策[J].中国公路学报,2006,19(01):99-103.

[3] 陈立耘,冯广德,黄晓东.探索非经营性和准经营性城市基础设施项目的融资途径[J].经济论坛,2012,(04):20-23.

[4] 陈琤,李丹.PPP政策变迁与政策学习模式:1980至2015年PPP中央政策文本分析[J].中国行政管理,2017,(02):102-107.

[5] 陈志敏,张明,司丹.中国的PPP实践:发展、模式、困境与出路[J].国际经济评论,2015,(04):68-84.

[6] 崔德高.PPP项目执行阶段操作指南绩效考核实例[M].北京:北京法律出版社,2018.

[7] 崔升飞.微分方法在内部收益率计算中的应用[J].内蒙古科技与经济,2011,(15):35-37.

[8] 邓斌.构建我国地方财政收入质量指标体系亲[J].湖南税务高等专科学校学报,2016,19(6).

[9] 邓小鹏.PPP项目风险分担及对策研究[D].南京:东南大学,2007.

[10] 杜亚灵,柯丹,丁鹏杰.PPP项目超额利润分享问题研究[J].工程管理学报,2017,31(01):107-112.

[11] 格里姆赛,刘易斯.PPP——基础设施供给和项目融资的全球革命[M].济邦咨询公司,译.北京:中国人民大学出版社,2001.

[12] 赫国胜,徐洁.我国产业投资基金运行模式分析[J].中国城市经济,2011,(15):50-52.

[13] 姜军.产业基金之运作[J].新理财,2011,(06):36-38.

[14] 赖晓刚.浅析PPP项目采购核心要素与采购方式选择[J].建筑工程技术与设计,2016,(11):657.

[15] 李博.河北省固定投资经济分析与政府宏观管理研究[D].河北:河北工业大学,2006.

[16] 李家嵘,王守清.我国PPP项目前期决策体系的改进与完善[J].项目管理技术,2011,19(05):17-22.

[17] 李莉,韩婷婷.PPP项目投资控制及其风险承担[J].中国投资,2017,

(23): 100-101.

[18] 李志勇. PPP 项目财务盈利能力分析及应用建议——基于财务内部收益率的分析 [J]. 建筑经济, 2018: 77-80.

[19] 娄黎星, 尹贻林. 建设项目投资控制研究综述 [J]. 项目管理技术, 2011, 9 (05): 49-54.

[20] 陆宁, 李萍, 陆路, 等. 正则投资项目内部收益率的快速确定 [J]. 技术与创新管理, 2010, 31 (06): 704-706, 713.

[21] 毛林繁. 谈 PPP 项目投资评估与财政"两评"间的辩证关系 [J]. 招标与投标, 2017, (10).

[22] 苗延亮. 影响 PPP 项目成败的主要因素分析 [J]. 铁道建筑技术, 2016, (02): 110-113.

[23] 欧子寓. PPP 项目采购的法律适用 [D]. 海南: 海南大学, 2017: 1-23.

[24] 彭迪云. 地方公共财政绩效评估指标体系的构建及其应用 [J]. 南昌大学学报, 2014, 38 (4).

[25] 蒲明书, 罗学富, 周勤. PPP 项目财务评价实战指南 [M]. 北京: 中信出版集团, 2016.

[26] 全国咨询工程师（投资）职业资格考试参考教材编写委员会.《现代咨询方法与实务》[M]. 北京: 中国计划出版社, 2017.

[27] 孙凌志, 贾宏俊, 任一鑫. PPP 模式建设项目审计监督的特点、机制与路径研究 [J]. 审计研究, 2016, (02): 44-49.

[28] 田丽文. PPP 基础设施项目组合建设决策研究 [D]. 重庆: 重庆交通大学, 2015.

[29] 田善武, 杨诚. 基于 MATLAB 的内部收益率计算研究 [J]. 价值工程, 2016, (23): 76-77.

[30] 王超, 赵新博, 王守清. 基于 CSF 和 KPI 的 PPP 项目绩效评价指标研究 [J]. 项目管理技术, 2014, (08): 18-24.

[31] 王庆. PPP 财税处理实操指南 [M]. 北京: 中国市场出版社, 2017.

[32] 王守清, 柯永建. 特许经营项目融资（BOT、PFI 和 PPP）[M]. 北京: 清华大学出版社, 2008.

[33] 王占福.《由 PPP 政府付费公式计算项目全投资税前内部收益率的方法探究》[J]. 山西财税, 2018, (08).

[34] 王泽彩. 全面实施绩效管理的几点思考 [N]. 中国财经报, 2017-10-10.

[35] 温来成. 政府与社会资本合作（PPP）财政风险监管问题研究 [J]. 中央财经大学学报, 2015, (12).

[36] 徐成彬. 政府和社会资本合作（PPP）项目补贴模式比较研究——基于城市轨道交通 PPP 项目实践 [J]. 宏观经济研究, 2018, (05).

[37] 徐成彬, 陈琦. 投资项目财务评价内部收益率的比较研究 [J]. 能源技术经济, 2011, (10): 1-6.

[38] 徐廷栋. 浅析投资条件变化对两种内部收益率的影响 [J]. 冶金经济与管理, 1998, (02): 10.

[39] 杨超. 公私合营项目投资决策的优化研究 [D]. 湖南: 中南大学, 2011.

[40] 叶建强. PPP项目财政运营补贴公式在财务实务中的运用 [J]. 财会研究, 2018: 43-47.

[41] 余文恭. PPP模式与结构化融资 [M]. 北京: 经济日报出版社, 2017: 182-186.

[42] 张苗苗. 污水处理项目PPP融资模式研究 [J]. 时代金融, 2015, (02): 30-32.

[43] 张静. 投资决策中基准收益率的确定及影响因素分析 [J]. 技术经济与管理研究, 2004, 25 (06): 53-54.

[44] 张龄兮. 对于发展PPP项目绩效评价的几点思考 [J]. 财经界 (学术版), 2016, 14: 146.

[45] 张晓艳, 戚悦. 财政股权投资的绩效评价问题 [J]. 开放导报, 2016, (01): 105-109.

[46] 张彦春, 邹德剑, 陈东, 等. 生活垃圾焚烧发电PPP项目竞价标的设计研究 [J]. 铁道科学与工程学报. 2017, (02): 409-410.

[47] 周刚志. 论财政预算的法律效力——基于财政立宪主义的理论视角 [J]. 时代法学, 2011, 9 (6).

[48] 周兰萍. PPP项目运作实务 [M]. 北京: 北京法律出版社, 2017.

[49] 周正祥, 张秀芳, 张平. 新常态下PPP模式应用存在的问题及对策 [J]. 中国软科学, 2015, (09): 82-95.

[50] 注册咨询工程 (投资) 执业资格考试命题研究中心. 项目决策分析与评价 [M]. 北京: 中国计划出版社, 2017.

[51] 财政部. 财政投资评审管理规定. 财建〔2009〕648号.

[52] 财政部. 地方政府存量债务纳入预算管理清理甄别办法. 财预〔2014〕351号.

[53] 财政部. 关于对地方政府债务实行限额管理的实施意见. 财预〔2015〕225号.

[54] 财政部. 关于规范金融企业对地方政府和国有企业投融资行为有关问题的通知. 财金〔2018〕23号.

[55] 财政部. 关于规范政府和社会资本方合作 (PPP) 综合信息平台项目库管理的通知. 财办金〔2017〕92号.

[56] 财政部. 关于规范政府和社会资本合作合同管理工作的通知. 财金〔2014〕156号.

[57] 财政部. 关于进一步规范地方政府举债融资行为的通知. 财预〔2017〕50号.

[58] 财政部. 关于进一步加强政府和社会资本合作 (PPP) 示范项目规范管理的

通知. 财金〔2018〕54号.

[59] 财政部. 关于坚决制止地方以政府购买服务的名义违法违规融资的通知. 财预〔2017〕87号.

[60] 财政部. 关于联合公布第三批政府和社会资本合作示范项目加快推动示范项目建设的通知. 财金〔2016〕91号.

[61] 财政部. 关于试点发展项目收益与融资自求平衡的地方政府专项债券品种的通知. 财预〔2017〕89号.

[62] 财政部. 关于推广运用政府和社会资本合作模式有关问题的通知. 财金〔2014〕76号.

[63] 财政部. 关于推进政府和社会资本合作规范发展的实施意见. 财金〔2019〕10号.

[64] 财政部. 关于印发《2019年政府收支分类科目》的通知. 财预〔2018〕108号.

[65] 财政部. 关于印发《PPP物有所值评价指引(试行)》的通知. 财金〔2019〕167号.

[66] 财政部. 关于印发《财政部驻各地财政监察专员办事处实施地方政府债务监督暂行办法》的通知. 财预〔2016〕175号.

[67] 财政部. 关于印发《地方政府收费公路专项债券管理办法(试行)》的通知. 财预〔2017〕97号.

[68] 财政部. 关于印发《地方政府土地储备专项债券管理办法(试行)》的通知. 财预〔2017〕62号.

[69] 财政部. 关于印发《地方政府性债务风险分类处置指南》的通知. 财预〔2016〕152号.

[70] 财政部. 关于印发《地方政府一般债务预算管理办法》的通知. 财预〔2016〕154号.

[71] 财政部. 关于印发《地方政府专项债务预算管理办法》的通知. 财预〔2016〕155号.

[72] 财政部. 关于印发《政府和社会资本合作模式操作指南(试行)》的通知. 财金〔2014〕113号.

[73] 财政部. 关于印发《政府和社会资本合作项目财政承受能力论证指引》的通知. 财金〔2015〕21号.

[74] 财政部. 关于印发《政府和社会资本合作项目政府采购管理办法》的通知. 财库〔2014〕215号.

[75] 财政部. 关于印发《中央对地方专项转移支付管理办法》的通知. 财预〔2015〕230号.

[76] 财政部. 关于在公共服务领域深入推进政府和社会资本合作工作的通知. 财金〔2016〕90号.

[77] 财政部国际司. 亚行：PPP项目的财政效应分析[J]. CHINA STATE FI-

NANCE, 2015, (5).

[78] 国家发展改革委. 关于国家高速公路网新建政府和社会资本合作项目批复方式的通知. 发改办基础〔2016〕1818号.

[79] 国家发展改革委. 关于开展政府和社会资本合作的指导意见. 发改投资〔2014〕2724号.

[80] 国家发展改革委. 关于切实做好传统基础设施领域政府和社会资本合作有关工作的通知. 发改投资〔2016〕1744号.

[81] 国家发展改革委. 关于印发《传统基础设施领域实施政府和社会资本合作项目工作导则》的通知. 发改投资〔2016〕2231号.

[82] 国家发展改革委、建设部. 建设项目经济评价方法与参数（第三版）[M]. 北京：中国计划出版社，2006.

[83] 国土资源部. 招标拍卖挂牌出让国有土地使用权规定. 2002年国土资源部令第11号.

[84] 国务院. 关于固定资产投资项目试行资本金制度的通知. 国发〔1996〕35号.

[85] 国务院. 关于加强地方政府性债务管理的意见. 国发〔2014〕43号.

[86] 国务院. 关于深化预算制度改革的决定. 国发〔2014〕45号.

[87] 国务院. 关于调整和完善固定资产投资项目资本金制度的通知. 国发〔2015〕51号.

[88] 国务院. 关于实行分税制财政管理体制的决定. 国发〔1993〕85号.

[89] 国务院. 关于投资体制改革的决定. 国发〔2004〕20号.

[90] 国务院. 中华人民共和国政府采购法实施条例. 2015年国令第658号.

[91] 国务院办公厅. 地方政府性债务风险应急处置预案. 国办函〔2016〕88号.

[92] 国资委. 关于加强中央企业PPP业务风险管控的通知. 国资办财管〔2017〕192号.

[93] 湖南省财政厅. 关于实施PPP和政府购买服务负面清单管理的通知. 湘财债管〔2018〕7号.

[94] 全国人大常委会. 中华人民共和国预算法. 2014.

[95] 自然资源部办公厅. 产业用地政策实施工作指引. 自然资办发〔2019〕31号.

[96] Allan R J. PPP: A review of literature and practice [C] //Saskatchewan Institute of Public Policy Paper, 1999, (04): 78-85.

[97] Ke Y, Jefferies M. Public Private Partnership in China: Where to from here [J]. Organization Technology & Management in Construction International Journal, 2014, (03): 1156-1162.

[98] Ke Y, Wang S Q, Chan A P C, et al. Preferred risk allocation in China's public private partnership (PPP) projects [J]. International Journal of Project Management, 2010, 28 (5): 482-492.

[99] Office of Government Commerce. Green public private partnerships [M]. Norwich: OGC, 2002.

[100] The European Commission. Guidance for successful PPP [M]. 2003.

[101] The National Council for PPP, USA. For the good for People: using PPP to meet America's essential needs [M]. 2002.

[102] United Nations Institute for Raining and research [M]. PPP for sustainable development, 2000.